Le Liban contemporain

Ouvrages du même auteur

Politique économique et planification au Liban, 1954-1964, Imprimerie universelle, Beyrouth, 1964.

Contribution à l'étude des sociétés multiconfessionnelles. Effet socio-juridiques et politiques du pluralisme religieux, Librairie générale de droit et de jurisprudence, Paris, 1971 ; nouvelle édition sous le titre *Histoire du pluralisme religieux dans le Bassin méditerranéen*, Geuthner, Paris, 1998.

L'économie arabe au défi (en arabe), Dar el Talia't, Beyrouth, 1981.

La dépendance économique. L'endettement des pays en voie de développement dans une perspective historique (en arabe), Dar el Talia't, Beyrouth, 1980 (de larges extraits de cet ouvrage ont été publiés en français dans *Dette et Développement*, Publisud, Paris, 1981.

Le développement introuvable (en arabe), Dar el Talia't, Beyrouth, 1981.

Le Proche-Orient éclaté, 1956-1991, Gallimard, coll. « Folio/Histoire », Paris, 1991 (nouvelle édition revue et augmentée d'un précédent ouvrage publié aux Éditions La Découverte, Paris, 1983).

Liban : les guerres de l'Europe et de l'Orient, 1840-1992, Gallimard, coll. « Folio/Actuel », Paris, 1992 (nouvelle édition revue et augmentée d'un précédent ouvrage publié aux Éditions La Découverte, sous le titre *Géopolitique du conflit libanais*, Paris, 1986).

L'Europe et l'Orient. De la balkanisation à la libanisation, histoire d'une modernité inaccomplie, La Découverte, Paris, 1989 (édition de poche augmentée : La Découverte/Poches, 2002) ; également publié en arabe et en allemand.

L'avenir du Liban dans le contexte régional et international, sous la direction de Paul Balta et Georges Corm, Les Éditions ouvrières/EDI, Paris, 1990, 310 p.

Identités et conflits au Moyen-Orient, 1919-1991, Arcantère, Paris, 1992 (ouvrage regroupant une série d'articles et d'études sur le Moyen-Orient publiés entre 1985 et 1992).

La Mue (récit fantastique), Noël Blandin/FMA, Paris/Beyrouth, 1992.

Le nouveau désordre économique mondial, La Découverte, Paris, 1993 (publié également en arabe, italien, roumain, hongrois et portugais).

Le Moyen-Orient, Flammarion, coll. « Dominos », Paris, 1993.

Introduction au Liban et aux Libanais (en arabe), Dar el-Jadid, Beyrouth, 1996.

La reconstruction et l'intérêt collectif. De la politique économique d'après guerre (en arabe), Dar el-Jadid, Beyrouth, 1996.

Le Proche-Orient éclaté II, 1990-1996. Mirages de paix et blocages identitaires, La Découverte, Paris, 1997. Ce volume a été regroupé avec le premier volume portant sur la période de 1956 à 1990 en une seule édition de poche revue et augmentée, sous le titre *Le Proche-Orient éclaté, 1956-2000*, Gallimard, coll. « Folio/Histoire », Paris, 1999 (éditions successives 2000, 2001, 2003 et 2005).

L'opportunité perdue dans la réforme financière au Liban (en arabe), Sharikat al Matbou'at lill tawzi wal nashr, Beyrouth, 2001.

La Méditerranée : espace de conflits, espace de rêve, L'Harmattan, Paris, 2001.

Orient-Occident, la fracture imaginaire, La Découverte, Paris, 2002 (édition de poche, 2004).

Yoakim Moubarac, un homme d'exception, recueil de textes choisis et présentés par G. Corm, La Librairie orientale, Beyrouth, 2004.

La Question religieuse au XXIe siècle. Géopolitique et crise de la postmodernité, La Découverte, Paris, 2006 ; édition de poche, La Découverte/Poche, 2007.

Histoire du Moyen-Orient, La Découverte, Paris, 2007.

L'Europe et le mythe de l'Occident. La construction d'une histoire, La Découverte, Paris, 2009.

Site Web de l'auteur :
www.georgescorm.com

Georges Corm

Le Liban contemporain

Histoire et société

Édition actualisée

La Découverte / Poche
9 *bis*, rue Abel-Hovelacque
75013 Paris

L'édition de 2003 de cet ouvrage est parue durant la période d'hégémonie syrienne au Liban. Celle-ci s'est terminée en avril 2005. Dans le cadre de cette édition de poche, le corps de l'ouvrage n'a pas pu être remanié pour tenir compte de ce changement majeur, mais un chapitre additionnel décrit les événements dramatiques qu'a connus le Liban au cours de la période qui va de septembre 2004 à septembre 2005 et qui ont mis fin à trente ans d'hégémonie syrienne sur le Liban ; l'ancienne conclusion a été élargie pour prendre en compte la nouvelle situation du Liban.

ISBN 978-2-7071-4707-3

Avant-propos

Ce livre est une refonte complète de l'ouvrage initialement paru en 1986 à La Découverte sous le titre de *Géopolitique du conflit libanais*, qui avait déjà été mis à jour une première fois en 1991 à l'occasion de sa reprise dans la collection « Folio/Actuel » des Éditions Gallimard, sous le titre, choisi par l'éditeur, de *Liban : les guerres de l'Europe et de l'Orient. 1840-1992*. (Ce titre mettait en avant l'intensité des influences étrangères sur le Liban et sa nature d'État tampon dans les actions européennes visant au démembrement de l'Empire ottoman et au contrôle des ressources de la région ; lors de la parution de l'édition de 1991, la « guerre » venait de se terminer ; la reconstruction était à peine entamée.)

Cette nouvelle édition, publiée plus de dix ans après la fin des hostilités entre milices libanaises en octobre 1990, nous donne l'occasion de restructurer l'ouvrage, en approfondissant la problématique historique de la société libanaise et l'étendue de la réalité communautaire du pays ; afin de ne pas alourdir l'ouvrage, ceci m'a amené à supprimer certaines parties pour en ajouter d'autres concernant l'évolution des réalités communautaires aux différentes époques historiques, dont le mandat français, ainsi que la description plus détaillée des efforts de dépassement du Pacte national sous le mandat du général Chéhab (1958-1964), enfin l'histoire de l'avènement d'une nouvelle République au Liban (troisième partie) et la description de tous les problèmes économiques et financiers créés par les dirigeants qui ont imposé leur pouvoir au Liban depuis 1990. Ces problèmes étant mal connus de l'opinion, nous nous sommes permis d'en faire une description détaillée, afin de dépasser les clichés sur la reconstruction du pays et, en particulier, du centre historique de sa capitale.

Cet ouvrage ne constitue pas une histoire détaillée du Liban, mais il se veut un outil de réflexion pour comprendre les événements contemporains qui, depuis le XVIIIe siècle, ont amené le pays à se déchirer plusieurs fois et à être souvent placé sous la tutelle de pays tiers, comme ce fut le cas de 1990 au printemps 2005, quand la Syrie, avec l'assentiment des États-Unis et de la communauté internationale, « veillait » à la stabilité du pays. Les politiques économiques menées au nom de la reconstruction ont fait du Liban le pays le plus endetté du monde par rapport au nombre de ses habitants et à sa superficie. Avec 32 milliards de dollars de dette en 2003, chaque Libanais devait à d'autres environ 8 000 dollars, pour un revenu individuel moyen qui est de l'ordre de 4 000 à 5 000 dollars par an. Cette dette hypothèque gravement l'avenir du pays et la plupart des jeunes Libanais souhaitent vivement émigrer pour faire leur vie ailleurs.

Le Liban a donc payé d'un prix fort les années de déstabilisation dans lesquelles il s'est laissé entraîner. Les Libanais, cependant, peuvent s'estimer heureux de n'avoir pas connu le sort des Yougoslaves, dont la fédération a éclaté de façon sanglante et absurde. L'éclatement physique leur a été épargné, même si moralement les blessures de la guerre et les peurs communautaires sont encore loin d'être guéries.

Les pages qui suivent ont pour but de nous aider à mieux comprendre ce qui s'est passé depuis l'ouverture de la montagne libanaise sur la modernité européenne, afin de pouvoir bâtir un avenir moins sombre que ce qu'il apparaît actuellement. Car le Liban s'est aujourd'hui aligné sur le reste du Proche-Orient : la liberté d'expression s'y est considérablement rétrécie et l'on ne peut impunément y mettre en cause les actes des anciens seigneurs de la guerre devenus les maîtres du pays et qui le mettent en coupe réglée. Ce que nous avons cherché à faire ici, c'est d'apporter une contribution, si modeste soit-elle, à la génération des Libanais qui un jour aura le privilège de revoir un Proche-Orient en paix et de ne plus vivre dans l'inquiétude permanente d'un avenir incertain et menaçant.

Nous espérons aussi que cet ouvrage contribuera auprès des lecteurs à relativiser les préjugés et clichés qui n'en finissent plus de s'appliquer, non seulement au Liban, mais à tous les pays de cette zone des tempêtes qu'est le Proche-Orient arabe et balkanique. Les tribulations des Libanais sont, en effet, un bon exemple de ce que d'autres peuples ont souffert ou souffrent encore, lorsqu'ils ont le malheur d'être pris dans les tourbillons de la géopolitique ou de la déstabilisation que peuvent provoquer des changements dans l'environnement (comme cela s'est passé en Yougoslavie). À ce titre, il se veut également une contribution à l'étude des conflits que l'on appelle trop souvent ethniques ou religieux, aussi bien pour cacher les enjeux de puissance profanes qui les animent, que pour sacrifier aux modes intellectuelles, plus que jamais dominées par ce que j'appelle l'anthropologie de café, dont les thèses débilitantes sur le conflit des civilisations et des religions sont l'illustration la plus récente.

Ceux qui ont choisi de ne pas trop analyser les raisons complexes des conflits déchirant le monde moderne, ou qui y renoncent par paresse intellectuelle ou passion idéologique et raciste, auront du mal à accepter l'approche proposée ici des deux grands conflits libanais aux XIXe et XXe siècles, qui sont des conflits témoins de l'ère coloniale d'abord, puis de la guerre froide finissante et, enfin, de l'après-guerre froide et de l'affirmation de l'impérialisme américain. Par son histoire, à la fois riche et tourmentée, le Liban et les événements violents qui s'y sont déroulés ont eu, en effet, le triste privilège d'annoncer d'autres déstabilisations et d'autres guerres. Il faut espérer, en dépit de toutes les difficultés dans lesquelles se débat le Proche-Orient auquel il appartient, qu'il saura trouver les voies d'un avenir meilleur et sortir du rôle d'État tampon que lui a assigné la géopolitique régionale depuis deux siècles.

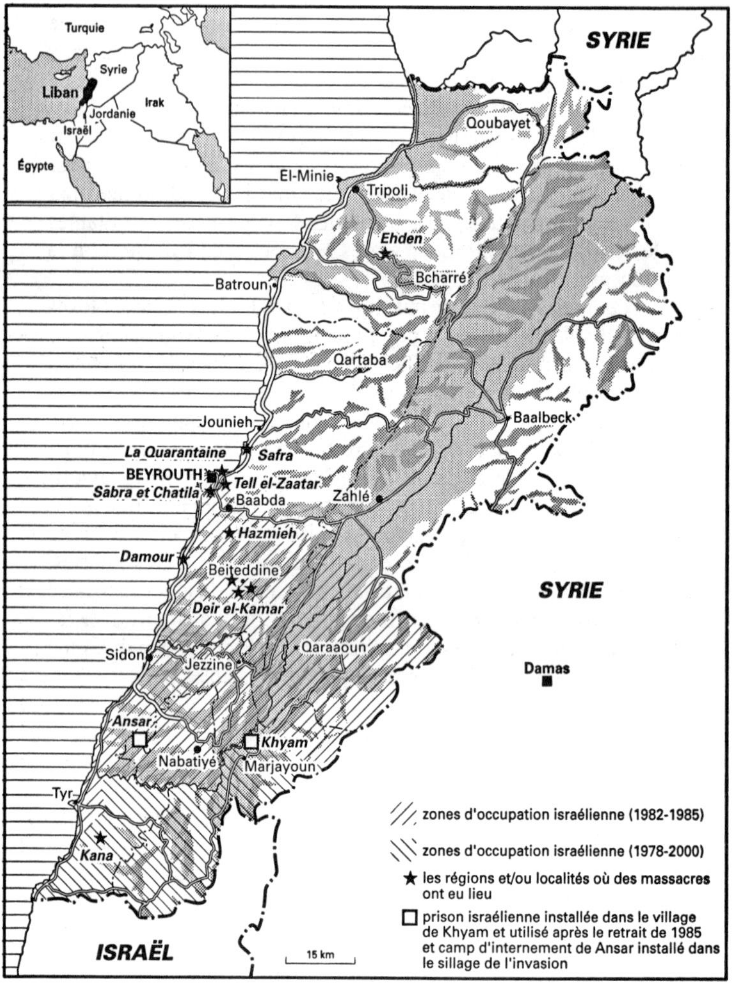

Carte du Liban durant les années de guerre.
Principaux massacres et occupations israéliennes.

Introduction : présentation du pays

La géographie

La République libanaise, située en bordure de la Méditerranée, entre l'État d'Israël au sud et la République syrienne au nord, s'étend sur 10 452 kilomètres carrés. La géographie du territoire est fortement montagneuse. La plaine côtière, d'environ deux cents kilomètres de long, est très étroite (sauf à l'extrême nord du pays) et les sommets de la chaîne montagneuse côtière atteignent plus de deux mille cinq cents mètres en certains endroits. Derrière cette chaîne, se trouve la plaine fertile de la Bekaa, à huit cents mètres d'altitude, bordée à l'est tout au long de la frontière avec la Syrie par la chaîne aride de l'Anti-Liban.

En raison du relief montagneux, le Liban dispose de bonnes ressources en eaux. Deux fleuves importants, prenant leur source dans la plaine de la Bekaa, fournissent une partie des ressources hydrauliques : le Litani, dont le parcours est confiné au Liban, et l'Oronte (*Nahr el-Assi*), dont le parcours continue en Syrie. En outre, la fonte des neiges annuelle alimente d'importantes nappes phréatiques souterraines. Le Litani a fait l'objet d'importants aménagements dans les années 1960, notamment la construction du barrage du Karaoun dans la Bekaa ouest, avec financement de la Banque mondiale, qui fournit de l'énergie hydroélectrique.

La guerre a entraîné une forte pollution des eaux au Liban, le système de collecte et de traitement des ordures et déchets ayant cessé de fonctionner durant les périodes d'hostilités. Le Liban ne possède pas de ressources naturelles, en dehors de sa capacité hydraulique.

La population

En raison des problèmes communautaires, l'État, depuis 1932, n'a plus effectué de recensement de la population. Les chiffres qui circulent sur la population libanaise, et la population étrangère au Liban, de même que ceux relatifs à la répartition de la population par communautés religieuses, sont donc tous des estimations. Celles-ci sont rendues encore plus difficiles du fait de l'émigration massive, durant la période des troubles et des violences, des Libanais et des Palestiniens résidents au Liban ; l'ampleur du mouvement de retour des Libanais, depuis la fin de 1990, marquant la fin des hostilités générales entre milices libanaises et entre l'armée libanaise et les forces syriennes, est aussi très difficile à estimer, d'autant que beaucoup de Libanais ont, depuis la guerre, des résidences multiples.

On estime le nombre de Libanais résidant en permanence au Liban à environ trois millions de personnes, soit le même chiffre, approximativement, qu'en 1975. Le nombre de Non-Libanais présents légalement ou illégalement sur le territoire est très difficile à évaluer, en particulier pour les Syriens et les Palestiniens qui forment incontestablement la grande majorité des étrangers résidents au Liban ; si la communauté palestinienne s'est réduite en nombre après l'invasion israélienne de 1982 et le départ de l'OLP, le nombre de Syriens travaillant au Liban, de façon saisonnière ou permanente, a incontestablement augmenté ; il faut y ajouter de nombreux migrants pauvres du Sri-Lanka (environ 35 000), ainsi que des Égyptiens, sans oublier les Kurdes présents au Liban avant les événements. Suivant les estimations, le nombre d'étrangers varie entre un et deux millions de personnes ; on peut raisonnablement penser qu'il y a, au moins, 250 000 Palestiniens et entre 500 000 et 700 000 Syriens.

La population libanaise est très largement urbanisée ; avant la guerre, Beyrouth et son agglomération comptaient déjà environ un million et demi de personnes ; les troubles qui ont été massivement concentrés dans la capitale ont entraîné un redéploiement de la population de Beyrouth vers les périphéries, qui se sont considérablement élargies géographiquement au Nord comme au Sud. Les troubles et violences permanents au sud du Liban, dont une large partie a été occupée de 1978 à 2000 par l'armée israélienne secondée par une milice locale, ont entraîné une forte concentration de population chiite dans la banlieue sud de la capitale.

On ne dispose pas de statistiques sur le chômage, mais, en règle générale, les employés et fonctionnaires pratiquent plusieurs emplois pour pouvoir assurer leur subsistance et celle de leur famille. On estime que 30 % de la population vit au niveau du seuil de pauvreté ou en dessous. Les spéculations contre la livre libanaise et l'inflation des années 1988-1992 ont considérablement laminé le pouvoir d'achat des Libanais ne disposant pas de ressources en devises étrangères.

L'organisation politique et administrative

Le Liban est une république parlementaire, sa Constitution a été établie en 1926 ; elle est inspirée à l'origine de la Constitution française de 1875. En vertu de la coutume, puis de l'article 95 de la Constitution, les hautes fonctions civiles et militaires dans l'État et l'administration sont réparties entre les notables des communautés religieuses ; la loi électorale a toujours établi une répartition communautaire des sièges, en fonction de l'importance des communautés dans chaque district électoral. La communauté maronite, qui jouissait d'une prédominance dans les répartitions communautaires, a vu sa situation réduite depuis les accords de Taëf (1989), dont le contenu a été intégré à la Constitution ; désormais, les deux communautés sunnite et chiite ont établi leur prédominance, mais aussi leur rivalité, dans la gestion de l'État libanais.

Le pays est divisé en six grandes préfectures (*mohafazat*) et chaque préfecture est subdivisée en arrondissements (*qada*).

La langue officielle est l'arabe et tous les documents officiels sont obligatoirement rédigés dans la langue nationale. Le français se maintient comme seconde langue, mais sur un pied d'égalité avec l'anglais qui est de plus en plus pratiqué.

Les structures juridiques sont largement inspirées du droit français.

Il n'y a pas de religion d'État, mais seuls sont reconnus par l'État et protégés les cultes des communautés religieuses dites « historiques » depuis un arrêté célèbre du haut commissaire français en 1936. Ces communautés sont légalement au nombre de dix-sept, mais les grandes communautés significatives politiquement sont au nombre de sept : les maronites, les sunnites, les chiites, les grecs orthodoxes, les Grecs catholiques, les druzes, les Arméniens. L'ordre communautaire est à la base de l'ordre public au Liban. Les registres d'état civil sont tenus par l'État, mais mentionnent obligatoirement la communauté religieuse à laquelle appartient chaque citoyen. Les communautés ont leurs tribunaux pour juger des affaires de statut personnel. Les chefs religieux des communautés jouissent de nombreux privilèges de type protocolaire. Chez les chrétiens, les chefs religieux sont les patriarches des différentes Églises orientales ; chez les musulmans sunnites, c'est le mufti de la République ; chez les chiites, c'est l'imam qui préside le Conseil supérieur chiite ; chez les druzes, c'est le chef des sages, le *cheikh el-akl.*

L'armée syrienne a été présente depuis 1976 sur les trois quarts du territoire libanais et a disposé de 30 000 hommes ; les accords de Taëf (1989) prévoyaient son redéploiement dans les deux ans dans la plaine de la Bekaa, en préalable à son retrait définitif, ce qui n'a pas été réalisé. Cependant, entre l'année 2000 et l'année 2004, le nombre de soldats syriens présents au Liban a été réduit à 14 000 hommes, mais ce n'est que sur l'injonction d'une résolution du Conseil de sécurité de l'ONU que l'armée syrienne achèvera son retrait total du territoire libanais au printemps de l'année 2005.

L'armée israélienne a occupé 10 % à 12 % du territoire libanais au sud du pays de 1978 à 2000 ; sa présence a été unanimement considérée illégale et contraire à la résolution 425 des Nations unies de 1978, résolution qui a permis l'installation de casques bleus au sud du Liban. Ces derniers n'ont pu, cependant, se déployer jusqu'à la frontière israélo-libanaise et empêcher l'invasion de 1982 qui a amené l'armée israélienne jusqu'à Beyrouth. De nombreux actes de résistance ont entraîné des représailles massives de l'armée israélienne, y compris hors de la zone d'occupation.

En septembre 1995, la Chambre des députés a amendé la Constitution pour permettre l'extension de trois ans du mandat du président de la République, M. Élias Hraoui, élu en 1989, et cela en dépit d'une opposition assez forte de l'opinion publique. En septembre 1998, le général Émile Lahoud, général en chef de l'armée, a été élu à la présidence de la République pour une durée de six ans. Contrairement à la prolongation du mandat d'Élias Hraoui en 1995, qui ne suscitera aucune opposition des Nations unies et des puissances occidentales, celle que le Parlement libanais vote en 2004 en faveur du président Émile Lahoud pour trois années aussi sera le prétexte d'une internationalisation de la situation du Liban dans le contexte de la nouvelle politique américaine au Proche-Orient qui accompagne l'invasion de l'Irak. Le pays entre alors dans une nouvelle période de tensions et de déstabilisation et redevient un espace d'affrontement géopolitique sur la scène moyen-orientale.

Origine et implantation des communautés religieuses

Contrairement à une opinion qui a longtemps prédominé, le Liban n'est pas le seul pays du Moyen-Orient à être caractérisé par une grande diversité religieuse. Toutes les communautés libanaises ont des branches dans les pays arabes voisins, en particulier en Irak et en Syrie. La spécificité libanaise tient à l'importance démographique des communautés chrétiennes dans le total de la population, bien que cette importance diminue régulièrement depuis le début du XXe siècle. En fait, il faut distinguer au Liban deux catégories de communautés.

Les communautés chrétiennes

Il s'agit évidemment des plus anciennes communautés chrétiennes du monde ; beaucoup d'entre elles, en particulier l'Église maronite, se définissent comme « antiochiennes », c'est-à-dire se rattachant au siège historique d'Antioche (ville située aujourd'hui en Turquie, après que la France a cédé la Cilicie syrienne à la Turquie en 1939 pour prix de la neutralité de cette dernière dans la Seconde Guerre mondiale).

Les communautés chrétiennes sont divisées suivant les clivages qui sont nés durant les dix premiers siècles de l'Église. Ces Églises sont les suivantes :

— les Églises d'obédience monophysite (jacobite, dite aussi syriaque, et arménienne) qui croient en l'essence exclusivement divine de la nature du Christ. Leur implantation est forte en Syrie ; les coptes d'Égypte et les chrétiens d'Abyssinie sont aussi monophysites.

— les Églises dites chaldéennes ou assyriennes, appelées aussi d'obédience nestorienne (du nom de Nestorius, leur fondateur), qui affirment au contraire l'existence de deux natures séparées et égales en importance ; les chrétiens d'Irak sont massivement nestoriens. On trouve aux Indes des Églises nestoriennes ;

— Les Églises dites melkites (les grecs orthodoxes) sont celles issues de leur obédience au patriarcat de Constantinople qui ne reconnaît pas la suprématie du siège de Rome. Ce schisme entre les deux grands sièges patriarcaux de Rome et de Constantinople sera aggravé par la quatrième croisade au XIIIe siècle, puis consacré par la chute de Constantinople aux mains des Turcs ottomans ;

— L'Église maronite fait partie, à l'origine, de ces Églises dites autocéphales, c'est-à-dire n'ayant pas d'obédience pour l'un ou l'autre des sièges patriarcaux (Rome et Constantinople) et se gouvernant elles-mêmes, leur patriarche étant élu par l'assemblée des évêques, avec parfois la participation de laïcs. Née au VIe siècle en Syrie et ayant pris le nom du saint fondateur de la communauté (Maron), celle-ci aurait développé le monothélisme (croyance dans l'existence de deux natures séparées dans le Christ, mais d'une seule volonté divine), rejeté à la fois par Rome et Constantinople. Persécutés par les Byzantins comme par les Jacobites, les maronites se seraient réfugiés dans les montagnes du Liban-Nord, puis se sont progressivement étendus à tout le Liban. Les historiographies officielles de l'Église maronite réfutent la thèse des origines monothélites et affirment la soumission, dès l'origine, à l'Église de Rome. Mais c'est après les croisades que les liens de l'Église maronite avec le siège de Rome se développent de façon continue. Ces liens sont consacrés par la fondation du Collège maronite à Rome en 1584. En 1736, le concile de Lou'aizé resserre les liens entre le patriarcat maronite et Rome, ce qui ne fut pas sans remous dans la communauté, dont une large partie du clergé résista à la « latinisation » de l'Église qui a conservé sa liturgie dans la langue syriaque et dans l'arabe ;

— La communauté dite « latine » est celle qui regroupe les Levantins, c'est-à-dire les Libanais ou Syriens ou Palestiniens d'origine européenne qui ont fait souche au Levant et qui n'ont pas adhéré à une des Églises orientales existantes. Elle comprend aussi, notamment en Palestine, des grecs orthodoxes qui ont totalement quitté leur communauté pour intégrer la communauté latine.

À partir du XVIIIe siècle, l'Église romaine, à travers le rayonnement de ses missionnaires, parvient à créer des scissions dans presque toutes les communautés de diverses obédiences. C'est ainsi que se développeront des communautés nouvelles, telles que les Grecs catholiques, les Syriaques et Chaldéens catholiques. Au XIXe siècle, les différentes Églises protestantes commencent aussi à opérer des conversions dans les communautés chrétiennes, donnant naissance à de nouvelles communautés. D'où la multiplication des Églises chrétiennes au Liban, mais aussi en Égypte ou en Syrie et en Irak. L'établissement à Beyrouth du Collège syrien protestant en 1866, qui deviendra par la suite l'Université américaine de Beyrouth, attirera beaucoup de jeunes chrétiens de différentes confessions orientales que séduit la sobriété des missionnaires américains protestants au Liban.

Les communautés musulmanes

L'origine de la structure des communautés musulmanes est relativement plus simple à décrire que celle des communautés chrétiennes. Si ces dernières se sont furieusement divisées durant les premiers siècles sur le dogme théologique relatif aux natures du Christ, en islam, la ligne de clivage principale s'est formée autour du principe de la succession du Prophète dans la gestion de la communauté musulmane.

Les chiites seront les partisans d'Ali, cousin et gendre du Prophète, qui ne parvient que durant quelques années à être calife avant d'être assassiné. Son fils Hussein, objet d'une vénération particulière, sera tué en 680 à Kerbala en Irak par les troupes du calife omeyyade installé à Damas et qui conteste que le pouvoir doive être aux mains des descendants directs du Prophète, ce qu'affirment les partisans du calife Ali. C'est ainsi que se formeront les deux grandes branches de l'islam, l'une dite « sunnite » (qui suit les enseignements du Prophète, mais estime que le pouvoir temporel revient aux plus capables dans la communauté et non point aux descendants du Prophète), l'autre dite « chiite » (réunissant les partisans d'Ali et de ses descendants, tous révérés comme des saints et des hommes de Dieu — *imams*).

Les chiites feront dissidence très tôt, contestant le pouvoir aux Omeyyades qui ont établi leur dynastie à Damas. Les montagnes libanaises leur seront un refuge naturel. Ils y auront une place prépondérante jusqu'à l'arrivée des Mamelouks, qui les déciment au XIVe siècle. Ces derniers, en effet, adoptent le sunnisme et combattent férocement les chiites. Les grandes familles chiites, qui ont eu jusque-là une influence majeure dans toutes les régions du Liban, en particulier au sud, au nord, dans la Bekaa et dans le Kesrouan, comme chefs locaux et percepteurs de tribut, vont voir leur prépondérance s'effacer, en particulier au profit des grandes familles druzes puis maronites.

Les chiites sont eux-mêmes divisés en plusieurs rameaux. Les deux branches les mieux établies sont les septimains (reconnaissant une lignée de sept imams après Ali), dont le centre principal est le Yémen, et les duodécimains (reconnaissant une lignée de douze imams après Ali), présents au Liban, en Irak et en Iran. D'autres rameaux se sont éloignés de ces deux branches principales : les ismaéliens (leur chef est l'Agha Khan), dont la présence est forte au Pakistan et en Afghanistan, plus marginalement en Syrie ; les alaouites, qui pratiquent un culte d'Ali particulièrement prononcé, sont présents en Syrie où, après des siècles de marginalisation politique et économique, ils occupent aujourd'hui le devant de la scène ; une autre branche alaouite existe en Turquie. Récemment, l'État libanais a reconnu officiellement la communauté alaouite, qui a été dotée d'un statut personnel et de tribunaux, à l'instar des autres communautés, et qui dispose de deux députés au Parlement. C'est évidemment la présence syrienne depuis 1976 qui est à l'origine d'une immigration d'alaouites au nord du Liban. À titre d'équilibre, la communauté copte, qui compte un nombre réduit de fidèles au Liban, a été reconnue, elle aussi, sans toutefois que lui soit attribuée une représentation parlementaire.

Les druzes font leur apparition au XIe siècle. Il s'agit d'une communauté issue des enseignements ismaélites, dont l'origine remonte à la dynastie des Fatimides en Égypte [1]. Mais les croyances druzes ont acquis un caractère syncrétique puisant à plusieurs religions ; elles ont donc été violemment combattues par les deux autres grandes branches de l'islam, ce qui a poussé la communauté à réserver la connaissance religieuse à la caste des « sages ». Depuis le XIXe siècle, la communauté a tendance, lors des crises, à s'identifier à la communauté sunnite et à se déclarer « musulmane ». Aux XVIe et XVIIe siècles, la famille des Maan jouera un rôle prépondérant dans l'émancipation de la montagne libanaise de la domination turque, ce qui entraînera des conséquences majeures dans l'histoire du Liban. Paradoxalement, la communauté sera marginalisée dans l'ordre politique après la disparition de la dynastie des Maan, le pouvoir passant aux grandes familles maronites, soutenues par l'influence française s'affirmant au Liban. C'est la famille des Chéhab qui complètera l'œuvre des Maan. Celle-ci est une famille d'origine sunnite qui se convertit et devint maronite à la fin du XVIIIe siècle.

Jusqu'à la fin de l'Empire ottoman, ce sont les chefs des grandes familles de la montagne libanaise (chiites, druzes et maronites) qui ont successivement joué un rôle politique éminent. Les familles appartenant aux autres communautés, en particulier les sunnites et les grecs orthodoxes, vivant dans les villes côtières, ne deviendront des acteurs politiques que lors de la constitution du Grand-Liban par la France en 1920, réunissant la montagne et la côte.

---

1. Plus particulièrement le calife Al-Hakim (985-1021) dont l'un des adeptes, dénommé Darazi (d'où probablement l'appellation de druzes), développe la doctrine de la communauté.

I

Avant l'indépendance : une histoire riche et complexe

1

Une histoire exemplaire

Les discours des Libanais sur eux-mêmes

Depuis le début des années 1990, le Liban a disparu des feux de l'actualité sanglante et guerrière qui déchire de nombreux points du globe. Heureusement pour lui, il ne fait plus partie de ces peuples broyés par les rebondissements d'une géopolitique cruelle qui ne s'embarrasse pas de considérations morales ou de réflexion approfondie sur les causes des tensions et des explosions violentes éclatant ici ou là à travers le monde.

Durant quinze ans, de 1975 à 1990, le Liban a joué sa partition malheureuse dans la géopolitique régionale. Il a été le théâtre symbolique et violent des nombreuses tensions qui ont agité le Proche-Orient durant le dernier demi-siècle ; les événements qui l'ont frappé ont aussi annoncé le modèle des explosions balkaniques qui ont pris le relais, sitôt le champ proche-oriental calmé provisoirement, après l'expulsion de l'Irak du Koweït (1991) et la mise en place du « processus de Madrid » destiné à organiser la paix entre Israéliens et Arabes.

Ce n'était pas la première fois que le Liban sombrait dans la déstabilisation et la violence. Au XIXe siècle, entre 1840 et 1860, ses « communautés » religieuses s'étaient affrontées de façon sanglante, dans le cadre des rivalités entre la France et l'Angleterre pour le contrôle hautement stratégique de la route des Indes (nous y reviendrons en détail au chapitre 3). État « tampon », caisse de résonance, le Liban présente une histoire exemplaire, une avant-garde des maux qui affectent par la suite d'autres sociétés, dites plurielles ou segmentées, qui n'ont pas l'armature d'autodéfense des États modernes et forts, qu'ils soient des démocraties libérales ou des dictatures de style césarien.

Il est bien difficile de définir le Liban. L'exotisme et l'image « cliché » sont presque toujours au rendez-vous. Il existe une très forte tradition d'écriture orientaliste sur les communautés libanaises, qui ont inspiré de grands textes de la littérature romantique française dans le cadre des « voyages en Orient » que tout romantique se devait d'accomplir. Lamartine et Gérard de Nerval sont de ceux qui nous ont laissé des pages célèbres sur les « maronites » et les « druses ». Avant eux, Volney, le voyageur philosophe et moraliste du XVIIIe siècle, avait fait aussi une description poussée des communautés libanaises.

Le regard « français » a pesé très lourd sur l'histoire libanaise. Protectrice des « chrétiens d'Orient », et plus particulièrement des maronites du Liban, la France coloniale a fortement marqué de son empreinte l'histoire du Liban. Napoléon III y a fait débarquer des troupes en 1860. À l'issue de la Première Guerre mondiale, la France a réussi à consolider une hégémonie qui était déjà forte sur le pays, en se faisant attribuer un « mandat » officiel pour gouverner le Liban dans le cadre de la Société des Nations, qui se mettait alors en place. Toute opposition, de quelque communauté qu'elle soit, à cette hégémonie a été étouffée. Une histoire de type « canonique » s'est mise en place, consacrant l'idéalisation des liens qui auraient, de tout temps, uni la France au Liban ou, du moins, aux maronites. Une tradition d'historiographie s'est développée, dans laquelle histoire du Liban et histoire des maronites et de leurs relations à la France ont eu tendance à être confondues. Ce n'est qu'avec la désintégration des années 1975-1990 que cette tradition a été ébranlée, sans toutefois que les images-clichés disparaissent de l'histoire du Liban.

Le discours des Libanais sur eux-mêmes ne facilite pas la tâche de l'observateur ou de l'historien. Les Libanais sont, en effet, tous très fortement attachés à leur Liban, à quelque communauté qu'ils appartiennent. Mais ils sont, en même temps, capables de dénigrer férocement leur pays, leur État, leur société ; de ne pas prendre au sérieux l'existence de ce Liban qu'ils adorent, de ne pas y croire. L'indépendance acquise en 1943 ne serait que le résultat des manigances coloniales anglaises contre la présence française au Levant. Chaque Libanais a aussi tendance à penser que la communauté à laquelle il appartient est victime de la méchanceté et de la trahison des autres communautés. Pourtant, il garde, en général, même dans l'émigration, un attachement viscéral à son terroir ; il reste fier d'être libanais, d'appartenir à ce « mythe », à ce pays mirage, insaisissable, qui depuis près de deux cents ans exporte ses fils aux quatre coins du monde, comme si l'émigration était une fatalité. Que le Libanais se dise levantin, phénicien, arabe, qu'il mette en avant, au contraire, son christianisme ou son islam, dans ses multiples variantes, il reste fier de son appartenance. Peu importe que leur appartenance soit complexe, fluide, peu apte à être définie de façon structurée et rationnelle, ait le caractère d'un labyrinthe, les Libanais, si critiques soient-ils de leur existence collective, nationale, étatique, sociale, sont fiers d'appartenir à cette terre.

Ils considèrent qu'ils ont été les ferments de la renaissance de la langue et de la culture arabes au XIXe siècle, des vecteurs de l'introduction de la modernité en Orient, mais aussi de la connaissance de l'Orient en Occident par les liens que leurs éminents savants, le plus souvent prêtres du clergé maronite, ont entretenu avec l'Italie de la Renaissance et la France de Louis XIV. Les Libanais appartenant aux communautés chrétiennes sont fiers en outre d'avoir préservé vivant le christianisme oriental, celui de l'Église byzantine ou des Églises syriaques, alors que le christianisme occidental s'est coupé de ses sources historiques qui sont en Orient. Cette fierté, qui caractérise la plupart des Libanais chrétiens, est partagée par de nombreux musulmans qui voient dans leur terre libanaise une spécificité forte par rapport aux autres sociétés du Proche-Orient. Ils ont, au cours des siècles, assumé une vie commune avec les chrétiens, traversé ensemble les crises, les invasions, les dominations qui ont marqué l'histoire de la région, la dernière étant celle de la France, succédant aux Turcs ottomans. La mixité a été au Liban plus forte qu'ailleurs, dans les villes comme dans les villages. La mosquée au Liban existe aux côtés des églises. C'est un paysage plus que familier, qui choque ailleurs, en Libye, en Tunisie, ou au Maroc par exemple.

Une identité déchirée et paradoxale

Pourtant, ces mêmes Libanais, si fiers de l'être, peuvent aussi tenir d'autres discours, violents, fanatiques, caricaturaux, dénigreurs de cette vie commune. Pour certains chrétiens, leur histoire n'est que celle de leur soumission progressive aux musulmans, qui n'auraient aucune sorte d'allégeance à l'identité libanaise, qui seraient une « cinquième colonne » toujours prête à travailler pour l'étranger pourvu qu'il soit musulman. Pour certains musulmans, à l'inverse, les chrétiens, eux, ont été la « cinquième colonne » de l'Occident impérialiste au Proche-Orient ; le Liban n'aurait été créé par la France et détaché de son arrière-pays syrien que pour être une tête de pont impérialiste et assurer la domination des Libanais chrétiens sur les musulmans du Liban.

Entre ces contradictions, apparemment insurmontables, comment saisir la réalité du Liban et de son histoire contemporaine ? Les Libanais, enfermés dans leur communautarisme étriqué, sont-ils vraiment un peuple capable de se gouverner lui-même, de trouver une idéologie nationale acceptée de tous, assurant l'existence d'un État stable et respecté ? Ou bien s'agit-il d'un peuple « impossible », ingouvernable, insaisissable, toujours mécontent de son sort, ayant recours à l'arbitrage de l'étranger à la moindre querelle interne ? Ses partis politiques ne sont-ils pas crûment communautaires, tels le parti des phalanges pour les chrétiens ou le parti de Dieu (Hezbollah) pour les musulmans, ou transnationaux, tels le Parti populaire syrien, le parti Baath d'obédience syrienne ou irakienne, ou, autrefois, les partis d'obédiences égyptienne (nassérienne) ou palestinienne (le Mouvement des nationalistes arabes) ? Pourquoi s'étonner alors que la Syrie puisse aujourd'hui si facilement imposer au Liban ses arbitrages hégémoniques et son omniprésence dans ses affaires intérieures ? Les Libanais ne sont-ils pas les premiers à solliciter l'intervention des autres dans leur existence collective ?

Pour expliquer cette identité déchirée et paradoxale, peu d'auteurs ont tenté de placer l'histoire libanaise dans toute la complexité de son contexte. Bien plus, peu d'historiens du Liban se sont interrogés sur le fait communautaire, sa nature, son évolution, son rôle autonome ou dépendant, dans les grands événements qui ont affecté l'histoire du « pays du cèdre » au cours des deux derniers siècles. La littérature de type ethnologique a embrouillé tous les concepts. Les termes de « secte », « communauté », « minorité », « nation » ou « quasi-nation » ont été employés indifféremment et sans aucune précaution d'ordre méthodologique [1]. À cela s'est surimposée la notion sociologique de « fait social total » pour caractériser la vie communautaire, rendant bien difficile de décrire la « société » libanaise autrement que par la consécration des

1. Voir à ce sujet notre critique des concepts employés pour saisir la réalité sociale des pays du Moyen-Orient dans notre ouvrage, *Le Proche-Orient éclaté, 1956-2003*, Gallimard, coll. « Folio/histoire », Paris, 2003, chapitres 2 et 3.

communautés qui la composent comme la réalité unique et incontestée de la vie de tous les Libanais.

Les observateurs de la réalité libanaise se sont aussi peu préoccupés d'analyser l'intensité des influences culturelles qui se sont exercées sur les Libanais, en particulier l'impact des différentes conceptions de la nation venues de France et d'Europe ou celui de la littérature politique européenne dans tous ses aspects contradictoires. Le Mont-Liban fut, en effet, la province arabe de l'Empire ottoman qui s'ouvrit le plus tôt à l'influence culturelle de l'Europe et à la floraison de passions idéologiques propres au XIXe siècle européen. La vision de l'impérialisme européen sur l'Orient et l'islam, sur la supériorité de la civilisation chrétienne, mais aussi la laïcité et la séparation de l'Église et de l'État, l'anti-impérialisme et le socialisme, les différentes théories sur la nation et l'État, les idées sur le progrès et les sciences : autant d'influences qui ont agité l'Europe elle-même et provoqué bien des guerres entre ses entités étatiques ou à sa périphérie et qui ont contribué à former des perceptions et des passions dans la psychologie des Libanais d'abord, mais ensuite dans celle des autres peuples de la région. L'émigration des Libanais à partir du XIXe siècle, en Europe, aux Amériques, mais aussi en Égypte ou bouillonne le choc des nationalismes sur le mode égyptien, arabe, panislamique, l'appel à la réforme et au libéralisme, amplifie le rôle de caisse de résonance joué par les Libanais qui savent et aiment communiquer. On les trouve ainsi aux Amériques, en France où en Égypte, où ils fondent des revues et des journaux aux idéologies diverses et aux tendances politiques variées.

En cette période de la fin du XIXe siècle et du début du XXe siècle, l'Empire ottoman est chancelant. Les puissances européennes interviennent activement dans ses affaires et resserrent leur hégémonie sur ses provinces balkaniques et arabes. Elles se construisent des clientèles dans les différentes communautés ethniques et religieuses qui y vivent en étroite symbiose depuis des siècles. Des traditions de « clientélisation » se créent et les Libanais seront souvent au centre de ces réseaux. À Paris, les francophiles travaillent à rendre l'impérialisme français acceptable ; à Londres, les anglophiles, souvent nouvellement convertis au protestantisme, apportent à l'impérialisme anglais leur soutien ; au Caire, ils jouent un rôle éminent dans la formidable renaissance littéraire et créent de prestigieux journaux et maisons d'édition.

Certains de ces Libanais de l'émigration restent fidèles à l'espoir d'une réforme de l'Empire ottoman qui permettrait aux aspirations autonomistes de ses différentes provinces arabes de s'épanouir sans remettre en cause son unité ; d'autres travaillent déjà au dépècement de l'empire au profit des États européens dont ils admirent la puissance et les institutions démocratiques. Un très beau tableau de ces opinions nous a été légué par Albert Hourani, dont les parents avaient émigré à Manchester, où fleurissait le commerce des textiles avec l'Orient. Dans *Arabic Thought in the Liberal Age*, ce fils de commerçants, qui deviendra un des meilleurs orientalistes anglophones de sa génération, nous a brossé le paysage intellectuel du Proche-Orient, sans lequel il est bien difficile de comprendre le comportement des élites chrétiennes et musulmanes de cette époque, parmi lesquelles de nombreux Libanais de toute confession ont joué un rôle éminent [2].

Un État mou, un peuple éponge

Mais il faut aussi accompagner cette description minutieuse d'une mise à plat de la politique des puissances européennes en Orient balkanique et arabe pour toucher du doigt les raisons de ce qui fera du Liban un État mou, inconsistant, toujours pris dans le réseau des influences et rivalités contradictoires de ces puissances entre elles et avec les Turcs ottomans tentant de sauver leur empire vermoulu.

Ce contexte explique, au moins en partie, l'impossibilité de l'élite culturelle et politique du Liban de s'entendre sur des valeurs incontestables, garantissant l'intégrité du corps social et la souveraineté de l'État qui le représente. C'est dans ce bouillonnement d'idées et d'influences culturelles fortes, de chocs géopolitiques et de rivalités de puissance que doit être recherchée l'origine des discordes libanaises. Une passion désordonnée et schizophrénique d'une terre si belle, mais qui a eu le malheur d'être située à un carrefour géographique stratégique de l'Orient. C'est pourquoi cette passion s'est transformée aussi en différentes formes de passion idéologique, celles qui ont animé les grands acteurs de la scène régionale dans leurs jeux pour la domination du Proche-Orient.

C'est cette passion qui s'est donné libre cours durant quinze années de violence, entre 1975 et 1990, alors même que les

---

2. Albert Hourani, *Arabic Thought in the Liberal Age*, Cambridge University Press, Cambridge, 1983 ; traduction française sous le titre *La Pensée arabe et l'Occident*, Librairie Naufal, Beyrouth, 1991.

rebondissements des convulsions géopolitiques faisaient du Liban un lieu particulièrement propice aux affrontements et aux règlements de comptes. Cependant, tandis que les affrontements du XIXe siècle, première grande discorde moderne entre Libanais, avaient été restreints aux deux communautés druze et maronite, reflétant la rivalité féroce entre la France et l'Angleterre pour le contrôle de la route des Indes, la discorde du XXe siècle tournera à une foire d'empoigne généralisée.

Israéliens, Palestiniens, Soviétiques et Américains, Syriens et Iraniens, Français, Italiens, Britanniques, se heurteront tous sur ce petit bout de terre et embrigaderont une large partie de l'élite politique et intellectuelle des Libanais dans leurs guerres gigognes. Cette période troublée ne sera pas une « guerre pour les autres », comme l'affirme le titre d'un ouvrage qui fut un moment à la mode parce que écrit par l'un des plus brillants représentants de l'élite libanaise de la fin du XXe siècle [3], mais une série de guerres où cette élite s'investira profondément au nom de toutes les couleurs des idéologies soufflant sur le Proche-Orient, croyant ainsi faire œuvre de patriotisme intense et sauver le pays des griffes des uns ou des autres des grands acteurs sur la petite scène libanaise. Simplement, chaque patriotisme avait des visées antagonistes et des colorations idéologiques ou des atmosphères culturelles et des sensibilités politiques opposées.

Peuple éponge, pourrait-on presque dire des Libanais qui se laissent si facilement imprégner des idées des autres et prendre au déguisement de leurs ambitions en grands idéaux patriotiques ou nationalistes ou de défense de civilisation. Ils se mettent à les partager avec les grandes puissances, ce qui leur assure une place importante de pouvoir et d'influence sur la scène locale et régionale. De fait, les Libanais ont toujours aimé exprimer leurs passions politiques sous formes de grandes causes à l'échelle régionale ou internationale. Comme si les 10 000 kilomètres carrés de leur petit pays étaient bien trop étroits pour leurs ambitions et leurs rêves !

En même temps, ils ont reporté ces ambitions sur leur communauté d'appartenance, comme instrument de réalisation de leurs rêves. Car depuis la conquête ottomane, la communauté religieuse a été instituée en structure principale de décentralisation du pouvoir. Les réformes de l'empire, sous la pression des puissances européennes, consacreront cette primauté des communautés dans l'ordre public, rendant illusoire la mise en application des principes

---

3. Ghassan TUENI, *Une guerre pour les autres*, Lattès, Paris, 1993.

libéraux et démocratiques. L'égalité des individus sera estompée par la revendication d'égalité des communautés dans l'ordre politique et social. La France ossifiera cet ordre communautaire au Liban, où elle institue la communauté religieuse comme base de l'ordre public. Un arrêté de l'autorité mandataire en 1936 consacrent l'existence de dix-sept communautés qualifiées d'« historiques ». Désormais, un Libanais ne pourra légalement exister et obtenir un passeport de son État que s'il appartient à l'une de ces communautés. L'État de l'indépendance n'osera jamais toucher à ce fameux arrêté.

La surenchère communautaire deviendra ainsi un moyen d'autopromotion sur la scène politique. Ceux des Libanais que ce jeu stérile et autodestructeur n'attire pas se chercheront alors des partis politiques plus larges et plus ouverts, en adhérant aux formes diverses de panarabisme, de panislamisme, de pansyrianisme, d'identification aux grands idéaux de la culture occidentale, libéralisme démocratique et individualiste ou socialismes de diverses couleurs, soviétique, chinois, tiers-mondiste. Le Liban ne sera point une « maison aux nombreuses demeures », comme le proclame le titre d'un ouvrage qui fut aussi très à la mode après la guerre [4], mais bien comme un pays incapable de se construire une vraie demeure.

Du reste, durant la guerre, les violences à l'intérieur des communautés furent souvent plus intenses que celles entre communautés. Mais la facilité dans l'analyse, consistant à faire de la communauté la clé exclusive de la compréhension des événements et des discordes libanais, n'est pas facile à déjouer et à combattre, surtout lorsque la nature et les caractéristiques de la communauté ne font l'objet d'aucune approche critique et différenciée, suivant ses origines historiques, ses institutions, la nature de ses particularités, objectives ou imaginaires et mythiques. Les communautés libanaises ne sont en effet ni des tribus ni des ethnies, ni ce que l'on nomme des minorités nationales, ce qu'oublient la majeure partie des observateurs, si avisés soient-ils, de la réalité libanaise, qu'ils soient ou non libanais.

4. Kamal SALIBI, *Une maison aux nombreuses demeures. L'identité libanaise dans le creuset de l'histoire*, Groupe Naufal Europe Sarl, Paris, 1989.

Que sont les communautés libanaises ?

La facilité et le cliché règnent ici en maîtres, consacrés par ces expressions répétées jusqu'à l'écœurement : la « mosaïque d'ethnies », la « permanence du tribalisme et du clientélisme », les *zaïm* et l'*assabiya*. Les structures de la famille élargie comme le système d'honneur et de vendetta, complémentaires et caractéristiques du milieu méditerranéen et arabe, sont confondus dans l'analyse avec le système communautaire, relativement moderne au Liban, cependant qu'on estime que chaque communauté est un monde clos avec des particularismes indestructibles.

Cette image est si courante que peu d'Européens résistent à l'envie, chaque fois qu'ils font la connaissance d'un Libanais, de s'enquérir de son appartenance communautaire, niant par là indirectement que l'appartenance au Liban soit suffisamment significative pour saisir la personnalité de leur interlocuteur. En réalité, ce que l'on considère instinctivement comme signifiant, c'est la ligne de clivage entre musulmans et chrétiens, plus que les lignes de partage qui peuvent être fortes historiquement à l'intérieur de ces deux parties de la population. Les raisons de la portée de ce clivage sont à rechercher dans l'idéologie qui, trop souvent, a accompagné la présence coloniale française au Liban. La France, en effet, ne s'est pas présentée au Liban sous ses habits laïcs, mais comme fille aînée de l'Église et, à ce titre, protectrice des chrétiens contre le « fanatisme » des musulmans. L'Angleterre, elle, s'est présentée comme cherchant à faire l'unité des provinces arabes de l'Empire ottoman ; son protestantisme lui a servi de vitrine réformatrice, d'idéologie séculière et au-dessus des communautés religieuses locales et de leurs antagonismes. Ce n'est que son appui à la création d'un État juif qui ternira son image au cours du XXe siècle, ainsi que celle des États-Unis, qui soutiendront avec de plus en plus de partialité la politique israélienne à partir des années 1960.

Mais si l'on recherche les particularismes objectifs enracinés dans des processus historiques, le clivage entre chrétiens et musulmans est vraisemblablement moins signifiant que ceux qui délimitent les frontières historiques des communautés chrétiennes entre elles et musulmanes entre elles.

Dans le premier cas, la ligne de clivage entre chrétiens et musulmans, telle que nous la connaissons depuis l'ouverture du Liban sur le monde européen contemporain, a été longtemps forgée par les rivalités des puissances coloniales pour le dépècement de l'Empire ottoman et par l'instrumentalisation des communautés chrétiennes pour servir de canal d'influence aux grandes puissances. Elle est donc de nature très politique et largement marquée par l'idéologie et le cliché : un christianisme conquérant, sûr de lui, maître de la civilisation et du progrès technique, face à un islam fanatique décadent et incapable d'intégrer la civilisation. Ce sentiment largement répandu en Europe sera partagé par ceux des chrétiens libanais qui deviendront francophiles et verront dans la présence française au Liban une garantie pour leur existence au sein de l'Orient « musulman ».

Dans le second cas, les lignes de clivage ont été forgées par des siècles de querelles et de luttes idéologiques entre Églises chrétiennes ou entre écoles théologiques musulmanes. Les premiers siècles du christianisme ont en effet été marqués, on l'a vu, par des querelles très vives sur la nature du Christ et sur la formation du dogme théologique. Du côté de l'islam, les querelles de natures théologique et politique ont été tout aussi vives, en particulier entre sunnites, reconnaissant la légitimité des califes ayant succédé à l'imam Ali, cousin et gendre du Prophète, et chiites, partisans de l'imam et de ses successeurs, contestant cette succession et développant des jurisprudences différentes.

Ainsi, les communautés au Liban ne sont nullement dans leurs origines historiques des entités sociales globales, au sens que leur donnent l'anthropologie et la sociologie modernes. Du côté des chrétiens, les communautés ne sont que des Églises, et non des tribus ou des ethnies. Certes, ces Églises ont été, autrefois, en rivalité aiguë ; de nombreuses violences ont pu caractériser leur histoire, violences intrachrétiennes souvent plus importantes que celles, plutôt rares, qui ont pu à certaines époques opposer chrétiens et musulmans. L'histoire des Églises du Liban conserve, en effet, la trace de guerres entre celles se réclamant de la doctrine monophysite (Églises syriaques) ou de l'orthodoxie byzantine (Églises melkites) ou de l'orthodoxie romaine. L'Église maronite tenta, sans succès, de jeter des ponts entre points de vue théologiques conflictuels avant de rejoindre l'orthodoxie romaine et l'allégeance à la papauté, tout en s'efforçant de garder sa spécificité syriaque dans la liturgie et la vie monacale, ce qui entraînera parfois des tensions vives à l'intérieur de la communauté entre partisans et adversaires de la latinisation. En revanche, l'histoire pré-contemporaine du Liban ne garde pas de trace de violences majeures ou de persécutions ayant caractérisé les rapports entre chrétiens et musulmans, en particulier dans le Mont-Liban, où les relations ont été libres de leur stricte codification régnant dans les villes de la côte soumises jusqu'en 1918 à la domination des empires, royaumes ou sultanats musulmans.

Du côté musulman, le tableau n'est pas le même, car la rivalité entre sunnites et chiites a laissé beaucoup de traces négatives, comme ailleurs au Moyen-Orient, où l'élément turc qui gouverne à partir du XIIe siècle, avec l'ordre mamelouk puis ottoman, persécute les chiites ainsi que les autres écoles ou « sectes » qui découlent historiquement du chiisme tout en s'écartant totalement de lui. Ce sera notamment le cas des druzes, issus des enseignements d'un calife fatimide d'Égypte au début du XIe siècle, qui pratiquent un syncrétisme religieux très spécifique ; ils se réfugieront au Liban et en Syrie. C'est d'ailleurs entre druzes et maronites qu'auront lieu, au XIXe siècle, les affrontements modernes de type « communautaire », et non point entre sunnites et chiites d'un côté et les différentes Églises chrétiennes de l'autre, comme on aurait pu s'y attendre si la ligne de clivage historique, réelle et objective, avait été véritablement axée au Liban sur la coexistence malaisée de l'islam et du christianisme.

Toutefois, la littérature sur les événements tragiques du XIXe siècle entre druzes et maronites ne tiendra guère compte de toutes ces spécificités : ces affrontements sanglants seront interprétés à travers la grille culturelle et politique que la puissance de la France coloniale impose et que nous avons déjà évoquée [5]. Dans cette optique, l'islam et le christianisme s'affrontent au Liban et l'Europe se doit de courir au secours des « minorités » chrétiennes persécutées par l'islam en Orient.

Le communautarisme, un produit de la modernité

Peu de Libanais résisteront à la logique de cette approche, soit en se faisant l'écho de la France et en justifiant son intervention dans les affaires de l'Empire ottoman, soit en défendant l'intégrité de l'empire et en dénonçant l'agressivité des chrétiens soutenus et incités par les Français. La machine infernale du « communautarisme » moderne, à la libanaise, était mise en marche. La politisation aiguë des Églises libanaises, de la communauté druze

5. On pourra se rapporter sur ce sujet au remarquable travail de Georges DAGHER, *Identités composées au Liban. La radicalisation communautaire au XIXe siècle*, Geuthner, Paris, 1999. L'auteur y décrit le moment historique de la cristallisation moderne des identités communautaires au XIXe siècle à travers trois témoignages clés sur les événements communautaires de la période 1840-1860.

désormais assimilée à l'islam, commence à cette période. Il s'agit d'un basculement fondamental que peu d'observateurs ou historiens ont mis en valeur, considérant trop souvent les communautés libanaises comme une donnée compacte, essentielle et immobile, de l'histoire libanaise depuis l'aube des temps.

Pris dans cette nasse culturelle, certains hommes politiques et hommes de lettres ou essayistes libanais, en général de culture française, ont tenté de donner aux Libanais un sens à l'existence de leur État. Le Pacte dit « national » entre chrétiens et musulmans, à l'aube de l'indépendance en 1943, a servi de cadre à une idéologie transcommunautaire qui n'a malheureusement pas résisté aux vents de la déstabilisation des années 1975-1990. Par ce pacte, les chrétiens renonçaient à la protection coloniale française, cependant que les musulmans, de leur côté, abandonnaient tout désir d'unir le Liban à la Syrie ou à tout État unitaire de caractère « arabe » visant à regrouper les différentes anciennes provinces arabes de l'Empire ottoman, partagées entre les Français et les Anglais.

Le Liban se donnait ainsi pour vocation d'être une « terre » de dialogue islamo-chrétien, de « pont » entre l'Orient et l'Occident. Il se voulait aussi un contre-modèle à l'exclusivisme de l'État israélien qui venait de se créer à ses portes, refusant le pluralisme religieux dont le Liban donnait l'exemple. Hélas, les retombées très violentes du conflit israélo-arabe, de la guerre froide, de la révolution iranienne, des rivalités féroces entre régimes des pays arabes ont eu raison de cette tentative de cimenter les communautés libanaises à travers un « compromis » historique, lui-même de nature communautaire. Le Pacte national, prisonnier de l'héritage colonial dont le Liban a été victime et que son histoire a tenté d'effacer, n'a pas été un barrage efficace aux déstabilisations et manipulations de types divers dont les communautés libanaises sont l'objet jusqu'à aujourd'hui dans le cadre de la géopolitique régionale toujours aussi mouvementée.

Le communautarisme libanais est un produit de la modernité et non point une constante historique, une réalité permanente et essentielle, comme on a trop tendance à le voir. L'institution des communautés dans l'ordre public et leur politisation sont le résultat de l'histoire contemporaine du Liban, du jeu et des rivalités des puissances européennes et de l'Empire ottoman. L'ouverture du Mont-Liban à partir du XVIIe siècle sur l'Europe, les grands troubles du XIXe siècle (1840-1861) et l'émigration massive de Libanais chrétiens qu'ils provoquent ont pour conséquence d'insérer les Églises du Liban dans des liens multiformes avec les puissances européennes et la Russie, dont la dimension politique devient prépondérante.

Il ne s'agit plus seulement pour l'Église maronite, par exemple, d'assumer un degré minimum de latinisation et de soumission à la Curie romaine ; désormais, cette Église et ses adeptes sont pris dans un faisceau complexe de relations avec la France et l'Italie. L'Église orthodoxe melkite développera des liens forts avec les deux grands centres de christianisme orthodoxe que sont la Russie et la Grèce qui conquiert un début d'indépendance en 1827. C'est aussi à la fin du XVIIIe siècle que, sous l'influence des missions religieuses catholiques européennes qui se développent au Levant, en particulier à Beyrouth et à Alep, une scission se produit dans l'Église orthodoxe à Alep. L'Église dite grecque catholique (ou melkite catholique) naît dans un climat de tension extrême entre fidèles de l'orthodoxie et partisans de Rome. L'empire autrichien des Habsbourg en deviendra le protecteur.

De par l'émigration, tout comme du fait de la présence de plus en plus importante d'Européens au Levant, dont beaucoup de missionnaires, de diplomates, de marchands, de banquiers, les Églises libanaises, devenues des « communautés » au sens politique du terme, se trouveront au centre d'un réseau complexe d'influences géopolitiques et culturelles transnationales. Le système de représentation des communautés en fonction de leur poids démographique dans un conseil consultatif siégeant auprès du gouverneur du Mont-Liban, institué en 1861, consacre ce basculement fondamental dans une modernité piégée au départ et qui rend impossible la construction d'une nation, ou plus simplement d'un État cohérent et de pleine souveraineté. Comme nous le verrons, l'État libanais jusqu'à aujourd'hui est un État au conditionnel, à la souveraineté limitée par le bon vouloir de ses « communautés » constitutives et de leurs protecteurs extérieurs [6]. En ce sens, il est à la fois un État mou et un État tampon dont se servent les différents protagonistes sur la scène régionale. Du régime de 1861 aux accords de Taëf de 1989, le système communautaire libanais s'est dressé comme un obstacle majeur à toute cohérence politique pouvant permettre l'émergence d'un État pleinement souverain et maître de ses destinées.

Les différentes branches de l'islam au Liban suivront une évolution parallèle, parfois avec retard. C'est ainsi que les sunnites

6. Voir sur ce point Georges Corm, « Système communautaire et souveraineté de l'État », *Al-Mowaten*, n° 3, février 1992 ; et « De l'État au conditionnel communautaire à l'État de souveraineté », *Al-Mowaten*, n° 4, mars 1992.

renforceront leurs liens, après la disparition de l'Empire ottoman, avec l'Égypte, principale puissance régionale et centre culturel et religieux du monde arabe. Une fois l'Égypte isolée par la paix séparée signée avec Israël en 1978, ce sera avec la Syrie, devenue puissance régionale, et l'Arabie saoudite, dont l'influence « islamique » s'étend à tous les pays de la région en proportion de sa nouvelle fortune pétrolière. Les chiites, qui avaient de tous temps entretenu des liens avec les deux grands centres d'études religieuses de Najaf en Irak et de Qom en Iran, entreront, pour une large partie, dans l'orbite politique de l'Iran lorsque éclatera la révolution de 1979, mais aussi dans celle de la Syrie, qui s'alliera étroitement à l'Iran dans les conflits régionaux de plus en plus aigus.

À partir de cette date, les partis politiques laïcs et « transcommunautaires » perdront largement de leur influence, en particulier le parti communiste et le Parti populaire syrien ou la branche libanaise du parti Baath. Le paradoxe réside évidemment dans le fait que leur idéologie, contestant à juste titre le « fait » communautaire et le dénonçant comme un produit de la culture coloniale, ne reconnaît pas non plus la légitimité de l'État libanais, considéré comme une création artificielle de l'impérialisme français ou comme un État qui, de par sa structure communautaire même, est une structure de corruption et de clientélisme, perpétuant le sous-développement et faisant barrage à l'émergence de la démocratie au vrai sens du terme[7].

La construction étatique au Liban, du fait de ses origines historiques, a été et reste une équation impossible. L'État est un État au conditionnel. La segmentation communautaire reste d'autant plus forte que l'État est défaillant et demeure prisonnier des communautés et des liens complexes et divers unissant les communautés au monde extérieur. Au-delà des discours, loin d'approfondir au cours des trois derniers siècles leur enracinement local, Églises chrétiennes ou rameaux divers de l'islam se sont insérés dans des circuits régionaux et internationaux, culturels, religieux et politiques. Ainsi, un congrès mondial des maronites s'est tenu en 2002 aux États-Unis, à Los Angeles, avec un ordre du jour dont le politique était loin d'être absent.

Pourtant, l'Église maronite est bien celle qui a voulu le plus jouer le rôle d'une Église « nationale », pilier de la construction de l'indépendance. On aurait pu s'attendre à ce qu'un congrès

7. On lira à ce sujet avec profit Mahdi AMIL, *L'État confessionnel*, La Brèche, Paris, 1966 (traduit de l'arabe).

rassemblant les maronites de l'émigration avec ceux de l'intérieur se tienne sinon au Liban, du moins dans une ville extérieure avec laquelle les maronites ont entretenu des relations historiques, telles Antioche, Rome, Le Caire ou Paris. Le choix de la Californie indique bien que ces rencontres communautaires sont insérées dans la géopolitique et ont peu de rapports avec ce qui peut en être attendu, à savoir le maintien de liens entre les Libanais de l'émigration et ceux de la mère patrie, la mobilisation d'aides matérielles pour les institutions caritatives de l'Église, pour le maintien du patrimoine ecclésiastique et de ses archives, ou le développement des connaissances sur l'histoire de l'Église maronite.

Mais le spectacle des allées et venues, du côté de la communauté chiite, entre Téhéran et Damas n'est pas plus « national » ; tandis que les réunions de personnalités politiques sunnites au siège de Dar el-Fatwa, où trône le mufti de la République, font tout simplement écho à la dynamique de la politique régionale du régime syrien.

Crises identitaires et exemplarité du cas libanais

État impossible, État introuvable, c'est bien l'impression que donne le Liban, depuis son émergence dans le monde moderne. En ce sens, son histoire est exemplaire des difficultés rencontrées par toutes les sociétés que l'effondrement des empires en Europe, comme en Asie ou en Afrique, a projetées dans l'ordre international, alors qu'elles ne disposaient pas de structures étatiques. L'hégémonie des puissances extérieures n'a pas facilité la tâche, créant des institutions politiques bâtardes qui ne répondent pas à des modèles connus.

Au Proche-Orient, seule l'Égypte a eu tout au long de son histoire des structures étatiques ; la Mésopotamie, la Syrie, la Palestine ou le Liban ont été des parties d'empires antiques ou le siège éphémère des deux empires omeyyade et abbasside. La plupart des siècles se sont déroulés ici à l'ombre de la domination de conquérants étrangers (grecs, romains, byzantins, perses, turcs) et de l'arbitraire des gouverneurs provinciaux. L'absence de traditions étatiques, tout comme l'absence d'industrialisation et le maintien d'économies de rente et de gestion de style patrimonial des richesses collectives, expliquent au Liban, comme ailleurs au Proche-Orient, toutes les défaillances de la gestion étatique. Celles-ci peuvent dégénérer en guerres civiles larvées qui favorisent l'émergence de dictatures, comme en Syrie ou en Irak, ou en communautarismes exaspérés par la géopolitique régionale lorsque l'État est trop faible, comme au Liban. Les « citoyens » désabusés renoncent à tout espoir de réforme et de mieux-être collectif ou individuel. L'émigration et l'acquisition d'une nationalité étrangère deviennent alors les vœux de la plupart.

Le problème du Liban n'est d'ailleurs pas unique, car les difficultés de perception d'une identité libanaise trouvent leur équivalent dans bien des sociétés, non seulement dans les pays du tiers monde, mais dans les sociétés développées elles-mêmes où l'accélération de la modernisation et les crises de société qu'elle provoque ont fait resurgir de vieilles identités régionales, ethniques, religieuses. L'identité n'est en effet jamais une perception simple et stable du moi et du groupe dans lequel l'individu s'insère. Celui-ci est toujours partagé entre plusieurs allégeances, allant de la famille au parti politique, en passant par la religion, la couleur, la culture, les attaches locales, régionales, nationales, internationales. Au cours d'une existence, l'individu peut changer l'agencement et la hiérarchie des allégeances qu'il ressent et donc montrer des identités différentes. Ces changements sont souvent induits par des causes extérieures qui retentissent sur la psychologie de l'individu. Les guerres, les changements économiques et sociaux trop rapides sont aussi à l'origine directe de bouleversements dramatiques dans la perception qu'ont les individus de leur identité. Les médias, qui véhiculent avec agressivité de l'idéologie quant à l'identité des groupes sociaux, contribuent aujourd'hui puissamment à la perception qu'ont les individus de leur identité.

La perception de leur identité que peuvent avoir les groupes sociaux et les individus qui les composent est devenue massivement un enjeu de manipulation politique et idéologique ; l'aspect ethnique ou religieux d'une identité est une variable où le politique domine [8]. Ainsi, la résurgence massive du catholicisme polonais

---

8. Tranchant avec les traditions d'écriture sur le communautarisme au Proche-Orient ou dans les Balkans, Géraldine Chatelard, une bonne observatrice de la Jordanie, note : « Il semble bien que lorsque les hommes entrent en conflit, ce n'est pas parce qu'ils ont des coutumes ou des cultures différentes, mais pour conquérir le pouvoir. Lorsque les conflits prennent une forme confessionnelle, c'est que le confessionnalisme est le moyen le plus efficace pour accéder à des ressources. Les groupes religieux peuvent, bien sûr, préexister à la confessionnalisation. Mais cette dernière est entendue comme une politisation des différences religieuses, voulue de l'intérieur ou favorisée de l'extérieur, lorsque des groupes sont en compétition pour l'accès à des ressources matérielles et/ou symboliques. Il n'est qu'à se pencher sur certains conflits d'Europe orientale ces dernières années pour juger de la pertinence de cette analyse » (Géraldine CHATELARD, « Les dynamiques identitaires des chrétiens en

a-t-elle été plus un phénomène de contestation politique de l'ordre soviétique en Pologne qu'une manifestation essentielle de l'invariant de l'âme polonaise. Loin d'être perçu comme une régression en ces temps de modernisme industriel et laïc, le retour en force de l'autorité catholique en Pologne a été vécu comme un mouvement de libération contre les forces oppressives du marxisme russe. On pourrait parler également du phénomène basque, de la contestation flamande en Belgique, du catholicisme irlandais, du mouvement autonomiste corse, etc.

Ce siècle est d'ailleurs celui des changements brutaux dans l'identité des individus, des groupes sociaux, voire de parties de peuples ou de peuples entiers. Ainsi, l'identité allemande, monarchique et aristocratique au début du siècle, fasciste avec la montée et le triomphe du nazisme, est aujourd'hui démocrate et libérale ; la France, elle, a été successivement à droite, puis à gauche avec la France du Front populaire, puis pétainiste, gaulliste, giscardienne et mitterrandiste. Et que dire de certaines personnalités françaises formant l'opinion, qui passent d'un credo marxiste extrémiste à l'identité d'extrême droite, voire à l'adhésion à l'islam ou à tel ou tel système philosophico-religieux ?

Liban carrefour et pont ou Liban microcosme de l'Empire ottoman

Tout cela pour dire que le discours sur l'identité dans une conjoncture donnée ne doit pas être pris de façon absolue. C'est un discours changeant, manipulé par les médias et les faiseurs d'opinion, qui reflète l'intensité des luttes politiques et idéologiques au sein de chaque société comme entre sociétés. Le discours sur l'identité n'est donc pas un discours témoin de la réalité qu'il prétend exprimer, encore plus en temps de guerre et de troubles profonds, lorsque la violence ou le désarroi font basculer les consciences et la morale pour légitimer la barbarie. Sur ce plan, le discours des Libanais sur leur guerre et ses causes, discours où l'hystérie des identités communautaires a atteint des paroxysmes durant les années de violence, ne doit être pris que comme un discours conjoncturel né des violences communautaires savamment orchestrées et amplifiées par les commentaires intensifs des

---

Transjordanie (1850-1950). Peut-on parler de minorité ? », *Les Cahiers de l'Orient*, n° 61, 1er trimestre 2001, numéro sur « Penser l'identité en Méditerranée », p. 111).

médias. Il n'est en rien le témoin d'une réalité libanaise invariante. Mais trop souvent cependant, même dans la bouche des plus fins analystes, c'est la paraphrase de ce discours qui a tenu lieu d'analyse de la réalité.

Le Liban, jusqu'en 1975, loin d'être un « carrefour » de civilisations, un « pont » entre l'Orient et l'Occident, était resté un microcosme de la société ottomane, superficiellement recouvert d'un vernis de modernisme constitutionnel. Ayant hérité de la faiblesse de l'État ottoman décadent, le pays a laissé s'exprimer toutes les contradictions de la société arabe moyen-orientale. La désintégration du Liban a donc été comme le dernier acte de la longue agonie de l'Empire ottoman, le soubresaut final du « monstre » qui a fait autrefois trembler toute la chrétienté d'Occident. Aujourd'hui, le Liban est un État sous tutelle. Depuis la fin de la guerre en 1990, la domination syrienne a été confirmée sur le pays, aussi bien par les États-Unis que par l'Union européenne, sans parler de la toute-puissante influence saoudienne qui s'y exerce à travers l'emprise très forte, médiatique, financière et foncière, de Rafic Hariri, homme de confiance et d'affaires du roi Fahd d'Arabie saoudite, sur toutes les institutions du pays.

Ironie de l'histoire, l'élite libanaise, qui se voyait la plus policée des élites arabes, qui croyait avoir construit la société la plus enracinée dans le XXe siècle, verra en 1975 son œuvre sombrer en quelques mois dans le chaos, l'irrationnel et le sang. Mais le mal libanais ronge tout autant les autres sociétés arabes du Moyen-Orient ainsi que l'Iran. La situation dramatique de l'Irak après la première guerre du Golfe en 1990-1991, écartelé entre les aspirations kurdes à l'autonomie, la domination d'un clan sunnite (celui de la famille du dictateur Saddam Hussein) sur le pays et une opposition à la dictature fragmentée en groupuscules entretenant des liens étroits avec les États voisins ou les États-Unis, montre bien que les situations libanaises ne sont pas uniques dans la région. On ne peut manquer d'évoquer aussi les tensions communautaires fortes qui ont caractérisé la vie politique syrienne au début des années 1980 et dont la ville de Hama a fait les frais[9].

C'est pourquoi l'analyse des troubles libanais n'a de sens que dans la perspective socio-historique régionale. La chronique

9. Au début des années 1980, le régime syrien, où prédominent les alaouites, est en butte à une forte contestation sunnite qui s'exprime par des séries d'attentats meurtriers contre les militaires ou d'autres figures alaouites du régime. Un début de soulèvement général dans la ville de Hama, centre traditionnel d'influence des Frères musulmans en Syrie, est réprimé dans le sang au printemps 1982 ; le nombre de victimes sera estimé à 20 000.

événementielle est fastidieuse, répétitive et lassante. L'analyse historique à la base des discours idéologiques des chefs communautaires est mensongère, ou du moins déformante et appauvrissante, bien qu'il faille en rendre compte, car l'idéologie est présente dans chaque situation libanaise. Le portrait des hommes qui ont fait les événements répétitifs et sanglants des XIXe et XXe siècles, en même temps qu'ils les ont subis, est aussi de peu d'intérêt, car il s'est agi trop souvent, en dehors de quelques exceptions, de personnages rusés mais intellectuellement falots et dont l'horizon politique n'a pas dépassé un égocentrisme immobile, fondé sur des intérêts sectaires ou matériels étroits, déguisés sous une grossière mythologie idéologique moderne.

On l'a dit, le problème des « minorités » religieuses, celui de la décadence ottomane et du renouveau de l'islam avaient déjà formé la toile de fond des nombreux essais qui au XIXe siècle traitaient de la « question d'Orient ». Ces mêmes éléments pourraient fort bien être actualisés sans trop de danger, l'impérialisme américain ayant pris aujourd'hui au Moyen-Orient, notamment après l'occupation de l'Irak en mars 2003, la succession des deux colonialismes français et anglais. L'éclairage à base d'anthropologie des communautés est encore aujourd'hui celui qui est le plus pratiqué, même chez les historiens et idéologues anticolonialistes du Liban et des pays voisins, car l'affirmation véhémente de la spécificité religieuse et ethnique est actuellement plus que jamais de bon ton, en Occident comme en Orient. Pourtant l'éclairage communautaire, bien qu'important, est plus que jamais une affaire d'orientaliste spécialisé si l'on est d'Occident, une préoccupation d'homme de tradition si l'on est d'Orient. Les druzes, les maronites, les alaouites, les chiites ont fait autrefois l'étonnement d'essayistes et de voyageurs célèbres. Mais, quelles que soient les apparences, l'histoire des communautés religieuses n'est pas une variable autonome de la société moyen-orientale : l'évolution des communautés religieuses est plutôt devenue une variable subordonnée à l'évolution socio-économique générale de la société et aux soubresauts de la géopolitique mouvementée de la région.

Des idéologies, des communautés religieuses, des hommes, des sociétés en transition avortée ou bloquée, des matières premières stratégiques, des grandes puissances, l'irruption sauvage et étroitement localisée de la richesse dans des populations pauvres : telle est la toile de fond des conflits qui se sont déroulés sur le territoire libanais et dont la lecture ne peut que se faire sur plusieurs registres et à différents niveaux. Le détail monographique spécialisé ne saurait être ici d'un grand secours. Le détail visuel, intellectuel, culturel et socio-économique peut en revanche par petites touches donner vie au tableau des troubles libanais sanglants, à ces morts multiformes mais sans visages qui, comme les créations de Jérôme Bosch, semblent symboliser l'horreur et l'irrationalité d'un Moyen Âge en voie de disparaître.

De même que la crise libanaise ne peut s'appréhender en dehors de son contexte régional, son analyse éclaire beaucoup la complexité de l'évolution du Moyen-Orient. Même en cherchant à s'élever au-dessus des préjugés et des conformismes intellectuels et idéologiques, pour mieux comprendre sinon pour expliquer rationnellement, cette analyse n'en cause pas moins un malaise profond. Comment y a-t-il eu entre 1975 et 1990 tant de victimes humaines et de destructions matérielles, alors que le Liban jouissait de tant d'atouts géopolitiques, d'un héritage historique et culturel si prestigieux ? Comment ces atouts et cet héritage n'ont-ils pas été investis autrement que dans la violence stérile, le faste ridicule, la suppression des libertés et la fabrication de stéréotypes idéologiques ?

Comme on le verra dans la troisième partie, la reconstruction du pays depuis 1991, qui a été le prétexte d'un nouveau pillage monumental de ses maigres ressources, a enfoncé le Liban dans une vague de spéculations foncières et financières, d'agiotages de toutes sortes, de corruptions ayant entraîné une dette de 32 milliards de dollars pour ce petit pays. Ce nouveau naufrage s'est effectué sous le regard impassible des grandes puissances amies, dont certaines ont même encouragé et admiré les nouveaux pillages auxquels la population a été soumise sous prétexte de reconstruction. La stabilisation politique et militaire depuis 1991 s'est faite non seulement au prix de cet endettement criminel, mais aussi avec une présence politique et militaire syrienne, officialisée par de nombreux accords solennels, et qui est un sujet profond de discorde entre les Libanais. Alors que la Pologne ou la République tchèque et la Slovaquie ont été libérées depuis longtemps de la tutelle de la Russie soviétique, le Liban a été placé dans l'orbite de la Syrie, en attendant une éventuelle redistribution des cartes régionales par les États-Unis et Israël, aujourd'hui seuls maîtres du jeu au Proche-Orient. Les démocrates si sourcilleux d'Occident durant les années du conflit et qui se sont passionnés pour la cause de la liberté du Liban se sont définitivement tus [10].

10. On peut notamment penser à toute l'agitation déclenchée à Paris en 1989-1990 par le député RPR Jean-François Deniau et son épouse en faveur de l'équipée du général Aoun, y

Aussi ne peut-on manquer de s'interroger de façon lancinante sur le pourquoi et le comment de tout ce gâchis qui n'a pu avoir lieu que par la permanence des clichés et des idées fortes mais trompeuses dominant les esprits au Liban, comme dans les chancelleries des puissances régionales ou internationales et, surtout, dans les médias. Comme le dit si bien un bon observateur de l'identité en Méditerranée : « La déconstruction des ethnies, des peuples ou des nations n'est pas une entreprise visant à nier leur existence, elle souhaite simplement montrer la relativité de ces groupements et, par conséquent, mettre en cause un fondamentalisme qui, sous ses différents avatars — ethniques, culturels ou religieux —, représente l'un des phénomènes les plus dangereux de notre époque [11]. »

La permanence des clichés

Présenter une grille explicative de la déstabilisation violente du Liban, au XIXe comme au XXe siècle, est devenu d'ailleurs une tâche de plus en plus difficile au fur et à mesure que les préjugés, les clichés et les passions se sont accumulés. Il faut en effet, pour combattre ce glacis d'amalgame et de désinformation, entrer dans tant de détails historiques ou sociologiques que la complexité de la présentation décourage et rebute toute personne de bonne volonté, y compris les Libanais eux-mêmes, qui voudraient sortir du cercle infernal de la vision primaire et passionnelle de l'histoire de leur pays et du conflit qui l'a déchiré.

Car pour ce qui est du Liban, un cliché chasse l'autre au gré des conjonctures. Ainsi, aussitôt disparu celui, très à la mode dans les années 1960, d'un Liban « Suisse du Moyen-Orient » grâce au génie phénicien et levantin qui coulerait dans les veines de tout Libanais, c'en est un autre qui a fait son apparition dans les éditoriaux des journaux les plus sérieux, après l'invasion israélienne de 1982 : celui d'un territoire qui serait un non-pays parce que disputé, de « tout temps » comme il se doit, par un ramassis hétéroclite de sectes religieuses, de tribus, d'ethnies se massacrant entre elles. La Syrie bien sûr, quels que soient ses problèmes, serait un pays ;

---

compris des manifestations ayant un caractère d'appui aux « chrétiens » du Liban, devant l'ambassade du Liban. Après que l'Irak a envahi le Koweït et que le Liban a été confié une nouvelle fois à la Syrie pour prix de son ralliement à la coalition contre l'Irak, cet intérêt s'arrête définitivement.

11. Jean-Loup AMSELLE, « Anthropologie de l'identité ethnique et culturelle : un itinéraire intellectuel », *Les Cahiers de l'Orient*, 1er trimestre 2001, n° 61, p. 23-24.

certainement aussi Abu Dhabi, avec tant de pétrole ; quant à Israël, voici bien le superpays : la démocratie, le kibboutz, la Bible, les syndicats, la force (militaire) tranquille et sûre d'elle-même…

Pour beaucoup, le Liban n'aurait été qu'une aimable création de l'impérialisme français qui aura duré le temps des roses en histoire : un demi-siècle. La France a cherché à faire plaisir aux chrétiens d'Orient, pauvres « minorités » écrasées par le « fanatisme » islamique, en particulier les maronites, principale « secte » chrétienne du Levant. Aujourd'hui, en tout état de cause, le retour en force de l'« islamisme » ne permettrait plus aux chrétiens de garder la tête haute.

Ces clichés réducteurs ne sont pas seulement ceux de l'opinion occidentale et beaucoup de leurs éléments se retrouvent dans ses cocktails de préjugés différents chez les Libanais, les Israéliens, les autres Arabes. Le Liban « création artificielle de l'impérialisme » a été le thème de toute une littérature locale : autrefois, celle des nationalistes arabes révolutionnaires et gauchisants ; aujourd'hui, celle des mouvements islamiques. Le Liban refuge des chrétiens d'Orient en péril est en sens contraire le thème de toute une historiographie récente qui n'a qu'un seul problème, tout comme la tradition anti-impérialiste arabe et musulmane activiste, celui d'ignorer superbement l'histoire. Ces clichés prennent une résonance d'autant plus passionnelle que s'y greffent tous les fantasmes chrétiens sur l'islam et les Arabes, dans l'admiration ou dans la haine.

L'histoire est en effet compliquée, où qu'elle se fasse et qu'elle s'écrive. Au Proche-Orient plus qu'ailleurs, car dans cette région aucun groupe social, ethnique ou religieux n'a vraiment réussi par son hégémonie à établir une histoire acceptée de tous, à l'instar de ce qui a pu se passer dans certaines sociétés européennes. Simplifier l'histoire au Proche-Orient est donc une imposture qui mène à la guerre perpétuelle. C'est bien d'ailleurs ce qu'ont fait les Israéliens et leurs admirateurs en inventant une Palestine d'où deux mille ans d'histoire ont été gommés pour établir un droit de retour aux descendants imaginaires des antiques Hébreux, cause de l'éviction des descendants réels présents sur le sol palestinien, les Palestiniens arabes, musulmans ou chrétiens. Il faut donc faire preuve d'une vigilance extrême lorsque l'on parle d'histoire, surtout lorsque plusieurs groupes se disputent la vision historique de l'évolution d'une société, en dehors de tout savoir historique.

Le Liban n'est ni une création artificielle de l'impérialisme français ni le refuge des chrétiens d'Orient séculairement persécutés par l'islam, encore moins le pays d'une Phénicie heureuse imaginaire. M. Rafic Hariri, l'« infatigable » Premier ministre qui n'en finit plus de reconstruire le Liban, n'est pas le bienfaiteur désintéressé des Libanais et le visionnaire que l'on se complaît à voir en lui. Ces mythologies très répandues ne font que refléter un vide de réflexion autonome chez les Libanais, l'incapacité à s'entendre sur une vision historique qui ne soit pas le reflet de celles des grandes puissances ou des puissances régionales pesant sur le destin du pays.

Ainsi, le dernier des miliciens, durant la période de la guerre, a-t-il pu se faire historien et accomplir l'histoire : musulman, il aurait défendu sa communauté contre les perpétuels complots de l'Occident chrétien et de ses agents locaux, les chrétiens libanais ; chrétien, il aurait défendu sa communauté et la civilisation occidentale contre la barbarie et le sous-développement séculaire d'un islam figé dans son fanatisme. Quel merveilleux confort que celui de pouvoir tuer et massacrer en toute bonne conscience, plutôt que d'apprendre patiemment sur des bancs d'école l'histoire si riche mais encore balbutiante, mouvante et complexe de ces montagnes fières et frustes, de ces villes de côtes ou de plaine, alanguies dans le luxe et l'oisiveté, tels des corps de femme exposés au grand large, attendant d'être ravis par quelque nouveau conquérant.

Car au Liban, société urbaine et société montagnarde ont eu depuis la plus haute Antiquité et jusqu'au début du XXe siècle des trajectoires différentes. C'est de leur rencontre effective, à la fin de la Première Guerre mondiale, que l'on peut retracer les premiers germes locaux du grand embrasement qui déchire le pays à partir de 1975. Mais la montagne et la ville ont fait au Liban un mauvais mariage. La montagne y est pauvre, semi-aride, en particulier la montagne chrétienne et druze ; lorsqu'elle est riche en eaux comme dans la Bekaa, l'Akkar ou le sud du Liban, montagne des paysans chiites ou sunnites, ces derniers sont mis en coupe réglée par des féodaux de leur communauté, hommes durs et insensibles à l'évolution des mœurs. La pauvreté entraîne le mysticisme ; la solitude de ces montagnes pelées appelle le mythe, l'hérésie, le repliement. L'air y est frais et pur, les âmes y sont ombrageuses, fragiles, cernées de ces immenses rochers qui font la splendeur des paysages. Les villages y sont fermés, autour de leur église pauvre ou de leur demi-mosquée, sur leurs querelles de familles et de clans, leurs incestes, leurs mythes fondateurs.

Déjà du temps des Phéniciens qui établirent les grandes villes de la côte, la montagne n'était pas rassurante : y vivaient des populations indéfinies, marginales, qui étaient à peine christianisées lorsque l'islam a pénétré dans toute la région au VIIe siècle, alors que Damas, Jérusalem et Antioche, triangle qui encadre la montagne, sont des hauts lieux du christianisme oriental. Le christianisme officiel, catholique ou orthodoxe, tout comme l'islam de l'orthodoxie, le sunnisme, ne parviendront jamais à réduire la société montagnarde qui s'enfoncera dans la marginalité religieuse : Église maronite avec son rite et sa liturgie, ses moines soldats et laboureurs, son indépendance à l'égard de Byzance puis de Rome jusqu'à la fin du XVIe siècle ; chiisme duodémicain, enfin les druzes syncrétistes et ésotériques à force d'avoir été persécutés.

La ville au contraire est riche, ouverte sur la mer et sur l'arrière-pays, au-delà de ces montagnes abruptes. Ville de patriciens, de commerçants, d'artisans, de juristes, de fonctionnaires impériaux, prêts à servir tout nouveau conquérant, égyptien, iranien, byzantin, assyrien, turc, croisé, mamelouk, ottoman, français, américain ou britannique, pourvu que les affaires marchent et que le commerce prospère. La ville participera donc à toutes les expéditions punitives contre la montagne, pour y assurer la sécurité, en particulier pour assurer le libre transport des hommes et des marchandises entre l'Asie et l'Europe, que ces montagnes escarpées viennent barrer de façon inopportune, mais aussi pour essayer d'y réduire la marginalité ou la dissidence religieuse.

La rencontre de la ville et de la montagne au début du siècle ne sera donc pas une affaire aisée, car il s'agit bien là de deux sociétés différentes, d'autant plus différentes que la société montagnarde a eu depuis la fin du XVIe siècle et jusqu'au milieu du XXe siècle une histoire politique à elle, conduite par des princes, les émirs de la « montagne des druzes », comme on disait alors. L'émigration de la montagne vers la ville, qui commence à la fin du XIXe siècle et s'accélère au cours du siècle suivant, va entraîner le Liban dans une aventure hallucinante, car jamais ces deux sociétés, distinctes jusque-là, ne s'étaient interpénétrées avec une telle rapidité et une telle intensité. D'où le choc de systèmes de valeurs différents, l'affrontement des mythes, brouillant toutes les cartes d'un bouleversement profond des structures socio-économiques du pays, dans la fusion incandescente de ses deux composantes [12].

---

12. Ce thème a été évoqué par l'historien libanais Albert HOURANI, « Ideologies of the Mountain and the City », *in* Roger OWEN (dir.), *Essays on the Crisis in Lebanon*, Ithaca Press, Londres, 1976.

Quand on parle du Liban, il faudra donc préciser duquel il s'agit : Liban de la montagne ou Liban de la ville ? Car nous sommes là en face de deux sociétés, deux histoires qui, tels des astres, vont entrer en collision, dans une conjoncture régionale et internationale qui imprimera à cette collision ses caractéristiques les plus spectaculaires.

Cette simple incursion socio-historique dans la profondeur de la société libanaise montre la complexité des optiques suivant lesquelles on peut regarder le conflit libanais, les précautions à prendre dans l'analyse. Tout propos sur le Liban qui ne tiendrait pas compte de cette complexité est le plus souvent partie prenante de cette guerre des mots qui a tué autant que celle des canons, puisque c'est elle qui en a commandé les tirs. Toutes ces généralisations excessives et à l'emporte-pièce sur tel ou tel groupe libanais (chiites, chrétiens, maronites, druzes, etc.) donnent à l'écrit ou à la parole un vernis de savoir, poison raciste distillé par tous les médias et malheureusement par de trop nombreux chercheurs ou essayistes.

2

La complexité de l'histoire libanaise

Comme nous l'avons vu, l'histoire du Liban est en grande partie une histoire mythologique. Un sociologue libanais a fait l'étude des principaux mythes historiques que le Liban a fait éclore dans l'imagination de certains de ses historiens contemporains et a tenté une explication sociopolitique de l'émergence de ces mythes [1]. La violence communautaire des années 1975-1990 a en effet grossi à l'extrême toute la mythologie relative à l'histoire du pays. Dans la tourmente, certains de ces mythes se sont effacés au profit d'autres plus représentatifs du radicalisme des factions combattantes, ainsi celui du Liban héritier de la Phénicie sans discontinuer depuis trois millénaires. Liban commerçant, Liban heureux, Liban insouciant, Liban-souk où tous peuvent trouver leur place, chrétiens comme musulmans, dans une Phénicie heureuse imaginaire. Simple fantaisie de certains Libanais chrétiens, s'improvisant historiens, pour justifier une existence mal comprise du fait de ses complexités.

Mais plutôt que de s'attarder sur les mythologies, nous essaierons ici d'expliquer les complexités de l'histoire libanaise et

---

1. Ahmad BAYDOUN, *Identité confessionnelle et temps social chez les historiens libanais contemporains*, vol. XV, Publications de l'Université libanaise, Beyrouth, 1984. Voir aussi notre analyse critique de ce travail dans *Maghreb-Machrek*, La Documentation française, n° 107, janvier-mars 1985, p. 109-114. Baydoun, en effet, ignore les historiens libanais qui ne rentrent pas dans sa catégorisation exclusivement de type communautaire, en particulier Adel Ismaïl, un des meilleurs historiens du XIXe siècle, et Youssef Ibrahim Yazbeck ; en revanche, il accorde trop d'importance aux pseudo-historiens qui fleurissent durant la guerre en écrivant des pamphlets de propagande plus que des ouvrages d'histoire. Toutefois, le livre de Baydoun reste une référence indispensable et remarquablement écrite sur la construction des mythes de l'historiographie libanaise.

son caractère insaisissable aussi bien pour les Libanais eux-mêmes que pour les Non-Libanais. Il est d'ailleurs éloquent que bien rares soient les ouvrages parus sur les événements sanglants du Liban dont l'auteur ait jugé nécessaire de donner au lecteur une vue d'ensemble de l'histoire du pays, en dehors d'une description rapide de ses communautés ou du système politique communautaire. Bien plus, il n'existe pratiquement pas d'ouvrages consacrés à l'histoire libanaise dans son ensemble, incluant les événements récents [2]. Une telle lacune, à elle seule, rend dérisoire tout ce qui peut se dire ou s'écrire sur les événements actuels au Liban. L'ignorance de cette histoire tient à plusieurs facteurs de confusion.

Histoire du Liban, ou histoire des communautés religieuses

L'antériorité de l'existence des communautés religieuses libanaises par rapport à l'émergence d'une entité politique commune au XVIe siècle conduit le plus souvent à confondre histoire des communautés et histoire de l'entité libanaise. De fait, la profondeur historique des communautés et leur transformation en organes politiques à partir du XIXe siècle, sous l'effet des politiques coloniales européennes, poussent à une annexion de l'histoire libanaise,

2. Sur l'histoire du Liban, on signalera l'ouvrage de Jacques NANTET, *Histoire du Liban*, Minuit, Paris, 1963, et Denise AMMOUN, *Histoire du Liban contemporain 1860-1943*, Fayard, Paris, 1997. Plus récent, on pourra consulter les annales illustrées de l'histoire libanaise par Joseph G. CHAMI, *Le Mémorial du Liban*, 3 vol. : *Du Mont-Liban à l'indépendance 1861-1943 ; Le Mandat de Béchara El-Khoury 1943-1952* et *Le Mandat de Camille Chamoun 1952-1958*, édités par les soins de l'auteur à Beyrouth en 2002. En arabe, l'historien Kamal Salibi est celui qui a le plus écrit sur l'ensemble de l'histoire du Liban (voir bibliographie).

Sur la guerre, on dispose de très nombreux ouvrages, souvent œuvres de passion, que nous avons passés en revue dans la bibliographie de notre *Proche-Orient éclaté, op. cit.*, p. 1005-1014. On signalera cependant ici le bel ouvrage d'Élizabeth PICARD, *Liban, État de discorde*, Flammarion, Paris, 1988. On ne peut manquer ici d'évoquer les travaux remarquables d'Adel Ismaïl, notamment sur le XIXe siècle et ses troubles, mais qui sont hélas épuisés (voir bibliographie).

Sur les institutions libanaises, il faut rendre hommage au très beau livre de Pierre RONDOT, *Les Institutions politiques du Liban. Des communautés traditionnelles à l'État moderne*, Publications de l'Institut d'études de l'Orient contemporain, réimpression 1989 ; ainsi que l'ouvrage classique d'Edmond RABBATH, *La Formation historique du Liban politique et constitutionnel. Essai de synthèse*, Publications de l'Université libanaise, Beyrouth, 1973. On se doit aussi d'évoquer le très bel ouvrage de Paul Noujaïm, publié à Paris en 1908 sous le pseudonyme de JOUPLAIN, *La Question du Liban* (réédité à Jounieh, Liban, en 1961), qui met très bien en perspective les facteurs économiques et sociaux dans la crise communautaire du XIXe siècle.

relativement jeune, par l'histoire beaucoup plus ancienne de ses composantes communautaires. La plupart des fantaisies mythologiques sur l'histoire libanaise trouvent leur origine dans cette annexion, chaque mythologie d'origine communautaire se posant de façon conflictuelle vis-à-vis des autres.

Ces mythologies sont récentes, nées à la faveur des bouleversements de l'entité libanaise au milieu du XIXe siècle, avec les grands troubles communautaires de la période 1840-1860, ainsi que de ses mutations profondes entre 1840 et 1920. Elles sont les balbutiements contradictoires d'une histoire déchirée par son ouverture sur le monde colonial du XIXe siècle. Comment d'ailleurs parvenir à l'établissement d'une histoire du Liban, alors que la culture de ce pays a siégé tout au long des siècles dans les communautés et que la culture du monde moderne, celle de l'Occident triomphant, y a longtemps pénétré essentiellement à travers la seule communauté chrétienne ? Comme nous le verrons plus loin, l'État du mandat français puis l'État de l'indépendance ont fait preuve sur ce plan d'une abstention criminelle, consacrant constitutionnellement le droit des communautés à gérer l'éducation et la culture des Libanais.

Au demeurant, la culture des communautés est historiquement une culture religieuse écrite par des hommes de religion ayant pour souci principal la défense de positions théologiques. Le passage à une culture ouverte sur d'autres problèmes que ceux du dogme est aussi un phénomène récent, qui s'est longtemps manifesté presque exclusivement dans la communauté maronite. Cette primauté dans le dynamisme s'explique par le fait que les maronites, dès l'époque byzantine, ont affirmé une spécificité et une vitalité religieuses particulièrement fortes, et que leur présence s'est cristallisée au nord du Liban sans discontinuer depuis le VIIIe siècle. L'ouverture définitive de la communauté sur Rome au XVIe siècle lui offre l'occasion d'un contact intellectuel précoce avec l'Europe et la Renaissance. Cette ouverture coïncide heureusement avec la montée en puissance de la grande féodalité druze qui fera, elle aussi, une ouverture politique sur l'Italie pour desserrer l'étreinte du pouvoir ottoman sur la montagne libanaise. Ce sera le début du Liban moderne, intellectuellement « maronite », militairement et politiquement « druze ».

Les autres communautés n'auront point une telle dynamique. Pour les druzes, la naissance de la communauté est due à la grande effervescence intellectuelle de la fin de l'empire fatimide. Les livres druzes de sagesse religieuse, grand effort de syncrétisme philosophico-religieux, deviennent des textes secrets et ésotériques du fait de la restauration de l'orthodoxie sunnite au XIIe siècle et de la persécution violente des sectes islamiques hétérodoxes (druzes, ismaéliens, alaouites). La communauté druze se ferme alors et connaît une marginalisation démographique ; la culture reste aux mains exclusives des « sages », dépositaires des secrets religieux de la communauté. Il faudra attendre la renaissance de la culture arabe pour voir à la fin du XIXe siècle, mais surtout au XXe siècle, une ouverture de membres éminents de certaines grandes familles druzes sur les courants de pensée contemporains.

Quant aux sunnites et aux chiites, leur dynamique culturelle s'inscrit dans la dynamique générale du sunnisme et du chiisme à l'échelle de la région. Leur culture, religieuse elle aussi dans son essence, s'ouvre aux courants modernes et séculiers de pensée avec la renaissance de la culture arabe au XIXe siècle, après des siècles d'immobilisme imposé par le rigorisme religieux de l'Empire ottoman ; la communauté chiite connaîtra cependant un retard supplémentaire dans la dynamisation du fait de sa situation socio-économique caractérisée par une lourde féodalité terrienne écrasant de sa toute-puissance une masse paysanne pauvre.

On ne s'étonnera pas dans ces conditions d'une omniprésence de la culture « maronite » dans l'historiographie libanaise, d'autant que la communauté a été la « protégée » de la France et son point d'appui principal au Levant dans la politique de rivalité coloniale avec la Grande-Bretagne, ce qui a abouti longtemps à bloquer l'identité libanaise sur l'identité maronite. Trois siècles au moins séparent l'ouverture de la culture de la communauté maronite sur le monde contemporain de celle des autres communautés. Cette ouverture pose d'ailleurs peu de problèmes métaphysiques aux maronites, en raison d'une communauté de religion avec l'Europe, alors qu'elle est évidemment conflictuelle et donc paralysante, en même temps que parfois fécondante, pour les communautés islamiques.

Hommes de lettres et penseurs maronites, ou chrétiens des autres communautés, comprendront bien le rôle de vecteur de modernité qu'ils représentent dans le Machrek de la Renaissance, essayant d'atténuer l'aspect conflictuel d'une modernité d'origine occidentale chrétienne, pour un Orient musulman en stagnation culturelle depuis des siècles. Rôle difficile et ingrat pour des chrétiens eux-mêmes profondément enracinés dans le monde musulman. De ce rôle sortiront le meilleur et le pire.

Le meilleur dans cette participation de plain-pied des chrétiens à la renaissance culturelle et politique du Machrek arabe ; le pire dans ce complexe de supériorité mal placé chez certains chrétiens à l'égard du sous-développement « musulman », mais aussi dans ce sentiment exagéré et maladif chez certains musulmans d'une hégémonie maronite intolérable. Ainsi, certains pseudo-intellectuels feront-ils métier, chez les chrétiens comme chez les musulmans, de produire des visions mythologiques contradictoires de l'existence de l'entité libanaise, où l'envahissement du prisme communautaire occulte toute la réalité intercommunautaire sur laquelle s'est bâtie la société. La violence communautaire qui a déchiré le Liban entre 1975 et 1990 a évidemment porté ces tendances morbides à leur paroxysme.

Un double obstacle s'est donc dressé devant l'émergence d'une histoire libanaise, celui du poids des cultures communautaires, d'une part, celui de leur contenu et de leur dynamisation diachronique, d'autre part. Si la culture maronite est autocentrée, enracinée dans la montagne libanaise, avec une longue histoire d'ouverture non conflictuelle sur l'Occident [3], la culture sunnite ou chiite ne l'est pas ; celle-ci est innervée à la base par les grands centres de culture religieuse islamique, au Caire ou à Damas pour les sunnites, en Iran ou en Irak pour les chiites, cependant que l'ouverture plus récente sur la culture occidentale est conflictuelle, faite d'attractions et de répulsions successives. Mais aucune communauté n'a eu d'hégémonie suffisante au Liban pour imposer une vision historique sur l'ensemble de la société. L'État, de son côté, a laissé la plus grande partie du secteur de l'éducation aux mains des institutions éducatives et culturelles des communautés ou de pays étrangers, en particulier la France, les États-Unis et l'Égypte. C'était à coup sûr entraver le développement d'une vision historique jouissant d'un large consensus, sur lequel une science historique proprement libanaise aurait pu se bâtir.

Cette vision a pourtant existé, même si elle est aujourd'hui remise en question par l'idéologie des différences qui a surgi avec les violences communautaires. Dans cette vision, l'émir Fakhreddine, dont le dynamisme politique et militaire a coïncidé au début

3. Ce qui ne doit pas faire oublier que la communauté a toujours connu un clivage entre pro-occidentaux et partisans du maintien et du renforcement des racines orientales de l'Église maronite, qui sera secouée par les conséquences de son ouverture renforcée sur l'Église romaine à partir de la fin du XVIe siècle ; le concile maronite de Louaizé en 1736 sera particulièrement houleux quant à la question de la soumission de l'Église maronite dans tous les domaines à l'autorité de la Curie romaine.

du XVIIe siècle avec la dynamisation culturelle des maronites, est bien perçu comme le fondateur de l'entité libanaise. Ce point a longtemps fait l'objet d'un large consensus et il a inspiré des œuvres littéraires et artistiques exaltant la résistance libanaise à l'oppression de l'Empire ottoman. L'interprétation des événements communautaires violents entre 1840 et 1860 donnera lieu bien naturellement à des divergences, sur lesquelles viendront se greffer les différences de perception de l'action coloniale française en Syrie et au Liban. Le contentieux opposant les cultures communautaires s'élargira ensuite sous le double poids de ces événements, fragilisant le consensus sur l'origine et l'existence relativement courte de l'entité (elle ne peut revendiquer que trois siècles, qui pèsent peu finalement en regard des quatorze siècles de la communauté maronite, des treize siècles des communautés sunnites ou chiites, des huit siècles de la communauté druze).

La cause première du contentieux entre cultures communautaires est leur ouverture sur les affaires du monde, leur sécularisation. Tant qu'elles étaient restées des cultures religieuses, aucun conflit ne pouvait les opposer, du moins pour les trois grandes communautés de la montagne, les maronites, les druzes et les chiites. Projetées toutes à partir de 1840 dans le monde des rivalités coloniales pour le dépeçage de l'Empire ottoman de plus en plus affaibli, les cultures des différentes communautés n'étaient pas équipées pour analyser et comprendre les événements extérieurs venant tourmenter le Liban. Religieuses à la base, surtout d'ordre théologique, l'ouverture des cultures communautaires se fera très mal et leur rapport à l'entité libanaise comme au monde environnant de plus en plus complexe sera fait d'ambiguïtés, d'ambitions annexionnistes ou de répulsions violentes. Entrant en veilleuse au profit du consensus sur l'entité dans les périodes de calme politique régional, marginalisées de façon générale au profit de la participation unanimiste et conviviale à la renaissance culturelle arabe, les cultures communautaires rejaillissent à l'occasion des grandes crises politiques avec des myopies redoublées. L'histoire intercommunautaire, celle de l'entité, doit alors céder le pas.

Histoire du Mont-Liban, ou histoire du Grand-Liban, ou histoire des grandes familles

La perception de l'histoire libanaise, séparée de l'histoire des communautés, à travers un prisme intercommunautaire, se heurte à l'existence, comme on l'a vu, de deux sociétés bien distinctes : celle de la montagne, soit l'entité historique du Mont-Liban avec toutes ses spécificités ; celle des villes, partie intégrante de la société ottomane. Nous avons déjà évoqué le choc de ces deux sociétés pour montrer qu'il pouvait servir de grille d'analyse aux événements récents du Liban. Mais, au-delà de ce phénomène, l'existence historique de deux sociétés bien distinctes sur un territoire aussi étroit est un obstacle majeur à un consensus minimal sur l'histoire libanaise. Ce facteur, jusqu'ici absent de la réflexion sociologique et historique sur le Liban, affecte aussi les perceptions communautaires de l'entité libanaise, déjà frappées d'ambiguïtés de par leur nature même, dont les sources plongent dans les cultures religieuses des communautés.

La montagne contre les villes ?

La sensibilité culturelle prédominant dans les villes n'est évidemment pas la même historiquement que celle prédominant dans la montagne. L'entité qui émerge à la fin du XVIe siècle s'appuie exclusivement sur la société de la montagne, sur les liens unissant grandes familles féodales des communautés druzes et maronites au premier chef, mais aussi chiites. Les villes, elles, sont directement gouvernées par la bureaucratie de l'Empire ottoman ; leur population appartient massivement à la communauté sunnite et à celle des grecs orthodoxes, comme dans toutes les villes du Moyen-Orient. Elles ne sont donc pas concernées par l'émergence de l'entité. Ce sont plutôt des rapports conflictuels qui s'instaurent au niveau politique entre le Mont-Liban et les villes qui l'encadrent, car la ville, au service du pouvoir ottoman, s'efforce de mettre fin à la force d'émancipation de la montagne, cependant que la montagne se défend par des expéditions punitives contre la ville. Il arrive même aux féodaux montagnards de pousser l'impudence jusqu'à occuper à plusieurs reprises une ville aussi importante que Damas.

Les maronites, les druzes et les chiites n'ont pas de présence dans les villes libanaises (Tripoli, Beyrouth, Saïda) ou les villes voisines (Damas et Saint-Jean-d'Acre) dont les pachas, représentants du pouvoir ottoman, se mêlent des affaires de la montagne. Ce n'est qu'à la fin du XVIIIe siècle que commence leur exode vers les villes. Le régime de la *Mutassarifia* du Mont-Liban, mis en place en 1861 après les troubles de la période 1840-1860 (voir *infra*, chapitre 3), isole encore la montagne de la ville. L'émigration que connaît la société du Mont-Liban à cette époque se fait vers l'Égypte et les

Amériques ; elle est le résultat d'un isolement économique devenu étouffant. Ce sont les maronites qui émigrent le plus, d'autant plus facilement que les événements de 1840-1860 ont rompu leur symbiose avec les druzes qui leur avait été si profitable.

C'est l'instauration du Grand-Liban en 1920 par la France qui opère pour la première fois dans l'histoire du pays le rattachement des villes côtières à la montagne. Le Liban change alors de visage : communautés de montagne et communautés de ville vont enfin entrer en un contact organique, qui sera à son tour source de tensions et de conflits. À la société du Mont-Liban, entité féodale ayant eu au cours des siècles une spécificité riche, axée sur l'interaction de trois communautés religieuses, succède la société du Grand-Liban, ensemble sociologiquement beaucoup plus complexe par l'intégration des sunnites et des grecs orthodoxes des villes aux maronites, druzes et chiites de la montagne.

C'est donc à des mutations de très grande envergure que le Liban est soumis entre 1840 — date du début des grands troubles confessionnels — et 1943, date de l'indépendance : un siècle de bouleversements presque ininterrompus dans la sociologie la plus profonde de la société, dans sa double composante montagnarde et urbaine. Aussi ne faut-il pas s'étonner des troubles de la perception qui vont affecter le regard porté sur le Liban par les Libanais eux-mêmes ou par les Non-Libanais, des troubles nombreux et divers, dus à la rapidité des changements et à l'absence de recul dans la compréhension et l'interprétation de ces changements.

Ainsi, chez les maronites, la rupture de la symbiose avec la communauté druze entre 1840 et 1860 sera-t-elle interprétée comme un épisode de la lutte séculaire entre l'islam et la chrétienté[4]. Déformation formidable et simplification enfantine d'événements complexes d'où sont évacuées et les responsabilités de

4. Il est intéressant, à titre de comparaison, de citer ici à nouveau Géraldine Chatelard parlant des chrétiens de Jordanie : « Alors que se développe l'archéologie de la Terre sainte, l'éducation missionnaire agit sur l'imaginaire historique des chrétiens qui sont invités à se penser comme les successeurs des peuples bibliques, les descendants biologiques des populations sous domination byzantine, héritiers d'une brillante civilisation chrétienne et urbaine mise à mal par les envahisseurs musulmans. Au moins par la pensée, les chrétiens d'outre-Jourdain se trouvent graduellement connectés à des espaces plus vastes, se rapprochent de leurs coreligionnaires des autres provinces arabes et deviennent part d'une chrétienté universelle qui s'étend à la fois géographiquement et historiquement et dispose de centres spirituels et politiques influents. L'histoire islamique les rattrape aussi, avec son héritage de traitement différencié entre musulmans et chrétiens qui s'approprient un passé *dhimmi*, de négation, puis d'attribution tardive de droits politiques grâce aux *tanzimat* ottomans » (Géraldine CHATELARD, « Les dynamiques identitaires des chrétiens en Transjordanie (1850-1950). Peut-on parler de minorité ? », *loc. cit.*, p. 117).

l'émir Bachir II (converti au christianisme) s'acharnant à abaisser la féodalité druze, en particulier la famille des Joumblatt, et celles de la France et de l'Angleterre qui ont dressé chaque communauté contre l'autre. Dans cette interprétation est oublié d'ailleurs le rôle éminent joué par la féodalité druze dans l'expansion de la communauté maronite depuis le temps de Fakhreddine II. La culture européenne coloniale vient ici frapper de plein fouet la perception de bien des chrétiens, qui ne verront pas la manipulation par le colonialisme de la complexité sociologique de la montagne libanaise dans les rivalités des puissances européennes pour recueillir la succession de l'Empire ottoman. Les victimes des massacres ne verront leurs bourreaux que dans les druzes et l'Empire ottoman, amalgamés dans l'abstraction d'un islam éternellement fanatique. Elles ne verront point l'utilisation que les puissances coloniales font dans tout l'Orient des minorités ethniques et religieuses.

Les chrétiens ne verront pas plus que la grande féodalité libanaise intercommunautaire qui se déchire en agonisant entre 1840 et 1860 ne cède pas la place en 1861 à un régime de démocratie moderne, mais à l'institutionnalisation du confessionnalisme qui ruinera définitivement le Liban un siècle plus tard. En effet, le régime institué par la *Mutassarifia* en 1861, qui prévoit un conseil administratif consultatif composé de façon proportionnelle des représentants de six communautés pour siéger aux côtés du *wali* turc, pose les bases d'une répartition communautaire dans l'exercice des fonctions politiques et administratives ; elle va être un frein terrible à une véritable modernisation de la société. La mise en place de cette assemblée, souvent saluée comme le premier pas du Liban moderne vers la démocratie constitutionnelle, n'a été qu'un progrès en trompe-l'œil, un cadeau empoisonné[5].

Désormais, anciennes grandes familles de la montagne et notabilités des villes vont entrer en rivalité pour la gestion du pays en usant du communautarisme le plus étroit. Le résultat sera ce régime détestable de clientélisme confessionnel et de corruption qui bloquera l'épanouissement de la société libanaise. La société du

5. Un remarquable ouvrage décrit le passage du système féodal laïc de la montagne au système confessionnel moderne : Hani FARÈS, *Al nizaat al taifiatfi tarikh loubnan al hadith* (Les conflits confessionnels dans l'histoire contemporaine du Liban), Al Ahlia lil nashr wal tawzi', Beyrouth, 1980. Pour s'informer de façon générale sur la formation historique de l'entité libanaise, on se reportera à l'ouvrage classique d'Adel ISMAÏL, *Histoire du Liban du XVIIe siècle à nos jours*, tome 1 : *Le Liban au temps de Fakhreddine II (1590-1685). Étude politique, économique et sociale*, Paris, 1955 ; tome IV : *Redressement et déclin du féodalisme libanais (1840-1861)*, Paris, 1958. On pourra voir aussi Michel CHEBLI, *Une histoire du Liban à l'époque des émirs (1635-1841)*, 1955.

Mont-Liban avait vécu dans un régime politique fondé sur la domination intercommunautaire de grands féodaux, sans que les communautés — cantonnées aux seules affaires religieuses — interviennent dans la gestion de la montagne. La société du Grand-Liban sera gérée par un club fermé de grandes familles qui, dans leurs rivalités de pouvoir, vont s'appuyer de plus en plus, en particulier après le départ de la puissance mandataire, sur des forces communautaires.

Bien sûr, beaucoup de personnalités chrétiennes dénonceront le confessionnalisme, dénonceront aussi le rôle négatif des puissances européennes. Mais un sentiment populaire diffus ne manquera pas cependant de s'étendre aux chrétiens du Liban, en particulier par le canal de l'école, massivement aux mains des communautés religieuses, elles-mêmes baignant dans la culture européenne de l'époque fortement marquée par le colonialisme. La symbiose de la société de la montagne rompue — symbiose qui leur avait assuré paix et prospérité durant plusieurs siècles —, les maronites gardent un sentiment d'inquiétude et d'insécurité qui ne les quittera plus. C'est ce sentiment qui les poussera trop souvent à identifier naïvement leurs intérêts à ceux de l'Occident et à voir de façon simpliste dans la grande ébullition du Proche-Orient depuis la fin de la Première Guerre mondiale une « résurgence islamique » menaçante. Situation paradoxale, car l'élite des maronites, comme celle des autres communautés chrétiennes, participe pleinement à la renaissance arabe, en Égypte, en Syrie, en Palestine. C'est la base populaire des communautés, encadrée par un clergé mal inséré dans la modernité, qui sera victime des troubles de perception que les hommes politiques exploitent dans leurs rivalités, pour un pouvoir dont une des légitimités est l'appartenance communautaire.

Nous avons déjà parlé de l'incapacité des cultures religieuses communautaires à entrer dans l'univers séculier de la modernité. Mentionnons aussi la détérioration de l'univers culturel des Libanais après l'indépendance, phénomène très important, car la culture panarabe de l'élite intellectuelle maronite ou chrétienne sera de moins en moins diffusée dans l'éducation de base des jeunes Libanais chrétiens. Ce sont en tout cas ces troubles de perception qui amèneront les hommes politiques libanais chrétiens à commettre au cours des dernières années des erreurs politiques graves, de façon pathétiquement obstinée, mettant en danger, autant que leurs adversaires, l'existence même du Liban. Nous aurons l'occasion d'en reparler lorsque nous examinerons les blocages de la société depuis l'indépendance.

Le rêve d'une Grande Syrie

La perception « musulmane » ne connaîtra pas moins de troubles, suite aux mutations brutales que traversent aussi les communautés musulmanes. Les druzes, que les événements du XIXe siècle ont marginalisés dans la vie politique libanaise, garderont une sourde rancœur face aux maronites qui progressivement établiront une prédominance dans la gestion de la *Mutassarifia*, puis du Grand-Liban. De cette rancœur, le dialogue de Kamal Joumblatt avec un journaliste français peu de temps avant sa disparition brutale, paru sous forme de livre, porte un témoignage éloquent [6]. Grande bâtisseuse de l'entité libanaise, l'élite druze supportera de moins en moins son élimination du jeu politique local et régional. Les événements de 1975 lui donneront l'occasion de briser son isolement, mais Kamal Joumblatt paiera de sa vie son opposition violente à la politique syrienne au Liban.

Les sunnites des villes, nouveaux venus dans le jeu politique libanais, affirmeront par des attitudes négatives leur entrée en scène. Pour eux, la société du Mont-Liban est une entité artificielle, puisqu'ils n'y ont jamais eu une part directe. Ils sont les membres d'un réseau de villes islamiques — Le Caire, Damas, Bagdad, Alep, Jérusalem — qui a structuré la vie des grands empires musulmans ou des divers sultanats. Pour eux, le seul successeur légitime de l'Empire ottoman est un grand État arabe qui maintiendrait les liens séculaires entre ces grandes villes. À leurs yeux, druzes, chiites, maronites (tout comme les alaouites ou les ismaéliens en Syrie) ne sont que les éléments marginaux de la société arabo-musulmane. Dans leur perception, c'est l'impérialisme occidental qui joue des minorités pour consolider son pouvoir sur la région. À défaut de pouvoir réaliser un État arabe unitaire, le Liban, dans leur perception, devrait être intégré à un grand État syrien. On opposera ainsi très vite l'artificialité de l'entité libanaise à l'existence naturelle immuable de la Syrie.

Vision de contresens et de déformation, car il n'y a pas eu d'entité syrienne dans l'histoire. Seule l'Égypte, depuis le temps des pharaons, a constitué au Proche-Orient une véritable entité politique. Le reste du Proche-Orient n'a jamais connu de structures de pouvoir stables, couvrant une région déterminée, dans une

---

6. Kamal JOUMBLATT, *Pour le Liban* (propos recueillis par Philippe Lapousterle), Stock, Paris, 1978. Sur la personnalité et l'histoire de cette forte personnalité libanaise, on se reportera à Igor TIMOVIEV, *Kamal Joumblatt. Al rajoul wal oustoura* (Kamal Joumblatt. L'homme et la légende), Dar el-Nahar, Beyrouth, 2000.

continuité historique minimale. Des villes ont pu être de façon éphémère des sièges d'empire (Damas pour les Omeyyades, Bagdad pour les Abbassides, dont le pouvoir réel s'est vite effrité), ou parfois de sultanats non moins éphémères (comme celui des Hamdanides à Alep), ou encore, remontant plus loin dans le temps, des sièges de royaumes fragiles (Pétra en Jordanie, Palmyre en Syrie, Hira en Irak).

En tout cas, au cours des dix derniers siècles, ce qui est aujourd'hui la Syrie n'a été qu'un assemblage de provinces, gouvernées par des fonctionnaires nommés par les mamelouks puis par les Ottomans et siégeant à Damas, Tripoli, Alep, Saïda, Saint-Jean-d'Acre. Les *walis* ou pachas de ces villes n'ont été, le plus souvent, que des potentats locaux — ou souvent des convertis à l'islam d'origine balkanique, bosniaques ou serbes ou parfois d'autres nationalités européennes — nommés par un pouvoir impérial lointain, se chargeant d'accabler la population de taxes et d'impôts divers pour assurer le paiement du tribut à l'empire et la constitution de fortunes personnelles éphémères. Aussi la Syrie a-t-elle gardé jusqu'à aujourd'hui des traces de régionalisme très vivant, s'appuyant aussi bien sur une géographie humaine très diversifiée que sur les rivalités et les antipathies mutuelles des élites urbaines. L'entité du Mont-Liban, gouvernée pendant plus de trois siècles par de grandes dynasties féodales, apparaît en contraste comme un noyau historique beaucoup plus naturel d'un Grand-Liban qu'une Grande Syrie dont la capitale serait Damas, siège d'une province parmi d'autres de l'Empire ottoman.

Nous retrouvons ici le problème de la succession de l'Empire ottoman et de l'affrontement des visions et perceptions des élites arabes au début du XXe siècle quant au devenir des anciennes provinces de l'empire. Il faut cependant bien dire que la vision d'une Grande Syrie naturelle n'est pas le fait d'une perception « musulmane » en tant que telle. Loin de là, car beaucoup de chrétiens, de Syriens et même de Libanais y adhèreront et contribueront à la façonner et la répandre[7]. Ils seront attirés par les thèses d'Antoun Saadé (1904-1949), fondateur du Parti populaire syrien (PPS), qui prêche avec éloquence l'unité des territoires dits du « Croissant fertile », c'est-à-dire du bassin du Tigre et de l'Euphrate et de ses prolongements en façade méditerranéenne (soit la Syrie, le Liban et la

7. En particulier, Edmond RABBATH, *Unité syrienne et devenir arabe*, Paris, 1937 ; et Georges SAMNÉ, *La Syrie*, Paris, 1920.

Palestine, ainsi que l'île de Chypre qui forme le bout occidental du Croissant).

Antoun Saadé formera un des premiers partis transcommunautaires modernes de l'histoire du Liban. La doctrine du PPS soutient qu'il y a une profonde unité de civilisation dans le Croissant fertile depuis la plus haute Antiquité. Cette unité provient du fond araméen et syriaque, parent du fond arabe, mais qui ne se confond pas avec lui, d'autant qu'il s'agit d'un fond urbain et paysan. Aussi, le PPS a-t-il été traditionnellement hostile aux thèses des différentes formes de panarabisme prêchant l'unité de tous les pays parlant la langue arabe (incluant donc les pays de la Péninsule arabique et du Maghreb), auxquelles ont adhéré d'autres chrétiens, tel Amin El-Rihani, homme de lettres du terroir maronite, célèbre pour avoir dès les années 1920 pris son bâton de pèlerin pour prêcher aux notables bédouins de la Péninsule arabique la nécessité de s'unir entre eux dans un État moderne et pour avoir vanté les mérites d'une unité de tous les Arabes[8].

Il ne faut pas ici oublier la projection des idées nationales européennes sur la scène intellectuelle du Proche-Orient : elle contribuera à produire aussi bien le panarabisme que le pansyrianisme, ainsi que leur synthèse dans la prétention des élites syriennes — sous diverses formes suivant les époques et les conjonctures — à être l'avant-garde de l'unité arabe et le porte-parole exclusif des intérêts de la « nation » arabe. Un des grands promoteurs de l'idée d'une nation syrienne, distincte d'une nation arabe hypothétique ou d'une *oumma* islamique mythologique, sera un jésuite belge, le père Lammens, qui écrira au début du XXe siècle sur la Syrie un ouvrage remarqué[9].

Le gouvernement français, qui recueille un mandat international sur la Syrie et le Liban au lendemain de la Première Guerre mondiale, sera lui-même très hésitant dans la conduite à suivre et le sort à réserver à l'entité du Mont-Liban et aux provinces syriennes. L'idée d'une Grande Syrie n'est pas sans tenter la France. L'histoire des tractations ayant mené à la proclamation du Grand-Liban en 1920, puis à la division durant quelques années de la Syrie en plusieurs « États » (Djebel druze, Damas, alaouites, Sandjaq d'Alexandrette), est trop longue et trop complexe pour être exposée

8. Cet homme de lettres nous a laissé un récit passionnant de ses tribulations dans la Péninsule arabique au début des années 1920 et de ses rencontres avec les familles régnantes : Amin El-Rihani, *Moulouk el-'Arab* (Les rois des Arabes), 2 vol., Dar el Rihani, Beyrouth, 1925.

9. Henri Lammens, *La Syrie, précis historique*, 2 vol., Beyrouth, 1921.

ici [10]. Disons simplement qu'il ne s'agit pas exclusivement de manœuvres impérialistes, comme on a trop souvent tendance à l'affirmer. En effet, la revendication libanaise n'a pas été exclusivement chrétienne, et la France ne crée pas un Liban uniquement pour accommoder « les chrétiens » du Liban. Bien plus, les opposants à la création d'un Grand-Liban se recrutent non seulement chez les musulmans, mais aussi chez beaucoup de chrétiens.

Le poids des grandes familles

Certes, l'histoire aurait pu être autre et l'intégration du Mont-Liban dans un ensemble syrien plus vaste aurait éventuellement atténué le choc de la collision que nous avons décrite entre le monde de la montagne et celui de la ville. La société du Grand-Liban, rappelons-le, n'est plus celle du Mont-Liban ; la mutation est énorme. Mais ne percevoir dans l'établissement du Grand-Liban que des manœuvres impérialistes contre l'unité de la Syrie ou celle de l'ensemble du monde arabe, c'est faire abstraction de la complexité sociologique et historique de la région, de l'absence historique d'entités politiques stables ayant joui d'un minimum de continuité. Non pas que la Grande Syrie ou l'ensemble des provinces du Croissant fertile (y compris celles d'Irak) n'aurait pu ou ne puisse devenir éventuellement un jour une entité politique ancrée dans la réalité sociologique ; le fonds culturel arabo-araméen commun à toute cette région et mis en valeur par les travaux du père Lammens, comme par les écrits d'Antoun Saadé, est évident. Mais l'histoire n'est pas faite que de manipulations. Or, ce que nous appelons ici perception « musulmane », et qui a été aussi celle de beaucoup de chrétiens panarabes et anti-impérialistes, ne voit que manipulations là où le colonialisme européen a essayé de trouver un équilibre entre ses intérêts et une réalité socio-historique complexe.

Au demeurant, les notabilités islamiques des villes libanaises s'intégreront rapidement au jeu politique local. En particulier, celles de Tripoli, pourtant à l'origine les plus opposées à l'inclusion de leur ville, très ouverte sur la plaine syrienne, dans la nouvelle entité libanaise. Quant aux notabilités chiites du sud du Liban et de la Bekaa, la présence de la France permit enfin une reconnaissance officielle de l'existence communautaire chiite face à ce qui avait été durant des siècles une prépondérance sunnite consacrée

10. On pourra se reporter à l'excellent ouvrage de Gérard KHOURY, *La France et l'Orient arabe, naissance du Liban moderne, 1914-1920*, Armand Colin, Paris, 1993.

par l'Empire ottoman. Cela n'exclura cependant pas des révoltes paysannes au sud du Liban et surtout la grande révolte des druzes contre l'armée française occupante au Liban et en Syrie. Au milieu des années 1930 en tout cas, le Grand-Liban, sous l'égide de la France, a constitué ses élites politiques qui comprennent aussi bien les anciennes notabilités du Mont-Liban que les notabilités sunnites et grecques orthodoxes des villes. L'intégration intercommunautaire de cette élite est remarquable, même si elle se fait autour de deux pôles politiques de la communauté maronite, nouveaux venus dans les affaires du Liban : Émile Eddé à la tête d'un Bloc national profrançais et antiarabe et Béchara El-Khoury à la tête du Destour, parti constitutionnel, proanglais et proarabe.

L'histoire du Liban peut alors être appréhendée en termes d'histoires de familles, comme on peut le faire pour la grande période féodale. Il existe d'ailleurs de grandes traditions historiographiques locales centrées sur l'histoire des familles de notables de telle ou telle région, qui sont une des sources les plus importantes de connaissance historique de la réalité libanaise. Il s'agit donc d'une dimension essentielle de l'existence traditionnelle du Liban. Aussi ne s'étonnera-t-on point que, depuis les années 1930 et jusqu'à aujourd'hui, les mêmes personnalités politiques ou leurs enfants aient eu un monopole quasi exclusif dans la vie politique officielle du pays. Trait remarquable de la société libanaise où la structure familiale continue de jouer un rôle éminent en dépit de tous les bouleversements. Même dans un parti de masse moderne, comme le Parti phalangiste, les relations de famille investiront l'appareil du parti, permettant aux Gemayel une domination quasi totale de cet appareil et, à travers lui, de la communauté maronite, et cela en dépit d'un demi-siècle de transformations socio-économiques depuis les années 1930.

L'urbanisation n'a pas vraiment cassé les grandes structures familiales du Mont-Liban : le renouvellement des élites n'a été que partiel et limité. Il se réalisera surtout à partir de 1975, à travers la montée des milices armées [11]. Il réussira le plus, paradoxe apparent, dans la communauté restée la plus féodale et la moins urbanisée, la communauté chiite. Paradoxe apparent seulement parce que, justement, cette communauté est celle qui a le moins évolué au cours des

11. Signalons à ce propos une thèse de doctorat présentée en 1985 à l'université de Lyon-II, qui analyse en détail le dépeçage et la prise en charge des quartiers de la ville de Beyrouth par les milices combattantes composées en majeure partie de ruraux ou d'éléments d'urbanisation très récente : Nabil BEYHUM, *Espaces éclatés, espaces dominés : étude de la recomposition des espaces publics centraux de Beyrouth de 1975 à 1990*, 1991.

derniers siècles. Les grands bouleversements des années 1970 secoueront le joug de ces grandes familles féodales, ce qui permettra l'émergence de nouvelles figures politiques, dont Nabih Berri est un représentant typique. Les maronites l'avaient fait au siècle passé entre 1840 et 1860, occupant les terres de leurs grands féodaux avec l'aide du clergé. Un siècle plus tard, les chiites feront la même chose au sud du pays.

On le voit, l'histoire du Liban se déroule constamment à plusieurs niveaux : histoire des communautés, histoires des familles, histoire de l'entité et de ses mutations. La complexité en est donc très subtile ; la simplification ou la généralisation impossibles. Aucune synthèse de cette histoire complexe, établie et acceptée de l'opinion commune n'est d'ailleurs parvenue à prédominer [12]. L'évolution socio-économique des communautés ne s'est pas faite de façon synchronique, surtout depuis le XIXe siècle, du fait de l'interférence du colonialisme européen ; la ville et la montagne n'ont pas eu le temps de s'apprivoiser mutuellement en un demi-siècle et la grande famille agnatique se refuse à mourir, de même que les clergés. Les structures traditionnelles du pays, comme partout ailleurs, se défendent face aux assauts de la modernité. Aucun groupe n'a réussi au Liban à imposer une hégémonie modernisante. Les « chéhabistes » le tenteront entre 1958 et 1964 : comme nous le verrons, leur œuvre considérable sera vite emportée (voir *infra*, chapitre 4).

Communauté religieuse et pouvoir politique

Le jeu du pouvoir à l'intérieur des communautés

Ce qui manque le plus à l'analyse politique traditionnelle de la réalité libanaise, c'est bien la prise en compte des phénomènes de pouvoir à l'intérieur des communautés : le jeu de puissance intra-communautaire est au moins aussi déterminant que le jeu de puissance intercommunautaire, et peut même le conditionner en grande partie lorsque l'intensité des rivalités à l'intérieur d'une ou

---

12. Ce que reflète bien l'ouvrage de Kamal SALIBI, *Une maison aux nombreuses demeures, op. cit.*, qui cependant simplifie considérablement la problématique libanaise en expliquant la diversité des conceptions politiques par le fait que les communautés seraient l'équivalent de tribus et donc incapables de s'entendre entre elles ; voir aussi l'ouvrage déjà évoqué d'Ahmad BAYDOUN, *Identité confessionnelle et temps social..., op. cit.*

plusieurs communautés amène à des surenchères qui peuvent remettre en question l'équilibre intercommunautaire normal.

L'État issu des institutions de 1926 et de 1943 n'a jamais pu acquérir d'existence autonome, la classe politique trouvant plus simple de tirer son pouvoir des appareils communautaires [13], considérablement renforcés par les crises successives de la société libanaise depuis la disparition de la grande féodalité traditionnelle de la montagne [14]. Ces appareils communautaires tirent eux-mêmes leurs forces de leur puissance économique, de leur influence au travers des institutions spirituelles et éducatives, et de leurs liens avec les forces externes régionales ou internationales.

Héritière unique de l'Empire ottoman, du fait de la persistance des communautés en tant que systèmes de pouvoir centrifuges, la société libanaise est l'« homme malade » du XXe siècle, tout comme l'empire avait été l'« homme malade » du XIXe siècle. Prisonnier de ces structures, le citoyen innocent regarde impuissant l'enchevêtrement du jeu complexe des pouvoirs au sein de sa communauté et entre communautés, avec leurs innombrables prolongements externes. Son identité communautaire lui colle à la peau, quoi qu'il fasse, et en temps de crise aiguë, lorsque l'« État » disparaît, il se retrouve totalement prisonnier d'elle : le pouvoir communautaire devient totalitaire, ne laissant à l'individu que le choix entre le bannissement ou l'embrigadement. En temps normal, lorsque le fonctionnement harmonieux des mécanismes intercommunautaires est assuré par un souverain modéré et juste, lorsque le jeu du pouvoir à l'intérieur des communautés est contenu, lorsque la conjoncture régionale est calme, alors l'identité communautaire peut être relativisée au niveau culturel et idéologique, même si elle est constamment rappelée par le fonctionnement des institutions juridiques (statut personnel et tribunaux religieux).

Mais cette relativisation ne saurait aller trop loin sans réaction de la structure de pouvoir communautaire, car elle signifierait un déplacement possible des centres de pouvoir et donc la probabilité d'un renouvellement des élites dirigeantes issues des grandes familles régnantes à l'intérieur des communautés. D'où ce

---

13. Nous entendons par appareils communautaires l'ensemble des institutions, aussi bien celles directement issues des structures juridiques de la communauté (lieux de culte, conseils communautaires, tribunaux, œuvres de bienfaisance, institutions éducatives et culturelles, etc.) que celles qui gravitent autour d'elles (organes d'information de partis politiques s'articulant sur des bases confessionnelles).

14. Voir sur ce point l'ouvrage fondamental de Hani FARÈS, *Al nizaat al taifiatfi tarikh loubnan al hadith, op. cit.*

mouvement de balancier qu'effectue la société libanaise depuis son ouverture au monde moderne, entre des phases de désegmentation — où l'identité communautaire est relativisée au profit d'une identité supracommunautaire — et des mouvements de retour brutaux au grégarisme communautaire — qui ramènent la société à son point de départ et revivifient les structures de pouvoir traditionnelles entamées par la modernisation. Ce mouvement de balancier suit d'ailleurs des conjonctures économiques données : expansion généralisée soutenant les phases de relâchement communautaire, blocages de la modernisation permettant le retour en force des structures traditionnelles de pouvoir. Pour ne parler que de la dernière crise : à la prospérité sans précédent des années 1953-1973 a succédé à partir de 1973 le blocage pour la majorité de la population, du fait d'une inflation interdisant toute possibilité de promotion sociale, sauf à choisir l'émigration provisoire ou définitive.

En réalité, la production d'idéologies est au Liban le fait des appareils communautaires et des hommes qui évoluent dans ces appareils ; la majeure partie des *mass media* communautaires est elle-même branchée sur l'extérieur. Les idéologies produites ont pour but de maintenir les identités communautaires et la coïncidence de ces identités avec certaines forces extérieures, protectrices des appareils communautaires employés en temps de crise régionale pour marquer des points sur les forces concurrentes. En temps de calme, ces appareils fonctionnent en sourdine, laissant l'appareil d'État développer le discours transcommunautaire pacifique et non mobilisateur, s'organisant autour de divers clichés tels que ceux du Liban carrefour, Liban refuge, Liban terre d'accueil et de tolérance, etc. Ce discours ne constitue en effet aucune menace réelle à la vie des idéologies communautaires.

En temps de crise, au contraire, les appareils communautaires changent de régime et se mettent à produire du matériel idéologique à une allure accélérée pour neutraliser toute possibilité d'émergence d'une idéologie nationale véritable susceptible de détruire la force de polarisation des idéologies communautaires. Lorsque la crise est aiguë, on assiste à la production de déviances idéologiques : l'idéologie communautaire prend une allure fasciste et raciste, incitant la population à commettre les atrocités les plus graves en toute bonne conscience. Un point est commun à toutes ces déviances, de quelque côté qu'elles viennent : c'est leur aspect moyenâgeux d'intégrisme socio-religieux, malgré toutes les précautions prises pour les habiller d'un vocabulaire moderne.

Ainsi la notion de « pluralité de cultures », invoquée par certaines forces politiques chrétiennes durant les dernières années de crise, n'a-t-elle exprimé que le sentiment de supériorité d'un groupe communautaire sur les autres ; cependant que celle d'« arabité » et son concept opposé dans les vocabulaires libanais de la guerre d'« isolationnisme [15] » traduisent le fait que seule une catégorie d'identités communautaires, celle des communautés islamiques, dispose de clairvoyance politique et est dépositaire de la vérité absolue (laquelle se résume dans un dogme simpliste ne tenant aucun compte des réalités sociales et géopolitiques du monde arabe contemporain). Dans les deux cas, la liberté invoquée est une liberté du groupe en tant que tel, qui ne laisse aucun choix au libre arbitre de l'individu. C'est la liberté des appareils communautaires et de leurs dirigeants de violer le citoyen et de l'embrigader qui est invoquée, puisque de chaque côté des barrières communautaires on montre du doigt les libéraux qui cherchent à garder leur faculté de choix politique libre de tout rapport avec l'identité communautaire.

Sur ce point d'ailleurs, une connivence complète existe entre les appareils communautaires qui refusent tout crédit politique à ceux des libéraux dont l'identité communautaire est celle des appareils concurrents, même si leur discours politique est celui qui effectivement représente les aspirations profondes de la société. En effet, le pouvoir tirant son origine des appareils communautaires, les hommes politiques en place ne sauraient tolérer que se créent des sources de légitimité politique en dehors d'eux sans risquer de mettre en cause leur propre source de pouvoir.

Le discours du libéral a d'ailleurs peu de prise effective sur la société libanaise en temps de crise, car le citoyen sait bien où se trouvent les vrais centres de pouvoir, et c'est pourquoi il acceptera l'embrigadement communautaire même si ses aspirations profondes vont vers le libéral.

L'identité communautaire est donc avant tout idéologie politique fascisante et totalitaire ; elle ne correspond dans la société à aucun clivage ethnique réel pouvant légitimer le comportement des appareils communautaires, en dehors du fait qu'ils représentent des structures de pouvoir redoutables et sont à ce titre producteurs des

---

15. Terme employé par les partis panarabes pour désigner les partis chrétiens activistes, en particulier les phalanges libanaises, et leur politique d'« isolement » et de repliement par rapport à l'environnement arabe.

idéologies totalisantes servant de support à la survie des identités communautaires malgré la modernisation de la société.

Les communautés libanaises sont-elles des ethnies ?

Il est indispensable de revenir sur cette question déjà évoquée au chapitre précédent, car elle conditionne les modalités d'écriture de l'histoire libanaise. Si l'on considère que les communautés libanaises sont des ethnies ayant vocation à devenir des nations ou des quasi-nations, alors l'histoire de l'entité libanaise dans toutes ses dimensions économiques, sociales et humaines sera délaissée au profit de l'histoire descriptive des communautés et de l'évolution de chacune d'elles ou, du moins, de celles considérées comme ayant joué un rôle moteur. Souvent, l'histoire du Liban devient ainsi celle des différences et non des ressemblances entre les communautés, ou celle de leurs rivalités et non de leur interpénétration.

Beaucoup d'historiens qualifient le Liban de « refuge » de minorités et de terre de pluralisme ethnique, sans véritablement s'interroger sur ces notions. Or, une ethnie est un groupe humain qui affirme, au niveau de l'ensemble de ses mœurs, une spécificité qui lui est propre à l'exclusion de tout autre groupe. Ses deux piliers les plus importants, parce que assurant une fluidité parfaite de communication entre tous les membres de l'ethnie, sont la religion et la langue, à condition que ces deux éléments soient effectivement spécifiques, et non point partagés par d'autres groupes sociaux. Il convient de ne pas confondre ethnie et minorité religieuse ou linguistique. En effet, si dans le monde moderne composé de sociétés élargies dans le cadre d'États-nations les groupes ethniques survivants (il en existe de moins en moins) sont de plus en plus des minorités, une minorité n'est pas nécessairement une ethnie.

Cela est surtout vrai lorsque la minorité partage avec la majorité un élément fondamental d'identité, tel que la langue s'il s'agit d'une minorité religieuse, ou la religion s'il s'agit d'une minorité linguistique — encore que, dans ce dernier cas, le partage d'identité soit faible, la religion n'étant pas nécessairement source d'identité (cas des Kurdes), alors qu'une langue commune est par définition un dénominateur assurant la communication entre les membres du groupe. Une minorité n'est pas non plus une ethnie lorsqu'elle partage sa spécificité par rapport au groupe majoritaire (langue, religion ou couleur) avec de nombreuses autres sociétés (cas des chrétiens en société musulmane, des musulmans en société chrétienne ou hindoue [16]). Seule l'hérésie religieuse très spécifique, très limitée géographiquement et dont les adeptes vivent en cercle exclusif, peut se rapprocher de l'ethnie, développer un certain ethnisme. Cependant, même dans ce cas, il serait abusif de parler d'ethnie, car les clés de comportement du groupe hérétique ne se trouvent pas dans une spécificité culturelle globale anhistorique, mais dans une spécificité partielle historique.

À l'exception des Kurdes et des Arméniens, aucune des communautés libanaises ne constitue au vrai sens du terme une ethnie ou même une quasi-ethnie. Le système communautaire libanais a cependant ceci de commun avec l'organisation ethnique que la formation des identités communautaires est aussi totalitaire et globalisante. Mais, alors que pour l'ethnie la formation de l'identité résulte d'un système culturel spécifique, global et se suffisant à lui-même, la formation de l'identité communautaire au Liban n'a aucune relation avec des spécificités culturelles. Elle est le produit de déviations idéologiques qui reflètent les phénomènes de pouvoir (civil comme religieux) à l'intérieur des communautés et dans les rivalités intercommunautaires. L'intensité de ces phénomènes de pouvoir est en relation inverse avec la faiblesse des appareils supracommunautaires. On est au contraire frappé des homogénéités socioculturelles qui traversent l'ensemble de la société et qui gouvernent même les règles de la production des idéologies dans toutes les communautés : c'est pourquoi, de part et d'autre, sous des vocables différents, se maintiennent des idéologies ottomanes, correspondant aux structures communautaires ottomanes qui ont remplacé au XIXᵉ siècle, à l'écroulement de l'émirat, les structures féodales du Mont-Liban. C'est pourquoi aussi toutes les tentatives de modernisation de la société libanaise ont fini par se briser sur les écueils des structures communautaires, car une modernisation réussie ne peut que déboucher sur la mort des appareils communautaires en tant que centres de pouvoir.

Ces centres de pouvoir, qui sont d'autant plus totalitaires que leur aire d'exercice est restreinte, ne peuvent disparaître que si parvient à s'imposer un pouvoir supracommunautaire qui investira les appareils communautaires pour les ramener à leur juste fonction : celle d'assurer le service des cultes religieux dont le maintien des éventuelles spécificités n'exige pas que l'on sacrifie

16. Le cas de la sécession du Bangladesh vis-à-vis du Pakistan en 1972 montre bien, s'il en était encore besoin, que la religion n'est plus un élément d'identité suffisant pour assurer la cohésion d'une société.

périodiquement la vie de milliers de citoyens. Dans ce cas seulement, la société libanaise pourra accéder à une vie politique normale et produire des idéologies intégratrices et non des idéologies de rupture qui servent le maintien des centres de pouvoir traditionnels et vivifient les appareils communautaires en tant que centres de pouvoir.

On s'apercevra alors que le débat sur la laïcité n'aura même plus de raison d'être et cessera d'alimenter la querelle idéologique et communautaire stérile entre chrétiens et musulmans sur les modalités d'évolution du pays vers la laïcité : laïcisation uniquement politique, qui ne toucherait pas au système des statuts personnels spécifiques pour chaque communauté, mais permettrait à la majorité démographique musulmane de gouverner le pays, thèse invoquée par les hommes politiques musulmans d'un côté ; laïcisation civile de l'autre, pour les hommes politiques chrétiens, impliquant la suppression des statuts communautaires et le mariage civil, si la laïcisation politique doit être adoptée.

Le débat est ici sans fin et ne débouche sur rien. Il a pour présupposé que le vote des citoyens serait homogène dans chacune des deux grandes communautés religieuses (chrétienne et musulmane), alors que toute l'histoire libanaise montre que des clivages profonds traversent l'une et l'autre dans le jeu de leurs élites. Même depuis l'institutionnalisation du communautarisme politique, en dehors de la communauté druze, aucune communauté n'a été politiquement unifiée, sinon par la violence, notamment durant les événements de 1975-1990 (voir *infra*, chapitres 5 et 7). Il n'est donc pas dit que la suppression du communautarisme politique entraînerait inéluctablement la domination des communautés musulmanes sur les communautés chrétiennes. En fait, seul un système électoral instituant la représentation proportionnelle serait susceptible d'assurer une représentation équitable des tendances politiques communautaires ou laïques.

Mais c'est la disparition des centres de pouvoir communautaires qui est, de plus, seule susceptible de briser les courroies de transmission entre centres de pouvoir locaux et centres de pouvoir régionaux et internationaux. La rupture de ces liens est en effet nécessaire pour assurer l'émergence d'un État moderne produisant une idéologie intégratrice capable de supplanter les idéologies communautaires spécifiques, et dont les clivages suscitent le progrès de la société et non sa stagnation ou même des retours brutaux au traditionalisme. Ce n'est que dans ce cas que le discours politique libanais pourra sortir du cercle vicieux et stérile des querelles sur l'arabité et la libanité, querelles qui renforcent les tendances à la production d'idéologies déviantes, reflétant et renforçant les phénomènes de pouvoir inter- et intracommunautaires.

Jamais dans l'histoire une société n'aura produit autant d'idéologies conflictuelles sur son identité que la société libanaise aux XIXe et XXe siècles. Ces conflits n'ont cependant aucune racine dans la réalité socioculturelle, dont la diversité et les particularités n'ont pas une intensité exceptionnelle, si on les compare par exemple à la résurgence des véritables ethnismes en Europe (basque, breton, corse par exemple), en Afrique ou même à ceux de la société américaine, sans parler des diversités ethniques et des systèmes de caste des sociétés asiatiques. L'intensité des conflits sur l'identité dans la société libanaise est bien plus le produit d'idéologies politiques modernes reflétant les phénomènes de pouvoir au sein d'appareils communautaires et entre eux, que le produit de spécificités ethniques irréductibles, comme on cherche tant à le démontrer.

La diversité religieuse de la société libanaise constitue certes une source de particularismes, mais non d'ethnismes. Ils n'ont en effet jamais remis en cause le fonds socioculturel commun — langue, habitat, milieu géographique, cuisine... — que partagent les classes sociales à travers toutes les communautés. Ils ne sont eux-mêmes devenus des polarisateurs d'idéologies politiques conflictuelles que lorsque les appareils communautaires, au XIXe siècle, ont pris la succession des appareils féodaux en tant que centres de pouvoir. Avec le temps, ce voile idéologique s'est transformé en une série de mythes organisant l'histoire des communautés avec l'extérieur et des communautés entre elles : histoire mythologique, mais aussi histoire mystifiante qui n'a pu prendre racine qu'à la faveur de la dégradation culturelle générale que connaît la société libanaise dans cet impossible passage de la société traditionnelle à la société moderne. Cette dégradation est d'ailleurs partagée à l'échelle régionale, témoignant de la persistance du sous-développement et de l'incapacité de beaucoup de sociétés non industrialisées de passer harmonieusement et sans ruptures du traditionalisme au modernisme.

Comme nous l'avons déjà souligné, rien n'est d'ailleurs plus frappant que l'homogénéité des modes de production des idéologies d'identités conflictuelles que sécrète la société libanaise : identités où le concept de liberté est employé comme couverture idéologique du totalitarisme au niveau communautaire, la liberté étant exclusivement celle de la communauté au détriment du libre arbitre individuel, et celle de maintenir des liens entre les appareils communautaires locaux et les forces externes. C'est ainsi que l'un des avocats les plus éloquents de la démocratie des communautés religieuses, opposée à la démocratie des droits individuels, a pu écrire : « Le christianisme doit rester libre, souverain, fidèle à son héritage et son destin, en liaison organique avec tous les milieux et tous les centres chrétiens du monde ; de même l'islam — ainsi que toute autre croyance — doit rester libre dans le même sens. Pour cela, il faut évidemment qu'existe un respect total et réciproque entre tous et que la liberté individuelle ne s'exerce pas de façon qui serait susceptible d'entamer la liberté des autres [17]. » En général, ces idéologies d'identité se parent d'un ensemble doctrinal qui n'est qu'un pot-pourri mal digéré des doctrines politiques des sociétés industrielles, qui servent de soubassement à la mise en place de sous-cultures au niveau des appareils communautaires [18].

Le Liban et le problème de la succession de l'Empire ottoman

La plupart des analyses de l'évolution du Liban et des troubles sanglants qui traversent son histoire ne tiennent guère compte du fait que le Mont-Liban a été la province de l'Empire ottoman qui a servi de laboratoire aux puissances européennes dans leur entreprise d'asservissement progressif de cet empire en vue de son dépècement. L'effondrement de l'empire ouvrira des problèmes

17. Voir Charles MALEK, interview à la revue *Al-Sayyad*, n° 1697, 28 avril 1977. Celui-ci a été ministre des Affaires étrangères du Liban, président de l'Assemblée générale des Nations unies, professeur de philosophie à l'Université américaine de Beyrouth et grand idéologue du Front libanais qui a regroupé en 1975 les partis politiques se disant « chrétiens », c'est-à-dire le Parti phalangiste que domine la famille Gemayel et le Parti national libéral (PNL) de Camille Chamoun, ancien président de la République (1952-1958). On trouve encore aujourd'hui la même conception de la liberté chez Michel Eddé, ancien ministre de la Culture, personnalité du monde des affaires, de la culture et de la politique, propriétaire du seul quotidien d'expression française au Liban, *L'Orient-Le Jour* ; on verra en particulier son interview fleuve dans ce quotidien en date du 18 juillet 2003, sous le titre éloquent : « La représentation communautaire, une chance pour le Liban ». Ghassan Salamé, professeur à l'Institut d'études politiques de Paris et ancien ministre de la Culture au Liban, auteur de plusieurs ouvrages sur le Moyen-Orient, partage aussi cette vision ; en 2003, à l'occasion des événements d'Irak, il a prôné dans diverses interviews télévisées l'adoption du modèle communautaire libanais pour résoudre les problèmes de ce pays.

18. Dans la précédente édition de cet ouvrage, nous avons consacré la dernière partie à une analyse de ce que nous avons appelé la « culture de la discorde » (voir Georges CORM, *Liban : les guerres de l'Europe et de l'Orient 1840-1992*, Gallimard, coll. « Folio/Actuel », Paris, 1992, p. 349-394) ; cette partie était l'adaptation en français d'une série d'articles parus en septembre 1984 dans le quotidien libanais *Al-Nahar*, puis repris dans la revue *Al-Baheth* (janvier-février 1985), Beyrouth.

redoutables de succession dont le statut du Liban constituera, lui aussi, un exemple témoin. Disparu en 1919 à la fin de la Première Guerre mondiale, cet empire, dont le long déclin et l'agonie avaient créé ce que l'on appelait au XIXe siècle la « question d'Orient », n'a jamais eu de succession correctement assumée, dans les Balkans comme au Proche-Orient [19]. Qui était l'« homme malade » du XIXe siècle dont la disparition continue d'affecter si intensément le destin du Liban et de tout le Proche-Orient, puisque aujourd'hui c'est le statut futur de l'Irak dans la région qui est à son tour en cause ?

Il est d'autant plus difficile de parler avec objectivité de cet empire musulman qu'il a fait l'objet de haines tenaces et a servi de cause explicative unique à tous les malheurs de la société orientale au XIXe siècle et au début du XXe siècle. En lui, qui avait menacé la chrétienté occidentale en parvenant jusqu'aux portes de Vienne, on a vu le plus souvent l'incarnation des forces du mal se résumant toutes en une notion : le fanatisme islamique. La réalité est évidemment plus nuancée ; elle demande, pour être perçue hors des fantasmes, que l'on se penche sur trois données explicatives du fonctionnement de l'Empire ottoman. Celles-ci sont d'autant plus importantes qu'elles continuent d'être agissantes dans les conflits qui secouent la société libanaise, comme celle de l'ensemble du Moyen-Orient.

Le succès des Ottomans est surtout d'avoir su gérer si longtemps les populations si diverses du Moyen-Orient, en leur assurant la paix interne et souvent une certaine prospérité [20]. Les descriptions de la vie sociale à l'intérieur des régions moyen-orientales de l'empire donnent bien l'image d'un pluralisme ethnique et religieux épanoui : prospérité des Grecs à Constantinople ou à Smyrne ; fortune des juifs arabes ou espagnols ou des chrétiens des grandes familles de Syrie, d'Irak et de Palestine ; vécu convivial des Arméniens avec les Turcs et les Kurdes. Empire multiracial, plurireligieux, dont Soliman le Magnifique avait consolidé les assises au XVIe siècle en faisant régner la justice pour tous, il ne sombrera dans la tyrannie et les massacres que sous les assauts répétés de l'expansion coloniale européenne, non sans avoir essayé

---

19. Nous avons traité longuement de ce problème dans notre ouvrage, *L'Europe et l'Orient. De la balkanisation à la libanisation, histoire d'une modernité inaccomplie*, La Découverte, Paris, 1989 ; nouvelle édition, 2002.

20. Ce n'est évidemment pas le cas des Balkans, zone frontière d'affrontements entre grands empires rivaux, ottoman, austro-hongrois, russe, où la domination ottomane sera plus dure pour les populations chrétiennes de cette région.

à plusieurs reprises au cours du XIXe siècle de se réformer sur le mode constitutionnel moderne. C'est dans ce contexte que surgira, brutal et violent, le nationalisme turc, tournant le dos au pluralisme ethnique et culturel ottoman, et sur lequel s'appuiera Mustapha Kemal pour empêcher le démembrement final du territoire et construire la république turque laïque du XXe siècle.

C'est le Liban, fort de ses propres traditions, qui sera l'héritier du pluralisme classique de l'Empire ottoman, accueillant réfugiés arméniens, assyriens, kurdes fuyant les massacres entraînés par la chute de l'empire. L'organisation de sa vie politique et ses structures étatiques garderont de nombreux traits du système politique ottoman classique dans son pluralisme tolérant. Comme nous le verrons, le système libanais sera cependant à son tour détruit par les ambitions régionales de ses voisins et la rivalité des grandes puissances. Les accords de Taëf conclus en 1989, qui ont amendé la répartition des pouvoirs constitutionnels au Liban pour tenir compte des nouveaux équilibres communautaires et régionaux, n'ont pas amené le pays à renaître de ses cendres.

Les impasses de la réforme dans l'empire : laïcité et confessionnalisme dans le contexte colonial

D'un autre côté, les Ottomans puiseront abondamment dans les jurisprudences islamiques les plus libérales afin de conforter les chrétiens et les juifs dans l'autonomie que leur accorde le texte coranique lui-même pour gérer leur statut personnel et les affaires de leurs communautés. Les chrétiens orientaux seront reconnus par les Ottomans dans la diversité de leurs Églises ; les patriarches des communautés chrétiennes, comme les grands rabbins des communautés juives, seront des personnalités toujours respectées et entendues dans les affaires de l'empire. Le système des *millet* ottoman sera une grande réussite, surtout comparé à l'intolérance religieuse des pays européens et slaves, aussi bien à l'intérieur des groupes chrétiens qu'entre chrétiens d'un côté, juifs et musulmans de l'autre [21].

---

21. Sur ce point, on se reportera à notre ouvrage, *Contribution à l'étude des sociétés multiconfessionnelles. Effets socio-juridiques et politiques du pluralisme religieux*, LGDJ, Paris, 1971 ; nouvelle édition sous le titre *Histoire du pluralisme religieux dans le Bassin méditerranéen*, Geuthner, Paris, 1998. On verra aussi l'ouvrage classique de Bernard LEWIS, *The Emergence of Modern Turkey*, Oxford University Press, Oxford, 1986, ainsi que Georges CORM, *L'Europe et l'Orient*, *op. cit.*

Le pluralisme religieux avait été géré par l'Empire ottoman dans un cadre certes inégalitaire, puisque la prépondérance dans la gestion du pouvoir allait à l'élément turc musulman. Mais des règles strictes, tirées de traditions « libérales » de la charia islamique, avaient permis aux communautés non musulmanes de préserver leur présence et leur autonomie interne. La bureaucratie ottomane elle-même intégrait dans certaines hautes fonctions des éléments non musulmans. Ainsi, les communautés juives ou chrétiennes de l'empire, arabes, grecques, balkaniques ou arméniennes, avaient-elles pu se maintenir tout au long des siècles de domination ottomane, sans pogromes répétés ou tendances permanentes à l'élimination physique, comme cela avait été le cas des non-chrétiens en Europe. Certaines couches urbaines de ces communautés jouissaient même d'une aisance et d'une influence assez remarquables.

Les ambitions expansionnistes des puissances européennes et des tsars de Russie et les idées issues des mouvements révolutionnaires européens vont ébranler, au XIXe siècle, les fondements séculaires de la gestion du pluralisme religieux dans toutes les provinces de l'Empire ottoman. Les réformes des sultans, les célèbres *tanzimat* de 1839 et 1856, opérées sous l'inspiration et le contrôle de ces puissances mais aussi à l'initiative de certains ministres ottomans réformateurs, vont tenter de stabiliser l'empire et d'aménager de nouvelles règles du jeu agréables en même temps aux puissances, au pouvoir impérial et aux communautés non musulmanes. La crise libanaise du XIXe siècle est née des convulsions de l'ancien ordre du Mont-Liban et de la mise en place de nouvelles institutions issues de l'esprit des *tanzimat*. Celui-ci portait en lui plusieurs contradictions qui sont celles du Liban d'aujourd'hui. Nous en soulignerons ici les deux principales :

a) comment décréter l'égalité de tous devant la loi, tout en maintenant les privilèges d'autonomie des communautés non musulmanes dans le domaine de l'éducation et du statut personnel, privilèges renforcés et garantis par la protection accordée par les puissances européennes et la Russie à ces différentes communautés ;

b) les principes modernes de la démocratie représentative n'étant conçus que dans le cadre de la territorialité du groupe représenté, l'esprit des *tanzimat* puis de la Constitution ottomane de 1876 ne pouvait donc qu'entraîner la territorialisation des communautés et, à terme, leur désir de se réaliser en État. La vision des communautés comme « nations » par les puissances européennes et le contact direct fréquent et répété des chefs communautaires avec ces puissances vont pousser les communautés à élargir leur vocation temporelle à se regrouper sur un territoire, alors qu'elles étaient disséminées dans les différentes provinces de l'empire, bref, à se préparer à l'indépendance étatique.

Dans les Balkans, zone de contact géographique direct avec les puissances européennes et la Russie, et là où la spécificité religieuse se double d'une spécificité ethnique, plusieurs guerres douloureuses et meurtrières tout au long du XIXe siècle et au début du XXe siècle firent naître ces États en situation de rivalité perpétuelle les uns contre les autres, chacun aux prises avec ses problèmes de « minorités ». En Asie Mineure turco-arménienne et kurde, ce furent massacres et génocides nés aussi des erreurs, des hésitations, des atermoiements puis de l'abandon des deux causes arménienne et kurde par les armées alliées à l'issue de la Première Guerre mondiale, en dépit des promesses inscrites dans le traité de Sèvres de 1920.

Dans les provinces arabes de l'Empire ottoman, le dépècement faillit aussi commencer au XIXe siècle dans le Mont-Liban. Dans cette partie de l'empire, ce fut le pacha d'Égypte, Mohammed Ali, qui prit l'initiative d'instaurer l'égalité entre musulmans et non-musulmans et de vouloir se tailler un royaume englobant les provinces syriennes, le Mont-Liban et la Palestine. Son occupation du Mont-Liban entre 1832 et 1840 aboutit à la ruine et au discrédit de la grande féodalité transcommunautaire libanaise de type tributaire et aux célèbres révoltes paysannes. Dans le même temps, cette occupation, qui dérangeait les desseins des puissances européennes, attirait, au Mont-Liban et à Beyrouth, une influence accrue de ces mêmes puissances sur les communautés libanaises dont le rôle, à la différence des autres provinces de l'empire, avait été jusqu'ici strictement cantonné au domaine spirituel. Ce sera en particulier le cas pour la France qui acquiert une influence hégémonique intellectuelle et politique sur le clergé maronite et pour l'Angleterre qui aide et conseille les féodaux druzes, en passe de perdre toutes leurs assises traditionnelles de pouvoir.

En août 1840, Beyrouth est violemment bombardée par les flottes russe et britannique pour obliger le pacha d'Égypte à lâcher prise et à abandonner ses rêves de puissance. Le bombardement est suivi d'un débarquement des troupes européennes sur la côte libanaise. La fin de la présence égyptienne au Liban et en Syrie et la rivalité franco-anglaise pour le contrôle des communautés du Mont-Liban ont entraîné durant cette même période des heurts communautaires sanglants. Désormais, cette province ottomane va perdre définitivement les caractéristiques marquantes de son histoire depuis le XVIe siècle, à savoir la très grande autonomie politique que les féodaux druzes de la dynastie des Maan avaient su gagner de haute lutte ainsi que l'indépendance religieuse totale des très grandes communautés de la montagne (druze, maronite et chiite) qui avaient su éviter tout contrôle de la bureaucratie ottomane.

3

De l'émirat du Mont-Liban à la constitution du Grand-Liban

Émergence et affirmation de l'émirat libanais (XVIIe-XIXe siècle)

Si toute périodisation historique a un caractère arbitraire, on peut cependant, en cherchant à constituer l'histoire de la montagne libanaise et non point en évoquant exclusivement la chronique des communautés religieuses qui l'ont peuplée, dater la naissance du Liban contemporain, et donc l'émergence de l'entité libanaise, au début du XVIe siècle, par l'avènement du règne des émirs maanides qui culmine sous le gouvernement de l'émir Fakhreddine (1591-1635).

Auparavant, il est bien difficile d'attribuer une personnalité juridico-politique à la montagne libanaise. On notera cependant l'existence de traditions spécifiques dans la montagne, remontant à l'évangélisation puis à l'islamisation de la région, celles d'intenses relations entre communautés religieuses : d'une part, entre les communautés minoritaires par rapport au dogme officiel — byzantin pour les chrétiens, sunnite pour les musulmans —, d'autre part, entre ces communautés et la majorité reconnaissant le dogme officiel. Les traditions paisibles et intégratrices dans le premier cas, plus conflictuelles dans le second, serviront de support sociologique essentiel à la constitution de l'émirat, puis plus tard du Grand-Liban. L'histoire de l'émirat libanais se présente alors, à l'instar de toute histoire complexe dépassant celle du groupe tribal ou sectaire, comme celle de la lutte entre facteurs de fragmentation et facteurs d'intégration.

La mouvance historique avant l'émergence de l'émirat

La fragmentation de l'histoire libanaise avant le XVIe siècle ressortit à une fragmentation plus large qui est celle de l'ensemble du Proche-Orient. Il y a certes dans l'histoire du Liban le *passé phénicien*, mais il ne s'agit pas là d'une spécificité. Civilisation à l'échelle de la Méditerranée, elle a été celle de cités-États, et Carthage, tout comme Byblos, peut se prévaloir de l'héritage phénicien, resté confiné à la côte, sans toucher, du moins pour le Liban, à la montagne qui sera bien des siècles plus tard le cœur de l'entité libanaise.

En dehors de cet héritage, et jusqu'au XVIe siècle, le Liban et le Proche-Orient sont soumis aux vicissitudes des grands empires qui dominent la région et lui donnent ses cadres culturels et politiques. On peut ainsi dire que le Liban sera successivement byzantin jusqu'au VIIe siècle, puis omeyyade et abbasside après la conquête arabe, avant de tomber sous la domination des Francs durant la période des Croisades, puis celle des Turcs mamelouks puis ottomans. Cette succession de dynasties impériales au Liban, protégé par son milieu géographique constitué de montagnes abruptes, n'empêche pas le règne local de familles, de tribus et de clans, qui évoluent dans une diversité kaléidoscopique. Le refuge que constitue la montagne a permis aussi à de nombreuses communautés religieuses de se former et de subsister intactes tout au long des siècles, au point que le grand historien anglais Arnold Toynbee qualifiait le Liban de « musée de survivances religieuses ». « Le Liban, écrit-il, à sa propre façon, est un musée de survivances religieuses. Les ex-monothélites maronites et les jacobites monophysites et les chiites imamites du Jabal Amel ainsi que les druzes sont autant de “fossiles” remontant aux différentes phases du contact prolongé entre la civilisation hellénique et la civilisation syriaque [1]. »

En réalité, l'ensemble du Moyen-Orient, à l'exception de l'Égypte, est un musée de « survivances », car en Irak, comme en Syrie ou en Iran, ont perduré de nombreuses sectes et communautés religieuses, chrétiennes ou musulmanes. C'est l'importance que le Liban a acquise, au XIXe siècle, dans la rivalité anglo-française, comme porte d'accès pour le contrôle de la région, qui a entraîné le développement de la vision du Liban comme une entité

---

1. Arnold TOYNBEE, *A Study of History*, tome II, 1948.

spécifique, laquelle, à la différence des autres régions du Moyen-Orient, serait caractérisée par une « mosaïque » d'ethnies et de communautés. Toutefois, c'est toute la région qui n'a guère été propice jusqu'à l'époque moderne au pouvoir centralisé et fort. En particulier au Liban, mais aussi dans d'autres régions montagneuses du Proche et du Moyen-Orient, les structures sociopolitiques de la population ont rendu l'émergence d'un pouvoir local fort quasi impossible ou du moins éphémère. D'où peut-être ce vide que les empires extérieurs sont venus combler, sans pouvoir non plus s'installer durablement.

Ces forces centrifuges, qui trouvent leur origine dans la structure du peuplement local, peuvent être définies par trois éléments principaux.

1. L'existence de groupes religieux, relativement fermés parce que en dissidence par rapport aux dogmes dominants (chrétiens ou musulmans), en particulier pour ce qui est du Liban : les maronites, les druzes et les chiites qui ont peuplé la montagne, laissant la côte aux grecs orthodoxes adeptes du dogme chrétien byzantin et aux sunnites représentant l'orthodoxie islamique. La côte est donc abandonnée au pouvoir central étranger ; la montagne est saisie par la dissidence vis-à-vis de l'Empire ottoman. C'est la dynastie des Maan qui tentera d'émanciper la montagne de la suzeraineté ottomane, en se tournant vers l'Europe à partir du XVIe siècle.

2. L'existence de liens tribaux et claniques très vivaces, qui se superposent, sans toutefois les recouper, aux liens d'affiliation religieuse ; ces liens proviennent de l'Arabie préislamique et sont jusqu'au XVIIIe siècle une des sources principales de conflit et de turbulence dans la montagne libanaise [2]. Aïn-Dara en 1711 sera la dernière grande bataille où des féodaux libanais s'affronteront sous la bannière quaïsite ou yamanite, chacune de ces bannières regroupant indistinctement des druzes, des maronites, des chiites. Ces liens tribaux, qui se distendent avec l'émergence unificatrice de

---

2. Une bonne description des traditions claniques dans le Mont-Liban nous est donnée dans l'ouvrage classique de Dominique CHEVALLIER, *La Société du Mont-Liban à l'époque de la révolution industrielle en Europe*, Paul Geuthner, Paris, 1971. L'auteur, cependant, tombe quand même dans le piège de réduire, en introduction de son ouvrage, la problématique de l'existence libanaise au heurt entre communautés chrétiennes et communautés musulmanes, aux deux « psychologies » opposées. L'auteur les illustre en évoquant les positions du père Sélim Abou, qui prône le bilinguisme comme partie intégrante du Pacte national, et Kamal Joumblatt. Aucune de ces deux personnalités, en réalité, ne résume en elle la complexité variable suivant les événements des deux groupes de communautés. On pourra voir aussi, sur les mœurs « féodales » du Liban : Michael GILSENEN, *Lords of the Lebanese Marches. Violence and Narrative in an Arab Society*, I. B. Taurus, Londres, 1977.

l'émirat, en viendront à se confondre malheureusement avec les liens sectaires, au XIXe siècle une première fois (1840-1860), puis au XXe siècle entre 1975 et 1990, sous le coup des violentes interférences extérieures qui seront examinées plus loin.

3. L'existence, à l'intérieur des clans et des familles, de rivalités et de querelles sanglantes pour l'exercice du pouvoir local. L'histoire libanaise, au nord, au sud comme au centre de la montagne, est celle de ces innombrables assassinats de frères, de cousins, de neveux pour se hisser au pouvoir ou pour s'y maintenir. Ici encore, point de spécificité : en de nombreuses périodes et régions, l'Europe, par exemple, a bien connu ce phénomène. L'acuité de ces troubles dans le cas du Liban provient du fait qu'aucune règle de succession pour le pouvoir ne parvient à s'établir et qu'il existera toujours, dans la même famille féodale, un prétendant au pouvoir qu'exerce un autre membre de la famille.

Dans ces rivalités sans règle du jeu, le recours à l'étranger est une donnée constante, en particulier le recours aux autorités impériales étrangères ou à leurs représentants locaux. Sous l'Empire ottoman, et malheureusement jusqu'au XIXe siècle, à l'époque où l'entité libanaise va vers la maturation, le recours aux pachas de Damas ou de Saint-Jean-d'Acre en Palestine est une constante de l'histoire des familles libanaises gouvernantes. Une telle pratique remet constamment en cause l'émancipation que la société du Mont-Liban s'efforce de développer et de consolider depuis le XVIe siècle. Jusqu'à aujourd'hui, ces forces centrifuges se trouvent à l'œuvre dans l'histoire libanaise et peuvent servir de clé d'explication à beaucoup de comportements depuis les événements de 1975[3].

3. Nous avons abordé cette habitude du recours à l'étranger de l'élite politique libanaise dans notre ouvrage *Madkhal ila Lubnan wal lubnaniyyin* (Une introduction au Liban et aux Libanais), Dar el-Jadid, Beyrouth, 1996, dans un chapitre intitulé « La culture des consuls ». Nous y décrivons l'importance exceptionnelle des consuls au XIXe siècle dans la vie politique et mondaine de la capitale, et encore aujourd'hui des ambassadeurs étrangers en poste à Beyrouth, qui sont les personnages centraux de la vie politique locale ; ils donnent, en effet, contrairement à toutes les règles diplomatiques, des interviews très fréquentes à la presse ou font des déclarations fracassantes sur la teneur de leurs entretiens avec les responsables auxquels ils rendent visite. Dans tout autre pays que le Liban, un tel comportement serait sanctionné par l'État qui demanderait immédiatement le retrait de l'ambassadeur qui ne respecte pas les usages de réserve du métier diplomatique. Les ambassadeurs des États-Unis, du Royaume-Uni et de France sont traditionnellement les plus bruyants.

La symbiose des communautés, base de l'entité libanaise

La spécificité libanaise, qui s'affirme à partir du XVIe siècle dans le Mont-Liban, provient de l'émergence de forces d'intégration qui continueront de faire défaut ailleurs au Proche-Orient, durant toute la période de l'Empire ottoman. Elle se manifeste par une symbiose socio-économique grandissante entre les trois principaux groupes de la montagne, les druzes, les maronites, les chiites. L'affirmation de l'émirat libanais est le résultat de cette symbiose. D'abord conduit par la dynastie druze des Maan, elle atteint une première apogée à la fin du XVIe et au début du XVIIe siècle, en particulier avec le règne de l'émir Fakhreddine II (1572-1635), considéré comme le père du Liban moderne[4]. C'est aussi l'époque où la communauté maronite, qui jouit d'un soutien particulier de l'émir Fakhreddine, ouvre à Rome en 1584 le fameux Collège maronite, lequel sera un véhicule important d'influence européenne au Liban[5]. La dynastie des Maan disparaît en 1669.

L'émirat passe alors aux mains de la dynastie des Chéhab, d'origine musulmane sunnite, qui se convertit ensuite au catholicisme de l'Église maronite et qui perdure jusqu'en 1841, lorsque la rivalité franco-anglaise sur le Levant entraîne la déstabilisation de l'entité libanaise et les massacres communautaires. L'émir Bachir II Chéhab (1789-1841) domine de par sa stature cette dynastie et est considéré, avec l'émir Fakhreddine II, comme le bâtisseur du Liban moderne. Il sera en butte à l'hostilité du gouverneur de Saint-Jean-d'Acre, d'origine bosniaque, le fameux et redoutable Jezzar Pacha, avant de susciter l'hostilité des Anglais, alliés des Ottomans pour faire reculer l'influence française au Liban. Après être resté neutre vis-à-vis du pacha de Saint-Jean-d'Acre, lors de l'expédition de Napoléon Bonaparte en Égypte qui fait le siège de cette ville en 1799 sans parvenir à la prendre, l'émir n'hésitera pas trente ans plus tard à s'allier à Mohammed Ali, pacha d'Égypte, qui conquiert la Syrie, la Palestine et le Liban. Craignant la colère du pacha de Saint-Jean-d'Acre, puis celle du pacha

4. L'émir Fakhreddine s'est violemment heurté à la puissance ottomane ; il est obligé de s'exiler de 1613 à 1618 en Toscane. Les Ottomans parviendront à détruire son pouvoir en 1635, lorsqu'il sera appréhendé avec ses trois fils, emmené à Istanbul et décapité avec eux en 1635.

5. On verra à ce sujet, Pierre RAPHAËL, *Le Rôle du Collège maronite romain dans l'orientalisme aux XVIIe et XVIIIe siècles*, Publications de l'université Saint-Joseph, Beyrouth, 1950, ainsi que Nasser GEMAYEL, *Les Échanges culturels entre les maronites et l'Europe, du Collège maronite de Rome (1584) au collège de 'Ain-Warqa*, Beyrouth, 1984.

de Damas, l'émir dut s'exiler deux fois, en 1799 puis en 1822-1823. Un débarquement de troupes anglo-turques en 1840 l'obligea à un exil définitif le 13 octobre de cette année-là. Il mourut à Istanbul en 1850 à l'âge de quatre-vingt-sept ans. Un autre Chéhab gouvernera le Liban de 1840 à 1842, date à laquelle les Ottomans reprennent l'administration directe du Mont-Liban, où les heurts communautaires vont se multiplier.

Pendant tous ces siècles, les limites géographiques de l'entité libanaise restent fluctuantes, au gré des résistances et des contre-attaques du pouvoir central ottoman et de ses représentants locaux. Du moins l'entité s'est-elle dotée d'un centre de gravité, le Mont-Liban central, et d'un pouvoir local dynastique, même si, à l'intérieur des familles régnantes, les luttes pour le pouvoir restent âpres.

C'est la forte structure féodale druze qui fournit au départ la base de l'émirat ; c'est la paysannerie maronite en pleine expansion démographique au XVIIIe siècle qui en assurera la prospérité économique par le défrichement et le terrassement de ces montagnes semi-arides. C'est enfin l'émergence de l'Europe de la Renaissance, en particulier des villes italiennes, ainsi que le début du déclin de l'Empire ottoman, qui permettent aux émirs du Liban de sortir la montagne de son isolement. Conjoncture historique remarquable, nécessaire pour l'émancipation du Mont-Liban, mais non point suffisante en elle-même. Car sans cette symbiose très spécifique des communautés, qui crée le tissu socio-économique permettant l'émergence de l'entité libanaise, l'émirat n'aurait jamais existé. Elle se traduit par ce phénomène proprement libanais, dans le contexte socio-religieux rigide du Proche-Orient, qui consiste dans la facilité de passage d'une communauté à une autre, en particulier au niveau des familles dirigeantes. Avec le temps, ces transvasements communautaires joueront surtout au profit des maronites, dans la mesure où la communauté devient un canal privilégié de l'influence grandissante de l'Europe sur les affaires du Proche-Orient.

Il est à la mode aujourd'hui, à la faveur de l'échec relatif des idéologies modernistes européennes en Afrique et en Asie et du regain de fondamentalisme religieux, de dénigrer les entités asiatiques issues du démembrement de l'Empire ottoman, de n'en faire que des créations artificielles du colonialisme pour miner la solidarité politico-religieuse de l'islam, plus mythique que réelle pour qui veut bien admettre que la religion n'est jamais qu'un ciment parmi d'autres de l'ordre social et qu'elle ne peut jamais occulter définitivement des réalités ethniques ou des particularismes régionaux.

Dans le cas du Liban, la conjoncture historique internationale a certes aidé à l'émergence de l'entité, comme c'est le cas de toute entité qui cherche à acquérir une personnalité dans l'ordre international ; mais l'essence de celle-ci est d'abord la symbiose communautaire qui se réalise en dépit de tout ce qui peut apparemment séparer, dans l'ordre religieux, des communautés aussi diverses.

On peut alors légitimement se poser la question de la nature de la grave crise que connaît, entre 1840 et 1860, l'entité libanaise ; elle présente avec celle du XXe siècle, entre 1975 et 1990, des similarités frappantes. Mais la récurrence au XXe siècle de troubles communautaires d'une telle ampleur ne dément-elle pas l'affirmation de l'existence de fondements spécifiques constituant une entité libanaise ? Laissons pour l'instant la crise du XXe siècle, qui fera l'objet de la deuxième partie, et penchons-nous sur celle du XIXe siècle.

La crise de 1840-1860 : du féodalisme au confessionnalisme

À la base de cette première grande crise de l'entité libanaise se trouve une rupture de la symbiose entre les communautés druze et maronite ; rupture qui permet le glissement des conflits familiaux internes, traditionnels dans l'histoire de la montagne, des conflits de caractère féodalo-clanique, à un conflit majeur de caractère confessionnel. Entre 1840 et 1860, on assiste à un alignement progressif de l'affiliation confessionnelle des habitants du Mont-Liban sur l'affiliation politique, et cela sous le coup de pressions extérieures aiguës qui déstabilisent complètement l'entité libanaise. Ces pressions extérieures ont leur origine dans la rivalité sans pitié que se livrent à l'époque la France et l'Angleterre coloniales pour la domination de la route des Indes. Derrière le très sanglant affrontement des druzes et des maronites, on retrouve tout au long de ces années de troubles les projets hégémoniques contradictoires des deux grandes puissances coloniales de l'époque.

À cette cause externe, cependant, s'ajoutent des facteurs locaux. En particulier, l'embrigadement de la communauté maronite, en plein essor culturel, économique et politique, soutenue par la France, dans la politique très imprudente du grand émir Bachir II Chéhab. Ce dernier a en effet ouvert les portes du pays aux armées d'Ibrahim Pacha, le fils de Mohammed Ali, et s'est servi de cette force pour essayer de briser la puissance de la féodalité druze, dernier obstacle à la réalisation de son hégémonie absolue sur le Mont-Liban. Bachir II, par son alliance avec l'Égypte de Mohammed Ali, s'est aligné sur un axe franco-égyptien auquel s'oppose un axe anglo-ottoman qui s'efforce par tous les moyens de contenir l'expansion égyptienne, menaçante pour l'Empire ottoman et les intérêts anglais. Les répercussions sur l'entité libanaise de ce conflit régional à prolongement international vont prendre une tournure très grave avec les grands massacres confessionnels de 1840 et de 1860 entre druzes et maronites.

Ces années de troubles constituent aussi une période socialement très perturbée. De nombreuses révoltes de paysans interviennent, en particulier en « pays » maronite où le clergé, en majorité d'origine paysanne, pousse à la contestation de l'ordre féodal. D'éphémères communes populaires se créent dans certains villages de la montagne avec la participation d'éléments des diverses communautés. C'est dans la région du Kesrouan, l'un des fiefs principaux de la communauté maronite, que la révolte paysanne est la plus virulente. Un maréchal-ferrant du village de Rayfoun, Tanios Chahine, mène en 1858 la révolte contre les privilèges de l'aristocratie maronite, qui aboutit à l'éviction de la famille des Khazen[6]. La révolte est soutenue par une partie importante du clergé maronite. Chahine deviendra, dans l'histoire libanaise, une figure « révolutionnaire » emblématique de l'aspiration des Libanais à l'émancipation des liens féodaux et tribaux. Quelques années plus tard, c'est un notable maronite du nord du Liban, Youssef Bey Karam, qui mènera la lutte contre la permanence du pouvoir ottoman au Liban, malgré l'intervention des puissances européennes[7].

Sous la pression des facteurs externes de la crise, druzes et maronites connaîtront une évolution contradictoire. En effet, la féodalité druze, soutenue par l'Angleterre et l'Empire ottoman, réussira à empêcher l'extension de la contestation paysanne dans ses zones d'influence directe, et la tâche lui sera facilitée par les massacres et expulsions de paysans maronites dans les régions qu'elle domine.

---

6. La féodalité libanaise, comme celle du Proche-Orient, tient ses assises de son rôle de percepteur fiscal au profit du pouvoir central islamique qui perçoit le tribut. En développant leur autonomie vis-à-vis de ce pouvoir à partir du XVIe siècle, les émirs du Liban ont dû payer des tributs de plus en plus importants leur permettant de garder leurs terres, mais aggravant la condition paysanne. La petite noblesse paysanne sous-affermait la perception, prélevant au passage sa propre part. Sur cette question, voir Souad ABOU EL-ROUSSE SLIM, *Le Métayage et l'impôt au Mont-Liban, XVIIIe et XIXe siècles*, Dar el-Machrek, Beyrouth, 1987.

7. Voir ci-dessous, p. 85.

Cependant, en sens contraire, la France poussera à l'émancipation des maronites, sous la conduite du clergé, avec l'arrière-pensée de création d'un foyer national chrétien dans la région, susceptible d'assurer la pérennité de son influence [8]. Ainsi est rompue provisoirement la symbiose traditionnelle des communautés, non seulement politiquement, mais aussi socialement. Les facteurs externes, venant se greffer sur les erreurs des grands féodaux, sont responsables de cette rupture qui détruit le tissu social et sape les fondements les plus profonds de l'entité libanaise, incarnée dans l'émirat depuis le début du XVIe siècle.

On ne doit pas sous-estimer ici le rôle joué par la dégradation des conditions socio-économiques dans la montagne libanaise, rôle qu'a bien mis en valeur un des meilleurs observateurs de la réalité de cette période dans un ouvrage très précieux [9].

C'est durant cette période que les puissances européennes vont tenter une territorialisation des deux communautés druze et maronite, proposée par l'Autriche (puissance sans intérêt direct au Mont-Liban) et qui aurait dû créer un état d'équilibre entre les influences française et anglaise. Ce sera le régime de la double préfecture (la *caïmacamamiatain*) où les petits féodaux druzes et maronites deviennent, sous le contrôle ottoman, les représentants et gouvernants des communautés religieuses auxquelles ils appartiennent. Ce régime ne put durer en raison des problèmes insurmontables posés par l'administration des très nombreux villages mixtes. Il fut une source de conflits et de frictions, débouchant sur les massacres, tristement célèbres, de 1860 dans le Mont-Liban et à Damas, suivis du débarquement de l'armée française.

Les puissances européennes concevront alors un nouveau statut pour le Mont-Liban amputé de la Bekaa et du Wadi-el-Taïm, qui devait durer jusqu'à l'éclatement de la Première Guerre mondiale.

---

8. Dès 1840, un consul anglais à Beyrouth verra le danger de cette politique française et écrira au ministère des Affaires étrangères à Londres pour suggérer que le gouvernement anglais tente de convaincre la communauté israélite d'Angleterre de s'implanter en Palestine, afin que l'empire britannique dispose à son tour d'une communauté religieuse qui lui serait dévouée ; ce qui se réalisera au début du XXe siècle, en 1917, avec la Déclaration Balfour (ministre des Affaires étrangères de l'époque) adressée à lord Rothschild pour lui promettre la création d'un « foyer national juif » en Palestine (pour plus de détails, voir Adel ISMAÏL, *Histoire du Liban du XVIIe siècle à nos jours*, *op. cit.*, p. 160-161).

9. M. JOUPLAIN, *La Question du Liban*, *op. cit.* L'auteur de cet ouvrage tout à fait remarquable par l'ampleur de ses vues, Paul Noujaïm, était haut fonctionnaire du temps de la *Mutassarifia*, puis procureur de la République près de la Cour d'appel du temps du mandat ; il est décédé à Paris en 1931. En langue anglaise, on pourra lire : Leïla Tarazi FAWAZ, *An Occasion for War. Civil Conflict in Lebanon and Damascus in 1860*, The Center for Lebanese Studies et I. B. Tauris Publishers, Londres, 1994.

Ce statut, édicté par un protocole de 1861 signé par les puissances européennes concernées et l'Empire ottoman, est connu, on l'a vu, sous le nom de « régime de la *Mutassarifia* ». Si la territorialisation brutale des communautés est abandonnée dans ce régime, en revanche, leur statut comme source de pouvoir temporel est renforcé. De plus, les communautés sont hiérarchisées par le nombre de représentants qu'elles ont auprès du pouvoir du gouverneur. En effet, le Conseil administratif créé pour siéger aux côtés du gouverneur ottoman est composé de représentants des six communautés de la montagne (druze, maronite, grecque orthodoxe, grecque catholique, sunnite et chiite). Le gouverneur, nommé par la Sublime Porte, ne peut être libanais, mais il doit être chrétien, ce qui concrétise déjà les aspirations européennes à faire émerger éventuellement un État chrétien dans cette partie de l'empire. De même, la prépondérance chrétienne dans le Conseil est affirmée puisqu'il comprend quatre sièges maronites, trois druzes, deux grecs orthodoxes, un Grec catholique, un sunnite et un chiite.

De ce fait, s'il y a représentation des habitants du Mont-Liban, ce qui est un grand progrès politique répondant aux aspirations qu'ont fait naître les idées européennes, incarnées par les *tanzimat*, cette modernité est immédiatement pervertie par une représentativité hiérarchisée par le nombre et le poids de chaque communauté dans le nouveau découpage géographique du Mont-Liban, ainsi que le poids des puissances qui prétendent protéger ces communautés. C'est l'autre face de l'esprit des *tanzimat* qui veut asseoir la notion privilégiée de la communauté religieuse dans le fonctionnement d'un ordre politique réformé de l'Empire ottoman.

Cet ordre convient à la fois à la Sublime Porte, habituée à la gestion décentralisée des communautés non musulmanes, et aux puissances européennes, qui augmentent leur influence et leur contrôle de l'empire à travers les communautés. Cet ordre préfigure par ailleurs le découpage de l'empire, appelé à donner naissance à de futures entités étatiques destinées à devenir des protectorats ou des zones d'influence directe des puissances européennes.

Le paradoxe pour le Liban réside dans le fait que, si en de nombreuses régions de l'empire, en particulier dans les Balkans, la communauté ethnique ou religieuse non musulmane joue un grand rôle dans l'ordre politique, les communautés religieuses libanaises ont été cantonnées par la féodalité locale dans un rôle strictement spirituel. C'est donc une rupture radicale par rapport au passé, qui va créer des ambiguïtés idéologiques et constitutionnelles dans lesquelles le pays se débat encore aujourd'hui

Sous ce premier régime de représentativité politique communautaire, le Liban vivra une période de paix sous la domination des cinq grandes puissances européennes de l'époque et de l'Empire ottoman. Jusqu'à l'éclatement de la Première Guerre mondiale, aucun des six membres du condominium ne tentera de toucher au protocole de 1861 ou de déstabiliser son fonctionnement. Sous la *Mutassarifia*, le Mont-Liban, coupé de la Bekaa et du sud du pays, connaîtra une émigration paysanne importante, mais aussi celle des élites intellectuelles du pays. Désormais, c'est en Égypte et aux Amériques que ces dernières participeront activement au développement des différents courants qui agiteront le monde arabe tout au long du XXe siècle (panarabisme, pansyrianisme, panislamisme aux tendances multiples, libanisme chrétien profrançais). Ce sont ces courants qui, dans les années 1960, une fois les dictatures arabes installées au Caire, à Bagdad et à Damas, s'implanteront à Beyrouth grâce au régime de liberté de pensée et de presse, créant un climat révolutionnaire et insurrectionnel qui paralysera, à partir de 1975, le fonctionnement du système institutionnel libanais.

L'Empire ottoman choisira ces gouverneurs parmi ses sujets chrétiens originaires d'autres provinces que le Liban, jusqu'en 1914. La nomination requiert l'approbation des consuls européens en poste à Beyrouth, qui forment une sorte de conseil de surveillance de la gestion ottomane du Liban. L'origine ethnique et communautaire des gouverneurs choisis sera très variée. Deux d'entre eux seront arméniens et catholiques : Daoud Pacha (1861-1868) et Ohannès Pacha (1913-1915), nés à Constantinople ; trois autres, Franco Pacha (1868-1873) et son gendre Naoum Pacha (1883-1892), puis le fils Youssef Pacha (1907-1912), sont des Alépins de confession latine, de la famille Toutoundji — les deux premiers sont nés à Constantinople, le troisième à Beyrouth ; un sixième gouverneur est un noble italien, le comte Mariani, né à Florence, que les péripéties familiales amènent à Istanbul dès sa jeunesse et qui prendra le nom de Rustom Pacha (1873-1883) ; un autre gouverneur, Mouzaffar Pacha (1902-1907), sera un aristocrate polonais, le comte Wladislaw Czajkowski, dont le père est un écrivain connu qui s'est mis au service de l'Empire ottoman lors de la guerre de Crimée (1854) [10].

10. Voir un récit très détaillé et très complet des règnes de ces différents gouverneurs dans Lahd KHATER, *'Ahd el-Moutassarifin 1861-1918* (L'époque des *Mutasarrif* au Liban 1861-1918), Publications de l'Université libanaise, Beyrouth, 1967.

Quelques mois après le déclenchement de la Première Guerre mondiale, les Ottomans, qui s'allient alors aux Allemands contre la France et l'Angleterre, suspendent l'application du statut organique du Liban et nomment successivement trois gouverneurs du groupe des officiers Jeunes-Turcs. En 1916, Ali Mounif Bey fera procéder à la pendaison de plusieurs Libanais de confessions différentes sous prétexte de leurs contacts avec les puissances alliées. Cet acte, considéré comme fondateur de l'indépendance du Liban, donne lieu depuis à la commémoration annuelle d'une fête des Martyrs (le 6 mai) ; la place centrale de Beyrouth, dite place des Canons, sera ainsi dénommée place des Martyrs.

Le Petit Liban ou l'entité « ficelée » (1861-1920)

L'avenir du Liban, devenu « Petit Liban » à la suite du règlement de 1861, apparaît donc bien sombre. Pourtant, cette entité, politiquement « ficelée » et géographiquement diminuée, va trouver de nouvelles voies pour affirmer son existence et sa vocation de symbiose communautaire et de pluralisme de type libéral dans une région que des siècles de domination impériale étrangère ont figée dans un processus d'involution.

Lettrés et intellectuels libanais dans l'émigration — et en particulier en Égypte et aux États-Unis —, mais aussi au Liban même, vont apporter une contribution fondamentale à la renaissance de la culture arabe et à l'affirmation du droit des provinces arabes de l'Empire ottoman à l'autonomie, voire à l'indépendance. Essayistes politiques ou hommes de lettres, les Libanais s'illustreront dans le développement de la presse de langue arabe, la modernisation de la langue et de la poésie, la création des nombreux clubs et associations ayant pour but de développer sous diverses formes la conscience nationale des provinces arabes de l'Empire ottoman. Dans ce grand mouvement de renaissance arabe, la Nahda, les Libanais chrétiens, dont beaucoup de maronites, ouvrent avec leurs concitoyens musulmans du Liban, de Syrie et d'Égypte un dialogue particulièrement riche sur les rapports de l'islam et de l'arabité, sur la laïcité et la liberté religieuse (nous y reviendrons en détail dans le chapitre 6).

Contrairement à une image très répandue, cette élite chrétienne libanaise est très diverse dans ses opinions politiques [11]. Les partisans d'un Liban chrétien, sous la protection coloniale de la France, représentent une tendance relativement mineure. Nombreux sont ceux d'un maintien de la souveraineté ottomane dans le cadre d'une décentralisation accordée aux provinces arabes, nombreux aussi sont ceux d'une unité arabe dont le centre de gravité serait la Péninsule arabique, tandis que d'autres invoquent une nationalité pansyrienne bâtie sur l'unité géographique du Croissant fertile, et que certains appellent à la constitution d'un Grand-Liban indépendant et laïc. La diversité n'est pas moindre du côté de l'élite musulmane, libanaise et arabe, depuis un panislamisme utopique, toutefois modernisateur, luttant contre l'impérialisme européen et n'hésitant plus cependant à puiser son inspiration réformiste dans les idées de la philosophie de Lumières, jusqu'à un nationalisme égypto-pharaonique pour certains des intellectuels égyptiens, en passant par toutes les tendances évoquées au sujet des intellectuels chrétiens, syriens et libanais.

Malgré les graves événements des années 1840-1860, il n'y a donc pas, dans la majorité de l'élite libanaise, de clivage fondamental d'origine confessionnelle depuis cette époque. Bien au contraire, comme en réaction à cette période très sombre de leur histoire, les élites libanaises, en particulier les chrétiens, se donneront corps et âme à l'entreprise de la renaissance arabe. Au Liban cependant, les démêlés ne manqueront pas entre les notabilités religieuses ou civiles de la communauté maronite avec les *mutassarifs* ottomans, mais de confession chrétienne, que nomme la Sublime Porte, à commencer par l'épopée de Youssef Bey Karam, notabilité majeure du Liban nord qui se révolte durant les premières années du nouveau régime, faute d'avoir été choisi comme gouverneur, et en appelle à l'esprit démocratique de l'Europe pour que le Liban soit gouverné par un de ses fils [12]. De la sorte, le Liban, au cours du siècle qui suit le drame de 1840-1860, connaîtra à nouveau

11. Un ouvrage relativement récent y a fait discrètement allusion, tout en maintenant l'image d'un bloc maronite homogène : Georges A. KARAM, *L'Opinion publique libanaise et la question du Liban (1918-1920)*, Publications de l'Université libanaise, Beyrouth, 1981.

12. On verra, sur ces démêlés : Lahd KHATER, *'Ahd el-Moutassarifin 1861-1918*, *op. cit.*, ainsi que Henri JALABERT, *Un montagnard contre le pouvoir : Liban 1866*, Publications du Centre culturel universitaire, Dar el-Machrek éditeurs, Beyrouth, 1975. On pourra lire aussi le riche document (« Mémoire aux gouvernants et nations d'Europe ») que Karam envoie aux puissances européennes, en 1871, demandant que le Liban soit gouverné par ses propres fils dans Youakim MOUBARAK, *Pentalogie maronite*, tome I, vol. 2, « Le Liban entre l'Islam, la France et l'arabité », Éditions du Cénacle libanais, Beyrouth, 1984, p. 1177-1216.

un âge d'or, caractérisé par le retour progressif à la symbiose des communautés constituant l'essence même de son existence.

La vie politique libanaise sous le mandat français (1920-1943)

À l'issue de la Première Guerre mondiale, la France et le Royaume-Uni furent d'abord les successeurs de fait de l'Empire ottoman. L'empire, allié de l'Allemagne, ne résiste pas à l'avance victorieuse des troupes anglaises et françaises au Levant qui entrent au Liban et en Syrie en 1918, mettant en déroute les contingents turcs stationnés dans cette région. Après bien des tractations entre les deux gouvernements anglais et français (qui ont d'ailleurs débuté avant la victoire finale), en particulier les fameux accords Sykes-Picot, et des découpages territoriaux plus ou moins bien réalisés, cette succession était « légalisée » en 1922, à titre provisoire, par le système des « mandats » que la Société des Nations accordait aux deux puissances occupantes : l'Irak, la Palestine, la Transjordanie à la Grande-Bretagne ; la Syrie et le Liban à la France.

En proclamant, en 1920, l'État du « Grand-Liban », la France a permis au pays de récupérer ses périphéries géographiques naturelles et ses accès tout aussi naturels à la mer : Tripoli au nord, Sidon et Tyr au sud, enfin Beyrouth au centre. C'est au patriarche de la communauté maronite, Mgr Howayyek, que le Liban doit ce rattachement. Celui-ci s'est en effet rendu à Paris à la conférence de la paix en 1919, à la tête d'une délégation libanaise, pour plaider la cause du Liban dans des frontières qui le rendent capable d'une autosuffisance alimentaire [13].

Le mandat français sur le Liban et la Syrie va permettre de continuer l'application de la philosophie contradictoire du *tanzimat*. Dans les provinces syriennes de l'Empire ottoman, la France, après avoir brisé un éphémère royaume hachémite, créera des unités politico-administratives permettant l'émergence à l'ordre politique de deux communautés musulmanes hétérodoxes, celle des druzes et

13. Le Mont-Liban et Beyrouth ont connu, en effet, une famine très grave durant la Première Guerre mondiale, en partie organisée par les Ottomans. C'est dans la Bekaa et l'Akkar que la majeure partie des céréales était à l'époque récoltée. Il était donc facile d'affamer le Mont-Liban, à prédominance chrétienne, en coupant les approvisionnements en blé de ces deux régions. Ce qui explique la position du patriarche qui réclame le retour de ces deux régions, même au prix d'un affaiblissement important de la majorité démographique dont jouissaient les maronites dans la *Mutassarifia*.

celle des alaouites. Compte tenu de la force des sentiments pan-syriens et panarabes, la puissance mandataire devra mettre en œuvre différentes formules fédératives entre les entités créées, de même qu'elle maintiendra le Liban et la Syrie en union économique (douane et monnaie communes) [14].

En 1926, le pays est doté d'une Constitution de type libéral, inspirée de la Constitution française de 1875 et de la Constitution belge. Les notabilités musulmanes seront certes mécontentes de voir la France frustrer non seulement les revendications à l'unité des provinces arabes de l'empire, mais même celles à l'unité des diverses provinces syriennes qui auraient bien voulu que l'ancien Mont-Liban leur soit rattaché. Toutefois, elles intégreront progressivement le nouveau jeu politique et constitutionnel local que met en route l'élection d'un Conseil représentatif en 1922 puis qu'amplifient, à partir de 1926, l'application de la Constitution ainsi que les divisions aiguës à l'intérieur de la communauté maronite entre le Bloc national d'Émile Eddé (libaniste et profrançais) et le Parti destourien de Béchara El-Khoury (libaniste lui aussi, mais très ouvert sur le panarabisme culturel).

Si le système d'assemblée représentative institué par le mandat a continué jusqu'aujourd'hui à fonctionner, comme du temps de la *Mutassarifia*, sur une répartition communautaire des sièges, en revanche, l'élection des députés est toujours intervenue sur une base non communautaire, puisque le candidat à un siège d'une confession donnée doit obtenir les voix de tous les électeurs de la circonscription. Il n'y a donc pas eu dans le Liban mandataire ou après l'indépendance de collège électoral séparé sur une base communautaire. Toutefois, un résultat similaire à celui que donnerait un système de collège séparé a été obtenu du fait que certaines circonscriptions électorales ont été découpées de telle sorte que celles-ci soient très homogènes sur le plan communautaire, facilitant de la sorte l'élection des notables qui ne se réclameraient dans leur programme que de la défense de la communauté.

L'élite politique libanaise, imprégnée de l'idéologie pluraliste et démocratique de la Nahda, saura trouver les formules de compromis entre les impératifs de la démocratie et du pluralisme et la malheureuse institutionnalisation du confessionnalisme politique imposé en 1861 et que le mandat français a perpétué et amplifié. Ces formules

---

14. Voir Philip S. KHOURY, *Syria under the French Mandate. The Politics of Arab Nationalism, 1920-1945*, Princeton University Press, Princeton, 1987 ; et Stephen H. LONGRIGG, *Syria and Lebanon under the French Mandate*, Oxford University Press, Oxford, 1957.

seront consacrées par le fameux Pacte national de 1943 (voir *infra*, chapitre 4). Féodalité chiite de la Bekaa et du sud du pays, encore prépondérante, féodalité druze traditionnelle du Mont-Liban toujours omnipotente, notabilités urbaines sunnites de Tripoli, Beyrouth et Saïda, anciens appuis du pouvoir ottoman et de ses relais locaux damascènes et palestiniens, nouvelle bourgeoisie maronite, administrative ou d'affaires ou encore de professions libérales aux côtés des rares féodaux maronites du nord et du centre du pays ayant survécu à la tempête du siècle précédent, enfin bourgeoisie urbaine grecque orthodoxe d'affaires : toute cette élite politique se constituera certes en club fermé de gestion du pays, mais laissera s'y développer une grande atmosphère de liberté, favorable à un nouveau développement de la symbiose communautaire rendue plus complexe par l'intégration de la communauté sunnite libanaise aux trois communautés traditionnelles de la montagne.

En 1932, un président de la République musulman aurait même pu être élu, le cheikh Mohammed El-Jisr, avec l'appui de voix chrétiennes au Parlement, si la puissance mandataire n'avait à ce moment suspendu la Constitution. La pesanteur historique et géopolitique était trop forte puisque le Liban, depuis le début du XIXe siècle, était perçu par les puissances européennes comme une terre « chrétienne », gouvernée par un chrétien. C'est vraisemblablement cette compréhension des nouvelles perceptions géopolitiques au début du XIXe siècle qui avait amené l'émir Bachir II Chéhab, sunnite d'origine, à se convertir ostensiblement au christianisme local dominant, celui de la communauté maronite, s'assurant ainsi l'appui de la France dans sa lutte contre les féodaux druzes qui avaient autrefois joui de la prépondérance dans le fonctionnement de la féodalité tributaire de la montagne.

Dans les montagnes, les druzes eux-mêmes avaient d'ailleurs succédé, dans le contrôle local de la montagne et de la plaine de la Bekaa, aux féodaux chiites prépondérants jusqu'au début du XIVe siècle, époque des expéditions mamelouks meurtrières contre la communauté chiite. Le système représentatif libanais avait donc l'avantage à la fois de réintroduire dans le jeu politique les druzes et les chiites, marginalisés au cours des derniers siècles, et d'introduire les sunnites et les grecs orthodoxes, communautés essentiellement urbaines qui n'avaient pas participé au gouvernement de la montagne tout au long des siècles.

En ce sens, le jeu politique local, à travers l'assemblée représentative élue au suffrage universel, fut un instrument très positif du système constitutionnel libanais, en dépit de la contrainte de la répartition communautaire des sièges et des découpages électoraux favorisant les notables qui lient leur légitimité politique à leurs racines communautaires. Les députés ont, en effet, le plus souvent formé des blocs parlementaires regroupant leurs membres sur des clivages purement politiques et non pas exclusivement communautaires. La vie politique du pays durant les dernières années du mandat réunit de plus en plus chrétiens et musulmans dans la protestation contre la politique de la puissance mandataire.

L'affaiblissement de la France durant la Seconde Guerre mondiale enhardit les parlementaires libanais. En 1941, Beyrouth a été le témoin du heurt entre troupes françaises fidèles au régime de Vichy et celles se réclamant de la France du général de Gaulle. Face à la prépondérance militaire anglaise, les troupes fidèles à Vichy se sont rendues après trente-quatre jours de combat et embarquent pour la France. L'amiral Dentz, haut commissaire, est remplacé par le général Georges Catroux, nommé par le général de Gaulle délégué général de la France libre au Liban et qui promet aux Libanais et aux Syriens une indépendance rapide.

L'influence anglaise peut alors librement se déployer en Syrie et au Liban. En 1943, la Chambre des députés, lasse d'attendre la concrétisation des promesses d'indépendance faites par le gouvernement de la France libre, amende la Constitution libanaise, le 8 novembre, pour y supprimer les articles relatifs au mandat français et faire de l'arabe la seule langue officielle du pays. Jean Helleu, qui a été nommé haut commissaire en juin 1943, fait emprisonner dans la nuit du 10 au 11 novembre dans une forteresse militaire du sud du Liban, à Rachaya, le président de la République, le président du Conseil et trois des principaux ministres du gouvernement ; il déclare nul et non avenu le changement constitutionnel, suspend la Constitution, et nomme à titre provisoire un nouveau président de la République, Émile Eddé, en remplacement de Béchara El-Khoury (qui avait été élu par la Chambre des députés en septembre de la même année, par quarante-quatre voix sur quarante-sept, sur un programme promettant l'indépendance du pays).

C'est le signal d'une insurrection contre la France, à laquelle participent toutes les forces politiques du pays. Des personnalités politiques de toutes les communautés proclament un gouvernement provisoire dans la région du Chouf, à Bchémoun. Le gouvernement britannique intervient énergiquement auprès du gouvernement français à Londres. Le général Catroux arrive d'Alger le 16 novembre : constatant sur place la gravité de la situation, il fait libérer le 22 novembre 1943 — devenue depuis fête officielle de l'indépendance — le président Béchara El-Khoury et les membres de son gouvernement, prisonniers à Rachaya.

L'institutionnalisation du communautarisme sous le mandat

Le mandat français, on l'a vu, a souvent la main lourde, suspendant la Constitution à plusieurs reprises. Ce sont d'ailleurs des militaires qui ont d'abord occupé la fonction de haut commissaire, dont deux personnalités prestigieuses, le général Gouraud (1919-1922) et le général Weygand (1923-1925). Leur succédera le général Sarrail, laïc de choc et de tendance socialiste, qui indisposera les différentes composantes de la population ; sous son court mandat, éclatera la révolte druze qui, partant du Liban, enflammera la Syrie. La France décide alors d'envoyer des fonctionnaires civils gouverner le Liban, qui sera enfin doté d'institutions politiques dignes de ce nom. Se succéderont comme hauts commissaires Henri de Jouvenel, Henri Ponsot, Damien de Martel, enfin Gabriel Puaux en janvier 1939, remplacé en décembre 1940 par un fidèle du régime de Vichy, l'amiral Dentz.

La période du mandat constituera une bonne formation pour l'élite politique libanaise, dont les premiers pas dans le système représentatif ont été faits durant la *Mutassarifia* sur une petite échelle. Le Pacte national de 1943 fut le couronnement de cette évolution, signalant que les élites de toutes les communautés joueraient désormais le jeu de l'existence d'un État indépendant à la fois de la France, avec ses visées coloniales, et de la Syrie, avec ses ambitions pansyriennes et panarabes s'appuyant sur un refus du partage des provinces arabes de l'Empire ottoman en États indépendants et souverains.

Toutefois, en même temps que se développe cette tendance naturelle et saine à l'émancipation de la vie politique, le poids des traditions issues de l'ère des *tanzimat* continuait de se manifester avec vigueur, empêchant le système institutionnel libanais de libérer pleinement les forces non communautaires du pays. Sur ce plan, comme nous allons le voir, aussi bien la puissance mandataire que le gouvernement de l'indépendance portent une lourde responsabilité dans la perpétuation et même le renforcement du communautarisme. On pourrait même dire que le Liban a connu une évolution « schizophrénique » de son système institutionnel et de sa vie politique : une émancipation remarquable dans le sens d'une modernisation et d'une libéralisation de plus en plus grande, d'un côté, mais, en même temps, une institutionnalisation de plus en plus forte des communautés religieuses, sur le mode des *tanzimat*.

Cette institutionnalisation s'est faite par paliers successifs. Elle commence en 1926 avec l'article 95 de la Constitution, apparemment anodin, et culmine avec la « stupéfiante » loi n° 72/76 du 19 décembre 1967 qui porte « organisation des affaires de la communauté chiite au Liban » et dont nous parlerons au prochain chapitre [15]. Le pilier de l'édifice communautaire, outre les deux arrêtés de 1936 et 1938 du haut commissaire français au Liban que nous évoquerons dans un instant, sera l'article 95 de la Constitution de 1926, toujours en vigueur après en avoir éliminé la référence au mandat français, et qui dispose : « À titre provisoire et conformément aux dispositions de l'article premier de la Charte du mandat, et dans une intention de justice et de concorde, les communautés seront équitablement représentées dans les emplois publics et dans la composition du ministère sans que cela puisse cependant nuire au bien de l'État. »

De plus, l'article 9 de la Constitution garantit le statut personnel de chacune des communautés cependant que l'article 10 garantit le maintien de l'indépendance des institutions scolaires et éducatives communautaires. Sur tous ces points, la Constitution de 1926 ne fait que consacrer la tradition des *tanzimat*, qui contredit le principe moderne de l'égalité de tous devant la loi et de la suppression de toute institution intermédiaire entre l'État et le citoyen.

L'inscription de la réalité des communautés dans l'ordre juridique libanais s'est faite en outre par deux arrêtés célèbres du haut commissaire français au Liban : le premier (n° 60 L. R. de 1936) institue et établit la notion de communauté historique ; le second (n° 146 L. R. de 1938) complète et modifie le premier. L'effet de ces deux arrêtés fut suspendu en 1939 pour les communautés musulmanes syrienne et libanaise, suite aux polémiques déclenchées en Syrie par la non-ratification par le Parlement français du traité franco-syrien d'alliance et d'amitié devant mener à l'indépendance. Toutefois, l'arrêté n° 3503 de janvier 1926 du gouverneur du Grand-Liban (instituant une juridiction spéciale pour les affaires de la communauté chiite) devait rester en vigueur [16].

---

15. Voir sur ce point : Edmond RABBATH, *La Formation historique du Liban politique et constitutionnel*, *op. cit.*, ainsi que Luc-Henri DE BAR, *Les Communautés confessionnelles au Liban*, ERC, Paris, 1983, et l'ouvrage classique de Pierre RONDOT, *Les Institutions politiques du Liban*, *op. cit.*

16. L'objectivité doit faire reconnaître que les autorités françaises en Syrie et au Liban ont tenté, à partir de la nomination du général Sarrail comme haut commissaire, d'être moins partisanes du communautarisme ; elles se sont heurtées cependant à la vive opposition des autorités religieuses de toutes les communautés. Mais, en réalité, la France a récolté ce qu'elle avait semé, dans la mesure où l'attachement au communautarisme s'est développé dans le contexte colonial que nous avons décrit, depuis l'ère des *tanzimat* dans l'Empire ottoman.

Enfin, rappelons que l'article 14 de l'arrêté n° 60 L. R. de 1936, prévoyant l'institution de communautés de droit commun échappant aux statuts personnels religieux, ne fut jamais mis en application par l'État libanais, en dépit d'une revendication constante de nombreuses associations de citoyens réclamant l'institution d'un statut personnel unifié optionnel. Le président Elias El-Hraoui tentera en 1998 d'établir ce statut. Il se heurtera à l'opposition intransigeante du Premier ministre Rafic Hariri (voir *infra*, chapitre 9).

Il est intéressant de remarquer que trois des six premiers présidents de la République sous le mandat ne sont pas des maronites. Il en sera ainsi de Charles Debbas (1926-1934), premier président de la République qui appartient à la communauté grecque orthodoxe ; d'Ayoub Tabet (1943), protestant, et Petro Trad (1943), grec orthodoxe. En revanche, Habib Pacha Es Saad (1934), Émile Eddé (1936-1941), Alfred Naccache (1941) sont maronites. De même, les premiers chefs de gouvernement, jusqu'en 1937, ne sont pas sunnites, mais maronites (Auguste Pacha Adib, Béchara El-Khoury, Habib Pacha Es Saad, Émile Eddé) ; le premier chef de gouvernement sunnite sera Khaireddine Ahdab, en janvier 1937, qui décède subitement à l'âge de quarante-six ans à Marseille en 1941 — dans des circonstances qui n'ont pas été explicitées à ce jour, selon certains membres de sa famille. Il sera suivi de Khaled Chéhab, Abdallah El-Yaffi, Ahmad Daouk, Sami El-Solh. Quant à la présidence des Parlements libanais successifs sous le mandat, elle n'a pas non plus été monopolisée par des personnalités appartenant à une seule communauté. C'est avec l'indépendance et le Pacte national que la répartition communautaire des hautes fonctions politiques sera fixée de façon rigide.

Ce que l'on regrettera, aujourd'hui, c'est la disparition de toute cette génération d'hommes politiques qui ont été, le plus souvent, des hommes intègres et de grande culture [17]. Il en a été de même, à cette époque, de beaucoup de hauts fonctionnaires et de journalistes de talent. Le personnel politique libanais d'aujourd'hui, comme on le verra, offre un contraste frappant avec cette génération aujourd'hui disparue. Le général Fouad Chéhab sera, nous allons le voir, la dernière grande figure politique du Liban, le plus souvent mal-aimée.

---

17. Comme par exemple Béchara El-Khoury, qui laissera aux Libanais trois volumes de récit de sa vie politique et de son mandat de président de la République, écrits dans une très belle langue : Béchara EL-KHOURY, *Hakaïk loubnania* (Vérités libanaises), 3 volumes, Beyrouth, 1961. Mais on pourrait citer de nombreuses autres personnalités qui ont créé des revues de qualité et été des faiseurs d'opinion remarquables grâce à leur plume.

II

1943-1990 : l'impossible indépendance ?

4

1943-1975 : les blocages de la société de l'indépendance et l'éclatement communautaire

Les radicalismes idéologiques qui ont fleuri avec la guerre ont présenté la société libanaise comme une société bloquée ne permettant pas l'épanouissement de ses différentes composantes (c'est-à-dire, dans la perception commune, l'épanouissement des chrétiens d'un côté, des musulmans de l'autre). En particulier, le Pacte national de 1943 entre « chrétiens » et « musulmans », ayant permis le passage à l'indépendance par l'unité contre le mandat français, a été décrié et considéré comme la source de tous les maux.

Évidemment, la réalité est différente et sa complexité ne permet pas des affirmations aussi tranchées. Compte tenu des secousses du XIXe siècle (la période 1840-1860), des mutations du XXe siècle (le passage du Mont-Liban au Grand-Liban), le Pacte national et le régime politique de la Constitution de 1926 — qui a perduré après l'indépendance acquise en 1943 à la faveur du Pacte — ont été à leur époque des facteurs d'intégration non négligeables. Les blocages qui se sont fait sentir dans l'évolution socio-économique du pays ne sont évidemment pas attribuables aux institutions elles-mêmes, pas plus qu'ils n'ont été vraiment insurmontables et donc nécessitant une guerre civile pour y mettre fin. Mais ces blocages relatifs, tels qu'en connaît toute société, ont provoqué, avant même l'éclatement de 1975, un regain de perceptions déformées chez les acteurs du système politique. Ces derniers, dans la défense de leur propre suprématie dans le jeu politique, ont amplifié toutes les perversions de la perception, trouvant un écho complaisant auprès des médias internationaux, mais aussi auprès des médias régionaux des parties intervenant dans le conflit.

Chrétiens libanais menacés par l'islam fanatique et répressif, musulmans libanais écrasés par une domination chrétienne : telles ont été les deux simplifications abusives derrière toutes les images de propagande que cette guerre a offertes avec générosité. Simplifications qui ont légitimé la mort de quelque 150 000 civils innocents. Rien évidemment dans le passé du Liban ni dans son vécu depuis le début du siècle ne justifiait de tels excès dans la simplification des problèmes, d'autant que la société progressait à grands pas depuis le début du siècle ; seule la manipulation des problèmes complexes de perception déjà évoqués, puisant leurs racines dans les troubles et les mutations successives de la société, a permis cette grande mystification.

D'autres que nous ont largement parlé des mécanismes d'intégration de la société libanaise [1]. Nous ne nous y attarderons pas et essaierons plutôt de montrer encore une fois les perversions de la perception, exploitées par l'élite politique locale, à l'occasion des évolutions socio-économiques et des mutations constantes de la société.

Le Pacte national ou la consécration du Grand-Liban

Le Pacte national exprime le consensus par lequel les nouvelles élites du Grand-Liban ont consacré solennellement son existence et défini ses orientations de base [2]. Il est donc d'abord significatif par

1. Bassem El-Jisr, *Al niza'at al taïfiat wal wifak al watani* (Conflit et intégration au Liban), Dar el-Nahar, Beyrouth, 1981. On pourra aussi se reporter au travail remarquable d'Antoine N. Messara, *Le Modèle politique libanais et sa survie. Essai sur la classification et l'aménagement d'un système consociatif*, Publications de l'Université libanaise, Beyrouth, 1983. A. Messara est l'auteur de nombreux ouvrages de qualité (voir bibliographie), mais sa défense éloquente de la société communautaire, aménagée aux principes européens de société « consensuelle » (comme en Belgique, Hollande et Suisse), ne tient pas compte des traditions coloniales détestables de manipulation des identités communautaires au Moyen-Orient, qui perdurent aujourd'hui. La société consensuelle, pour réussir, suppose un environnement apaisé et sans conflits géopolitiques majeurs.

2. Un travail exhaustif a été fait par Bassem el-Jisr sur *Le Pacte national libanais*, thèse de doctorat, université de Paris-I, 1977, paru en arabe sous le titre *Mithaq 1943*, Dar el-Nahar, Beyrouth, 1978. On se reportera aussi au livre de l'un des meilleurs historiens du Liban contemporain, Mass'oud Daher, *Loubnan. Al istiqlal, al sigha wal mithak* (Liban : l'indépendance, la formule et le pacte), Dar el Matbouat al sharkia, Beyrouth, 1984. Le livre d'Antoine Messara, cité ci-dessus, comprend aussi de larges développements sur le Pacte national. Pour s'informer sur l'ensemble des institutions politiques libanaises, voir : Edmond

la qualité de ses auteurs ou, plus exactement, par celle des forces sociales représentées par ses auteurs : notabilités sunnites des villes côtières d'un côté, avec à leur tête Riyad El-Solh, premier président du Conseil de la République indépendante ; nouvelle bourgeoisie maronite de l'autre, avec à sa tête Béchara El-Khoury, premier président de la République libanaise indépendante.

De concert, et avec l'appui de l'Angleterre, ces deux personnalités s'opposeront à la France mandataire cherchant à retarder l'indépendance du Liban. De par le Pacte, les chrétiens renoncent à une protection étrangère et donc à l'influence dominante d'une puissance occidentale au Liban ; les musulmans, en contrepartie, reconnaissent définitivement l'existence du Grand-Liban et renoncent à tout désir de rattachement du Liban à une entité syrienne ou arabe. Mais, bien sûr, ce Pacte consacrera une double prépondérance sur le Grand-Liban indépendant : celle des notabilités maronites et sunnites qui transformeront la présidence de la République (pour les premières) et celle du Conseil des ministres (pour les secondes) en chasses gardées. Le mandat français avait jusqu'à un certain point assuré un jeu politique ouvert au Liban ; on y a vu des présidents de la République orthodoxes, et un sunnite de Tripoli faillit même le devenir. À l'indépendance, les grandes fonctions de l'État seront réparties selon une coutume non écrite issue du Pacte national. Après la fonction présidentielle et celle de Premier ministre, ce sera au tour de la présidence de la Chambre des députés d'être désormais assignée à une communauté, en l'occurrence aux grands féodaux chiites, en tout état de cause légitimistes.

Si le Pacte consacre bien l'existence du Liban, exorcise de vieux démons et refuse les perceptions de la société contraires à l'existence indépendante et souveraine du Grand-Liban, il consacre donc aussi une prépondérance maronito-sunnite qui reflète certes un nouvel état des forces sociales, mais qui n'est conforme ni aux grandes traditions de la montagne (prépondérance druze avec appui maronite), ni à celles du régime de la *Mutassarifia* ou du mandat français (périodes de fluidité des forces sociales). Le Pacte vient s'ajouter au fameux article 95 de la Constitution de 1920, déjà évoqué.

RABBATH, *La Formation historique du Liban politique et constitutionnel. Essai de synthèse*, *op. cit.*, ouvrage de référence en la matière indispensable ; ainsi que l'ouvrage plus ancien d'un fin connaisseur des affaires libanaises, Pierre RONDOT, *Les Institutions politiques du Liban*, *op. cit.*

On se trouve ainsi devant un démembrement potentiel de l'État au profit des communautés et des grandes familles qui le composent, dès lors que l'élite qui gère le système est dénuée d'esprit civique et pratique un opportunisme sauvage dans la conquête du pouvoir. En revanche, si les éléments les plus compétents des communautés sont promus aux hautes fonctions civiles et militaires, une gestion intelligente et sage du Pacte comme de l'article 95 de la Constitution aurait dû permettre une consolidation de l'État. C'est évidemment ce que souhaitent les auteurs du Pacte, ainsi que leur grand inspirateur, l'essayiste Michel Chiha, qui a popularisé une vision ambiguë du Liban, selon laquelle toute atteinte au pluralisme communautaire de la société est une atteinte à l'essence de l'entité elle-même. Michel Chiha, grand libéral, craint un État fort qui réduirait la richesse humaine et culturelle du pays : pour lui, l'État doit préserver la diversité de la société et ne pas intervenir dans la gestion des communautés, comme d'ailleurs dans celle de l'économie[3]. La pensée de Michel Chiha aura un impact puissant sur toute l'élite politique. On en trouvera même des échos dans le slogan préféré du Parti phalangiste, avant qu'il ne se lance dans une lutte armée féroce à partir de 1975 : « La force du Liban est dans sa faiblesse. »

Si le Liban ne s'était pas trouvé dans une région du monde aussi périlleuse que le Proche-Orient et s'il avait été doté d'une élite politique de haut niveau, le Pacte national et la pensée de Michel Chiha qui l'a façonné auraient effectivement pu en faire la Suisse du monde arabe, ou du moins une république marchande opulente et libérale, comme les rivages de la Méditerranée en ont connu tout au long de l'histoire. L'héritage phénicien de la côte libanaise, qui a été chanté avec lyrisme par le grand poète d'expression française Charles Corm dans *La Montagne inspirée*, célèbre recueil d'alexandrins, aurait pu servir au dépassement des clivages communautaires et à l'établissement d'une forme de patriotisme non communautaire. Tel n'a évidemment pas été le cas, le Liban se trouvant au cœur d'une zone de tempête géographique, dont il a déjà souffert au XIXᵉ siècle.

De plus, l'État libanais sera mis en coupe réglée par les grandes familles des principales communautés : « fromagistes », dira d'elles le général réformateur Fouad Chéhab, qui accède à la

---

3. Les principaux écrits de Michel Chiha ont été regroupés après sa mort en plusieurs volumes. Pour ce qui est de ses conceptions politiques, on se reportera à Michel CHIHA, *Politique intérieure*, Publications de la Fondation Michel-Chiha, Trident, Beyrouth, 1964.

présidence de la République après les troubles de 1958. Plus grave encore, après le départ du général Chéhab en 1964, une rivalité, d'abord sourde puis de plus en plus ouverte, va opposer notabilités maronites et notabilités sunnites dans la course au pouvoir. Celle-ci se traduira par des tensions insupportables entre présidents de la République maronites et Premiers ministres sunnites. Le fonctionnement du pouvoir exécutif, et donc de l'armée, en sera paralysé. Les Palestiniens joueront admirablement de ce facteur pour s'implanter en État dans l'État.

Pourtant, la première grande crise de l'État libanais, celle de 1952, ne prend aucune tournure confessionnelle. Le président de la République, Béchara El-Khoury, dont l'entourage a commis trop d'abus, est obligé de se démettre de ses fonctions face à une fronde généralisée qui regroupe les ténors politiques de toutes les communautés. Béchara El-Khoury, en manipulant les élections de 1947 qui amènent une Chambre à sa dévotion, obtient d'elle sans difficulté, en 1949, à l'échéance de son mandat présidentiel, un renouvellement de ce mandat, pourtant contraire aux dispositions de la Constitution qui n'admet pas deux mandats consécutifs. Cette faiblesse du président lui coûtera cher. Malgré sa popularité et sa forte personnalité, une coalition des autres notabilités politiques se cristallisera contre lui, exploitant les abus de certains membres de son entourage.

De plus en plus isolé et devant faire face à une fronde généralisée, il est amené à démissionner le 17 septembre 1952 et confie le pouvoir provisoirement au général en chef de l'armée, Fouad Chéhab, un maronite qui est nommé Premier ministre, en attendant que la Chambre des députés élise un nouveau président de la République, ce qu'elle fera le 23 septembre. Cette nomination — à la différence de celle du général Aoun au poste de Premier ministre par le président Amine Gemayel en 1988 (voir *infra*, chapitre 5) — ne posera aucun problème pour les communautés musulmanes auxquelles est réservée en général la fonction de Premier ministre. Ainsi, dans toute cette première longue crise du Liban indépendant, point d'islam « opprimé », pas davantage de christianisme « apeuré ». L'État de l'indépendance affronte avec succès cette première épreuve ; un avenir radieux semble s'ouvrir à la société libanaise.

Toutefois, en arrière-plan de cette crise, se profile l'évolution de la conjoncture régionale qui se charge de nuages. Les États-Unis et leur allié, la Grande-Bretagne, tentent en effet d'amener les pays arabes à entrer dans une alliance militaire destinée à participer à la politique d'endiguement de l'URSS dont l'influence grandit au Moyen-Orient, notamment en Égypte et en Syrie. Le président El-Khoury, qui est le champion du non-alignement que doit pratiquer le Liban pour rester fidèle à l'esprit du Pacte national dont il est le parrain, est resté sourd aux pressions discrètes des États-Unis et de l'Angleterre. Ces derniers verraient donc d'un bon œil son départ avant la fin de son mandat pour être remplacé par un président plus docile. L'élection de son successeur, en septembre 1952, est d'ailleurs extrêmement serrée au Parlement. À une voix près, Hamid Frangié, personnalité éminente dans la vie politique libanaise et qui appartient, tout comme le président sortant, au parti destourien (plutôt soucieux de la bonne insertion du Liban dans le monde arabe), perd l'élection au profit de Camille Chamoun.

Celui-ci est un avocat très anglophile qui n'appartient pas à l'une des grandes familles politiques traditionnelles. Il est cependant connu pour son panarabisme à l'anglaise qui en a fait un ami des deux monarchies hachémites, totalement sous influence britannique, en Irak et en Jordanie. Il œuvrera donc sans relâche pour rapprocher le Liban des pays du « pacte de Bagdad », qui se met en place à partir de 1954 sous la houlette anglo-saxonne. En 1957, il n'hésitera pas à déclarer que le Liban adhère à la doctrine Eisenhower, du nom du président des États-Unis de l'époque, qui réaffirme la détermination de son pays à faire reculer l'influence soviétique au Moyen-Orient.

C'est à partir de cette date que le paysage libanais va changer. Malgré la prospérité économique que connaît le pays sous son mandat et en dépit de son charisme, de son dynamisme et de sa popularité, Camille Chamoun se heurtera à son tour à l'hostilité des notabilités politiques des différentes communautés. Tout comme son prédécesseur, il laminera ses opposants par de nouveaux découpages électoraux qui assurent la victoire de ses partisans aux élections de 1957. On lui prête aussi l'intention de demander le renouvellement de son mandat. Mais, surtout, il se heurtera à l'emprise de plus en plus grande du président égyptien Gamal Abdel Nasser sur une large partie de l'opinion libanaise, massivement dans les communautés musulmanes, mais aussi dans la partie de l'élite chrétienne anticolonialiste qui voit d'un très mauvais œil le tournant proaméricain que Camille Chamoun fait prendre au Liban. C'est d'ailleurs l'assassinat d'un journaliste chrétien, dont le journal défend les positions anti-impérialistes et panarabes de Nasser, Nassib Metni, survenu le 8 mai 1958, qui met le feu aux poudres. Kamal Joumblatt prend la tête d'une insurrection armée à laquelle se rallient un grand nombre de personnalités politiques sunnites très sensibles à la propagande nassérienne.

La crise prendra alors la tournure d'un affrontement entre chrétiens et musulmans, mais pas complètement. En effet, le patriarche de la communauté maronite et plus d'une personnalité chrétienne prendront ouvertement fait et cause pour les « insurgés » musulmans contre le président maronite Camille Chamoun ; cependant qu'un Premier ministre sunnite, Sami el-Solh, lui restera fidèle.

En fait, en 1956-1958, une rupture bilatérale du Pacte national s'ajoute aux abus de pouvoir du président de la République : les chrétiens vont loucher très fort du côté de l'Occident, les musulmans du côté de Nasser et de la République arabe unie qui vient d'être créée entre l'Égypte et la Syrie. Il faut dire aussi que c'est l'époque de l'expédition de Suez, de la chute de la monarchie en Irak. Le vent de l'anti-impérialisme souffle fort dans la région et les États-Unis, débarquant sur les plages de Beyrouth, reprennent le flambeau du colonialisme européen agonisant. Tous les éléments de la manipulation extérieure sont à l'œuvre et, à nouveau, perceptions « chrétiennes » et « musulmanes » biaisées s'affrontent, suivant le schéma déjà décrit ci-dessus [4].

Fouad Chéhab, élu président en 1958, saura calmer le jeu, apaiser les esprits, consolider l'État. Mais les blessures resteront profondes. Les chrétiens pro-occidentaux garderont toujours une sourde rancœur au général qui aura refusé d'écraser dans l'œuf la rébellion de 1958 et de n'avoir pas protégé Camille Chamoun, devenu un héros malheureux du christianisme politique libanais. Fouad Chéhab parti, des « fromagistes » de plus en plus falots s'affronteront de plus belle dans le dédain le plus souverain de l'État et de la société civile. Le Pacte national est mort, de fait, en 1958. Le « chéhabisme » sera un essai de dépassement du Pacte pour construire un État fort et moderne ; il sera défait par la coalition des notabilités de toutes les grandes communautés et les interférences extérieures puissantes.

4. Le point de vue du président Camille Chamoun est exprimé dans son ouvrage *Crise au Moyen-Orient* (Gallimard, Paris, 1963), qui évoque la thèse du double danger communiste et nassérien menaçant la stabilité de tout le Moyen-Orient.

Le chéhabisme, ou le dépassement manqué du Pacte national

Avant de parler du chéhabisme et des réformes économiques et sociales d'envergure qu'il a entreprises, il convient de rappeler les antécédents intellectuels du réformisme au Liban.

Le plan de reconstruction de l'économie libanaise de 1945

La première étude d'envergure réalisée sur la reconstruction du Liban est celle de Gabriel Menassa, président de la Société libanaise d'économie politique (SLEP). On lui doit en effet un ouvrage considérable, qui n'a rien perdu de son actualité, rédigé en collaboration avec Joseph Naggear (qui devait devenir ministre du Plan, puis directeur du Conseil national de la recherche scientifique libanais). Cet ouvrage de 634 pages, intitulé *Plan de reconstruction de l'économie libanaise et réforme de l'État*, fut publié par les soins de la SLEP en 1946.

On peut y lire en introduction ces phrases remarquables, qui s'appliquent avec une pertinence encore plus aiguë à la fin de la guerre ayant fait rage entre 1975 et 1990 : « Sur le plan économique, la fin de la guerre nous réserve des difficultés multiples : la réadaptation économique et sociale, qui s'imposera, suppose plus de savoir et exige plus de technicité et une meilleure organisation de nos administrations [...]. Deux questions angoissantes se posent déjà à nous : 1. Par quels moyens assurerons-nous la réadaptation de notre situation économique au nouveau régime économique mondial ? 2. Comment pourra vivre le Liban économiquement après la guerre et maintenir le niveau élevé de vie de ses populations ? Une multitude de problèmes économiques et sociaux devront recevoir des solutions techniques et scientifiques. L'improvisation, si elle peut parfois réussir dans le domaine politique, ne peut conduire, dans ce domaine, à aucun résultat satisfaisant. »

Un peu plus loin, parlant de la nécessité de réduire le coût de la vie et évoquant une série de mesures cohérentes à prendre, l'auteur écrivait : « L'application du plan financier ci-dessus permettra la réduction des signes monétaires en circulation, la revalorisation de la monnaie et l'augmentation de son pouvoir d'achat. Ceci entraînerait une réduction progressive des prix des marchandises et des biens fonciers, une réduction importante du coût de la vie et de la baisse des salaires.

« Une pareille politique financière, accompagnée d'une politique budgétaire et administrative nouvelle (réduction du nombre des fonctionnaires) et d'apaisements nécessaires pour le sort de notre monnaie après la guerre, aboutirait à une normalisation des prix et à leur alignement au niveau mondial. »

Partisan résolu du libre-échange — qui amènera par la suite le Liban à rompre l'union douanière et monétaire avec la Syrie plus protectionniste —, le président de la SLEP se montre dans son plan de reconstruction un fervent partisan de la justice fiscale, comme préalable à la cohésion sociale et à l'efficacité d'ensemble d'un système économique libéral. C'est ainsi que, analysant la nécessaire réforme du système fiscal, le très libéral Gabriel Menassa écrit avec courage au chapitre consacré à la politique financière, fiscale et budgétaire : « La mauvaise répartition des charges fiscales vient encore aggraver les conséquences de cette très forte imposition. La plus grande partie des taxes et impôts de consommation, soit 90 % des recettes budgétaires, est payée par la classe moyenne et les classes laborieuses. Le fardeau de l'imposition pèse lourdement sur les petites gens et les travailleurs. Les possédants, les gens aisés sont loin d'être imposés en rapport avec leurs facultés contributives. Les grosses fortunes, héritées ou faites durant la dernière guerre, n'ont pas payé leur équitable contribution aux charges fiscales durant les dernières années, ce qui a encore aggravé le déséquilibre social et économique. Elles ont été en grande partie placées à l'étranger, ou ne sont pas atteintes par la fiscalité parce que non apparentes. » L'auteur ne manque pas de faire remarquer ensuite combien les classes laborieuses sont abusivement imposées par le cumul des taxes indirectes et de l'impôt direct.

Dans cet ouvrage précieux, que bien des Libanais gagneraient à lire aujourd'hui avant de parler de reconstruction, le président de la SLEP liait l'effort de reconstruction à la réforme de l'État. Toute la troisième partie de l'ouvrage est consacrée à cette question, depuis la réforme du statut des fonctionnaires jusqu'à la nécessité d'une réforme de la Constitution pour être mieux garante de la séparation des pouvoirs et assurer la représentation des forces vives économique et sociale du pays (p. 419-436).

Le lien entre réforme de l'État, égalité des chances et reconstruction et développement sera à nouveau un thème majeur de la pensée économique libanaise après la grave crise politique qui secoue le pays en 1958 et qui fait accéder le général Chéhab à la présidence de la République. Entre-temps cependant, le libre-échangisme préconisé par la SLEP aura triomphé, accélérant effectivement la croissance économique, elle-même stimulée par ailleurs par l'afflux des réfugiés palestiniens : bourgeoisie avec des capacités financières et des compétences techniques, mais aussi ruraux pauvres qui constituent une main-d'œuvre à bon marché. Toutefois, aucun effort ne sera fait par les gouvernements successifs en matière de réforme fiscale, cependant que la réforme de l'État et du système électoral fera l'objet de manipulations au bénéfice de certaines factions.

Parmi les facteurs qui auront le plus contrarié les aspirations à la réforme depuis l'indépendance en 1943, on doit en évoquer au moins trois. D'abord, le pays tire des profits économiques et financiers des secousses politiques qui affectent ses voisins arabes, en Égypte, en Syrie, en Irak, où se succèdent les coups d'État militaires et les nationalisations. Du fait de son système libéral, les hommes et les capitaux affluent au Liban. Une loi très stricte sur le secret bancaire adoptée en 1956 encouragea ce flux de capitaux fuyant les séquestrations de biens et les contrôles des changes. Dès la fin des années 1940, le gouvernement libanais a supprimé tout contrôle des changes et a pris le risque d'une rupture de l'union monétaire et douanière existant entre la Syrie et le Liban depuis les débuts du mandat, faisant prédominer les intérêts du lobby des commerçants sur celui des industriels et des agriculteurs [5].

Ensuite, la formation d'une idéologie simpliste veut faire de Beyrouth un Monte-Carlo oriental, un paradis fiscal et bancaire, avec le moins d'État possible, et ce en dépit de l'instabilité régionale permanente, de la montée des tensions interarabes et de l'élargissement permanent du conflit israélo-arabe [6].

Enfin, le flux de remises des émigrés libanais, car la prospérité qu'amène l'indépendance n'assure pas le plein emploi, a joué son rôle. Un flux permanent d'émigration entraîne en effet un important afflux de devises envoyées par les émigrés à leurs familles restées

5. Nous avons rendu compte ailleurs des polémiques qui ont fait rage au Liban au cours des années 1940 et 1950 entre deux écoles économiques opposées, celle en faveur d'un libre échange à tout crin pour faire du pays un centre de services pour l'économie régionale et celle des partisans d'une économie diversifiée, prenant avantage des capacités agricoles et industrielles locales. Voir : Georges CORM, « Al Mouhadarat al iktissidia fil nadoua al lubnania (Les conférences économiques du Cénacle libanais) », *in 'Ahd Al Nadoua al Lubnania*, Dar el-Nahar, Beyrouth, 1997 ; cet ouvrage collectif reprend et analyse les textes des principales conférences prononcées au Cénacle, club de réflexion très influent politiquement durant ces années et créé par Michel Asmar.

6. Sur le développement de cette idéologie et la politique économique mise en place au Liban après l'indépendance, on pourra se reporter au livre de Carolyn L. GATES, *The Merchant Republic of Lebanon. Rise of an Open Economy*, The Center for Lebanese Studies and I. B. Tauris Publishers, Londres, 1998.

sur place, qui s'ajoutent aux capitaux arabes se réfugiant au Liban. De plus, les réfugiés palestiniens au Liban, ainsi que les ouvriers saisonniers syriens, constitueront une main-d'œuvre à bon marché, assurant une forte compétitivité à l'économie [7]. La livre libanaise, totalement convertible, devient de ce fait une monnaie forte, qui s'apprécie continuellement. Dans une économie où plus de 50 % de la consommation provient de produits importés, cette appréciation permet de renforcer le pouvoir d'achat.

On comprend ainsi pourquoi le plan de reconstruction de l'économie présenté par la SLEP ne connaîtra pas d'application en dehors de la concrétisation des principes du libre-échange et de la libre convertibilité de la monnaie nationale. Le Liban a la vie trop facile et ses classes aisées et dirigeantes ne voient guère la nécessité d'une réforme fiscale destinée à favoriser l'égalité des chances. Il faudra les graves troubles civils de 1958 pour permettre à la pensée réformatrice libanaise de se manifester à nouveau et de peser cette fois-ci avec plus d'efficacité sur les politiques étatiques.

Les efforts de reconstruction et de réforme après les événements de 1958

Soulignons que les événements de 1958, mini-guerre civile entraînée par une combinaison de facteurs internes et externes, n'ont causé que des dégâts humains et matériels mineurs (500 morts et 2 500 blessés) comparés à l'ampleur de ceux causés entre 1975 et 1990 par une série de violences de très forte intensité. Pourtant, le général Fouad Chéhab, porté à la présidence de la République pour mettre un terme aux dissensions internes, aura à cœur non seulement de relancer dans toute son ampleur la réflexion sur le développement et la réforme, mais aussi de mettre en application les politiques préconisées. Pour ce faire, il aura recours aux conseils éclairés de l'abbé Louis Lebret, marin d'origine bretonne, proche de l'économiste français François Perroux, et dont les idées ont profondément influencé toute la pensée sur le développement — il a été d'ailleurs un des principaux inspirateurs de l'encyclique *Populorum Progressio.*

Louis Lebret et Fouad Chéhab comprendront vite que le problème du Liban est à la fois dans l'égoïsme des classes dirigeantes (les « fromagistes ») et dans la concentration de la prospérité à

7. On pourra se reporter sur ce point à notre article « Démographie et miracle libanais », *Travaux et Jours*, octobre-décembre 1969, Beyrouth.

Beyrouth, qui amène à laisser dans le dénuement le plus total toutes les régions périphériques. Il est clair pour eux qu'il faut une politique sociale et d'aménagement du territoire très active pour poser les bases d'une véritable unité nationale, permettant de surmonter clivages idéologiques et communautaires.

C'est ainsi que l'introduction de l'enquête très exhaustive menée par les équipes de la mission Irfed [8], que dirige le père Lebret dans le cadre du ministère du Plan, nouvellement créé au début du règne du général Chéhab, centre immédiatement l'attention sur « la cohésion nationale et le rôle de Beyrouth ». On peut lire sous ce titre certaines phrases, prémonitoires des violences futures, qui résument bien toute la problématique du développement libanais, aujourd'hui encore plus actuelle qu'hier : « Les difficultés que rencontrent la naissance du sens civique et l'instauration d'une forte cohésion nationale ne peuvent être vaincues que peu à peu et si les diverses fractions du peuple se sentent largement bénéficiaires de la solidarité économique nationale. C'est pour cela que les groupes actuellement privilégiés doivent chercher à atténuer les différences de leurs conditions de vie avec celles des groupes moins favorisés. Ils devront pour cela accepter une certaine austérité se manifestant en particulier par la loyauté fiscale et par l'acceptation d'un gros effort coûteux pour le développement des zones en souffrance.

« Ainsi s'atténueront les oppositions toujours latentes de groupe à groupe qui empêchent la formation d'un peuple fraternel.

« Le problème du développement au Liban ne saurait se jouer seulement en termes de croissance du revenu global ; c'est toute la structure du revenu national qui est en question et celle de la répartition des ressources de l'État [...].

« Il est fatal qu'il y ait un contraste saisissant entre le pays libanais des vrais villages et la place de Beyrouth, entre la ténacité provinciale d'une tradition plus que millénaire et la subtile habileté à saisir un prélèvement sur quelque flux rapide de marchandises ou de monnaie, où quoi que ce soit [...].

« Cependant la richesse "du plus Grand Beyrouth" donne le change. On peut y percevoir le dénuement d'un sous-prolétariat en croissance pendant qu'au-delà du Liban central une large ceinture de villages pauvres et parfois miséreux souffre de nombreuses

---

8. Institut de recherches et de formation en vue du développement, créé en France par l'abbé Lebret et qui mena à l'époque des enquêtes sur les niveaux de vie au Brésil, en Côte-d'Ivoire et au Liban.

pénuries et parfois de l'insécurité. Les conditions d'une réaction populaire se nouent peu à peu, jusqu'à un certain point atténuées par l'appartenance communautaire, qui peut cependant devenir elle-même l'occasion d'états conflictuels. »

Ce texte remarquable, que les dirigeants actuels auraient tout avantage à méditer, est extrait de la synthèse de deux années de travail exhaustif d'enquêtes sur les niveaux de vie menées sur le terrain dans chaque village. Il a été imprimé et diffusé en 1962 par les soins du ministère du Plan sous le titre *Besoins et possibilités de développement du Liban* (2 volumes).

L'enquête fait ressortir d'ailleurs la répartition très inégalitaire du revenu national, dont les données constitueront le cheval de bataille des partis de gauche libanais au cours des années 1970. En effet, d'après les estimations de la mission Irfed :

— 4 % de la population disposerait de 30 % du revenu national ;

— 14 % de la population disposerait de 28 % du revenu national ;

— 32 % de la population disposerait de 22 % du revenu national ;

— 41 % de la population disposerait de 16 % du revenu national ;

— 9 % de la population disposerait de 2 % du revenu national.

C'est sur ce diagnostic que le général Chéhab bâtira sa politique de reconstruction et de réforme, fondée sur deux axes principaux, celui de la solidarité sociale et celui de la construction de l'État[9].

Dans le domaine social, les gouvernements du général s'attaqueront de front à la pauvreté rurale et aux déséquilibres régionaux : désenclavement des villages isolés, adduction d'eau et d'électricité, développement du réseau d'écoles publiques et de dispensaires, bonification des sols. Par ailleurs, une Caisse nationale de sécurité sociale sera créée pour la retraite et l'assurance maladie des salariés ; enfin un Office de développement social (ODS) prendra en charge différents types d'aides aux familles les plus démunies. La fiscalité directe sera renforcée, sans toutefois mettre en place un impôt général sur le revenu.

---

9. Sur les réalisations du chéhabisme, on se reportera à Georges CORM, *Politique économique et planification au Liban, 1954-1964*, Imprimerie universelle, Beyrouth, 1964 ; ainsi qu'à Albert DAGHER, « L'État et l'économie au Liban, action gouvernementale et finances publiques de l'indépendance à 1975 », *Les Cahiers du Cermoc*, n° 12, Beyrouth, 1995. Sur ce thème, voir aussi : Georges CORM, « Bilan des finances publiques libanaises : 1945-1965 », *Le Commerce du Levant*, numéro annuel, Beyrouth, 1963.

Sur le plan de la construction de l'État, l'œuvre la plus remarquable consistera à créer les grandes institutions suivantes : une Banque centrale venant se substituer à l'ancien privilège d'émission de la Banque de Syrie et du Liban (ex-Banque ottomane) ; un Conseil de la fonction publique et une Inspection centrale ; un ministère du Plan et une Direction centrale de la statistique ; un Conseil exécutif des grands travaux pour l'ensemble du Liban et un Conseil exécutif des grands travaux pour la ville de Beyrouth.

Les résultats de la politique du général furent remarquables sur le plan économique mais, malheureusement, beaucoup plus fragiles sur le plan politique. L'économie libanaise devait en effet connaître un essor remarquable, en particulier dans le secteur industriel ; elle surmonta avec succès, à la fois les conséquences de l'effondrement en 1966 de la banque Intra, la plus grande banque du pays, et celles de la guerre israélo-arabe de juin 1967. En 1974, à la veille de l'éclatement du conflit, le Liban exporte pour plus de 800 millions de dollars de produits industriels ; son secteur bancaire et sa monnaie sont plus dynamiques et solides que jamais, la qualité des services (touristiques, éducatifs, médicaux, commerciaux) fait véritablement du pays une économie régionale dominante.

Enfin, à travers le Centre d'études pour le développement dirigé avec panache par le regretté Hassan Saab, qui n'arrêtera pas de dénoncer la « sectocratie » libanaise, mais aussi grâce à l'œuvre accomplie par l'Institut de formation en vue du développement du ministère du Plan sous l'égide de Mgr Jean Maroun, lâchement assassiné par un franc-tireur dès le début de la guerre en 1975, la culture du développement axée sur les besoins sociaux s'est répandue dans le pays. L'aspiration à une modernité économique à visage humain est partagée par de larges couches de la population.

On ne peut malheureusement pas en dire autant du côté politique, où l'œuvre du général ne résistera pas aux assauts donnés par les « fromagistes » contre sa réforme de l'État. Ce n'est pas le lieu ici d'expliquer l'échec du chéhabisme politique en détail et c'est pourquoi nous nous contenterons de marquer les deux limites principales de l'expérience réformatrice que le général ne franchit pas et qui expliquent largement la suite malheureuse des événements.

La première a trait à l'absence d'une politique de séparation des communautés d'avec l'ordre public et le maintien de la répartition communautaire des fonctions publiques. Si le général eut à cœur de favoriser l'accession à la fonction publique des membres des communautés peu ou mal représentées, il ne fit aucun pas en direction de l'abolition du système communautaire de répartition des fonctions publiques, se contentant d'assurer un meilleur équilibre entre communautés à l'intérieur du système. Il ne tenta pas davantage d'introduire un système de statut personnel unifié, permettant aux Libanais d'opter individuellement pour l'adoption d'un statut laïc commun ou pour le maintien des règles religieuses et communautaires de statut personnel.

Le chéhabisme ne toucha donc pas à la structure juridique de base de l'ordre communautaire tel que le mandat français l'avait établi. Le régime de l'indépendance devait même approfondir cet ordre, au lieu de le dépasser. C'est ainsi que la loi du 2 avril 1951, votée malgré la réprobation de l'ordre des avocats, consacre solennellement, dans le sens le plus extensif, les compétences des autorités confessionnelles des communautés chrétiennes et de la communauté israélite. Pour la communauté sunnite, le décret législatif n° 18 du 13 avril 1955 institue l'autonomie totale de la communauté, à l'instar des communautés chrétiennes, et fait du mufti un équivalent des patriarches chrétiens et le « chef religieux des musulmans », avec, à ses côtés, une assemblée composée des notables politiques et des juges des tribunaux fondés sur la charia. Quelques années plus tard, le même schéma est adopté pour la communauté druze par deux lois du 13 juillet 1962, qui consacrent la prééminence du *cheikh el-akl* druze comme chef religieux des druzes et instituent un conseil communautaire.

Enfin, en 1967, trois ans après la fin du mandat du général Chéhab, c'est au tour de la communauté chiite d'être définie et instituée par la loi 72/76 du 19 décembre 1967 qui lui assure les compétences les plus élargies par rapport aux autres communautés. En effet, la loi dispose que les représentants de la communauté agissent et s'expriment « conformément aux *fatwas* émanant de l'autorité suprême de la communauté dans le monde » (article 1), cependant que le Conseil islamique chiite supérieur a pour vocation de « défendre les droits » de la communauté, de « relever son niveau socio-économique » (article 5). La référence à une autorité chiite hors du Liban et le rôle de défense des droits de la communauté constituent une escalade notable par rapport à tous les textes précédents et préfigurent déjà la grande déstabilisation communautaire qui interviendra à partir des années 1970 [10]. La

---

10. L'auteur de cet ouvrage, dans une conversation tenue à Paris avec Raymond Eddé (qui était député à l'époque du vote de cette loi organisant la communauté chiite avec des dispositions aussi exorbitantes), s'est enquis de savoir s'il avait protesté ou tenté de faire amender le texte. La réponse fut que par arrangement tacite, les députés musulmans ne se mêlaient pas de l'examen et du vote des lois concernant le statut des communautés chrétiennes, cependant

nomination à la tête du Conseil supérieur de l'imam Moussa El-Sadr, né en Iran et membre influent de la hiérarchie religieuse iranienne, sera perçue à l'époque au Liban par de larges secteurs de l'opinion, en particulier dans les milieux chiites, comme un complot de la CIA et du shah d'Iran pour freiner le développement du mouvement révolutionnaire panarabe laïc au Liban.

Une seconde limitation du chéhabisme, tout aussi grave, fut le fait qu'aucune réforme électorale en profondeur, marginalisant les notabilités communautaires traditionnelles, ne fut introduite. Le système électoral continua d'être régi par une répartition communautaire rigide des sièges parlementaires et des découpages électoraux renforçant l'hégémonie des notabilités traditionnelles. De ce fait, les partisans de la réforme chéhabiste ne purent d'ailleurs former un véritable parti politique s'ancrant dans la réalité électorale du pays. Le clivage entre partis panarabes, laïcs et radicaux et vieilles féodalités communautaires se fit de plus en plus aigu, préparant le terrain aux grands affrontements futurs.

Reste que les réalisations du chéhabisme, en dépit de leurs limites politiques, ont été considérables : en six ans de mandat présidentiel, le général aura effectivement mis en place tout l'appareil d'un État moderne, centralisé et fort, y compris les appareils de sécurité empêchant toute subversion par extrémisme confessionnel ou manipulation de l'étranger. En même temps, Fouad Chéhab aura rééquilibré la politique extérieure du Liban, prenant en compte la force du nassérisme, tout en gardant le pays ouvert à l'influence occidentale. Sur le plan interne, il aura aussi calmé les passions en ouvrant largement les portes de l'administration à la jeunesse des communautés musulmanes et en entreprenant une politique dynamique de grands travaux dans les régions défavorisées. L'embryon d'une nouvelle élite politique se forme dans le sérail du chéhabisme : jeunes militaires et jeunes technocrates qui ne doivent plus leur avancement à leurs relations de clientèle avec les grandes familles du pays ou à leur représentativité communautaire.

Il ne s'agira, hélas, que d'un embryon qui aurait pu pourtant, en se développant, servir d'armature à l'État fort érigé par le général et donc consolider l'existence du Grand-Liban. Mais le chéhabisme ne pourra perdurer. Après avoir, en 1961, étouffé avec succès un coup d'État de jeunes officiers appartenant au Parti populaire syrien, pour qui la construction d'un État fort signifiait la fin du

---

que les députés chrétiens faisaient de même pour celles concernant les communautés musulmanes.

rêve unitaire syrien, le général, fatigué des manœuvres incessantes de la vieille classe politique, renonce à renouveler son mandat présidentiel et se retire de la vie politique. Cette classe politique, qui se trouve condamnée à dépérir si l'œuvre chéhabiste se consolide, est en effet déchaînée contre le président-général et ses équipes, en particulier les militaires du second bureau. Il est sans cesse accusé d'atteintes à la démocratie et c'est une véritable guerre d'usure qui est menée par les politiques chrétiens et musulmans de la vieille garde contre les Jeunes-Turcs du chéhabisme. On accuse même ce chéhabisme d'être un socialisme rampant, cependant que les secteurs les plus rétrogrades de l'opinion chrétienne, les nostalgiques du débarquement américain de 1958, le tiennent coupable de livrer le pays à la domination musulmane.

Déçu, cet aristocrate appauvri, et qui l'est resté, quitte en 1964 la présidence, malgré l'existence à la Chambre des députés d'une majorité apparemment favorable au renouvellement de son mandat. La vieille élite politique a triomphé : ce sera la curée, aboutissant rapidement au démantèlement de l'État qu'illustrent bien les accords du Caire signés en 1969 et qui donnent droit de cité à la résistance palestinienne armée au Liban.

Mais le Liban que laisse Fouad Chéhab est celui d'une société en expansion économique et sociale très dynamique. Une apparente oasis de stabilité et de liberté politique dans un Proche-Orient qui va bientôt connaître des bouleversements spectaculaires avec la défaite arabe de 1967 face à Israël, la montée des mouvements révolutionnaires armés palestiniens et l'ère du pétrole. Le retour de la vieille garde politique du pays sera une catastrophe sans précédent dans l'histoire du Liban, car elle rejettera non seulement l'État fort du chéhabisme, mais même les sages principes du Pacte national. Période régressive politiquement, alors que jamais la dynamique socio-économique du pays n'aura été aussi florissante, en dépit de tout ce que pourra affirmer une gauche libanaise à la recherche d'une situation révolutionnaire.

Pour expliquer l'échec du chéhabisme, il faut évoquer les querelles économiques qui ont déchiré les élites dirigeantes une fois l'indépendance acquise et que nous avons rapidement mentionnées précédemment. Car les partisans d'un libre-échangisme pur et dur, excluant toute intervention de l'État dans l'économie et donc toute fiscalité sérieuse, et visant à la transformation du Liban en une cité marchande de patriciens invoquant l'héritage phénicien et le caractère supposé levantin des Libanais, se heurteront aux réformistes qui veulent une économie diversifiée, exploitant les ressources hydrauliques et agricoles du pays.

La polémique fera rage durant les premières années de l'indépendance et les libre-échangistes gagneront la bataille en 1950, on l'a vu, en obtenant la rupture de l'union douanière et monétaire avec la Syrie qui développe une politique protectionniste active, destinée à encourager le développement agricole et industriel du pays [11].

À partir de cette date, la politique économique libanaise consistera à encourager exclusivement le secteur des services touristiques, commerciaux et bancaires, délaissant le potentiel agricole et industriel du pays. Le Liban ne se voit plus que comme une « plaque tournante » du Moyen-Orient, un centre de tourisme de luxe et une zone franche commerciale et bancaire. Une loi très stricte sur le secret bancaire sera votée en 1956 sur la proposition de Raymond Eddé, très représentatif de la haute bourgeoisie libanaise et dont le frère, Pierre Eddé, sera plus tard président de l'Association des banques, puis ministre des Finances. Fouad Chéhab, par son œuvre réformatrice, renversera durant quelques années la politique économique du pays au profit d'une diversification des activités et de la justice sociale. Mais la bourgeoisie d'affaires commerçante, alliée des notabilités traditionnelles, s'empressera de défaire l'œuvre réformatrice du général, sitôt qu'il quitte le pouvoir.

Les accords du Caire et la désintégration de l'État

Il ne saurait être question ici de faire la chronique de la désintégration de l'État. Il faut nous contenter d'en expliquer le mécanisme, dont nous avons déjà posé les fondements. L'ère chéhabiste semblait avoir clos les récriminations musulmanes et chrétiennes à la base de la crise de 1956-1958. Six ans durant, le débat politique avait complètement dépassé le clivage communautaire et posé le problème de la démocratie face à la domination militaro-technocratique du chéhabisme. Faux problème d'ailleurs, car ceux qui ont contesté le chéhabisme en invoquant le respect de la démocratie

---

11. On renverra ici à nouveau à notre étude sur le contenu des conférences économiques prononcées au Cénacle libanais entre 1947 et 1957, citée ci-dessus, note 5 ; ainsi qu'à l'ouvrage de Carolyn GATES, *The Merchant Republic of Lebanon*, *op. cit.*

forment une coalition de vieilles notabilités qui vivent, à l'exception de Raymond Eddé — homme pur et dur —, de clientélisme et de prébendes. Ce n'est certes pas eux qui pourront affronter une conjoncture régionale de plus en plus menaçante.

La pathétique impotence maronite

La désintégration de l'État se fera par un mouvement en tenaille. D'un côté, la vieille garde, obsédée par le chéhabisme et donc décidée à affaiblir l'État ; de l'autre, la jeunesse libanaise, que la fin du projet chéhabiste livre à tous les radicalismes idéologiques soufflant dans la région. Se greffe sur ce mouvement en tenaille un autre facteur fondamental, celui d'une rivalité sans pitié qui s'instaure entre présidents de la République et Premiers ministres, sitôt les appareils chéhabistes liquidés ; cette rivalité va aboutir à un bicéphalisme intolérable dans la gestion de l'État et donc à l'anarchie qui s'installera dans le pays à partir du début des années 1970.

En participant à pleines dents à la destruction du chéhabisme, les notabilités maronites ont creusé elles-mêmes leur tombeau et celui de la communauté. Seul l'État fort et intégrateur visé par le général Chéhab pouvait en effet absorber en douceur les changements démographiques et sociaux qu'a connus le Liban avec la montée en puissance et la prépondérance démographique des classes moyennes musulmanes, sunnites et chiites. Les présidents maronites après Fouad Chéhab, une fois brisés les mécanismes intégrateurs du chéhabisme, seront des rois nus face à des Premiers ministres démagogues, jouant sur les sentiments de la « rue musulmane » et ceux des partis de gauche, revendicatifs, anti-impérialistes et donc massivement propalestiniens et panarabes. Aucun d'eux n'aura l'envergure suffisante pour rajuster le tir, en dehors de quelques manœuvres sans suite pour essayer de trouver des Premiers ministres plus raisonnables et moins démagogues (ainsi l'éphémère cabinet Amin El-Hafez ou celui de Noureddine Rifaï sous le mandat de Soleiman Frangié, et celui de Chafik El-Wazzan sous Élias Sarkis). Peine perdue, Rachid Karamé, le leader sunnite tripolitain incontournable, et Saëb Salam, son équivalent beyrouthin, ont un monopole de fait, durant toutes ces années, sur le pouvoir « musulman ».

Le spectacle de l'impotence « maronite » est pathétique, d'autant que du côté « islamique » on présente les présidents comme des dictateurs implacables et la communauté maronite comme jouissant de privilèges intolérables. Il est vrai que ces présidents, pour compenser leur faiblesse, truffent la haute administration et l'armée d'hommes de confiance issus de leur sérail et le plus souvent des maronites bon teint, rarement fins politiques. Le résultat est une marginalisation de fait dans l'armée et l'administration d'hommes souvent de valeur, musulmans mais aussi chrétiens, n'appartenant pas au sérail présidentiel. De là toute l'imagerie de combat des partis de gauche et islamiques sur le comportement « intolérable » de la communauté maronite accaparant le pouvoir. Mais il ne s'agit que des apparences du pouvoir, car l'État n'existe plus que dans la forme dès les années 1966-1967. Le pouvoir réel est dans la rue, que manipulent les notabilités musulmanes et la grande figure féodale de Kamal Joumblatt.

Pathétique aussi cette impotence « maronite », parce que si maladroits qu'aient été les successeurs de Fouad Chéhab, en particulier le président Charles Hélou (1964-1970), ils ont en vain parlé raisonnablement des dangers de l'implantation armée palestinienne, de la nécessité de ne pas exposer le sud du Liban aux convoitises israéliennes. Ils étaient eux-mêmes acquis à la cause palestinienne, nourris des idées de Michel Chiha qui avait sans arrêt dénoncé le danger israélien pour le Liban [12]. Ils ont été conspués et malmenés par la démagogie ambiante, celle des partis de gauche, celle d'une opinion dite islamique chauffée à blanc par une dénonciation constante des « privilèges » maronites, source de tous les maux [13]. À chaque fois, pour éviter le pire, ils ont cédé.

Les accords du Caire, légalisant la présence armée palestinienne au Liban, seront conclus en 1969 de guerre lasse [14], après que le

---

12. Voir à ce sujet, Michel Chiha, *Palestine*, Publications de la Fondation Michel-Chiha, Trident, Beyrouth, 1967, 2e éd.

13. Il faut noter que sous le mandat du général Chéhab, on peut considérer que l'hégémonie des maronites dans la haute administration civile et dans l'armée a atteint son apogée, et pourtant il n'y a point eu de dénonciation des « privilèges » maronites par les notabilités politiques musulmanes. Cela est dû, à notre sens, au fait que Fouad Chéhab menait une politique cohérente, aussi bien sur le plan des relations extérieures du Liban qu'il avait rééquilibrées au profit de bonnes relations avec l'Égypte nassérienne, alors puissance dominante au Moyen-Orient, que sur le plan de la justice sociale et de la construction économique de l'État, jusque-là absentes, comme nous l'avons vu, des politiques des présidents précédents.

14. Ces accords ont été signés au Caire, sous les auspices du président égyptien Gamal Abdel Nasser, par le général en chef de l'armée libanaise, le général Émile Boustani, et le chef de l'OLP, Yasser Arafat, pour mettre fin aux combats intermittents entre l'armée libanaise et les mouvements de guérilla palestinienne. Le Liban avait alors accepté un arbitrage égyptien pour mettre fin aux tensions entre l'armée et la guérilla. Toutefois, aucun dirigeant civil n'a accepté de signer ce document qui consacrait l'implantation des mouvements armés palestiniens dans certaines zones du sud du Liban. Mais le Parlement libanais ratifiera ces accords, sans que toutefois le texte lui soit officiellement distribué, sous prétexte de sa confidentialité. Ces accords serviront de prétexte à l'État d'Israël pour tenir le gouvernement libanais responsable des attaques palestiniennes contre la Galilée à partir du Liban, et pour

Premier ministre Rachid Karamé aura paralysé le fonctionnement de l'État pendant huit mois ; un peu plus tard, le président Soleiman Frangié (1970-1976) essaiera par deux fois de faire donner l'armée contre les mouvements palestiniens, mais il n'ira pas jusqu'au bout et permettra même à ces mouvements, en 1973, d'importer des armements lourds pour se protéger des représailles israéliennes.

Le comble dans ce pathétique sera la politique d'Élias Sarkis (1976-1982) qui, face à l'inexistence de son pouvoir, encouragera durant tout son mandat la montée en puissance des phalangistes se constituant en État dans l'État. Une bonne partie de la classe politique chrétienne a alors désespéré de parvenir à calmer le jeu ; de plus en plus vilipendée, elle finira par faire à son tour la politique du pire, prenant en 1982, par Israël et phalangistes interposés, une triste revanche sur l'élite politique des communautés musulmanes (nous y reviendrons dans le chapitre 7). Mauvais triomphe qui ne durera guère, mais qui au contraire favorisera la montée de l'intégrisme islamique jusqu'alors inconnu au Liban.

Bien sûr, la généralisation est excessive, car Raymond Eddé, représentant historique authentique s'il en est des maronites, fils de l'ancien président de la République au temps du mandat, Émile Eddé, très francophile, ne cessera de dénoncer la politique phalangiste, la collaboration avec Israël ou la soumission à la Syrie. Persécuté par les Syriens et les phalangistes, il s'exilera à Paris en 1976 après plusieurs attentats contre sa personne, tenant un discours d'homme d'État vrai et juste, mais qui sera de plus en plus en porte à faux avec les radicalismes idéologiques communautaires des factions combattantes. Soleiman Frangié, seigneur féodal maronite du nord du Liban, refusera aussi la stratégie phalangiste après 1976 et subira de ce fait en 1978 les représailles terribles du parti contre son fief où périrent son fils, sa belle-fille, sa petite-fille et plusieurs dizaines de villageois. En revanche, beaucoup d'hommes politiques grecs orthodoxes endosseront la politique d'Élias Sarkis, de même que les grandes familles chiites marginalisées par la montée révolutionnaire chiite.

La stratégie phalangiste assumée et encouragée par Élias Sarkis n'est donc pas que « maronite ». Comme toujours au Liban, la situation est complexe, car, du côté de l'opposition au régime « maronite », on trouve de nombreux chrétiens, militant dans les

---

déclencher des représailles massives qui déstabiliseront la République tout entière, consacrant ainsi, une nouvelle fois, le statut d'État tampon du Liban dans les conflits régionaux qui le dépassent.

partis marxistes et le Parti populaire syrien. Quant à Kamal Joumblatt, le grand animateur de l'opposition, il n'a évidemment rien d'une personnalité islamique. Son action de déstabilisation de l'État s'est placée sous le signe d'un programme laïc et réformiste — elle lui a permis de jouer un rôle régional et international qui lui était interdit dans le Liban du Pacte national à dominantes sunnite et maronite.

Hélas, l'État disparu, les passions déchaînées, le prisme communautaire va dominer de plus en plus la perception des troubles libanais, car la violence qui sera exercée sur la société sera exclusivement fondée sur l'agression communautaire.

L'éclatement des violences communautaires en dépit des progrès de la laïcité

Nous avons évoqué ci-dessus le développement spectaculaire des structures communautaires, à contre-courant de l'évolution politique du pays. La vitalité des partis politiques laïcs, qui connaissent une extension fulgurante entre les années 1950 et 1975, la multiplication des associations transcommunautaires et l'extension du syndicalisme transcommunautaire, la liberté de presse et d'édition : tous ces éléments font apparaître les appareils communautaires comme une survivance presque folklorique du passé.

La croissance économique du pays est alors très rapide : en 1975, le produit national par habitant atteint un niveau proche de celui du Portugal et de l'Espagne (2 000 dollars). En dépit des contraintes communautaires dans la répartition des sièges à l'Assemblée et des défauts des découpages électoraux favorisant les notabilités communautaires, les élections de 1972 permettent à de nouvelles figures issues des partis laïcs ou se réclamant d'idées laïques modernes de se faire élire [15]. Au Parlement, les partis à caractère sectaire, en dehors du Parti phalangiste avec uniquement cinq députés et du Parti national libéral avec six députés, n'ont pas de représentation. Sur le terrain, les anciennes formations musulmanes sunnites de type sectaire (tels les Najjadés) ont disparu. Seul le Mouvement des déshérités de l'imam Moussa El-Sadr, nouvellement créé, est actif. Il ne fait cependant nullement le poids face

15. Mais les élections de 1968, que nous avons déjà évoquées, ont eu un caractère confessionnel marqué, en particulier du côté chrétien, où les ténors les plus en vue, Raymond Eddé, Camille Chamoun et Pierre Gemayel, se regroupent dans des listes communes pour écraser définitivement les listes chéhabistes modérées. La campagne électorale fut caractérisée, côté chrétien, par des slogans communautaires et pro-occidentaux primaires.

aux partis laïcs qui ont massivement recruté dans la communauté chiite et aussi auprès des éléments les plus politisés de la jeunesse chrétienne.

Le clivage de base de la vie politique au début des années 1970 n'est pas communautaire, mais typiquement un clivage droite-gauche, articulé autour de deux oppositions : l'anti-impérialisme et son corollaire d'appui à la résistance palestinienne dont l'influence se développe avec force ou, au contraire, le désir de rester proche des puissances occidentales et de limiter les effets de la présence déstabilisante de la résistance palestinienne au Liban ; le désir d'en finir avec les structures communautaires du pays ou, au contraire, celui de les maintenir et de les renforcer pour conserver la « spécificité » du pays.

C'est donc une situation qui n'est pas sans rappeler celle qui prévalait, dans un autre contexte, à la veille des événements de 1840. Dans les années 1960, comme dans les années 1830, s'ajoutent aux bouillonnements intérieurs des tensions régionales extrêmes et le désir de plusieurs puissances régionales voisines d'interférer et de contrôler l'évolution du Liban. C'est surtout l'expansion spectaculaire de la présence armée palestinienne qui irrite les États-Unis, menace la stabilité des régimes arabes, et cherche à entraîner dans des hostilités généralisées l'État d'Israël qui, depuis 1967, refuse l'application de la résolution 242 du Conseil de sécurité des Nations unies sur l'évacuation des Territoires occupés.

C'est le 13 avril 1975 qui marque le début de l'effondrement et du chaos. Ce jour-là surviennent deux incidents graves entre miliciens palestiniens et phalangistes dans la banlieue est de Beyrouth, fief traditionnel chrétien, qui donnent le signal d'ouverture d'hostilités généralisées entre la coalition des partis libanais dits « progressistes », alliés aux mouvements palestiniens, et la coalition de partis chrétiens dits « conservateurs » qui ont créé des milices armées pour faire face à la montée en puissance des Palestiniens au Liban. En fait, le pays subit depuis déjà plus de cinq ans le poids de la présence armée palestinienne et des représailles israéliennes, ce qui a considérablement préparé le terrain à l'effondrement et au chaos.

L'histoire de la guerre sera celle d'innombrables cessez-le-feu, jamais respectés plus de quelques jours ou quelques semaines, d'un chaos sanglant généralisé, de médiations de sources les plus diverses entre les parties et, à partir de 1982, d'une occupation israélienne massive et particulièrement sanglante, encouragée par les États-Unis. Le chaos s'arrêtera, comme par enchantement, le

13 octobre 1990, à la faveur de changements drastiques dans la conjoncture régionale et de l'éviction de l'encombrant général Aoun par une action militaire syrienne, encouragée par les États-Unis. Il est donc intéressant d'examiner comment cette crise sera gérée et contenue dans le cadre des rapports de force géopolitiques au Proche-Orient.

5

1975-1990 : les grandes étapes de la gestion de la crise libanaise

Un rappel des événements qui ont caractérisé la crise libanaise nous montre à quel point les puissances occidentales et, en particulier, les États-Unis ont traité cette crise loin de toute approche rationnelle qui puisse véritablement prendre en compte les données réelles sur le terrain, local comme régional. C'est pourquoi aucune des actions entreprises par le bloc des pays occidentaux pour remédier à la crise libanaise ne pouvait véritablement aboutir à une restauration de la souveraineté et de l'intégrité du Liban.

Pour les puissances occidentales, les calculs, ou tout au moins les visions, ont surtout été bâtis sur de graves erreurs d'appréciation du jeu et des capacités des deux grands intervenants sur la scène libanaise, Israël et la Syrie. En effet, la gestion de la crise a successivement été confiée à la Syrie, avec accessoirement à ses côtés l'Arabie saoudite, puis à Israël, avant d'être cédée à nouveau à l'Arabie saoudite et à la Syrie. Dans les deux cas, on peut remarquer que le camp occidental, dans l'orbite duquel s'était traditionnellement trouvé le Liban, a mésestimé la capacité de ces deux intervenants à gérer positivement la crise en vue d'y mettre un terme. Bien au contraire, le Liban deviendra un ballon que les deux protagonistes ont sans cesse tenté de s'arracher, sous les yeux d'un arbitre qui n'a pas manqué de changer en cours de match les règles du jeu. En ce sens, la crise libanaise rappelle étrangement la crise cambodgienne où une partie de bras de fer à quatre (États-Unis, Chine, Viêt-nam, URSS) broiera durant des années ce malheureux pays, jeté par les États-Unis eux-mêmes dans l'enfer de la guerre du Viêt-nam.

1975-1982 : de la gestion syro-américaine à la gestion israélo-américaine de la crise

Dans une première période, l'Occident, qui reste prédominant sur la scène politique libanaise, essaie d'intervenir face à l'importance de l'éclatement qui se produit en 1975-1976. Les États-Unis et la France envoient de nombreux délégués de haut rang au Liban écouter les différents protagonistes locaux de cet éclatement. Mais finalement, ces deux pays avouent leur impuissance et délèguent la gestion de la crise à la Syrie et, accessoirement, à l'Arabie saoudite, qui tentera d'infléchir le rôle syrien dans un sens favorable aux intérêts occidentaux. Cette phase va durer jusqu'à l'invasion israélienne de 1982. La Ligue arabe tentera aussi de jouer un rôle pour apaiser la crise. Une fois la première vague d'hostilités terminée à la fin de l'année 1976, et un nouveau président élu au Liban, elle enverra des contingents de « casques verts » (la couleur verte étant celle du drapeau de la Ligue arabe), dits « Force arabe de dissuasion », délégués par plusieurs pays, Syrie en tête, pour assurer le maintien du cessez-le-feu qui intervient en novembre 1976 [1].

Les tournants majeurs de cette période, comme de la suivante, seront constitués par les élections présidentielles, chaque grand intervenant régional tentant de manipuler le processus électoral à son profit.

D'abord l'élection de 1976, qui se fait dans un contexte où le Parlement libanais a déjà perdu toute liberté, puisque Raymond Eddé, qui jouissait du soutien de la majorité des députés, se voit écarté au profit d'Élias Sarkis, le candidat de la Syrie. Cette élection se déroule de façon anticipée, en mai 1976, et toutes sortes de pressions — menaces ou corruption — sont exercées sur les députés pour que le candidat de la Syrie soit élu. Malgré toutes ces précautions antidémocratiques, la situation va connaître des

1. L'Arabie saoudite, l'Égypte, la Libye, le Soudan et les Émirats arabes unis seront les autres pays qui enverront des contingents au Liban. Toutefois, le contingent syrien est de loin le plus nombreux, avec environ 80 % des effectifs (30 000 hommes). La décision de la constitution de cette force a été préparée lors d'une réunion des Premiers ministres d'Égypte, de Syrie, du Koweït et du prince héritier d'Arabie saoudite tenue au Caire en juin 1976 ; en octobre 1976, toujours à Riyad, un sommet restreint de chefs d'État (comprenant les mêmes pays ainsi que le Liban et l'OLP) décide l'envoi de la force. Cette décision est confirmée quelques jours plus tard à un sommet de l'ensemble des chefs d'État tenu au Caire (sur cet épisode, voir notre *Proche-Orient éclaté*, *op. cit.*, p. 409-462). À partir de 1978 cependant, lorsque la situation dégénère au Liban, les contingents commenceront à être retirés par leurs gouvernements, ce qui laissera uniquement le fort contingent syrien maître du terrain. L'expulsion de l'Égypte de la Ligue arabe en 1979 contribue aussi à ôter toute efficacité à la Ligue.

développements parfaitement illogiques, dont la cause réside dans le manque de perspicacité des parties en cause. En effet, si cette élection anticipée se fait au détriment du président Soleiman Frangié, pilier de l'alliance chrétienne contre les forces de gauche et palestiniennes, dès 1978 c'est lui qui deviendra le meilleur allié de la Syrie, le plus constant et le plus fidèle ; Élias Sarkis, censé être l'homme de la Syrie, va finalement être celui de l'alliance entre les phalangistes et l'État israélien, et il ne verra aucun inconvénient en 1982 à ce que les forces israéliennes arrivent jusqu'à Beyrouth et encerclent le palais présidentiel où il réside, ni à ce que les élections présidentielles de 1982 aboutissent à la gestion israélo-américaine de la crise.

Le second événement de cette période est l'installation de « lignes rouges » entre Israël et la Syrie au printemps de 1976. La communauté internationale y avait vu à l'époque un facteur de stabilisation. Ces lignes rouges sont mises en place sous l'égide américaine, les États-Unis servant d'intermédiaire entre Israël et la Syrie, pour délimiter jusqu'où la Syrie peut faire pénétrer ses troupes au Liban sans menacer la sécurité d'Israël. Or ces lignes rouges, qui arrêtent les forces syriennes à l'embouchure du Litani, à trente kilomètres au nord de la frontière israélienne, seront le plus grand facteur de déstabilisation du Liban — en même temps qu'elles permettront à l'action palestinienne de menacer les implantations israéliennes en Galilée et à l'État d'Israël d'implanter l'État croupion du Liban-Sud, dit « État libre du Liban-Sud », proclamé dès 1977 avec à sa tête le major Haddad. Avec cette initiative, Israël procédera à une « annexion *de facto* » de cette bande de territoire, riche en réserves d'eaux fort convoitées depuis le début du siècle par le mouvement sioniste, car l'« armée du Liban-Sud » ne sera de fait qu'une annexe de l'armée israélienne. Cette bande frontière restera, jusqu'à sa libération définitive par le Hezbollah en 2000, un abcès de fixation extrêmement douloureux et gênant, une source d'instabilité.

Voici donc deux actes que les puissances occidentales avaient crus positifs et propres à stabiliser le Liban : l'élection d'un président imposé par la Syrie avec la bénédiction des États-Unis et la mise en place des lignes rouges limitant l'intervention de l'armée syrienne au Liban, ceci grâce aux bons offices de l'Amérique qui a fait « l'honnête courtier » entre Israël et la Syrie.

Aujourd'hui, avec le recul, il est clair que ces deux situations se sont révélées nocives et ont constitué des éléments d'autoperpétuation de la crise. Mais, à l'époque, il y avait un consensus chez l'ensemble des puissances occidentales pour laisser la Syrie gérer la crise avec l'appui de l'Arabie saoudite. Cet appui va cependant s'effriter progressivement au cours des années 1978-1982, lorsque, après la visite du président égyptien Anouar El Sadate à Jérusalem et la mise en route du processus de négociations entre Égyptiens et Israéliens, sous l'égide du président américain Jimmy Carter à Camp David aux États-Unis, la situation libanaise dérape de nouveau complètement. On assiste en effet à la montée en puissance du Parti phalangiste, poussé par Israël et discrètement soutenu par la CIA et les Églises européennes, en particulier allemande et française : la déclaration très nette et très précise de Menahem Begin posant l'État d'Israël en « protecteur » des chrétiens libanais lui permet de justifier les ingérences israéliennes au Liban, au-delà de la bande frontière, sans que cela soulève d'objections de la part des puissances occidentales, pas même de la France, qui s'est pourtant voulue des siècles durant la « protectrice » traditionnelle des chrétiens d'Orient.

Les événements graves se succéderont alors très vite : bombardements syriens des quartiers chrétiens de Beyrouth en 1978, suite aux provocations phalangistes, bombardement et encerclement durant de longs mois en 1981 de Zahlé, principale ville chrétienne de la Bekaa, et crise provoquée par l'implantation de rampes de lancement de missiles syriens dans la plaine de la Bekaa puis, finalement, invasion israélienne de 1982. L'Arabie saoudite a essayé entre-temps de colmater les brèches : la conférence de Beiteddine est convoquée sans succès sous ses auspices en octobre 1978 pour réconcilier Syriens et phalangistes. Mais le plan d'invasion du Liban par l'armée israélienne était déjà en route, et rien ne devait plus l'arrêter.

On entre alors dans la seconde phase de la guerre : les puissances occidentales, toujours présentes sur la scène libanaise par États-Unis interposés, vont déléguer la gestion de la crise à Israël, sous parapluie américain. On verra plus loin comment et pourquoi la France n'a pas été un gestionnaire de la crise, malgré le rôle fondamental qu'elle va jouer plus tard dans la constitution de la Force multinationale d'interposition (FM), comprenant des contingents américains, français et italiens censés protéger les combattants palestiniens lors de leur retrait de Beyrouth et, de façon plus générale, les populations civiles libanaises en attendant la restauration de l'État libanais. Mais il faut rappeler ici que, dans cette nouvelle délégation de gestion de la crise, l'alliance des phalangistes avec l'État d'Israël va se concrétiser en 1982 par les élections qui imposeront deux présidents phalangistes successifs (Bachir Gemayel puis, après son assassinat, son frère Amine). L'État d'Israël, avec l'appui américain, tentera de forcer le Liban à signer avec lui un traité de paix [2].

Dans un tel contexte, les nouvelles modalités de gestion de la crise (américano-israélo-phalangiste) seront fatales à l'ensemble des communautés chrétiennes au Liban, qui subiront en particulier massacres puis déplacements forcés de populations au Chouf et au sud du pays, sans qu'il y ait eu véritablement d'essai sérieux de protection, même lorsque la Force multinationale était encore présente à Beyrouth, c'est-à-dire à quinze kilomètres du Chouf, là où se déroulaient les massacres [3].

Les causes de l'échec de la Force multinationale

Sitôt l'« élection » de Bachir Gemayel achevée, la FM a précipitamment réembarqué, considérant sa mission terminée grâce à cette « élection » sous les canons israéliens. Trois semaines plus tard cependant, en septembre 1982, le nouveau président est assassiné dans des conditions dramatiques, ce qui déclenche les massacres de Sabra et Chatila par la milice phalangiste aux ordres de l'armée israélienne. La FM sera alors dépêchée à nouveau à Beyrouth. Toutefois, non seulement elle ne sera pas en mesure de protéger la population du Chouf, occupé par l'armée israélienne, mais de plus le contingent français participera imprudemment aux opérations de désarmement des milices libanaises dites « de gauche », tandis que la milice phalangiste continuera de terroriser la population dans tout le pays. Les attentats terroristes d'octobre 1983 contre les contingents américain et français de la FM seront le lourd tribut payé à cette grave hypocrisie politique.

2. Il s'agit du traité israélo-libanais du 17 mai 1983, conclu sous égide américaine, mais qui ne sera jamais ratifié par le Parlement libanais.

3. Les massacres et les déplacements forcés de populations du Chouf en 1983-1984 comptent parmi les plus importants subis par la population chrétienne durant la guerre. Lorsque l'armée israélienne a occupé la région du Chouf, haut lieu de la coexistence des maronites et des druzes, elle y a introduit dans son sillage la milice phalangiste des Forces libanaises. Cette milice a alors semé la terreur dans la population druze et procédé à des massacres dans plusieurs villages. Mais l'armée israélienne ayant aussi fourni des armes à la milice druze, les représailles de cette dernière seront brutales. Entre 1983 et 1984, lorsque l'armée israélienne se retirera de la région, environ 150 000 chrétiens en seront expulsés et 6 000 personnes seront massacrées. Durant cette période, le gros bourg chrétien de Deir el-Kamar sera assiégé plusieurs mois dans des conditions dramatiques.

Il faut d'abord se demander comment l'Occident démocrate a cautionné deux élections successives de présidents phalangistes qui ne pouvaient que mener à la catastrophe : le Parti phalangiste était une des factions en cause, une des milices sauvages qui avaient semé la terreur dans le pays. Or, livrer le pays à une des milices, qu'elle fût chrétienne ou musulmane, c'était le vouer à la destruction complète, car le Liban — faut-il le répéter ? — ne peut être gouverné que par les modérés des deux grandes communautés religieuses. Il ne saurait en aucun cas être gouverné par des extrémistes ou par quelque faction que ce soit ayant du sang sur les mains.

Comment expliquer que les puissances occidentales et, en particulier, la France aient cautionné cette situation ? Pour le comprendre, il faut ici réfléchir aux raisons qui ont poussé la France dans cette aventure, car c'est bien la caution française à la création de la FM qui a permis aux *marines* américains de débarquer un contingent à Beyrouth. Ce débarquement constituait une symbolique géopolitique extrêmement forte : celle d'un retour de troupes américaines au Moyen-Orient, plus que jamais déchiré par la guerre froide entre les États-Unis et l'URSS.

Trois sensibilités politiques françaises très différentes, en général opposées les unes aux autres sur la scène intérieure, se sont conjuguées pour approuver avec enthousiasme le projet de FM, sans réflexion suffisante sur les données proprement libanaises de la crise et les conditions d'une stabilisation de la situation qui aurait pu assurer le succès de sa mission. Celle qui a joué le plus activement a été la sensibilité — classique dans la France contemporaine — favorable aux mouvements révolutionnaires de décolonisation : ce courant voulait « sauver la face » de l'OLP, sauver la vie de Yasser Arafat, avec l'idée que cela était nécessaire pour pouvoir un jour parvenir à un règlement du conflit israélo-arabe. C'était, probablement, la première urgence dans l'esprit des responsables français qui ont pris l'initiative de la FM en 1982.

La deuxième sensibilité qui, paradoxalement, s'est retrouvée en accord avec la première a été celle largement présente dans le Parti socialiste favorable aux thèses de l'État israélien ; le PS, au fond, n'était pas fâché de voir les phalangistes prendre le pouvoir au Liban, puisque le projet était qu'un traité serait conclu entre le Liban, sous la coupe d'un président phalangiste, et Israël, ce qui élargirait l'espace de paix israélo-arabe créé par les accords de Camp David. Si on négligeait les données internes libanaises, en particulier le caractère violent et antidémocratique des phalangistes, le projet de FM apparaissait là aussi très positif.

Enfin, troisième sensibilité, celle des forces politiques de droite en France, promptes à s'émouvoir sur le sort des chrétiens libanais et désireuses de les aider. Là encore, ont malheureusement régné la confusion et l'ignorance des données sur le terrain. On a en effet considéré que les phalangistes représentaient légitimement l'ensemble des chrétiens libanais, alors qu'une bonne partie d'entre eux, non seulement était violemment opposée au projet des phalangistes, mais encore avait dû subir des massacres et des persécutions de la part de leur milice.

Ces trois sensibilités se sont retrouvées à l'unisson dans ce geste spectaculaire qu'a été la constitution de la FM. Il était certes bien agréable de faire plaisir en même temps à l'OLP, au monde arabe, à Israël, aux phalangistes et, encore plus, aux États-Unis, qui pouvaient enfin rentrer presque victorieux sur la scène du Moyen-Orient. Mais la FM n'avait aucun programme politique pour la stabilisation du Liban, ni les États-Unis, ni la France ne s'intéressant aux données internes libanaises, sinon de façon simpliste : le résultat final a été la caution donnée aux deux élections présidentielles successives de 1982 avec les tanks israéliens entourant le Parlement, où la liberté du peuple libanais a été complètement bafouée, comme elle l'avait été en 1976 par les tanks syriens.

Cet épisode malheureux va coûter au Liban huit nouvelles années de violence et de souffrance ; les traumatismes, en France comme aux États-Unis, dus aux attentats contre les contingents de la FM ont également été très profonds. Leurs prolongements dans les affaires d'otages et les attentats terroristes de Paris n'ont fait qu'aggraver la répugnance de l'opinion française à vouloir s'occuper des affaires du Liban ou du Moyen-Orient[4].

Les conférences de Genève et de Lausanne (novembre 1983-mars 1984) et l'accord tripartite de Damas (décembre 1985)

Cet épisode passé, on assiste à un intermède non moins « surréaliste » que les précédents : les conférences de Genève et de Lausanne. On avait complètement oblitéré les facteurs endogènes dans

4. En 1986, la capitale française connaîtra plusieurs attentats terroristes qui seront attribués à tort à un groupe radical libanais, composé en majorité de jeunes chrétiens révolutionnaires.

la constitution de la FM en 1982 ; à Genève et à Lausanne, on va en faire la seule clé de stabilisation de la situation libanaise.

L'analyse, à l'époque, consistait à constater qu'Israël s'étant partiellement retiré du Liban et l'OLP ayant été dispersée, il ne restait plus que des problèmes internes à régler entre Libanais. Mais on oubliait alors qu'Israël était encore très présent dans le Sud jusqu'à Saïda et que, de toute façon, le jour où il retirerait ses forces, il garderait néanmoins une présence très importante dans la fameuse bande frontalière et renforcerait la milice locale. On oubliait aussi que l'OLP, censée s'être retirée, se reconstituait très rapidement au Liban. La vision qui prédominait alors, c'est que le Liban était enfin livré à ses propres données endogènes, que la Syrie était trop affaiblie et l'OLP absente. C'est sur cette base que seront convoquées les deux conférences de Genève et de Lausanne, où finalement la Syrie et l'Arabie saoudite reprendront la conduite des opérations avec, si l'on s'en souvient, à Genève comme à Lausanne, une présence américaine sur les lieux très visible.

Or, à nouveau, alors que l'on pensait stabiliser le Liban, ces deux conférences ne feront que consacrer le règne des milices, puisqu'elles élaborent des projets de réformes internes, comme si le pays était libéré de toute occupation étrangère et de la terreur semée par les milices locales, et que la population était enfin libre de ses choix. Le président de la République et les Forces phalangistes ne sont d'ailleurs pas du tout prêts à accepter les réformes proposées qui diminuent le pouvoir « chrétien » dans le fonctionnement des institutions politiques ; Walid Joumblatt, chef de la milice druze, n'en est guère convaincu lui non plus, intéressé au premier chef à conserver la région du Chouf qu'il domine, après en avoir chassé la milice phalangiste et la majorité de la population chrétienne, comme un micro-État druze ; quant à Nabih Berri, chef de la milice dite « chiite » d'Amal, il n'a pas assez de victoires à montrer véritablement à ses troupes pour que les résultats des conférences l'intéressent. En revanche, le nouveau gouvernement constitué à l'issue de ces deux conférences consacre le règne définitif des milices au sommet de l'État ; sous l'égide de Rachid Karamé, proaméricain et prosyrien, ce sont les chefs des milices qui entrent directement au gouvernement pour achever la désintégration et la paralysie de l'État.

C'est la même logique qui a abouti, un peu plus tard, à la conclusion de l'accord tripartite de Damas. Les Syriens, ayant échoué dans leurs tentatives de stabilisation par les conférences de Genève et de Lausanne, vont tenter de susciter un accord entre les trois principales milices (chrétienne, druze et chiite), que ces dernières imposeraient aux organes constitutionnels. L'accord signé à Damas en décembre 1985 donnait à la Syrie bien des privilèges au Liban : accord entre chefs de milices, fait à la va-vite et ne tenant compte d'aucune des données constitutionnelles libanaises, mais dont la Syrie espérait alors qu'il pourrait au moins stabiliser la situation sous son égide. La vision qui soutient l'accord est, encore une fois, que la crise libanaise n'est plus qu'endogène et qu'elle se ramène à un problème de répartition des pouvoirs entre chrétiens et musulmans, comme si toutes les données de la crise régionale avaient disparu de l'horizon.

Aussi, la gestion de la crise, assumée de nouveau par la Syrie, va-t-elle amener peu à peu une totale déstabilisation. Elle n'empêche pas, en effet, le retour du Fatah palestinien et les combats meurtriers autour des camps palestiniens pendant les années 1985-1988 que mène la milice d'Amal pour tenter d'éliminer définitivement toute présence armée palestinienne dans les zones qu'elle contrôle, à l'instar de ce que les milices chrétiennes avaient accompli en 1976 pour leur région par la bataille de Tell el-Zaatar ; elle n'empêche pas que les milices libanaises dites d'« obédience musulmane » s'entre-déchirent pour le contrôle des quartiers de la partie ouest de Beyrouth, à tel point que le gouvernement, où ne siège plus qu'un ministre chrétien, proche de l'ex-président Frangié qui a consolidé son alliance avec la Syrie, demande officiellement en 1987 le rappel les troupes syriennes à Beyrouth-Ouest, sans que les puissances occidentales et Israël puissent décemment s'y opposer, parce que le martyre de la population devient insupportable[5]. Cette gestion n'empêchera pas enfin que la Syrie elle-même se laisse déborder un moment par l'Iran dans la banlieue sud de Beyrouth, avec des effets dramatiques pour la population civile pendant des mois. Pour mettre au pas le Hezbollah qui règne en maître dans cette partie de la ville, elle passe par les armes dix-sept miliciens.

---

5. En février 1984, suite aux terribles bombardements par l'armée libanaise de la banlieue sud de Beyrouth, fief de la communauté chiite et de ses organisations paramilitaires, la milice chiite Amal prendra le contrôle de Ras Beyrouth, poussant la 6e brigade de l'armée libanaise, à dominante chiite, à entrer en dissidence et à se joindre à elle. Cette prise de possession sera à l'origine des affrontements entre milices druzes et sunnites et Amal, qui martyriseront la population de Ras Beyrouth à partir de l'été 1984, sans parler des terribles affrontements entre Amal et milices palestiniennes à Sabra et Chatila qui feront des milliers de victimes innocentes au printemps 1985. La lutte pour la domination de la Beyrouth musulmane entre factions islamiques est un épisode particulièrement sanglant du conflit libanais.

Le Liban est de nouveau pris dans cette dynamique implacable qui le brise sans cesse. À chaque fois qu'un acteur croit agir dans le sens d'une stabilisation, il ne fait qu'accroître les déchirures.

L'échéance présidentielle de 1988 et l'approfondissement de l'éclatement

Durant les premiers mois de l'année 1988, un vent d'optimisme s'est mis à souffler non seulement dans les milieux libanais, mais en France et aux États-Unis. Les milieux officiels affirmaient que l'échéance présidentielle allait bien se dérouler, consacrant la sortie du tunnel, sans que l'on dise cependant par quel miracle pourrait s'opérer ce renversement de tendance ; d'autant que les éléments de la crise, encore une fois, étaient plus compliqués qu'ils ne le paraissaient alors.

L'optimisme avait en fait pour origine deux événements qui auraient dû pousser au pessimisme, mais qui, de nouveau, dans ces cadres irréalistes d'analyse de la crise, ont poussé à un optimisme irraisonné.

Le premier de ces événements a été le soulèvement palestinien en Cisjordanie, qui a fait croire que les grandes puissances allaient concentrer de nouveau leur attention sur la crise israélo-palestinienne et, par suite, sur le Liban ; on a pu penser aussi que les puissances régionales, trop occupées par l'ampleur du soulèvement, desserreraient leur étreinte sur le Liban. Le second événement a été, au cours de la même période, l'initiative de George Schultz, ministre des Affaires étrangères américain, ses déplacements au Moyen-Orient et son intérêt pour le Liban, dont il discute avec le président syrien.

Mais en regardant au-delà de la surface des événements, ce qui se dessinait, c'était une aggravation de la dynamique perverse qui, une nouvelle fois, devait accentuer l'éclatement du Liban. Trois faits extrêmement troublants — sur le fond comme sur la forme — pour toute analyse des comportements régionaux et internationaux auraient dû amener à nuancer l'optimisme sur les possibilités d'organiser une élection présidentielle dans des conditions de normalité minimum.

Le premier de ces faits, c'est que les visites de George Schultz au Moyen-Orient, du moins pour ce qui concerne le Liban, ressortissaient en fait d'une dynamique — plus surréaliste que jamais — de gestion de la crise libanaise. En effet, l'initiative Schultz a consisté non point à discuter des projets de stabilisation du Liban — et notamment des conditions régionales indispensables pour qu'un président libanais puisse effectivement œuvrer à la restauration du pays —, mais à parler de projets de réforme constitutionnelle, élaborés par un président de la République sortant. Voici donc un ministre des Affaires étrangères d'une administration américaine (elle-même sortante) qui discute avec un président libanais censé quitter le pouvoir dans les mois qui suivent — et dont, par ailleurs, toutes les actions ont toujours été hautement contestées —, au lieu de discuter avec l'ensemble des forces politiques en présence.

De quoi a-t-on discuté à l'époque ? De droit constitutionnel, d'ajustement des pouvoirs respectifs du président de la République (maronite) et du Premier ministre (sunnite), comme si les forces étrangères avaient déjà évacué le pays, comme s'il n'y avait plus de tensions régionales, comme si Israël avait disparu du sud du Liban, comme si les milices libanaises et les factions de l'OLP reconstituées depuis 1982 au Liban n'existaient plus, et comme si le seul problème, pour que cette échéance présidentielle puisse bien se passer, était de rajuster les compétences des deux branches du pouvoir exécutif.

Le deuxième fait troublant est que l'on n'a jamais rien su des programmes des candidats à la présidence du Liban. Tous ces candidats, et ils étaient nombreux, ne pouvaient d'ailleurs avoir de programme, car ils entendaient ne déplaire à aucune des forces régionales et internationales gérant la crise, à aucune des milices locales aux prétentions contradictoires. Ils se voulaient unanimistes et rassembleurs dans un pays déchiré par des contradictions régionales qui les dépassaient comme elles dépassaient les milices de bords opposés auxquelles ils voulaient plaire.

Une seule personnalité politique — qui avait d'ailleurs toujours gêné et, on l'a vu, avait été de ce fait l'objet de plusieurs attentats et vivait en exil à Paris depuis 1976 —, Raymond Eddé, devait dire clairement ce qu'il voulait et comment il comptait y parvenir. Le programme de Raymond Eddé consistait à n'accepter la présidence que conditionnée par un retrait des troupes syriennes et israéliennes du Liban. Élu, il se serait donné un mois pour tenter de convaincre les membres permanents du Conseil de sécurité de l'ONU de la nécessité de faire évacuer les troupes étrangères pour que l'État puisse effectivement être restauré et recouvrer une souveraineté pleine et entière. Se refusant à être un président fantoche, prisonnier d'armées étrangères, Raymond Eddé annonçait qu'en cas d'échec il démissionnerait au bout de trente jours, pour laisser la place à un candidat plus accommodant. Cette attitude, logique et réaliste, fut alors traitée de légère et superficielle. La France, en dépit de la francophilie affichée de Raymond Eddé, ne donnera aucun écho aux positions de celui qui aurait dû être le Lech Walesa de la libération du Liban. Aussi, dans la logique surréaliste de gestion de la crise, a-t-on refusé de considérer sérieusement ce programme qui dérangeait, alors que les autres candidats, restés dans un flou artistique, étaient reçus, de plus ou moins bonne grâce, à Paris et Washington, où ils étalaient leur agitation.

Le troisième fait troublant, c'est que George Schultz, par ses navettes entre Damas et Beyrouth, consacrait un état de fait extrêmement préjudiciable à l'État libanais. En effet, s'occupant du dossier de réforme constitutionnelle interne préparé par le président libanais sortant, il le portait à la Syrie pour en discuter avec le chef de l'État syrien qui, à son tour, le faisait transmettre à l'opposition dite « musulmane » au Liban ; cette dernière envoyait alors ses commentaires et remarques non pas au président de la République libanaise auteur du projet de réforme, mais à la Syrie et aux États-Unis ! Ce circuit consacrait ainsi la division du Liban, le fait que chrétiens et musulmans n'avaient plus le droit de se parler sinon par intermédiaires américains et syriens interposés. On se trouvait ainsi revenu aux plus mauvais moments de la gestion syro-américaine de la crise tels qu'ils avaient été établis par la logique de l'accord sur les lignes rouges.

Il faut dire que, aussi bien pour les États-Unis que pour la Syrie, l'opération était très intéressante. Pour les États-Unis, elle leur permettait de redevenir un acteur clé de la crise libanaise dont ils avaient été évincés à la suite de la mésaventure de la FM et de l'échec du traité israélo-libanais du 17 mai 1983 qu'ils avaient patronné. Quant à la Syrie, elle se faisait confirmer la prépondérance de son rôle au Liban par la plus grande puissance occidentale. Quant aux nombreux candidats libanais à la présidence, dépourvus de tout programme, ils avaient été bien sûr écartés de ce processus.

Il faut en revanche s'interroger sur deux questions fondamentales pour le cas où, véritablement, il aurait pu y avoir élection. Face à la pléthore de candidats et en l'absence d'une puissance régionale totalement hégémonique sur la scène libanaise — comme cela avait été le cas en 1976 (la Syrie) ou en 1982 (Israël) —, *sur quel critère aurait dû être élu un président de la République* ? Par quel mécanisme allait-on choisir celui qui avait le moins d'idées ? Et cela, si l'on parvenait à s'entendre, car on voyait mal pourquoi choisir tel ou tel nom plutôt que tel autre. Il n'y avait ni programme chez les candidats, ni soutien populaire en leur faveur. Encore une fois, la seule personnalité politique libanaise, profondément populaire, était Raymond Eddé, qui disposait tout à la fois d'un programme et d'un soutien populaire, qui devait oser s'exprimer avec force tout au long de l'été 1988. Ce fut la candidature dont on affirmait dans beaucoup de milieux régionaux et internationaux qu'elle était la moins crédible. De plus, en l'absence d'accord des puissances sur un candidat, comment les députés libanais pouvaient-ils se déterminer, alors que chacun était soumis aux pressions d'une milice aux ordres de la Syrie, d'Israël ou de l'Iran ?

Seconde question à laquelle ne fut prêtée aucune attention : *comment empêcher une paralysie du Parlement par l'une ou l'autre des armées étrangères présentes au Liban ou par les milices à leur dévotion ?* C'est bien ce qui devait se passer, sitôt qu'il devint évident qu'aucun accord négocié ou imposé par la force, comme en 1976 et 1982, ne pouvait se faire pour désigner un nouveau président de la République. Les événements dramatiques auxquels on a assisté à partir de l'été 1988 et les blocages des élections présidentielles vont montrer encore une fois que les rebondissements régionaux des crises interarabes et israélo-arabes, mais aussi le comportement des grands gestionnaires de la crise libanaise et de leurs milices locales clientes, ont été responsables du blocage des institutions du pays et de l'approfondissement de son état d'éclatement.

Plusieurs facteurs expliquaient cette nouvelle escalade dans la désagrégation du Liban :

— un conflit, favorisé par la conjoncture électorale aux États-Unis, entre le Département d'État et le Pentagone : le premier cherchait à revenir aux anciennes formules de gestion syro-américaine de la crise, maintenant au moins la fiction d'un État libanais indépendant et cherchant à contenir les effets des conflits régionaux sur le sol libanais pour empêcher tout débordement ; quant au Pentagone, il apparaît inconcevable que le général en chef de l'armée libanaise, Michel Aoun, d'ordinaire si prudent, se soit lancé dans l'inconnu sans son appui (nous allons y revenir). Il est vraisemblable aussi que la réconciliation de dernière minute du général Aoun avec le chef de la milice des Forces libanaises ait été discrètement encouragée par l'État d'Israël pour contrer le renouveau de l'axe syro-américain au Liban ;

— la mise en place d'un axe interarabe hostile à la Syrie, comprenant l'Irak, l'OLP, l'Égypte, la Jordanie, qui a poussé ce qu'on nomme le « camp chrétien », désormais fortement parrainé sur le plan arabe, à prendre les risques de déplaire au Département d'État américain et d'entrer en confrontation avec la Syrie ;

— la cristallisation d'une « allergie » généralisée à la présence syrienne au Liban, favorisée par les deux facteurs précédents, et qui n'a pu s'exprimer avec virulence que dans les zones contrôlées par l'armée du général Aoun.

Les gouvernements illégitimes du Liban [6]

Les signes avant-coureurs d'une nouvelle crise au Proche-Orient se sont donc manifestés comme toujours au Liban à la faveur de l'échéance de l'élection présidentielle. Comme en 1976 et 1982, ces simulacres sinistres d'élection ont maintenu cependant la fiction d'une continuité constitutionnelle et donc d'un éclatement qui n'est pas consommé.

Mais si la Syrie en 1976, Israël en 1982 ont été les puissances régionales ayant fait élire par la force brutale le candidat de leur choix, dans les deux cas contre la volonté de la majorité de la population, en 1988 leur influence semble se neutraliser. De plus, des facteurs externes additionnels vont venir compliquer le déroulement des scénarios échafaudés dans les chancelleries. L'Irak fait en effet une apparition remarquée sur la scène libanaise en envoyant chars et munitions à la milice des Forces libanaises, traditionnellement hostile à la Syrie. Les envois d'armes seront ensuite élargis pour que l'armée libanaise en profite aussi. L'OLP, de son côté, entretient les meilleures relations avec le camp dit « chrétien » car, pour contrer le retour en force de l'influence syrienne, ce dernier a autorisé les combattants palestiniens à revenir au Liban par les ports sous contrôle des Forces libanaises.

L'Iran ne peut être en reste sur la scène libanaise et la milice du Hezbollah, à l'époque encore à la dévotion de la puissance chiite iranienne, développe son contrôle sur les zones chiites du pays, en particulier dans l'ouest de la Bekaa, aux alentours de la ville de Saïda et dans le sud du pays. Désormais, un état de guerre « inter-chiite » quasi permanent va se développer entre le Hezbollah et la milice d'Amal qui se veut plus « laïque », plus autonome et plus libanaise que ses concurrents pro-iraniens qui réclament un régime de république islamique au Liban. À partir de 1988, les victimes

6. Cette partie reprend certains passages de notre ouvrage *Le Proche-Orient éclaté*, *op. cit.*, p. 558-574.

des combats pour la domination de la communauté chiite entre ces deux factions seront nombreuses, en dépit des interventions répétées de l'Iran et de la Syrie pour obtenir et consolider des trêves toujours fragiles.

Face à tous ces développements, la Syrie durcit sa position sur l'échiquier libanais. En 1988, comme en 1976, elle tente d'imposer un candidat de son choix à la présidence de la République. C'est d'abord l'ancien président Soleiman Frangié, un allié sans faille du régime syrien. Ce sera ensuite Mikhaïl Daher, député maronite de l'Akkar. L'été 1988 a donc été mouvementé, caractérisé par d'intenses négociations régionales et internationales pour tenter de trouver un consensus sur une personnalité libanaise à même de rassurer les nombreuses forces locales, régionales et internationales qui, depuis quinze ans, broient le pays. Les États-Unis semblent avoir favorisé, à partir de 1986 et jusqu'à l'été de cette année, une candidature du général Michel Aoun. Ce dernier avait remplacé en 1984 à la tête de l'armée le général Ibrahim Tannous (qui a payé de son poste les bombardements particulièrement meurtriers de l'armée libanaise en février 1984 sur la banlieue sud de Beyrouth, fief des milices chiites d'Amal et du Hezbollah). L'homme semble modeste et effacé, et personne ne peut soupçonner qu'il prendra plus tard la responsabilité d'hostilités militaires de grande envergure pour tenter vainement de chasser la Syrie du Liban. Il apparaît donc à beaucoup comme le candidat le plus crédible, même si Raymond Eddé, député de Jbeil, en exil à Paris, reste de loin le seul candidat vraiment populaire et en faveur de qui les très nombreux partisans dans toutes les communautés osent faire cet été-là ouvertement campagne grâce au soutien de l'ensemble de la population.

Le bras de fer sur l'élection se déroulera à coup de quorums manqués pour les réunions du Parlement libanais. Lorsqu'il deviendra clair que le général Aoun bloque toute élection qui ne lui serait pas favorable ou qui en tout cas n'aboutirait pas à évincer un des candidats de la Syrie, cette dernière amène le président de la Chambre des députés à décider du retour du Parlement à son siège d'origine, à Beyrouth-Ouest sous la domination des troupes syriennes. Du coup, l'ensemble des députés chrétiens refuseront de se rendre à la Chambre, dont le siège avait été transféré depuis plusieurs années à la Villa Mansour, à la limite des deux zones de Beyrouth, permettant de la sorte aux députés de jouir d'un libre accès à la Chambre à partir de leur zone de résidence. Un député chrétien présent à l'ouest de Beyrouth sera même séquestré dans cette partie de la ville pour augmenter les chances d'un quorum favorable à l'un des candidats syriens.

À la surprise générale, l'action d'éclat viendra des États-Unis. En dépit de tout ce qui a pu violemment opposer la Syrie aux États-Unis au cours des dernières années au Liban, un envoyé américain, Richard Murphy, secrétaire d'État adjoint pour le Moyen-Orient, se rend à deux reprises au Liban puis en Syrie au cours des mois d'août et de septembre pour tenter de débloquer le processus de l'élection. La seconde fois, il viendra donner un ultimatum aux députés réticents à voter pour le candidat acceptable pour la Syrie (en l'occurrence Mikhaïl Daher), en menaçant le Liban du chaos dans le cas contraire. Jouissant du soutien de l'Irak, le « camp chrétien » ne se laisse cependant pas faire. En effet, l'accord réalisé *in extremis* à Damas par Richard Murphy, sans aucune consultation avec les parties libanaises, pour l'élection de Mikhaïl Daher devait être rejeté par la majorité des députés chrétiens réunis autour du patriarche de la communauté maronite.

La fin du mandat présidentiel d'Amine Gemayel, échéance fatidique, arrive le 22 septembre, sans que le Parlement ait pu élire un nouveau président. Au cours de ces derniers jours, le président sortant, plutôt que de tenter sérieusement de renflouer le cabinet existant ou de constituer un nouveau gouvernement, s'efforce de négocier avec la Syrie un prolongement de son propre mandat. À dix minutes de la fin de son mandat dans la nuit du 22 au 23 septembre, il nomme un gouvernement de cinq ministres militaires (deux chrétiens et trois musulmans), sous la direction du général Aoun (lequel, après une réconciliation spectaculaire avec le chef de la milice chrétienne, avait forcé la main au président). Les trois officiers musulmans refuseront de prendre leurs fonctions, cependant que ce qui reste du ministère précédent, dirigé par Salim El-Hoss, se proclame seule autorité légitime du Liban.

Le pays se trouve ainsi doté le 23 septembre de deux gouvernements, l'un plus illégitime et surréaliste que l'autre. Le premier est constitué des maigres restes du cabinet d'Union nationale constitué en 1984. En effet, son Premier ministre Rachid Karamé a été assassiné en juin 1987, peu de temps après qu'il se fut déclaré démissionnaire, et Salim El-Hoss n'a fait qu'en assurer un intérim, en attendant la nomination d'un nouveau Premier ministre en titre qui n'est jamais intervenue. Depuis le début de 1986, lorsque avorte l'accord tripartite de Damas, le gouvernement est paralysé et ne se réunit plus. Il n'expédie que les affaires courantes à travers mille subterfuges juridiques ; le 23 septembre 1988, un seul ministre chrétien y subsiste, les autres ayant démissionné. Le second gouvernement est composé uniquement des trois militaires chrétiens, le général en chef de l'armée et deux officiers supérieurs. Chacun des deux gouvernements prétend évidemment représenter la légalité et la continuité de l'État face à la vacance du siège présidentiel. Le gouvernement de Salim El-Hoss, sous la pression de son encombrant protecteur, le gouvernement syrien, est obligé de nommer un autre général en chef de l'armée libanaise, pour bien affirmer juridiquement sa contestation des pouvoirs du général Aoun, aussi bien comme général en chef de l'armée que comme Premier ministre.

Pendant quelques mois pourtant, les deux gouvernements opposés coexistent remarquablement, et font de concert marcher les administrations publiques mieux qu'à l'ordinaire ! La Syrie semble garder un profil bas, en dépit du fait que les armes irakiennes affluent plus que jamais au Liban, aux troupes du général Aoun comme à la milice chrétienne.

Il faut dire que le général Aoun est de plus en plus courtisé sur le plan arabe. En janvier 1989, une commission de la Ligue des États arabes, composée des ministres des Affaires étrangères de Tunisie, du Soudan, de l'Algérie, de la Jordanie, du Koweït et des Émirats arabes unis, est constituée à Tunis pour trouver une solution à la crise libanaise. Le général Aoun est reçu en grande pompe dans la capitale tunisienne par ce comité de bons offices de la Ligue. Yasser Arafat, qui réside alors à Tunis, lui rendra à cette occasion une visite remarquée. En revanche, Salim El-Hoss, otage de l'armée syrienne, qui se trouve en même temps à Tunis pour discuter avec le comité de bons offices, ne peut rencontrer ni le général ni le chef de l'OLP. En réalité, c'est la Syrie qui apparaît entièrement isolée sur un plan arabe dans sa politique libanaise.

On pourrait d'ailleurs croire, en ce début d'année 1989, que le Liban est en passe de trouver une solution à ses problèmes. L'optimisme est d'autant plus fondé que la solution du conflit israélo-arabe apparaît elle aussi avancer à grands pas, puisque les États-Unis ont enfin noué en décembre 1988 le dialogue tant attendu avec l'OLP qui doit ouvrir la porte au règlement du conflit israélo-arabe, jusqu'ici introuvable. De plus, en janvier, des pourparlers intensifs ont eu lieu au Liban entre la faction armée druze aux ordres de Walid Joumblatt et des personnalités chrétiennes, pour un retour des 150 000 réfugiés chrétiens chassés de la région du Chouf en septembre 1983 lors du retrait de l'armée israélienne. Pourtant, en quelques jours, tout va sombrer dans le chaos le plus total, provoquant des destructions massives et le désespoir des Libanais.

La guerre de libération du général Aoun

Le 9 février 1989, le responsable des négociations entre druzes et chrétiens pour le retour des réfugiés, Anouar Fatayri, est assassiné par un druze. Et le 14 février, l'armée libanaise, sous le commandement du général Aoun, entre en conflit ouvert avec la milice chrétienne, dont les exactions sont de plus en plus mal supportées par la population. Cette action du général lui vaut immédiatement une immense popularité dans tout le Liban, y compris dans les cercles du gouvernement rival de Salim El-Hoss.

Pourtant, le pays entre alors dans un processus de désintégration accélérée qui amènera à la fin de l'année à consacrer son éclatement. En 1968, le personnel politique libanais n'avait pas compris, lors de l'attaque israélienne sur l'aéroport de Beyrouth, que la passivité d'une armée face à une agression extérieure condamne à terme l'État à disparaître : il en sera de même en ce début d'année 1989 quand éclatent les combats entre l'armée et la milice. En effet, au lieu de décréter un appui inconditionnel à l'armée, symbole de l'existence de l'État, une réunion des personnalités politiques chrétiennes auprès du patriarche de la communauté maronite lance aux deux parties, le 17 février, un appel à cesser le feu. Le communiqué, bien que faisant appel au retour de la loi sur tout le territoire et demandant à la milice de regagner ses casernes, met en réalité sur un pied d'égalité l'armée et une milice honnie, à l'instar de toutes les milices du Liban, par la communauté religieuse qu'elle prétend représenter et défendre.

Bien que le sentiment populaire soit entièrement en faveur de l'armée, chez les musulmans comme chez les chrétiens ; bien que le général en chef de l'armée, nommé par le gouvernement El-Hoss et censé s'opposer au général Aoun, prenne fait et cause pour lui contre la milice, ce que l'usage fait désormais appeler « camp chrétien » va laisser passer une occasion historique de rétablir l'État par l'affirmation de l'autorité de l'armée. De façon pathétique, à l'instar des situations similaires passées, on s'enfoncera dans l'absurde le plus absolu. La triste équipée du général Aoun se soldera par des souffrances infinies de la population et la dérive sans cesse plus grande de ce qui peut rester encore du Liban.

En effet, le général finit par céder aux pressions de la communauté à laquelle il appartient et un cessez-le-feu précaire est établi vers le 20 février. Il tente cependant de continuer dans la voie du rétablissement de l'État en supprimant les ressources financières des milices, en particulier le fonctionnement de ports illégaux dont il décrète le blocus, y compris dans les zones des milices dites « musulmanes », contrôlées en dernier ressort par les troupes syriennes. C'est un embrasement généralisé qui se prépare et qui débute le 14 mars.

Ce matin-là, un bombardement inopiné vient durement frapper des écoliers à Beyrouth-Ouest à l'heure de la rentrée des classes. L'origine et la cause de cet acte gratuit de violence, en principe en provenance de Beyrouth-Est, resteront, comme pour beaucoup d'actes similaires ayant mis le Liban à feu et à sang, objets de controverses sans fin, ne permettant pas d'identifier avec certitude les mains criminelles. Le général Aoun a-t-il donné l'ordre de tirer ? Est-ce la milice chrétienne qui a accompli le forfait pour discréditer l'armée libanaise à qui elle est plus que jamais opposée ? Est-ce la milice druze qui n'entend point être privée de ses ressources financières ? Est-ce l'armée syrienne dont les canons sont omniprésents sur tout le Mont-Liban qui surplombe Beyrouth ?

Quelle que soit la réponse, la triste réalité est là : le général Aoun, dans une fuite en avant spectaculaire, annonce qu'il déclenche une guerre de libération contre l'occupant syrien. Désormais et jusqu'au cessez-le-feu qui n'interviendra que le 23 septembre 1989, soit durant six longs mois, la capitale libanaise est à nouveau à feu et à sang. Les images de l'horreur vont éclabousser une fois encore le monde entier, car la riposte syrienne est foudroyante, semant terreur et désolation dans ce que la presse internationale va désormais appeler le « réduit chrétien ». De leur côté, les artilleurs du « camp chrétien » vont abreuver Beyrouth-Ouest — devenue Beyrouth « musulmane » — d'un déluge d'obus.

Durant ces mois, le général Aoun deviendra une figure médiatique en Occident. Dans son abri souterrain au palais présidentiel de Baabda, il tient conférence de presse sur conférence de presse, parle aux radios du monde entier. Il a le langage simple et brutal des militaires ; il dit le ras-le-bol d'une population martyrisée depuis quinze ans par les Israéliens, les Palestiniens, les Syriens. Il dénonce avec virulence la dictature sanglante du régime syrien, les vastes plantations de drogue qui se sont développées à l'abri des troupes syriennes dans la plaine de la Bekaa, les terrorismes qui fleurissent à partir du Liban. Plus timidement, il réclame aussi la sortie des

Israéliens du sud du pays. Il en appelle au droit des nations « civilisées » pour que le Liban recouvre son indépendance totale, récupère sa souveraineté territoriale. Le discours porte très fort durant les premiers mois, en dépit de la sauvagerie des bombardements qui font terriblement souffrir la population de Beyrouth. C'est le petit « David » libanais qui défie le « Goliath » syrien, tout comme l'OLP en 1982 avait dû affronter la puissante machine de guerre israélienne.

Le général est fort de l'appui irakien, il semble disposer d'un arsenal inépuisable et l'on parle même de missiles que l'armée irakienne lui aurait livrés. En France aussi, l'appui est unanime, même si la mobilisation prend un malencontreux et bien vilain relent d'appui à la « cause chrétienne » au lieu d'être un appui à la souveraineté libanaise[7]. L'armée française livrerait elle aussi du matériel militaire au général Aoun. Dans le même temps, le comité de médiation de la Ligue des États arabes continue ses travaux, tentant de trouver des formules de réconciliation nationale qui ôteraient à la Syrie tout prétexte de maintenir sa lourde présence au Liban.

À la fin du mois de mai, un sommet des chefs d'État arabes se tient à Casablanca pour tenter de trouver une issue à la crise qui polarise l'attention internationale. Les délibérations seront marquées par des affrontements verbaux très durs entre la Syrie et l'Irak, qui réclame un retrait immédiat des troupes syriennes du Liban et la restauration de la souveraineté libanaise. Saddam Hussein quittera d'ailleurs les délibérations peu avant leur clôture, le 26 mai, non sans avertir ses pairs que s'ils ne prenaient pas au sérieux la souveraineté du Liban dans les mois suivants, il se sentirait lui-même dégagé de certaines de ses obligations par rapport à l'existence du Koweït. L'avertissement fut mis au compte de la colère du bouillant dictateur irakien qui n'avait pas réussi à démonter la placidité de son adversaire syrien ; personne ne prit malheureusement au sérieux la menace si clairement formulée et qui sera mise à exécution un peu plus d'un an plus tard.

Il est clair que se sont jouées durant ce sommet arabe de délicates parties d'équilibre. Fidèle à sa politique de diviser pour mieux

7. Cela donnera lieu à bien des zigzags dans la politique française à cette époque, la droite qui est alors dans l'opposition faisant de la surenchère de mauvais goût dans l'appui aux « chrétiens », le Parti socialiste au pouvoir tentant de redresser la barre en tenant compte des « sensibilités musulmanes prosyriennes » du gouvernement Hoss. Le résultat sera la valse-hésitation du porte-avions *Foch* au cours de l'été 1989, ainsi que les allées et venues de Bernard Kouchner entre l'est et l'ouest de Beyrouth pour tenter d'apporter une aide humanitaire « équilibrée » aux deux zones de la capitale.

régner sur le monde arabe, le gouvernement saoudien ne peut donner un avantage décisif à l'Irak qui, sorti victorieux de son conflit avec l'Iran, devient une puissance significative. Son intervention, si elle était réussie, pour libérer le Liban de l'emprise syro-iranienne, l'appui grandissant donné à la cause palestinienne sont susceptibles de faire du président irakien l'arbitre du monde arabe. De plus, au début du mois de février de cette année, l'Irak, l'Égypte, le Yémen et la Jordanie ont créé une entente régionale, le Conseil de coopération arabe, qui peut constituer un contrepoids à l'influence des monarchies du Golfe déjà regroupées depuis 1981 dans le Conseil de coopération du Golfe. L'Arabie saoudite n'a donc pas intérêt à voir la Syrie trop isolée et affaiblie au profit de l'Irak. Même l'Égypte, qui réintègre à l'occasion de ce sommet la Ligue des États arabes dont elle avait été écartée onze ans auparavant par un sommet tenu à Bagdad, adopte une attitude ambiguë sur la question libanaise, en dépit de ses relations étroites avec l'Irak. Il est clair que le Liban risque encore d'être sacrifié au profit des jeux de bascule et d'équilibre au Moyen-Orient. Le sommet, en effet, dans son communiqué final, ne condamne pas la Syrie, mais dessaisit le comité des six ministres des Affaires étrangères pour le remplacer par un comité de trois chefs d'État : le roi du Maroc, le président algérien, le roi d'Arabie saoudite.

Toutefois, l'hostilité à la Syrie reste très forte au cours de l'été. L'armée syrienne, en dépit de l'indignation de l'opinion arabe et internationale, non seulement continue ses bombardements sauvages du « réduit chrétien » (qui entraînent de terribles représailles sur les quartiers de l'ouest de la capitale qu'elle occupe et d'où elle bombarde les quartiers de l'est), mais aussi impose un blocus maritime et terrestre du « réduit » pour empêcher les armes irakiennes d'arriver au général Aoun. Les embarcations civiles qui relient le port de Jounieh à l'île de Chypre, seul moyen pour les habitants du « réduit » de quitter l'enfer des bombardements, sont elles aussi pourchassées par les canons syriens et parfois coulées, causant des morts aussi cruelles qu'inutiles.

Sur le plan politique, l'attitude du président syrien est si peu souple que le nouveau comité de la Ligue des États arabes, exaspéré, publie le 31 juillet un rapport extrêmement sévère sur son intransigeance. En effet, le gouvernement syrien exige avant toute discussion de son retrait la mise en œuvre de réformes politiques, la réconciliation entre factions libanaises combattantes dont certaines sont sous sa coupe (Amal), d'autres sous celle de l'Iran (Hezbollah) ou d'Israël (Forces libanaises), la formation d'un gouvernement de réconciliation nationale entre ces factions et qui soit prêt à entretenir des relations privilégiées avec la Syrie : autant dire qu'il s'agit de la quadrature du cercle et de la perpétuation du *statu quo* tragique du Liban.

L'émotion est grande sur le plan international, d'autant que le comité de la Ligue des États arabes fait savoir que le problème le dépasse et qu'il faut une intervention des deux grands pour faire fléchir la Syrie. Mais, ici encore, l'intervention internationale se fera au détriment du Liban. Les États-Unis, qui sont déjà intervenus en 1988 pour tenter de consolider l'emprise syrienne sur le Liban, ainsi que le gouvernement saoudien, vont agir avec célérité pour sauver la face à la Syrie et isoler le général Aoun. Tout au long de l'été, d'ailleurs, les relations du général avec les États-Unis se sont dégradées. Le chef de l'armée accuse le gouvernement américain de ne pas mettre en œuvre les principes du droit international au Liban et de fermer les yeux sur la situation dramatique que vit le pays depuis quinze ans, laissant le champ libre au condominium syro-israélien sur le territoire. Le 6 septembre, suite à la manifestation des partisans du général devant l'ambassade américaine, les États-Unis retirent leur ambassadeur de Beyrouth.

Octobre 1989 : les accords de Taëf

Les trois puissances les plus concernées par le Liban, la France, les États-Unis et l'URSS, se concertent et appuient les efforts du comité de la Ligue. Le 23 septembre, un cessez-le-feu est enfin obtenu sur la base d'un plan en sept points qui prévoit la levée du blocus syrien en contrepartie du démarrage immédiat de négociations interlibanaises pour définir une nouvelle répartition des pouvoirs communautaires ainsi que les bases des relations syro-libanaises — ce qui donne satisfaction à la Syrie et à ses « alliés » libanais —, puis l'élection d'un président de la République. Une déclaration du Conseil de sécurité de l'ONU a appuyé cette démarche.

Il devient cependant très vite clair que tous les ingrédients pour une nouvelle désintégration du Liban sont réunis. La communauté internationale a en effet commis dans son traitement de la crise l'erreur inverse de celle commise en 1982, lors de l'invasion israélienne. Alors que sept ans plus tôt, elle avait complètement délaissé les aspects internes de la crise, laissant Israël imposer deux présidents miliciens chrétiens avec les conséquences dramatiques que nous avons décrites, en 1989 l'accent ne sera mis cette fois que sur les problèmes de répartition communautaire des pouvoirs et l'élection d'un président favorable à la Syrie, comme condition préalable à tout retrait syrien. Le plus surprenant est l'accord concocté dans les chancelleries arabes et occidentales que l'on va tenter d'imposer aux députés libanais. Ces derniers, sous diverses pressions, comme pour les deux élections précédentes de 1976 à 1982, sont amenés dès le 30 septembre, en infraction aux principes élémentaires du droit public, hors du Liban, à Taëf en Arabie saoudite.

Le texte de l'accord soumis pour « entente nationale » aux députés était connu depuis plusieurs mois. Il est constitué d'un pot-pourri de divers accords précédents et mort-nés visant à diviser les pouvoirs de l'exécutif libanais entre le président de la République et le Premier ministre. Véritable monstre juridique, profondément antidémocratique puisqu'il renforce les logiques communautaires dans l'exercice du pouvoir et prévoit même la nomination de députés par le Conseil des ministres, son seul mérite était de stipuler le retrait total des troupes syriennes du territoire libanais dans les deux ans après la constitution d'un gouvernement dit d'« entente nationale » et la mise en œuvre de réformes constitutionnelles. Cela laissait déjà aux factions libanaises prisonnières de la Syrie, d'Israël ou de l'Iran la possibilité de torpiller tout retrait de troupes étrangères.

Mais la version qui sera soumise à Taëf aux députés libanais ne mentionnera plus le départ définitif des troupes syriennes, mais uniquement leur « redéploiement » sur la ligne des crêtes et dans tout le versant ouest du Liban, ce qui correspond en fait aux deux frontières du Petit Liban de 1860 à 1919. Elle consacrera aussi la notion de relations « privilégiées » que prétend entretenir la Syrie avec le Liban, soit celles d'un protectorat déguisé [8]. La guerre de libération du général était en réalité perdue, la présence syrienne consacrée et bénie par la communauté internationale ; l'évacuation d'Israël du sud du Liban devenait plus improbable que jamais.

C'est en vain que le général Aoun tentera de s'opposer à ces accords. Le 4 novembre, en tant que Premier ministre, il prononcera même la dissolution de la Chambre des députés. Peine perdue, la pression américano-saoudienne est toute-puissante. Le

8. On pourra trouver une analyse juridique détaillée des accords de Taëf dans *Les Cahiers de l'Orient*, n° 16-17, 4e trimestre 1990. Comme pour les accords de Camp David, monstre juridique et traité inégal, aucun juriste d'Occident ne dénoncera les clauses aberrantes des accords de Taëf et l'abaissement du Liban placé sous protectorat syrien.

22 octobre à Taëf, cinquante-neuf députés donnent leur blanc-seing au document dit d'« entente nationale ». Le 7 novembre, cinquante-sept députés se réunissent dans une base militaire libanaise au nord du pays, en pleine zone d'occupation syrienne, pour élire un président de la République proche de la Syrie. Le 22 novembre, date anniversaire de l'indépendance du Liban, ce président, René Moawad, qui semble prendre son temps pour former de façon sérieuse le fameux gouvernement de « réconciliation nationale », est assassiné. L'attentat mortel a lieu en plein Beyrouth-Ouest, où les troupes syriennes étaient censées assurer sa protection.

Dès le 24 novembre, quarante-sept députés, toujours sous la garde syrienne, élisent un successeur, Élias Hraoui, député de Zahlé, ville sous occupation syrienne. Le 25 novembre, le gouvernement est formé ; il est composé de personnalités miliciennes falotes et hétéroclites et il a à sa tête l'ancien Premier ministre Salim El-Hoss. Le nouveau président de la République écarte d'emblée toute entente avec le général Aoun. Dans le « réduit chrétien », à partir du 27 novembre, c'est un soulèvement populaire massif qui apportera au général, désormais complètement isolé, un appui sans faille. Mais la communauté internationale et arabe, qui se montrera quelques mois plus tard si soucieuse du droit et de la moralité internationale à propos de l'invasion du Koweït par l'Irak, refusera désormais toute discussion des accords de Taëf et de la consécration de l'hégémonie syrienne sur le Liban ; à l'exception de l'Irak, de l'OLP et du Vatican, elle rompra le dialogue avec le général Aoun, désormais dépeint sous les traits les plus noirs, après avoir été durant quelques mois un héros nationaliste, champion du droit international et, à ce titre, vedette médiatique internationale.

Certes, l'accord de Taëf aura aussi ses partisans dans la population libanaise, plus que jamais épuisée par quinze années de violence ininterrompue. Comme en 1982, lorsque beaucoup de Libanais penseront que l'invasion israélienne et le traité du 17 mai 1983 pourraient sauver le Liban du chaos, en 1989 on pensera aussi naïvement que le retour au *statu quo* de 1976 — quand la Syrie avait la haute main sur les affaires libanaises avec la bénédiction américaine, assaisonnée de quelques réformes constitutionnelles satisfaisant des revendications dites « islamiques » — est susceptible de redonner au Liban un peu de paix et de sécurité, à défaut de la restauration de l'indépendance et du retour à la démocratie représentative.

La guerre du Golfe met fin à la crise libanaise

Mais, plus que jamais, le Liban restera déchiré et les accords de Taëf, contrairement à ce que continuent aujourd'hui d'affirmer de nombreux analystes étrangers ou hommes politiques libanais, ne ramènent pas la paix. Ce sont d'abord les combats entre la partie de l'armée libanaise toujours sous le contrôle du général Aoun et la milice des Forces libanaises qui reprennent sur une grande échelle dès le 20 janvier 1990 dans le « réduit chrétien », alors que la population n'a même pas eu le temps de panser ses blessures occasionnées par les six mois de « guerre de libération ». De nouveau la milice n'est pas condamnée, d'autant qu'elle se dit prête à accepter les accords de Taëf et qu'Israël semble bien avoir fait savoir qu'elle s'opposerait à la liquidation de la milice, canal important de son influence au Liban.

Les combats très violents ne s'arrêteront qu'au début de l'été, après que la Syrie, fidèle à ses jeux de balancier, aura aidé discrètement l'armée libanaise à contenir les contre-offensives de la milice ; l'effondrement de l'armée et la victoire totale de la milice pro-israélienne menaçant la consécration de sa prééminence au Liban que lui ont accordée les accords de Taëf.

Ensuite, c'est la poursuite des rivalités entre la milice du Hezbollah et celle d'Amal, qui, dans la banlieue sud de Beyrouth et au sud du pays, font quotidiennement des dizaines de morts et de blessés ; non loin de la ville de Saïda, où des combats particulièrement meurtriers interviennent au printemps 1990, c'est l'OLP qui joue les arbitres et tente de s'interposer (car les mouvements armés palestiniens, grâce à la complicité active du camp « chrétien », ont reconstitué leur hégémonie d'avant 1982 sur la ville et ses environs).

En pratique, les accords de Taëf visent à diluer les pouvoirs constitutionnels du président de la République (maronite) au profit du Premier ministre (sunnite) et du président de la Chambre des députés (chiite). Il s'agit donc d'une consécration des logiques communautaires qui ont abouti à l'éclatement du Liban et à sa disparition *de facto,* sinon *de jure*, comme État souverain et indépendant.

Mais ce qui met fin à la révolte populaire du camp chrétien soudé autour du général Aoun, c'est l'invasion du Koweït par l'Irak, le 2 août 1990, qui rassemble la communauté internationale autour des États-Unis pour lancer une opération militaire d'envergure au cœur de la Péninsule arabique et déloger l'armée irakienne du

Koweït. Désormais, les États-Unis n'auront qu'un but au Moyen-Orient et s'empresseront de clore l'abcès libanais afin de n'être plus distraits par lui. Ils œuvreront donc pour que le général Aoun soit évincé, même par la force s'il le faut. C'est pourquoi ils feront pression sur la Syrie pour qu'elle arrête son jeu de balancier traditionnel et entreprenne de déloger militairement le général du palais présidentiel dans lequel il est retranché. Il sera exceptionnellement permis à l'aviation syrienne, qui n'a plus le droit de patrouiller dans le ciel libanais depuis l'invasion israélienne de 1982, de donner son appui aux troupes au sol.

Un semblant de légalité sera donné à l'opération militaire d'éviction par le nouveau président de la République libanaise qui a nommé le général Émile Lahoud, un maronite descendant d'une famille de notables ayant une excellente image dans l'opinion, commandant en chef de l'armée libanaise. Il donnera en effet l'ordre à la partie de l'armée libanaise qui ne s'est pas ralliée au général Aoun en 1988, épaulée par les troupes syriennes, de prendre d'assaut le palais présidentiel et le ministère de la Défense. Ce qui sera fait le 13 octobre 1990. Le général se réfugie à l'ambassade de France à Beyrouth où il passera plusieurs mois avant de se résoudre à prendre le chemin de l'exil, seul choix qui lui est laissé par les nouvelles autorités libanaises s'il veut éviter une mise en jugement. Désormais, la « nouvelle République » issue des accords de Taëf peut commencer à fonctionner.

Les fonctions géopolitiques de l'entité libanaise : un jeu international et régional à somme nulle

Il est clair aujourd'hui, avec le recul du temps, que le territoire libanais et sa population ont joué entre 1975 et 1990 le rôle d'espace symbolique, d'arène de gladiateurs ou de ring de boxe, où se sont affrontés les grands acteurs du conflit du Moyen-Orient : Soviétiques et Américains, Syriens, Palestiniens et Israéliens, Iraniens et Irakiens, etc.

Le Liban est ainsi devenu un espace conflictuel ayant une fonction géopolitique très importante, car permettant de faire l'économie de véritables guerres régionales pouvant provoquer un affrontement à l'échelle internationale. Il n'y a plus eu en effet de grandes guerres israélo-arabes depuis le début du conflit libanais. Si spectaculaires et atroces pour les Libanais et les Palestiniens qu'aient été les invasions israéliennes de 1978 et surtout celle de

1982, il ne s'est pas agi de guerres ayant provoqué des crises internationales spectaculaires comme lors des grandes guerres israélo-arabes de 1956, de 1967 et surtout de 1973.

On pourrait d'ailleurs dresser la liste impressionnante des conflits qui se sont réglés durant ces années sur le sol libanais par milices locales interposées, conflits qui se sont emboîtés et désemboîtés au gré des conjonctures, et dont les milices des seigneurs de la guerre ont été les troupes mercenaires actives. On peut ici décrire sommairement les cercles concentriques conflictuels qui ont étouffé la population libanaise. Le plus grand de tous jusqu'en 1990 a été celui constitué par la rivalité russo-américaine au Moyen-Orient. Une échelle en dessous, le conflit israélo-arabe d'où sont issues plusieurs sous-guerres : Israël et Syrie ; Israël et OLP ; Syrie et OLP avec comme sous-produit les affrontements entre divers mouvements palestiniens ; Israël et l'axe irano-libyen. Enfin, le territoire libanais sert de prolongement à deux autres conflits pour l'hégémonie régionale : celui entre l'Irak et l'Iran ; celui entre la Syrie et l'Irak. Cela, sans parler du contentieux entre l'Iran et la France — auquel les prises d'otages français à Beyrouth par le Djihad islamique en 1985 ont donné un aspect spectaculaire.

Dans ces sous-guerres, les mouvements intégristes islamiques ont joué un rôle fondamental, manipulés par tous les protagonistes : par les Syriens contre les Israéliens, et en sens contraire par les oppositions à la Syrie (Irak et OLP), sans oublier la forte influence iranienne sur l'islam chiite libanais, ainsi que celle d'Israël et des radicaux libanais du camp chrétien pour pousser à la division définitive du Liban.

Le jeu de ces affrontements géopolitiques sur le sol libanais apparaît être à somme nulle, dans la mesure où aucun des intervenants n'est parvenu à marquer un point décisif sans qu'un autre n'annule aussitôt l'avantage acquis. Cette logique est apparue de façon encore plus évidente après l'invasion du Liban par Israël en juin 1982. Ainsi le Mouvement national libanais et les mouvements armés palestiniens semblaient, au printemps 1976, dominer la situation sur le plan militaire ; en été de la même année, tous leurs gains ont été annulés par l'intervention syrienne, légitimée à l'automne par des décisions de la Ligue arabe. À leur tour cependant, les gains syriens au Liban seront annulés progressivement par l'alliance des Phalanges libanaises avec Israël au centre du Liban, et par la mise en place de la milice de Saad Haddad aux ordres d'Israël dans la bande frontalière au sud du pays.

Cet échec et mat culminera avec l'invasion israélienne de 1982, le désarmement du Mouvement national libanais, l'élection successive à la présidence de la République libanaise de deux chefs phalangistes (Bachir Gemayel, puis son frère Amine). En quelques mois cependant, la situation sera de nouveau renversée ; au cours de l'été 1983, les milices phalangistes perdront, contre les milices druzes reconstituées, les sanglantes batailles du Chouf dans le Mont-Liban, les canons syriens tiendront à merci les contingents de la Force multinationale de paix présente à Beyrouth, et le chef du Mouvement national libanais, Walid Joumblatt, apparaît comme l'arbitre de la situation libanaise ; cependant que derrière l'influence syrienne se profile une présence soviétique massive qui tient en échec tous les acquis américains au Liban réalisés à la faveur de l'invasion israélienne.

Ce jeu à somme nulle continuera lorsque la Syrie, cherchant à consacrer sa prépondérance dans la stabilisation de la situation libanaise, fera signer en décembre 1985 l'accord de Damas par les chefs des trois principales milices libanaises (Forces libanaises, Amal, Parti socialiste progressiste, soit chrétiens, chiites et druzes). Aux termes de cet accord, les trois milices étaient censées déposer les armes et patronner une série de réformes constitutionnelles donnant satisfaction à certaines revendications islamiques ; ces réformes auraient aussi permis à la Syrie d'officialiser son influence prépondérante au Liban. Mais en janvier 1986, des combats meurtriers à l'intérieur des Forces libanaises aboutissent à l'éviction des partisans chrétiens de l'accord. Du coup, ce dernier ne peut plus être appliqué, faisant perdre à Damas le fruit de ses longs et patients efforts. L'opération d'éviction des partisans de l'accord dans le camp chrétien aura coûté des centaines de morts et fait repartir les bombardements aveugles entre quartiers chrétiens et musulmans de Beyrouth.

L'intervention irakienne à partir de 1988 donnera lieu à un nouvel épisode de ce jeu. Les tensions qu'elle entraîne conduisent la Syrie, jouissant cette fois de l'appui des États-Unis, à paralyser toute élection présidentielle qui n'amènerait pas au pouvoir une personnalité de son choix. Se déclenche ainsi, comme on vient de le voir, un nouveau cycle de violences, marqué notamment par l'équipée du général Aoun contre la présence syrienne.

Cette équipée aura été d'autant plus vaine que le général se trouvera lui-même obligé d'avoir recours à l'aide syrienne lorsque son armée se trouvera en difficulté au printemps 1990, face à la milice chrétienne toujours puissamment soutenue par les Israéliens et les

États-Unis. La Syrie accordera son aide à son ennemi le plus farouche, dans son souci permanent de ne voir aucun des protagonistes locaux acquérir une stature trop importante, susceptible à terme de menacer son hégémonie. Il est clair cependant que ces derniers succès syriens sur la scène libanaise ont été acquis cette fois grâce à un appui américain sans réserve et une complicité tacite israélienne.

En effet, pour les États-Unis comme pour Israël, la scène libanaise doit continuer de servir de balancier aux grands intérêts régionaux et internationaux en jeu au Moyen-Orient, tout en y maintenant une double prépondérance syrienne et israélienne dont le principe a été mis en œuvre dès 1976, puis réaménagé de façon sanglante entre 1982 et 1987, avant de retourner au *statu quo ante* en 1990, avec l'éviction définitive de Michel Aoun par la force des armes syriennes avec la bénédiction des États-Unis. L'irruption irakienne sur la scène libanaise n'aura été qu'un nouvel épisode de ce jeu cruel à somme nulle sur le territoire libanais. Ses dimensions véritables sur la scène moyen-orientale ne se manifesteront cependant de façon spectaculaire que lors de l'invasion du Koweït par l'armée irakienne en août 1990, et la riposte exceptionnelle des États-Unis.

Durant les quinze années de guerre, au moins une vingtaine d'armées régulières et de milices représentant les intérêts les plus divers et les plus contradictoires ont semé la terreur ou tenté parfois la paix sur le sol libanais. La signification d'un tel phénomène ne peut certes relever des seules contradictions des composantes de la population libanaise. Les faux problèmes d'équilibre communautaire dans l'entité libanaise ne sont en fait que la surface d'un glacis beaucoup plus vaste et plus complexe pour qu'un aussi grand nombre de forces armées se soit établi sur ce territoire minuscule.

C'est la frustration de ces nouvelles couches sociales qui favorisera « à gauche » l'émergence du Mouvement national et d'Amal, et « à droite », celle des Forces libanaises cimentées autour de Bachir Gemayel qui s'est voulu, à sa façon, le pourfendeur de la classe politique traditionnelle et en particulier du Pacte national de 1943 autour duquel cette classe avait uni ses intérêts. L'absence de renouvellement effectif de la classe politique libanaise depuis 1920 sera un moteur puissant de l'émergence des mouvements de contestation à partir du milieu des années 1960. En particulier, la jeunesse sera un terrain fertile pour les idéologies les plus radicales qui, avec le temps, serviront de piège favorisant le développement des sentiments sectaires. En effet, ces mouvements de contestation seront pris dans le tourbillon d'une déstabilisation beaucoup plus large qui est celle de l'ensemble du Proche-Orient. Les contestataires de l'ordre libanais, à droite comme à gauche, chrétiens ou musulmans, renoueront alors avec les plus détestables traditions centrifuges du Mont-Liban, celles d'un recours constant à l'étranger dans une lutte pour le pouvoir sans merci et sans règles.

La IIe République, dont les accords de Taëf marquent l'avènement, ne sera malheureusement qu'une très mauvaise caricature de la première. Aucun homme de qualité ne s'y distinguera, la corruption et la médiocrité seront les traits les plus saillants de cette république, enfantée dans la douleur et le sang. Nous y reviendrons en détail dans la troisième partie.

Mais auparavant, il nous faut examiner la conjonction de facteurs externes et internes dans la grande crise des années 1975-1990. Dans le chapitre 6, on verra comment les évolutions du nationalisme arabe, sous ses différentes couleurs, en se heurtant à la puissante dynamique israélienne au Moyen-Orient, ainsi que les affrontements entre pays arabes et la montée du fondamentalisme islamique, sous le double effet de la fortune pétrolière et de la révolution iranienne, ont fait du territoire libanais un espace clos d'affrontements géopolitiques et de guerre gigognes.

Quant aux facteurs internes, nous évaluerons de façon critique, au chapitre 7, la façon dont la plupart des analyses ont focalisé soit sur la nature exclusivement religieuse et donc « civilisationnelle » des affrontements entre chrétiens et musulmans, prolongeant une tradition d'écriture de l'histoire libanaise remontant aux troubles du XIXe siècle ; soit sur le facteur économique, en soulignant le fossé qui aurait existé entre communautés chrétiennes et communautés musulmanes et qui expliquerait l'éclatement du pays et l'effondrement de la solidarité des communautés, seule garante de l'intégrité de l'État.

Ce qui nous amènera, dans le chapitre 8, à analyser les caractéristiques du « système milicien » qui a dominé le pays au cours de ces années noires.

6

Les facteurs régionaux dans l'éclatement du Liban

Les avatars du nationalisme arabe

La succession de l'Empire ottoman par la France et l'Angleterre, en 1920, fut contestée dès le départ, principalement par les tenants du nationalisme arabe dans la région, accessoirement par les forces sociales se réclamant du nationalisme islamique. Le Grand-Liban sera plus exposé que d'autres entités arabes issues du démembrement de l'empire, puisque les nationalistes arabes considéreront que celui-ci a été arraché par l'impérialisme français à la Syrie. Mais les menaces constituées par le panarabisme et son influence dans la vie politique du Liban changeront d'acuité avec la radicalisation que connaîtra le nationalisme arabe dans la seconde moitié du XXe siècle.

La Nahda, mouvement fondateur

On rappellera en effet que ce nationalisme puise ses sources à la renaissance de la langue et de la culture arabes que le contact direct avec la France, à la suite de l'expédition de Bonaparte en Égypte, avait mise en mouvement dès le premier quart du XIXe siècle. La Nahda, on l'a vu, sera l'œuvre de personnalités chrétiennes et musulmanes d'Égypte et des autres villes de Syrie, d'Irak et de Palestine, appartenant aux groupes sociaux supérieurs de la société. Les penseurs et les hommes de lettres de la Nahda appartiendront à différents courants politiques et écoles philosophiques, mais ils auront tous pour préoccupation de faire passer les idées modernes de démocratie, d'émancipation de la femme, voire de socialisme. Les plus radicaux ne seront pas toujours les chrétiens, souvent très attachés aux valeurs traditionnelles de la société orientale et que le matérialisme du capitalisme moderne rebutera ; beaucoup d'entre eux resteront fidèles au système ottoman, dont ils attendent uniquement une décentralisation plus grande, permettant aux populations arabes une participation à la gestion de leurs affaires locales et la promotion de leur patrimoine culturel propre. En revanche, beaucoup de penseurs musulmans s'attaqueront courageusement à l'islam rigoriste pratiqué par les Ottomans afin de favoriser l'adaptation aux valeurs du monde moderne ; ils iront même jusqu'à contester la façon dont les Ottomans ont monopolisé et mis en pratique autocratiquement, au détriment des populations arabes dominées, la fonction califale.

La Nahda a présenté deux caractéristiques remarquables : une participation active des chrétiens, qui réaffirment ainsi leur appartenance pleine et entière à la civilisation arabo-islamique contemporaine ; et l'émergence d'un courant réformiste religieux chez les musulmans qui vise à rénover la jurisprudence islamique, figée et rigoriste, pour l'adapter aux exigences de la modernité. Les limites de la Nahda ont résidé dans son confinement aux couches supérieures lettrées de la société du Moyen-Orient, la masse des populations restant dans la misère et l'analphabétisme ; c'est probablement ce qui facilitera, plus tard, face à l'échec du nationalisme arabe laïc incarné politiquement par le nassérisme et le baathisme, l'expansion de diverses formes de fondamentalisme islamique encouragées par l'Arabie saoudite, l'Iran, le Pakistan, dans le cadre des derniers soubresauts de la guerre froide.

L'univers culturel et idéologique de la Nahda, insistant sur l'unité de tous les arabophones et la grandeur de l'héritage arabo-musulman, forge les hommes qui, à la fin du XIXe siècle et au début du XXe siècle, revendiquent la succession de l'Empire ottoman au nom du nationalisme arabe. La lutte contre les puissances mandataires dominant les pays de la région les poussera alors à mobiliser les masses urbaines gonflées par le mouvement migratoire des campagnes vers la ville qu'entraîne inéluctablement la modernisation économique. Élitiste et bourgeois dans ses origines au XIXe siècle, le nationalisme arabe se fera de plus en plus populiste et radical au XXe siècle. Il servira ainsi de tremplin idéologique à de nouveaux groupes sociaux qui bousculeront les anciennes élites à partir des années 1950 : le baathisme, le nassérisme, le Mouvement des nationalistes arabes en seront l'expression principale.

Populistes et socialisants, ces nouveaux mouvements jetteront aux oubliettes le contenu démocratique, libéral et constitutionnaliste des nationalistes de la première génération, pour prôner l'établissement de partis uniques et de rassemblements de masse facilitant l'accès de nouvelles couches sociales à la gestion du pouvoir. Une fois acquis le départ des puissances européennes du Moyen-Orient ainsi que la conquête plus ou moins facile de l'indépendance, la lutte contre Israël, qui a déraciné le peuple palestinien, et contre l'impérialisme américain alimente la montée du radicalisme.

La naissance de la Ligue arabe et la radicalisation nationaliste

C'est la génération libérale et constitutionnaliste du nationalisme arabe qui bâtira, en 1943-1944, la Ligue arabe, rassemblement d'États souverains, dont le Liban sera, sans hésitation, membre fondateur, puisqu'il voit de la sorte son indépendance confortée. La Ligue n'a pas, en effet, vocation à réaliser l'unité des pays arabes, mais à mettre en place des mécanismes de coopération et de coordination.

La compétition sera toutefois vite aiguë entre États membres de la Ligue pour utiliser cette institution comme moyen d'influence, voire d'hégémonie, sur le monde arabe. Le siège de la Ligue, établi au Caire, consacrait déjà la prépondérance de l'Égypte dans les affaires arabes. Lorsque l'affrontement avec l'État d'Israël (créé en 1948) et avec la politique antisoviétique des puissances coloniales prendra une tournure aiguë, le nationalisme arabe se radicalisera. Le Liban, nous l'avons vu, se trouvera dangereusement tiraillé entre ses amitiés traditionnelles du côté de l'Occident et la radicalisation anti-occidentale de trois pays arabes majeurs, l'Égypte, l'Irak et la Syrie, cependant que l'Arabie saoudite et la Jordanie se rangeront sous le parapluie américain.

C'est pourquoi le nationalisme arabe, issu du grand mouvement de réveil culturel arabe et de réforme islamique du XIXe siècle, ne parviendra pas, du fait de cette conjoncture, à structurer une force sociale homogène à l'échelle de l'ensemble des populations arabes, ne serait-ce que celles des pays du Croissant fertile et de l'Égypte, capable de réaliser l'unité arabe et donc d'être un successeur légitime de l'Empire ottoman. Le nassérisme faillit bien être cette force, mais l'échec de l'Union syro-égyptienne de 1961 puis l'écrasante défaite de 1967 face à Israël devaient entraîner sa chute irrémédiable. Les forces du Mouvement des nationalistes arabes ont été dévorées par leur engagement dans la lutte armée des mouvements palestiniens et dans celle contre les troupes britanniques au Sud-Yémen, et par la division qui a caractérisé ces résistances armées. Le Parti populaire syrien, mentionné plus haut, sera quant à lui durement réprimé au Liban comme en Syrie. Les forces du baathisme seront la proie des factions et du régionalisme, notamment entre Damas et Bagdad.

C'est au Liban que viendra se fixer l'OLP après son échec en Jordanie ; elle s'y laissera prendre au piège des rivalités entre groupes politiques libanais et y deviendra l'otage des forces israéliennes et syriennes, perdant ainsi en quelques mois tous les acquis des quinze années précédentes. La résistance palestinienne va s'affirmer, en effet, à partir du milieu des années 1960, grâce à un climat de révolution anti-impérialiste à l'échelle mondiale. C'est l'époque de la guerre du Viêt-nam, de la guérilla en Amérique latine, de la révolution culturelle en Chine, de Mai 68 en France et des grandes contestations étudiantes en Allemagne et en Italie. Encouragée par ce souffle international, la résistance palestinienne se voudra l'alternative aux échecs du nationalisme arabe « petit-bourgeois », tel que porté par le nassérisme, et l'alternative à l'impuissance des armées arabes face à Israël. Elle véhiculera tout à la fois un nationalisme proprement palestinien et une idéologie révolutionnaire universalisante où le nationalisme arabe de la Nahda n'apparaît plus que comme un instrument des forces impérialistes. Au Liban, elle se heurtera, comme nous l'avons vu au chapitre précédent, aux ambitions syriennes et à la prétention du régime de Hafez El-Assad d'être l'héritier unique du panarabisme suite à la disparition du régime nassérien en Égypte au début des années 1970.

Durant les années 1950 et 1960, la Syrie avait été en proie à une instabilité sociale et politique chronique ; son poids régional face à l'Égypte et à l'Irak était inexistant. À partir du début des années 1970, la Syrie connaîtra la continuité du pouvoir d'un seul homme, Hafez El-Assad ; à la faveur de la déstabilisation libanaise, de la neutralisation de l'Égypte par les accords de Camp David, enfin, au seuil des années 1980, de la guerre irako-iranienne, la Syrie acquiert une stature régionale et un pouvoir politique de plus en plus fort et sûr de lui. Une alliance privilégiée avec l'Union soviétique, des relations étroites à la fois avec le royaume saoudien, l'Iran khomeiniste et la Libye de Kadhafi ainsi que des canaux de communication toujours ouverts avec les États-Unis font de la

Syrie une pièce maîtresse d'un équilibre de plus en plus instable au Proche-Orient. Cette Syrie dictatoriale, forte et régionalement prépondérante, déploie une politique intérieure, régionale et internationale qui ne répond évidemment plus aux anciennes règles organisées par l'ordre de la Nahda et qui, en particulier, à l'instar d'Israël, pratique la politique des faits accomplis, militaires et politiques.

À peu près à la même période, l'Irak, fort de ses ressources pétrolières et de l'ambition de son dictateur, Saddam Hussein, voudra reprendre le flambeau du nationalisme arabe. Le chef de l'État irakien, poussé par les puissances occidentales et ses alliés locaux, en particulier les monarchies pétrolières de la Péninsule arabique, déclare la guerre en 1980 à l'Iran qui tente d'exporter sa révolution religieuse dans le monde arabe. Il se pose ainsi en héros des Arabes contre l'ennemi héréditaire, l'Iran. On connaît le coût terrible de cette guerre, puis son rebondissement inattendu dans l'invasion du Koweït et l'écrasement de l'Irak par les États-Unis et la coalition formée pour sa libération.

L'écroulement de l'ordre ancien

Tous ces événements vont continuer à discréditer la Ligue arabe. Son incapacité à stabiliser la situation libanaise — comme on l'a vu, aux « casques verts » de la Ligue succèdera en 1982 la Force multinationale de maintien de la paix, symbole éloquent d'un retour en force provisoire de l'influence occidentale au Proche-Orient —, la signature des accords de Camp David en 1978-1979 et l'expulsion de l'Égypte de la Ligue constituent d'autres témoignages de l'échec de la Ligue en tant qu'institution de solidarité panarabe. Certes, la Ligue arabe, transplantée à Tunis, a survécu à ces deux dernières grandes épreuves, et cela doit être porté à son actif. Mais il n'en reste pas moins que le rôle qu'elle a pu jouer, en particulier entre 1964 et 1976, par l'organisation des sommets des chefs d'État arabes, aux fins de réduire les conflits entre eux et de trouver un consensus minimal entre leurs politiques contradictoires, perd de plus en plus de son efficacité, face à un monde arabe dont la solidarité tend à disparaître après l'éphémère mouvement de gloire de la guerre israélo-arabe d'octobre 1973.

L'effacement du nationalisme arabe classique s'est naturellement accompagné de la disparition des hommes politiques et chefs d'État de la période où l'indépendance a été acquise, soit celle des années 1940-1960. Bourgeois libéraux ou officiers radicaux, il s'agit d'une génération qui avait été formée durant la période coloniale et dont l'univers culturel était celui de la laïcité, de la démocratie bourgeoise ou marxisante. À quelques exceptions près, telles que le Maroc ou la Jordanie, les hommes actuellement au pouvoir dans le monde arabe n'ont plus le même horizon socioculturel et idéologique, imprégné de nationalisme arabe et de l'ensemble des valeurs de la Nahda. La génération des jeunes chefs de milices au Liban, avec toutes ses composantes contradictoires, est un bon exemple de ces nouveaux horizons idéologiques et culturels où le nationalisme arabe n'a plus de place.

Un autre facteur d'écroulement de l'ordre ancien n'est pas moins important que les précédents ; il leur est aussi complémentaire. Les classes moyennes issues de l'application du radicalisme sociopolitique d'inspiration nassérienne dans divers pays arabes ont en effet aujourd'hui disparu ; ayant émergé grâce au développement des secteurs publics et des entreprises d'État, elles ont été le pilier d'une conscience nationale panarabe, socialisante et laïcisante. L'inflation déclenchée par la prospérité pétrolière des années 1970 a marginalisé ces classes moyennes au profit de nouvelles couches sociales, celles qui ont émigré vers les pays pétroliers ou profité dans leur propre pays des spéculations diverses dues à l'afflux de capitaux pétroliers.

Ces nouvelles couches sociales sont imprégnées de fondamentalisme religieux, largement sécrété par les gouvernements des pays pétroliers ; elles sont surtout motivées par la satisfaction des besoins de consommation. À la génération bruyante de l'émancipation laïque et socialisante a succédé la génération pieuse de la consommation et de la civilisation de la vidéo. On ne s'étonnera donc pas que les images des championnats de football aient plus ému les foules arabes au cours de l'été 1982 que le siège de Beyrouth par l'armée israélienne. À se rappeler l'atmosphère de ces pays au cours de la triple agression occidentale contre l'Égypte en 1956, on mesure le changement fondamental survenu dans les sociétés arabes.

Au Liban, à l'issue des quinze années de violence et de déstabilisation, nous verrons combien cette évolution aura été marquante. L'influence des Libanais qui auront fait fortune par l'émigration dans les pays du Golfe arabo-persique y deviendra un facteur essentiel de la vie politique. Le Premier ministre milliardaire Rafic Hariri, homme de confiance du roi d'Arabie saoudite, va s'imposer comme l'homme clé de la période d'après-guerre et mener une « saoudisation » culturelle et économique du Liban.

Le dernier fondement de l'ordre ancien qui s'écroule est le non-alignement en politique étrangère. L'expansion du nassérisme s'était faite dans le giron de celle du Mouvement des non-alignés ; dès le milieu des années 1970, la tendance est renversée, les États-Unis retrouvent au Proche-Orient une présence prépondérante, cependant que l'Union soviétique y connaît ses plus cuisants revers.

L'influence israélienne dans l'instabilité du Proche-Orient

On oublie trop souvent que le mouvement sioniste, dès l'écroulement de l'Empire ottoman, réclama sa succession sur les territoires de l'empire à forte connotation biblique : la Palestine bien sûr, mais aussi d'autres territoires, syriens, libanais, égyptiens, transjordaniens, de façon variable suivant l'intensité des revendications de tel ou tel groupe extrémiste à l'intérieur du mouvement sioniste. La dynamique efficace du sionisme, menant à la création de l'État d'Israël et au déploiement d'une stratégie « musclée » dans toute la région, a fait de l'existence israélienne un facteur de premier plan dans le règlement difficile des problèmes de succession de l'Empire ottoman.

Les effets du choix sioniste pour la ségrégation

L'objectif de base du mouvement sioniste ne pouvait que mener à des atteintes graves aux grandes traditions de pluralisme de la société ottomane. « Une Palestine aussi juive que l'Angleterre est anglaise », voilà qui ne pouvait que rompre la symbiose intercommunautaire entre musulmans, juifs et par la suite, comme on le verra, chrétiens, que l'empire avait consacrée sur les territoires de l'Orient arabe. Les colons juifs immigrés de Pologne et de Russie, habitant depuis des siècles des ghettos, avec leurs peurs et leurs craintes, leur idéologie socialiste de retour à la terre, leur culture talmudique fermée, refuseront la chance qui s'offrait à eux de s'intégrer à une société certes musulmane dans sa grande majorité, mais ayant de longues traditions de pluralisme ethnique, culturel et religieux, une société ayant d'ailleurs toujours servi de refuge aux juifs d'Espagne ou à ceux d'autres contrées européennes, persécutés par la chrétienté.

Le choix sioniste, en dépit de voix dissidentes à l'intérieur même du mouvement appelant à la coexistence pacifique judéo-arabe, ira à la société ségrégative empiétant de plus en plus sur la société arabe islamo-chrétienne de Palestine. Juifs immigrés et Arabes ne pourront d'ailleurs jamais trouver de terrain d'entente, les premiers cherchant la création d'un État à caractère confessionnel fermé, les seconds refusant bien sûr un tel État et prônant l'intégration des immigrants juifs à la société palestinienne traditionnelle et la limitation de leur nombre pour empêcher qu'un renversement d'équilibre démographique ne permette de concrétiser l'objectif de création d'un État exclusivement juif.

Le succès de l'entreprise sioniste en 1948 ne pouvait manquer d'avoir des effets bouleversants. Tout d'abord, venait s'ajouter au déracinement des Palestiniens le douloureux déracinement des communautés juives arabes du Yémen, d'Irak, du Maroc, d'Égypte, de Tunisie, pays au judaïsme millénaire enraciné dans la langue et la culture arabes. La responsabilité de ces déracinements n'incombe pas seulement aux maladresses intentionnelles ou aux négligences des gouvernements des pays concernés, laissant leurs citoyens juifs être molestés ou exposés à des représailles d'irresponsables ; l'État d'Israël, de son côté, a tout fait pour semer le trouble dans ces communautés, provoquer des attentats les poussant à émigrer massivement vers Israël, laissant derrière eux tant de siècles d'histoire et le goût amer d'un pluralisme sombrant face à la montée des fanatismes. Car Israël ne peut prospérer et légitimer son existence en tant qu'État refusant le pluralisme que s'il prouve que son environnement le refuse lui aussi.

Autre effet de l'émergence de l'État d'Israël, la montée du fanatisme dans les groupes marginaux des sociétés du Proche-Orient, chez certains groupes à l'intérieur des minorités de toutes sortes d'abord, chez les intégristes musulmans ensuite. Les minorités ethniques ou religieuses du Moyen-Orient ont été déstabilisées dans leur intégration sociale par la longue agonie de l'Empire ottoman depuis le début du XIXe siècle. Elles ont souvent reçu des promesses, parfois fermes, de création d'État de la part des puissances coloniales. Elles ont aussi connu, après des siècles de paix et de tolérance, des massacres collectifs : ainsi les druzes et les maronites au Liban au milieu du XIXe siècle, puis les Arméniens, les Kurdes et les Assyriens au début du XXe siècle. Bien plus, le mandat français a, on l'a vu, organisé en Syrie une série de mini-États avant d'accepter d'œuvrer pour une Syrie unitaire.

L'émergence brusque et victorieuse d'un État juif, dont toute la raison d'être est l'existence minoritaire, a incontestablement constitué un précédent grave dans la succession de l'Empire ottoman, refusant la succession pluraliste de l'empire sur le territoire palestinien et pouvant servir de modèle à ceux, parmi les groupes minoritaires de l'empire, qui poursuivaient l'espoir d'avoir un jour leur propre État. Ainsi, un évêque maronite de Beyrouth ne se privera pas, dès 1947, un an avant la création d'Israël, dans un sermon public, de réclamer pour les chrétiens du Liban le droit de constituer un État chrétien à l'instar de ce que les juifs immigrés de Palestine étaient en train de réaliser. On le pria bien vite de se taire, mais l'État israélien, sitôt né, préparera de nombreux plans de déstabilisation du Liban pour en briser la symbiose islamo-chrétienne. Il ne fera qu'attendre les circonstances propices pour les mettre en action à partir des années 1970, lorsque les mouvements armés palestiniens entreront en action au Liban.

Pour ce qui est des intégristes musulmans, cette émergence victorieuse d'Israël, État fondé sur la légitimité religieuse exclusive, couplée à l'impuissance des États arabes à l'idéologie nationaliste fortement teintée de laïcisme, ne pouvait que redonner vigueur à leur idéologie fondée sur l'exclusivisme d'une appartenance à une nation islamique utopique et réclamant l'application rigoriste de la loi coranique. Nous y reviendrons plus longuement lorsqu'il sera question du nationalisme islamique [1].

Une dynamique exclusivement fondée sur la force

Certes, ces effets indirects de la création d'Israël ne se feront pas sentir immédiatement. Le nationalisme arabe laïque sera longtemps un contrepoids efficace à l'influence sioniste. Il attirera de larges composantes des élites à l'intérieur des communautés kurde, druze, alaouite, chrétienne, qui fourniront souvent des cadres dirigeants aux mouvements nationalistes. C'est d'ailleurs chez les hommes politiques chrétiens que l'hostilité au sionisme est la plus ancienne, car, les premiers, ils ont vu le potentiel de déstabilisation que la création d'un État juif en Palestine pourrait entraîner pour les

1. Nous avons analysé en détail l'impact de l'idéologie du sionisme et des comportements israéliens sur l'évolution de la pensée arabe dans « La pensée arabe face au phénomène sioniste », article paru à Beyrouth en 1990 dans la revue *Dirassat 'Arabiat* et repris dans notre ouvrage *Conflits et identités au Moyen-Orient 1919-1991*, Arcantère, Paris, 1992, p. 115-133.

chrétiens de Syrie et du Liban. Néjib Azoury [2] au début du siècle, Michel Chiha, comme nous l'avons déjà évoqué, dans les années 1940, sont des exemples de cette attitude chrétienne. Il faudra attendre la chute brutale du niveau de culture de la génération des Libanais des années 1960 pour que certains d'entre eux oublient leur propre héritage et vouent une admiration aveugle au sionisme.

Mais la naissance d'Israël a aussi contribué à ouvrir toute grande la porte du Moyen-Orient aux États-Unis et à l'Union soviétique. La Russie de Staline devait en effet percevoir à tort l'émergence d'un État gouverné par des immigrés russes et polonais, en majorité socialistes, comme un tremplin pour l'expansion du socialisme dans une région dominée par des monarques, des féodaux ou des grands bourgeois ayant partie liée avec l'Occident capitaliste. Les États-Unis avec leurs traditions bibliques, mais aussi tous les pays occidentaux sous le choc de l'Holocauste subi par les juifs, seront eux aussi amenés à soutenir chaleureusement la création de l'État israélien. On connaît la suite : l'Union soviétique, déçue de sa relation avec Israël, s'engagera d'autant plus aux côtés des pays arabes que des bouleversements sociaux amèneront au pouvoir de nouvelles couches sociales populistes et socialisantes ; cependant que les États-Unis seront amenés à faire d'Israël leur allié le plus intime dans la région.

La crise de succession de l'Empire ottoman, cristallisée sur le territoire palestinien, deviendra ainsi l'enjeu direct de l'affrontement des deux grandes puissances jusqu'à l'effondrement de l'Union soviétique et le désengagement de la Russie de tous les grands conflits régionaux. L'absence de consensus de base entre les pays arabes les plus concernés par l'existence d'Israël deviendra de plus en plus un facteur du jeu négatif des deux grands au Moyen-Orient, chacun voulant empêcher que les États clients de l'autre n'imposent leur paix au détriment de ses propres États clients. Toujours plus impliqués dans le soutien à l'expansionnisme et aux actes israéliens, les États-Unis, bon gré mal gré, laisseront la situation pourrir à l'avantage d'Israël, cependant que l'Union soviétique et

2. Cet homme politique syrien s'est rendu célèbre par un ouvrage prémonitoire écrit en 1905, soit moins de dix ans après la constitution du mouvement sioniste, qui met en garde contre la déstabilisation profonde du Proche-Orient que pourrait entraîner le projet de création d'un État pour les Juifs en Palestine, soutenu par des puissances chrétiennes et qui pourrait donc exposer dangereusement les communautés chrétiennes arabes aux effets de cette déstabilisation. Azoury appelait dans cet ouvrage tous les Arabes à prendre très au sérieux la menace constituée par la naissance du sionisme politique (voir *Le Réveil de la nation arabe dans l'Asie turque en présence des intérêts et des rivalités des puissances étrangères, de la Curie romaine et du Patriarcat œcuménique*, Plon Nourrit, Paris, 1905).

les États arabes entretenant des relations étroites avec elle s'efforceront avec constance de détruire les faits accomplis américano-israéliens. Dans ce jeu, c'est le Liban qui reçoit la plupart des coups à partir de 1975. Dernier fragment de l'Empire ottoman, fragile et malade de la conjoncture régionale, il était condamné à sombrer dans une rivalité brutale dont son territoire était devenu le champ principal.

Puissance militaire de plus en plus considérable, l'État israélien, dès l'arrivée au pouvoir en 1977 de la coalition des partis religieux sous la direction de Menahem Begin, va ouvertement s'affirmer annexionniste et expansionniste. Alors que les tendances à l'annexion étaient niées par le sionisme des travaillistes qui prétendaient rendre les territoires contre la paix, le sionisme de la droite israélienne s'affirme avec fierté annexionniste et légitime les conquêtes territoriales réalisées par la force militaire, la confiscation des terres et des eaux. En dépit de toutes les condamnations verbales d'une telle politique par les organes des Nations unies ou de la Communauté européenne, rien ne viendra mettre un terme à la colonisation sauvage de la Cisjordanie que les accords de Camp David, en 1978-1979, accélèrent. Menahem Begin obtiendra même le prix Nobel de la paix. Plus tard, les accords d'Oslo de 1993 permettront à Israël, même sous divers gouvernements travaillistes, d'accélérer encore plus le mouvement de colonisation des Territoires occupés, censés être devenus autonomes.

Aussi ne faut-il pas s'étonner de ce que le succès de cette politique des faits accomplis n'imprègne l'ensemble du Proche-Orient d'une dynamique fondée exclusivement sur le recours à la force armée et non au dialogue, à la démocratie et à la justice. De même, Israël, qui a toujours rêvé pour assurer sa pérennité d'une balkanisation du Proche-Orient sur des bases ethniques et religieuses, va trouver dans la déstabilisation de l'entité libanaise, puis dans l'invasion du Liban en 1982, la possibilité de mettre enfin en application ses théories.

Le rêve d'une balkanisation du Proche-Orient

La puissance israélienne n'est pas en effet uniquement un appendice régional de l'hégémonie américaine ; elle paraît avoir acquis une capacité de manœuvre autonome, en particulier par le fait très vraisemblable qu'elle dispose au moins d'armes nucléaires tactiques. Elle tient aussi cette capacité du fait que les États-Unis, jusqu'à la guerre du Golfe en 1991, s'étaient placés dans une situation de dépendance excessive, sur le plan de leur politique au Moyen-Orient, à l'égard de la capacité militaire de leur allié israélien. Cette dépendance, les Israéliens ont su l'exploiter à merveille pour pousser à l'extrême les moyens que leur donne dans la région leur supériorité militaire sans que les Américains puissent vraiment freiner leur dynamique ; Washington n'avait plus alors d'autre alternative que d'essayer de récupérer les actions israéliennes au profit de ses propres objectifs dans la région, centrés sur l'éviction de l'influence soviétique.

La structure complexe de la relation israélo-américaine est apparue clairement à l'occasion de l'invasion du Liban par Israël en 1982. Bien que les États-Unis, comme on l'a vu, aient connu un échec lamentable en tentant d'exploiter la victoire israélienne au Liban, ils n'ont eu d'autre possibilité que de resserrer encore plus leurs liens économiques et militaires avec Israël qui pourtant, par son aventurisme, portait une responsabilité écrasante dans l'échec de la présence américaine et occidentale au Liban à travers la Force multinationale. Mais à l'époque, dans le contexte de la guerre froide, tout affaiblissement effectif d'Israël était, aux yeux des dirigeants américains, préjudiciable à la présence des États-Unis dans la région. Depuis le déploiement militaire américain dans la guerre du Golfe et l'abandon par l'URSS de toutes ses positions au Moyen-Orient, la situation a évidemment évolué. En particulier, l'accession de George W. Bush au pouvoir aux États-Unis à l'automne 2000 et de son entourage néo-conservateur, favorable à des formes extrêmes de renouveau chrétien en sympathie totale avec les revendications sionistes, donnera au couple américano-israélien une domination quasi exclusive du Proche-Orient.

Israël n'a de toute évidence, même en tenant compte de l'immigration des juifs de l'ex-Union soviétique, pas le poids démographique qui lui permettrait de se poser en successeur incontesté de l'Empire ottoman. Il constitue pourtant au Proche-Orient, par son autonomie politico-militaire — inscrite dans une relation complexe avec les États-Unis —, une force considérable œuvrant à modeler des réalités nouvelles destinées à assurer la pérennité dans la région du corps étranger qu'il constitue. Sur ce plan, son désir de parvenir à expulser la population palestinienne des territoires qu'il occupe et de faire émerger des entités communautaires sur les décombres de l'ancienne société ottomane pluraliste ne fait guère de doute. Un Proche-Orient balkanisé en mini-États, ayant pour seule légitimité le fanatisme religieux sectaire, ne peut que lui être favorable. Le nationalisme arabe ridiculisé par la défaite de 1967, puis le Liban

— le bastion même du pluralisme communautaire au Proche-Orient — désintégré entre 1975 et 1990, une Palestine exclusivement juive pourrait être légitimée avec le temps, si la société arabe ne retrouve plus son pluralisme ouvert d'antan.

Il faut ici rappeler les cris d'alarme de Raymond Eddé, chef du parti politique libanais le Bloc national, qui n'a cessé de dénoncer un « complot américano-sioniste », dont Henry Kissinger serait l'inspirateur, qui aurait commencé avec l'invasion de Chypre par la Turquie en 1974 et la division *de facto* de l'île entre une zone grecque et une zone turque. Chyprianisation du Liban entre chrétiens et musulmans, balkanisation de l'ensemble de la région : c'est ce qu'a dénoncé avec la plus grande constance depuis 1974 cet homme politique resté au-dessus de la mêlée. « Je continue à soutenir, déclarait-il au journal *Le Monde* le 16 décembre 1975, que nous sommes en présence d'un plan américain visant à la partition du Liban, laquelle conduirait, à plus ou moins brève échéance, à l'éclatement de la Syrie. L'objectif est la création, aux côtés d'Israël, de plusieurs États à caractère confessionnel, des États tampons, qui contribueraient à la sécurité de l'État juif. Bref, le plan est de balkaniser la région. »

De son côté, l'ex-président de la République libanaise durant les années de troubles 1975-1976, Soleiman Frangié, a affirmé dans plusieurs déclarations à la presse, après avoir quitté le pouvoir, que les États-Unis ont cherché à implanter les Palestiniens au sud du Liban et à évacuer les chrétiens du Liban vers le Canada ; puis, devant les obstacles s'opposant à ce dessein, ils ont cherché à créer un État chrétien au Liban à partir de 1978 [3]. Il n'a d'ailleurs pas été le seul à le dire dans la région. Ainsi, le prince Hassan, frère du roi Hussein de Jordanie, homme lui aussi de réflexion sereine, écrivait le 3 septembre 1982 dans le *Times* de Londres : « La perspective d'un éclatement de la Grande Syrie entre druzes, maronites et fondamentalismes chiites et sunnites coïncide avec le développement du Grand Israël. Tout cela implique une aggravation de la souffrance des Palestiniens dépossédés dont le respect des droits est inaliénable et crucial pour la paix durable. »

3. Voir, par exemple, ses déclarations à la revue *Al Jamhour* le 3 mai 1978, et au journal *Al Anouar* le 27 août 1979, tous deux paraissant à Beyrouth.

Israël et l'atomisation du monde arabe

L'invasion du Liban par Israël au cours de l'été 1982, l'assassinat mystérieux de Bachir Gemayel, président élu du Liban, vingt-deux jours après son élection et une semaine avant sa prise de fonction, alors qu'il commençait à réussir à cimenter la population libanaise autour de sa personne, le refoulement des réfugiés palestiniens vers les zones tenues par l'armée syrienne dans la plaine de la Bekaa à la suite des sévices et des horreurs commis sous l'égide de l'armée israélienne au sud du Liban et à Beyrouth, le déclenchement d'hostilités graves entre milices druzes et chrétiennes dans le Chouf, zone centrale du Mont-Liban, où l'armée israélienne est omniprésente : autant d'éléments qui ont accrédité à nouveau la thèse d'un complot en vue de balkaniser le Moyen-Orient. Cette thèse est renforcée par la situation irakienne depuis plusieurs années.

L'alignement de la Syrie officielle sur les positions iraniennes dans le conflit avec l'Irak n'a fait qu'amplifier cette situation. Les officiels irakiens ont d'ailleurs à plusieurs reprises dénoncé l'« alliance objective » d'Israël et de l'Iran pour le démantèlement du monde arabe. C'est ainsi qu'une correspondante à Bagdad du journal *Le Monde*, au début de la guerre entre l'Irak et l'Iran en 1980, décrit bien le sentiment irakien à ce sujet : « Le schéma de cette "atomisation" serait en gros, pour les Irakiens, le suivant : trois États en Irak, un kurde-sunnite au Nord, un sunnite-arabe au Centre, et un chiite-arabe au Sud ; trois ou quatre Syries dont une druze, une alaouite et une sunnite ; quatre ou cinq Libans répartis entre maronites et autres chrétiens, sunnites et chiites ; deux Jordanies, celle des Bédouins et celle des Palestiniens, sans parler de la Cisjordanie annexée par Israël. Quant à l'Arabie saoudite, il conviendrait de la ramener à la mosaïque tribale qu'elle était avant la création du royaume en 1926, de façon qu'elle n'ait pas plus de poids que le Koweït, Bahrein, Qatar et les autres émirats du Golfe. Les Irakiens estiment que toutes ces petites entités seraient non seulement incapables de s'unir, mais qu'elles seraient en outre paralysées par d'interminables querelles pour des questions de frontières, de routes, d'eau, de pétrole, de mariage, d'héritage, etc. Chacune d'elles étant plus faible qu'Israël, ce dernier retrouverait ainsi sa suprématie pour un demi-siècle au moins [4]. »

---

4. Cité par Paul BALTA, « La guerre du Golfe et l'avenir de la région », *Le Monde*, 17 août 1982.

Tout cela pourrait apparaître imaginaire, s'il n'existait une littérature israélienne pour donner corps aux thèses de la balkanisation et si les événements d'Irak suite à la première guerre du Golfe en 1991, entraînant la création d'une zone autonome kurde dans le nord du pays, puis l'invasion de l'Irak en 2003, ne donnaient pas aussi consistance à ces thèses. Un exemple parfait en est donné dans un texte d'un journaliste, ancien fonctionnaire du ministère israélien des Affaires étrangères, que reproduit la *Revue d'études palestiniennes*[5] et qui mérite d'être ici longuement évoqué.

L'auteur du texte se plaint en effet amèrement qu'Israël se soit jusqu'ici laissé prendre par les perspectives de paix et ait commis l'erreur de signer les accords de Camp David et de restituer le Sinaï à l'Égypte, alors qu'existent de formidables occasions de désintégrer le Moyen-Orient (y compris la Turquie, l'Iran et l'Afghanistan) sur des bases ethniques et religieuses. Pour l'auteur, à l'ère nucléaire, la survie d'Israël ne peut être assurée que par cette désintégration : « Il faut désormais disperser les populations, c'est un impératif stratégique. Faute de cela, nous ne pouvons survivre quelles que soient les frontières. » De ce fait, toute la politique israélienne doit viser à la déstabilisation des pays arabes et islamiques, en priorité l'Égypte et les pays du Croissant fertile : « Démanteler l'Égypte, amener sa décomposition en unités géographiques séparées : tel est l'objectif politique d'Israël sur son front occidental, dans les années 1980. [...] Si l'Égypte se désagrège, des pays tels que la Libye, le Soudan et même des États plus éloignés ne pourraient pas survivre sous leur forme actuelle. [...] On aura alors un État chrétien copte en Haute-Égypte, et un certain nombre d'États faibles, au pouvoir très circonscrit, au lieu du gouvernement centralisé actuel ; c'est le développement historique logique et inévitable à long terme, retardé seulement par l'accord de paix de 1979. »

Imperturbablement, le même texte continue la description de l'atomisation du monde arabe : « La décomposition du Liban en cinq provinces préfigure le sort qui attend le monde arabe tout entier, y compris l'Égypte, la Syrie, l'Irak et toute la Péninsule arabique ; au Liban, c'est déjà un fait accompli. La désintégration de la Syrie et de l'Irak en provinces ethniquement ou religieusement homogènes, comme au Liban, est l'objectif prioritaire d'Israël, à long terme, sur son front est ; à court terme, l'objectif est la

5. Odel YINON, « Stratégie pour Israël dans les années 1980 », *Revue d'études palestiniennes*, n° 5, automne 1982.

dissolution militaire de ces États. La Syrie va se diviser en plusieurs États, suivant les communautés ethniques, de telle sorte que la côte deviendra un État alaouite chiite ; la région d'Alep, un État sunnite ; à Damas, un autre État sunnite hostile à son voisin du Nord ; les druzes constitueront leur propre État, qui s'étendra sur notre Golan peut-être, et en tout cas dans le Houran et en Jordanie du Nord. Cet État garantira la paix et la sécurité dans la région, à long terme ; c'est un objectif qui est dès à présent à notre portée. »

S'agit-il d'un « fantasme aberrant, irrationnel, analphabète, qui remplit la tête des dirigeants israéliens » ? C'est ce que pense un bon connaisseur de la réalité israélienne, qui affirme par ailleurs : « Cet orientalisme israélien officiel, militaire, pense avoir découvert la réalité de la société moyen-orientale ; un ordre de paix au Moyen-Orient doit être fondé sur la nature profonde de cette société et non pas sur des formes artificielles, importées de l'Occident comme le sont les États-nations modernes à base territoriale ; l'idéal de ce nouvel ordre régional dans lequel l'État sioniste d'Israël s'intégrerait comme un poisson dans une colonie de poissons, c'est le démantèlement des États dans leurs frontières actuelles et leur remplacement par une multitude de mini-États confessionnels[6]. »

De son côté, Israël Shahak, président de la Ligue israélienne des droits de l'homme (non reconnue par le gouvernement israélien), commente le texte « Stratégie pour Israël dans les années 1980 », cité ci-dessus, en ces termes : « Il ne faudrait pas pour autant regarder ce projet comme dénué de toute portée pratique ou irréalisable, au moins à court terme. Le projet reproduit fidèlement les théories "géopolitiques" qui avaient cours en Allemagne dans les années 1890-1933, qui furent adoptées telles quelles par Hitler et le nazisme, et qui guidèrent leur politique en Europe de l'Est. Les objectifs fixés par ces théories, en particulier le démantèlement des États existants, reçurent un début de réalisation de 1939 à 1941, et seule une coalition à l'échelle mondiale en empêcha l'application à long terme[7]. »

---

6. Ilan HALEVI, dans une table ronde sur le Liban dont le texte est publié dans la revue *Peuples méditerranéens*, n° 20, juillet-septembre 1982, p. 5 (numéro sur le thème : « Liban, remises en cause »).

7. *Revue d'études palestiniennes*, n° 5, automne 1982, p. 73. Pour ceux que rebuterait ou choquerait l'assimilation de certaines théories au nazisme, comme le fait I. Shahak, on signalera qu'Albert Einstein, Hanna Arendt et plusieurs personnalités juives des États-Unis avaient fait paraître dans le *New York Times* du 4 décembre 1948 une lettre condamnant

Les prémices de l'atomisation du Liban

On l'a vu, l'incroyable et inextricable entrelacement de communautés ethniques et religieuses de cette région du monde, point de convergence très sensible depuis la plus haute Antiquité entre les grands courants de civilisation et de puissance géopolitique d'Asie et d'Europe, a toujours fasciné conquérants et stratèges. Point n'est besoin de remonter très loin dans l'histoire pour démontrer ce fait. Il suffit en effet de se reporter au XIXᵉ siècle où la vive rivalité coloniale entre la France et l'Angleterre pour la domination du Proche-Orient aboutit, comme nous l'avons déjà vu, à provoquer de terribles massacres entre druzes et maronites dans les régions mêmes qui ont été secouées à nouveau par la violence collective entre ces deux communautés en 1982-1984. Certes, la politique de l'Empire ottoman, déjà menacé d'éclatement sous la pression des ambitions coloniales européennes, n'est pas étrangère non plus à ces massacres. Mais alors que l'on se battait jusque-là dans le Mont-Liban et dans les diverses provinces syriennes et palestiniennes avoisinantes sur des bases tribales ou dans le contexte de rivalités de sous-hégémonies régionales, ce sont les politiques coloniales qui imposent aux populations locales le regroupement sur base religieuse, et le glissement des antagonismes tribaux et régionaux vers des antagonismes purement confessionnels.

Le déchaînement des antagonismes ethniques, notamment entre Kurdes, Turcs, Arméniens et Grecs, que l'Empire ottoman avait réussi à intégrer sans heurts dans ses structures décentralisées, sera aussi le fait des ambitions européennes pour recueillir la succession de l'Empire ottoman vacillant. Ayant armé ces communautés, leur ayant fait toutes sortes de promesses contradictoires, elles favoriseront de terribles massacres dès les premières années du XXᵉ siècle, qui culmineront en 1917-1920. Le sursaut militaire turc conduit par Mustapha Kemal, qui empêche le démembrement total et définitif de la Turquie, ainsi que le retrait des troupes alliées de Cilicie pour faire face aux graves menaces de rébellions arabes en Irak, Syrie, Palestine et Égypte, livrent les Grecs d'Asie Mineure et les Arméniens aux terribles représailles des Turcs et des Kurdes. Ces

---

Menahem Begin et son organisation terroriste de la façon suivante : « Les contradictions existant entre les courageuses allégations, que font aujourd'hui Begin et son parti, et l'histoire de leurs performances passées en Palestine portent le cachet d'un parti politique peu commun. C'est le cachet sans doute possible d'un parti fasciste pour qui le terrorisme (contre juifs, Arabes et Britanniques de façon égale) et le faux témoignage sont des moyens et un État leader le but. »

derniers seront ensuite eux-mêmes « victimisés » et atomisés entre les différentes nouvelles entités étatiques qui se mettent en place [8].

Quelques années après, la France, pour faire face à l'« irrédentisme » syrien, découpe durant quelques années la Syrie en plusieurs « États » autonomes dont deux États à base confessionnelle, celui du Djebel druze et celui des alaouites, sans parler du statut spécial de la région d'Antioche et d'Alexandrette qui sera cédée par elle à la Turquie à la veille de la Seconde Guerre mondiale. De son côté, l'Angleterre coloniale s'appuie partout sur les minorités : coptes en Égypte, Assyriens en Irak enrôlés dans les troupes spéciales pour mater les diverses révoltes des tribus locales, immigrants juifs en Palestine. Après la découverte de pétrole dans la région de Mossoul en Irak, les Anglais envisagent même la création d'un État assyrien. Les Assyriens paieront très cher cet enrôlement dans les projets coloniaux britanniques : massacrés dans les années 1930 sous les yeux mêmes de l'armée anglaise qui les avait si bien envoyés à la boucherie, beaucoup s'enfuiront traumatisés vers le Liban, tout comme les Arméniens auparavant.

Ainsi, la déstabilisation de la région du Proche et du Moyen-Orient sur des bases ethniques et religieuses à l'époque contemporaine trouve bien son origine dans les ambitions des puissances extérieures. Toutefois, il faut attendre la création de l'État d'Israël et l'éviction de la population palestinienne de son territoire en 1948 pour assister à la création du premier État à base confessionnelle exclusive. Toutes les autres tentatives précédentes avaient jusqu'alors lamentablement échoué, y compris celle du XIXᵉ siècle (qui dura quinze ans, de 1845 à 1860) de couper le Mont-Liban en deux cantons (*caïmacamats*), l'un druze et l'autre maronite, ou celle du XXᵉ siècle de créer en Syrie un État druze et un État alaouite, ou la tentative anglaise en Égypte de couper la minorité copte du mouvement national incarné par le parti Wafd. C'est donc l'émergence de l'État juif qui a constitué le véritable précédent. Dans une région aussi sensible que le Moyen-Orient et aussi riche en communautés diverses, ce précédent devait, par la force des choses, relancer les germes d'une désintégration à base ethnique et religieuse de la région ; désintégration sans laquelle la survie isolée d'un État, dont le critère exclusif d'existence et le fonctionnement reposent sur une identité religieuse, peut en effet être difficilement envisageable à long terme.

---

8. Sur tous ces points, voir notre ouvrage *L'Europe et l'Orient*, *op. cit.*

La préoccupation israélienne, lors de la création de l'État hébreu, fut d'abord d'accélérer le déracinement des minorités juives de souche arabe en Irak, au Yémen, au Maroc pour hâter leur émigration en Palestine. Très rapidement, au milieu des années 1950, elle se tourna vers le Liban, où le fonctionnement relativement harmonieux du pluralisme communautaire pouvait menacer à long terme la survie du modèle israélien d'exclusivisme religieux. Toutefois, à cette époque, les velléités de déstabilisation du Liban n'eurent pas de suite.

Mais la persistance d'une démocratie consensuelle entre communautés religieuses diverses au Liban devint proprement explosive pour Israël lorsque les mouvements de résistance palestinienne commencèrent au début des années 1970, en invoquant l'exemple du Liban, à réclamer une solution du conflit israélo-arabe sur la base de l'instauration d'un régime laïc et démocratique garantissant également les droits des juifs, des musulmans et des chrétiens en Palestine. Étrangement, à partir de ce moment, le Liban s'enfonce dans une guerre civile atroce où l'on s'entr'égorge sur la base des appartenances confessionnelles. Le modèle israélien redore alors son blason, comme seul capable de protéger les minorités opprimées.

L'État israélien peut de ce fait ouvertement se poser en « protecteur » des chrétiens libanais devenus minoritaires sur leur propre territoire, du fait de leur moindre croissance démographique et de l'implantation des réfugiés palestiniens, en majorité musulmans, sur leur sol. Habilement, en 1976, le président syrien bloquera la percée israélienne au Liban, en invoquant à son tour la protection des chrétiens libanais, pour y faire avancer ses troupes. Israël parviendra cependant, grâce à l'intervention diplomatique des États-Unis, à bloquer l'avance syrienne sur la fameuse « ligne rouge » du sud du Liban, ce qui lui permettra par la suite d'installer la milice du major Haddad. Les prémices de l'atomisation du Liban sont ainsi posées.

Le développement de l'intégrisme islamique et la fortune pétrolière

Un autre élément fondamental dans les facteurs externes ayant contribué à l'éclatement du Liban sera le pétrole. En effet, la richesse qui se manifeste à partir du début des années 1970 permettra à l'Arabie saoudite, avec l'encouragement des États-Unis, de propager la doctrine wahhabite qui sert d'idéologie de légitimation de cet État. Le wahhabisme, combattu avec virulence à la fin du XVIIIe siècle et au début du XIXe siècle par le pouvoir ottoman avec l'aide des armées égyptiennes, étouffé ensuite durant un siècle, prendra sa revanche au XXe siècle, se taillant un énorme royaume au cœur de la Péninsule arabique sur les décombres des anciennes notabilités régnantes, en particulier les Hachémites, gardiens éclairés de La Mecque, porteurs d'un islam réformiste, ouvert et tolérant, qui se replieront sur la Transjordanie et l'Irak.

Le rigorisme islamique saoudien restera cependant longtemps confiné à la Péninsule arabique, le nationalisme arabe laïc et populiste, avec ses traditions de réforme islamique en quête de modernité, constituant un barrage efficace à tout débordement de l'influence saoudienne et à travers elle de la doctrine wahhabite. Les États-Unis cependant ne manqueront pas, après l'échec du pacte de Bagdad, de chercher à promouvoir une solidarité islamique militante pouvant contenir l'expansion du nationalisme arabe à travers lequel l'influence de Moscou, pourtant hostile à toute forme d'unité arabe, se fait sentir au Caire, à Bagdad, à Damas et dans les deux Yémen. L'Arabie saoudite, le Maroc, le Pakistan seront les piliers d'un ordre islamique dont la concrétisation se fera en 1969 avec la création de l'Organisation de la conférence des États islamiques.

La défaite de 1967, en donnant le coup de grâce au nationalisme arabe nassérien, facilite l'émergence ouverte de l'intégrisme islamique dans la région. Bien plus, Sadate en Égypte, dans sa lutte contre les forces nassériennes, favorisera les activités de la confrérie des Frères musulmans dont un des grands inspirateurs, Sayyed Qotb, a eu des liens privilégiés avec l'Arabie saoudite. Mais c'est incontestablement la richesse pétrolière, décuplée après la guerre d'octobre 1973, qui donne à l'Arabie saoudite un poids démesuré dans la politique régionale. Fort de son pétrole et de son intégrisme religieux intransigeant, le royaume saoudien peut pratiquement prétendre à la succession ottomane. Les subsides que sa nouvelle richesse financière lui permet de distribuer seront un levier puissant pour répandre dans la société du Moyen-Orient la culture de l'intégrisme religieux le plus rigoriste. Partout seront constitués des groupes de pression réclamant le retour à l'application la plus stricte de la loi coranique et aux mœurs révolues, tels le port du voile chez les femmes ou la minorisation de leur place dans la société. Les pays les plus dépendants financièrement du régime saoudien, tel le Soudan, feront des excès de zèle révoltants dans l'application de la charia islamique.

En quelques années, tout l'héritage de la réforme islamique, avec ses jurisprudences modernisatrices et courageuses, est balayé par une vague d'intégrisme religieux qui s'appuie sur des masses financières considérables par lesquelles Dieu a récompensé le zèle religieux de la secte wahhabite. Cette vague fait évidemment la chasse aux femmes « modernes », à l'athéisme marxiste et au matérialisme des idées modernistes. On parlera alors d'ordre islamique dans tous les domaines, politique, économique aussi bien que social, depuis la souveraineté exclusive de la loi coranique jusqu'aux banques islamiques en passant par la bombe atomique islamique (pakistanaise).

La montée du sentiment sectaire islamique ne pouvait objectivement que venir compléter l'œuvre déstabilisatrice d'Israël, faisant fleurir chez les chrétiens du Proche-Orient un autre mouvement intégriste de repli sectaire. Au Liban, comme nous le verrons, les phalangistes, solidement encadrés durant toute la période des guerres libanaises par le sectarisme israélien, auront le vent en poupe. Malgré la sollicitude dont ils seront l'objet de la part du royaume saoudien, ils développeront un climat de phobie islamique, confinant à l'hystérie. En Égypte, les coptes seront également victimes de la vague intégriste, le patriarche lui-même, fait très grave, prenant la tête d'un mouvement de repli sectaire de la communauté.

L'Irak et la Syrie feront seuls exception, mais le régime syrien discréditera sa laïcité dans des répressions particulièrement féroces des mouvements intégristes. Quant à l'Irak, son entrée dans un conflit militaire avec l'Iran islamique a bien symbolisé durant un certain temps, avant que le régime de Saddam Hussein ne dégénère totalement dans la cruauté et les aventures sanglantes, le dernier combat du nationalisme arabe laïc aux prises avec la montée du militantisme islamique extrémiste. Car l'Iran de Khomeiny est venu surprendre l'intégrisme islamique arabe, wahhabite et sunnite, sur sa droite par un rigorisme encore plus excessif. D'autant que le rigorisme officiel de certains États arabes n'est qu'apparent. En revanche, en Iran, le rigorisme ira au bout de sa logique de rejet du modernisme, versions américaine et russe ; le quiétisme chiite traditionnel s'enflamme dans un extrémisme peu commun, visant bien sûr à mettre en déconfiture les sunnites qui font la loi en Islam depuis des siècles. Ainsi la surenchère dans le rigorisme est-elle déclenchée entre sunnites et chiites ; le Liban à nouveau en fera les frais, les musulmans libanais étant divisés entre sunnites et chiites, que sépare un lourd contentieux social et historique.

À partir du début des années 1980, l'intégrisme islamique vient donc se poser en successeur de l'Empire ottoman. Mais il n'aura pas plus de chance que le nationalisme arabe, car les régionalismes historiques, les rivalités de clans, le sectarisme, qui ont resurgi avec l'écroulement de l'Empire ottoman et sur lesquels le nationalisme arabe a buté, constituent des obstacles toujours présents. Bien plus, le nationalisme arabe était intégrateur dans son idéologie. Le rigorisme islamique, lui, est sectaire et donc producteur d'exclusion. En ouvrant le dossier du contentieux entre sunnites et chiites, dont l'origine remonte à la mort du Prophète, le rigorisme islamique a ajouté un nouveau facteur de déstabilisation au Moyen-Orient. En cela, il a complété la dynamique israélienne déstructurante. Ainsi, tous ceux qui, au Liban, ont réclamé une république islamique, ou même plus simplement l'application de la charia islamique, ont œuvré en fait pour une balkanisation du pays, prélude à son éclatement définitif, avec la même application que les radicaux chrétiens qui réclamaient des organes politiques séparés pour la « société chrétienne » du Liban.

Mais le facteur le plus important de la désintégration de l'ordre ancien, il faut y insister, sera le pétrole. La prospérité pétrolière déclenchée par le quadruplement des prix du pétrole en 1973 va en effet avoir trois conséquences majeures. D'abord, elle donne un poids démesuré à deux pays pétroliers qui vont suivre des politiques régionales parfaitement contradictoires : l'Arabie saoudite et la Libye. Ensuite, on vient de le voir, elle déclenche la vague de fondamentalisme islamique qui va dramatiquement changer le paysage du Proche et du Moyen-Orient. Ce fondamentalisme aura une double origine et deux colorations différentes : d'une part, un fondamentalisme d'État, pratiqué à droite par l'Arabie saoudite et les pays sur lesquels elle exerce une influence directe (pays de la Péninsule arabique et Égypte), à gauche par la Libye et les pays qu'elle s'efforce de satelliser ; d'autre part, un fondamentalisme populaire de réaction aux excès socio-économiques provoqués par la richesse pétrolière et aux échecs des politiques de modernisation. Ce fondamentalisme aura aussi deux couleurs, l'une sunnite, l'autre chiite (qui triomphe lors de la révolution iranienne et se transforme en fondamentalisme d'État exportateur de radicalisme islamique chiite dans les autres pays musulmans du Moyen-Orient à majorité sunnite).

Enfin, la prospérité pétrolière disloque les structures sociales du Proche-Orient ; le fondamentalisme islamique ne se développe d'ailleurs qu'à la faveur de cette dislocation. Comme nous l'avons signalé, la richesse pétrolière déclenche une forte inflation dans l'ensemble de la région moyen-orientale. Cette inflation rabote le statut des classes moyennes issues de l'ordre nassérien des années précédentes et crée de nouveaux groupes sociaux dont le statut repose sur l'adhésion à l'une ou l'autre des formes de fondamentalisme religieux et sur les modes de consommation sécrétés par la richesse pétrolière et les élites dirigeantes qui y ont accès. Cependant que le pétrole provoque le déclin des activités productrices dans l'industrie et l'agriculture, il pousse à la constitution d'activités économiques parasitaires dans l'immobilier et les services. De ce fait, le fondamentalisme islamique peut servir tout à la fois de paravent ostentatoire à de telles activités et de valeur refuge à l'aliénation qu'elles entraînent par rapport au monde réel d'une production en désagrégation[9].

Bourgeois libéral ou radical socialisant, l'ordre de la Nahda s'est bel et bien désintégré au cours du dernier quart de siècle, sans que les forces nouvelles agissant au niveau régional aient encore structuré un nouvel ordre. C'est dans ce contexte seulement que peuvent s'expliquer la violente déstabilisation de l'entité libanaise et les changements fondamentaux qu'elle a entraînés dans les structures sociales et l'atmosphère culturelle dans laquelle baigne le Liban d'après-guerre.

Les influences étrangères

Pour compléter ces réflexions sur les facteurs externes dans l'éclatement du Liban, il faut aussi évoquer, outre l'influence d'Israël, celles de la Syrie, de l'Iran et des mouvements palestiniens. Plutôt que d'influence, il s'agit d'ailleurs, en règle générale, d'infiltration poussée, idéologique et militaire. S'agissant d'Israël et de l'Iran, on n'a pas de peine à réaliser la nocivité d'une infiltration visant à inciter à l'extrémisme religieux et communautaire.

Plus étonnant est le cas de Yasser Arafat, qui imposa à la ville de Tripoli la domination d'un cheikh sunnite intégriste, ce qui était un épisode de la lutte implacable à laquelle se sont livrés au Liban le

9. Sur ce point, voir notre ouvrage *Le Proche-Orient éclaté...*, *op. cit.*, chapitre 7, « L'irrésistible ascension de la tyrannie pétrolière ».

chef de l'OLP et le président syrien (dès 1975-1976, le mouvement palestinien Fatah avait implanté à Beyrouth-Ouest des petits réseaux intégristes restés sans influence à l'époque). Car Beyrouth-Ouest, notamment dans sa partie historique de Ras Beyrouth, est restée jusqu'en 1984, en dépit de toutes les violences, un modèle de coexistence entre les communautés. L'Empire ottoman ici s'est refusé encore à mourir totalement : maronites, grecs orthodoxes, sunnites, chiites et druzes, sans parler des Kurdes et des Arméniens, y ont habité encore dans la mixité la plus totale. Mais il s'est agi d'un îlot en perdition d'où les chrétiens sont partis à un rythme accéléré pour passer à Beyrouth-Est au fur et à mesure de la montée des turbans, en particulier ceux de la milice chiite pro-iranienne du Hezbollah, et de l'extension d'une anarchie de plus en plus grande.

Quant à l'influence syrienne au Liban dans le domaine de la violence, elle ressortit aux constantes de la politique de puissance du régime de Hafez El-Assad au Proche-Orient. En effet, sa présence sur le sol libanais a visé des objectifs clairs : contrôle de la résistance palestinienne tout d'abord ; gain d'un espace militaire additionnel dans la confrontation avec l'État hébreu, en particulier pour compenser la perte stratégique des hauteurs syriennes du Golan occupées par Israël en 1967 et annexées officiellement en 1981 ; efforts pour faire entrer le Liban dans le jeu de sa politique proche-orientale ; enfin, sur le plan intérieur, jeu de bascule pour maintenir l'équilibre entre factions militaires rivales, de sorte qu'aucune ne puisse dominer les autres.

Aussi, la Syrie ne poussera à la violence que lorsque l'une des constantes de sa politique sera menacée, ce qu'elle fera en 1978 lorsque les partis chrétiens s'allieront à Israël (bombardement d'Achrafieh), puis à nouveau en 1981 lorsque cette alliance se resserrera (bombardements de Zahlé dont s'emparent les phalangistes au détriment de la présence syrienne). Enfin, en 1983-1984, pour casser le traité israélo-libanais et la domination phalangiste sur le Liban que l'invasion israélienne a permise durant quelques mois [10]. Toutefois, les violences les plus meurtrières seront celles qu'exercera l'armée syrienne contre la ville de Tripoli entre 1983 et 1985 pour en déloger l'OLP et le mouvement intégriste qu'elle y avait implanté, puis contre la partie de Beyrouth tenue par l'armée régulière libanaise sous l'autorité du général Aoun au cours du printemps et de l'été 1989. Ces violences s'accompagneront de blocus

10. Une analyse détaillée de l'attitude syrienne peut être trouvée dans notre ouvrage *Le Proche-Orient éclaté...*, *op. cit.*

maritime et l'armée syrienne n'exercera aucune retenue, à la différence des situations précédentes, dans le déchaînement de la violence. Les destructions matérielles et la souffrance des populations civiles à Beyrouth-Est comme à Beyrouth-Ouest seront considérables, mais laisseront indifférente la communauté internationale, mis à part les efforts humanitaires français. Il faut cependant reconnaître que là où l'armée syrienne s'est implantée sans que son autorité soit ouvertement défiée, les crimes confessionnels individuels ou collectifs entre chrétiens et musulmans ont été en général assez rares [11].

On ne peut malheureusement que reconnaître aussi l'exemple néfaste que les mouvements armés palestiniens ont été pour les milices libanaises : celles-ci se sont constituées sur leur modèle organisationnel et sur leur comportement prédateur vis-à-vis de la population et des institutions économiques [12]. Paradoxalement, c'est dans la milice chrétienne des Forces libanaises que l'assimilation au comportement palestinien ira le plus loin ; en effet, le « mouvement rectificatif » du 13 mars 1985, qui proclame la rébellion de la milice contre le Parti phalangiste dont elle est issue et le président phalangiste de la République, organise la milice sur le modèle intégral de l'OLP et donne au mouvement le célèbre slogan palestinien transposé dans la revendication de l'« autonomie de décision chrétienne », et cela après avoir été depuis 1975 très proche du modèle des mouvements armés sionistes avant la création de l'État d'Israël. Peut-être les responsables de cette milice ont-ils cru rendre plus acceptables leurs objectifs politiques en copiant l'OLP jusque dans ses slogans ?

Quant à l'influence iranienne au Liban, elle s'est infiltrée puis développée en tant que concrétisation de l'étroite alliance qui lie la Syrie et l'Iran khomeiniste dans le jeu des intérêts régionaux. C'est en 1982, en effet, que la Syrie a permis l'installation à Baalbek, dans la Bekaa-Nord, région qu'elle a gardée sous son

11. Cela n'a pas exclu quelques bavures de taille dans la Bekaa et le Akkar en 1975-1976, mais dans l'ensemble du pays, en particulier à Beyrouth et Saïda, les enlèvements confessionnels d'innocents et leur liquidation ont disparu entre 1977 et 1982 sous le règne de l'armée syrienne, qu'Israël chassera en 1982. L'armée syrienne reviendra à Beyrouth, au début de l'année 1987, mettre fin aux combats sanglants entre les différentes milices dites « musulmanes » s'affrontant pour le contrôle de cette partie de la ville.

12. Au Liban, c'est d'ailleurs chez les Palestiniens que l'instauration des mouvements armés et le développement de la bureaucratie des partis auront constitué une source facile de promotion sociale et d'enrichissement matériel pour les innombrables défavorisés des camps de réfugiés. Les partis politiques libanais et leurs milices n'ont fait que participer à partir de 1975 à la même dynamique sociale (voir *infra*, chapitre 8).

contrôle exclusif, de quatre cents « gardiens de la révolution » iraniens, ainsi que celle des dissidents islamiques d'Amal. Baalbek servira de base pour l'expansion du parti de Dieu (Hezbollah) dans la banlieue sud de Beyrouth et au sud du Liban, au détriment du principal courant chiite, dirigé par Nabih Berri. Cette expansion permit en 1983-1984 de gonfler les rangs des forces hostiles au traité libano-israélien et à la domination américano-phalangiste sur le Liban, ce qui cadrait parfaitement avec les objectifs syriens.

Toutefois, la montée en puissance de la milice de ce parti intégriste, tout au long des années 1985 et 1986, s'explique par une aide iranienne accrue, des enlèvements d'otages européens avec toute la médiatisation que cela a entraîné. De plus, le chef du mouvement intégriste sunnite, cheikh Chaabane, ancien allié de Yasser Arafat à Tripoli détrôné par l'armée syrienne, est venu apporter à Beyrouth le soutien de ses partisans au Hezbollah après qu'il fut lui-même allé chercher de l'aide en Iran.

Face à l'influence syro-iranienne, on ne peut manquer d'évoquer l'influence irakienne, en particulier depuis le cessez-le-feu de l'été 1988 entre l'Irak et l'Iran qui a permis au gouvernement irakien, désormais déchargé du fardeau de la guerre, d'intervenir activement dans les affaires libanaises pour contrer l'influence prépondérante de la Syrie. L'Irak effectuera des livraisons massives d'armes à l'armée régulière libanaise dirigée par le général Aoun ainsi qu'à la milice chrétienne. Le résultat de ces livraisons sera catastrophique. Le général Aoun se lancera imprudemment dans une guerre de libération dévastatrice contre l'occupant syrien. Cette guerre débouchera sur les accords de Taëf de l'automne 1989, puis sur des hostilités meurtrières entre l'armée et la milice chrétienne tout au long du printemps 1990, la milice ne pouvant accepter la domination de l'armée, symbole d'une restauration possible de l'État.

La violence au Liban a été mise en route et est restée entretenue par les noyaux durs des milices qui ont pratiqué avec une régularité d'horloge la provocation religieuse grossière, surtout lorsqu'un règlement apparaissait possible à l'horizon. Que ces noyaux aient été manipulés par Israël, les mouvements palestiniens, l'Iran et la Syrie, cela ne fait pas l'ombre d'un doute, mais cette manipulation a été finalement acceptée et couverte par les seigneurs de la guerre libanais qui se sont taillé leurs minuscules royaumes communautaires sur le sang et les ruines du peuple.

Le scandale est évidemment l'acceptation de cette situation à l'échelle internationale. Honorés, choyés et reçus dans toutes les grandes capitales du monde, les seigneurs de la guerre libanais l'ont été parce qu'ils ont joué leur rôle de pions sur l'échiquier sanglant qu'était devenu le pays. En fait, ils n'ont été que des mercenaires qui avaient perdu toute âme. Ceux d'entre eux qui ont voulu mettre les pouces, arrêter la partie pour qu'enfin les Libanais puissent vivre, ou simplement pour essayer de ramasser toute la mise à leur profit, ont été liquidés : Kamal Joumblatt dans les bosquets du Chouf en 1977, Moussa El-Sadr dans les déserts de Libye en 1978, Bachir Gemayel en 1982 au cœur même de la bourgeoise et opulente Beyrouth phalangiste dont il était le fils chéri. Le peuple libanais, lorsqu'il n'a pas été occupé directement par une armée étrangère, l'a été par milices locales interposées.

Mis à part le déchaînement des médias occidentaux contre Israël lors du siège de Beyrouth au cours de l'été 1982, les actes de barbarie continuels d'Israël au Liban ont été acceptés comme un fait déplorable, mais inéluctable. C'est ainsi qu'il aura fallu le spectaculaire détournement du Boeing de la TWA sur l'aéroport de Beyrouth en juin 1985 pour que l'opinion internationale et les gouvernements occidentaux se préoccupent du sort des mille deux cents prisonniers libanais transférés en Israël en infraction aux conventions de Genève, lors du retrait partiel de l'armée israélienne du sud du Liban au printemps 1985. Qui se souvient aujourd'hui que la population du Liban a subi sans interruption les bombardements de l'aviation israélienne sur et autour des camps palestiniens à Beyrouth, Tripoli, Saïda, Baalbek et Tyr de 1969 à 1982, soit durant treize ans ? Qui se souvient qu'Israël a occupé une partie importante du sud du Liban de 1978 à 2000, soit durant vingt-deux ans, et a bombardé sans pitié Beyrouth durant deux mois, par terre, par mer et par air, durant l'été 1982 ? Que l'on compare la résignation puis l'oubli de la Communauté européenne avec l'indignation soulevée par les bombardements américains au Viêt-nam, qui a finalement provoqué l'effondrement militaire américain.

7

Les facteurs communautaires dans l'éclatement du Liban

Le facteur économique : les maronites, une communauté classe ?

Une des explications les plus courantes du conflit libanais à partir des données internes, qui a connu une grande vogue, aura été celle de la toute-puissance économique et politique des maronites, qui aurait appelé par ses excès la révolte, essentiellement sociale, des couches sociales défavorisées, appartenant dans leur grande majorité aux communautés musulmanes.

Poussée jusqu'à la caricature, comme beaucoup l'ont pratiquée, cette thèse aboutit à faire de la communauté maronite une classe privilégiée, écrasant les autres classes sociales, essentiellement incarnées dans les communautés musulmanes. Ainsi, expliquaient les tenants marxistes ou marxisants de cette thèse, le conflit libanais s'est exprimé dans des aspects communautaires, mais il a traduit en réalité une lutte sociale. Présenté sous cet angle, l'argument non seulement ne rend pas compte de la complexité des réalités socio-politiques libanaises, mais occulte un ensemble de phénomènes fondamentaux pour la compréhension des moteurs internes du conflit, en particulier les différenciations sociales énormes à l'intérieur des communautés musulmanes, responsables elles aussi de l'éclatement de la société.

Pour exposer les véritables enjeux économiques internes du conflit libanais, il nous faudra donc d'abord rappeler la dimension historique du pouvoir économique des maronites et analyser ses relations avec la situation socio-économique des autres communautés, ce qui permettra de faire ressortir la mécanique fondamentale du conflit interne libanais, où une guerre sociale larvée mais intense à l'intérieur de chaque communauté a dicté dès le départ les formes de violences et l'intensité de la lutte entre communautés.

Les maronites : classe bourgeoise dans la formation sociale libanaise ?

À l'aube de l'indépendance, dans les années 1940, les maronites offrent à l'observateur superficiel tous les signes distinctifs d'une classe sociale dominante. Outre les plus hautes fonctions qu'ils occupent dans l'État et l'armée, ils sont présents dans les secteurs économiques les plus dynamiques du pays : professions libérales, banque, commerce, construction, agriculture moderne ; ils mènent grand train et voyagent dans le monde entier pour étendre les bases de leur prospérité. Quelle est donc l'ampleur de cette richesse et sur quoi est-elle bâtie ?

L'aisance récente des maronites a fait oublier leurs origines paysannes pauvres. La communauté, qui a fait souche dans la haute montagne semi-aride du nord du Liban à partir du VIIe siècle, est restée caractérisée jusqu'au milieu du XIXe siècle par son caractère paysan et frustre, marqué par la dure vie de la montagne. La mise en culture des terrasses escarpées et caillouteuses du Mont-Liban a demandé des siècles de labeur patient et ardu. Dans l'Orient décadent aux ressources agricoles en déclin accentué, l'œuvre de mise en culture par les paysans maronites, dont une partie appartient à des ordres monastiques, frappera tous les observateurs. Aussi les grands féodaux libanais, essentiellement druzes et chiites, ne manqueront-ils pas d'attirer dans leurs régions couvents et paysans maronites pour faire fructifier les terres. Ils le feront d'autant plus facilement que la mise en régie de terres à des couvents chrétiens constituait une protection contre les abus de la fiscalité du pouvoir central, en particulier à partir du XVIe siècle les abus des pachas de Saïda, Tripoli, Damas et Saint-Jean-d'Acre, nommés par la Sublime Porte et responsables du paiement régulier du tribut dû par le Mont-Liban aux sultans ottomans.

Ainsi les maronites se trouveront-ils, avec l'émergence de l'émirat druze du Mont-Liban au XVIIe siècle, au centre du processus de développement local, en particulier à travers l'essor de la culture du ver à soie. Cet essor sera facilité par la politique d'ouverture pratiquée par les émirs druzes envers l'Europe, et par le contact continu que le clergé maronite établira avec la culture européenne à travers l'établissement du Collège maronite de Rome en 1584, que nous avons déjà évoqué (voir *supra*, chapitre 3). Toutefois, si quelques familles maronites servent d'intermédiaires commerciaux pour l'écoulement des marchandises européennes, la communauté ne s'urbanise pas pour autant, demeurant essentiellement attachée à la terre. Elle sera bientôt frappée de plein fouet dans son essor économique par la grande crise économique et sociale du milieu du XIXe siècle, qui mènera aux grands massacres entre druzes et maronites des années 1846-1860, marquant la fin de l'émirat libanais.

Le Petit Liban créé en 1861 met la paysannerie maronite aux abois. L'industrie rurale de la soie condamnée, la montagne coupée de son arrière-pays (la plaine de la Bekaa qui l'approvisionnait en grains), les paysans chassés du Chouf et du district de Jezzine, les maronites émigreront en grand nombre, la montagne ne suffisant plus à les nourrir. Ce sont des paysans qui partent, démunis de tout, vers les États-Unis et l'Amérique latine, puis qui envoient chercher frères et cousins, sitôt installés. Les notabilités, dépossédées de leurs terres au profit des couvents, ou appauvries par toutes ces années de troubles, commenceront à émigrer vers les villes et à fournir les cadres administratifs principaux de la *Mutassarifia* du Mont-Liban mise en place par les Ottomans à la suite du protocole de 1861 régissant le statut du Petit Liban.

L'urbanisation de la communauté maronite ne commence donc qu'à la fin du XIXe siècle, et la prospérité économique que connaîtront les régions du Mont-Liban où sont implantés les maronites tout au long du XXe siècle proviendra surtout des envois de fonds des émigrés maronites aux Amériques. Ce sont ces envois, et non l'exploitation des autres communautés, qui financeront le nouvel essor de la communauté, y compris quelques achats de terres dans la Bekaa, le Chouf et le sud du Liban, et l'expansion d'affaires commerciales et bancaires. Mais ces envois ne feront à aucun moment de la communauté maronite la détentrice suprême du pouvoir économique au Liban : la vraie source de ce pouvoir se trouve historiquement, on l'a vu, chez les communautés fortement urbanisées, grecque orthodoxe et sunnite, prédominantes dans les grandes villes côtières (Saïda, Beyrouth et Tripoli), ou grecque catholique comme à Zahlé dans la Bekaa, ainsi qu'auprès de la grande féodalité terrienne qui perdure chez les druzes et les chiites. Quelques grandes familles levantines d'origines grecque, française ou italienne font aussi partie des privilégiés du pouvoir économique, grâce à une implantation stratégique séculaire dans les circuits du grand commerce méditerranéen.

Ce sont les grands propriétaires fonciers des villes, grecs orthodoxes et sunnites dans leur grande majorité, qui profiteront des énormes rentes foncières que provoqueront l'essor démographique et l'afflux des paysans maronites et chiites vers les villes au XXᵉ siècle, en particulier Beyrouth, Tripoli et Saïda ; cependant que les féodaux chiites, qui détiennent la grande propriété rurale au sud du Liban et dans la Bekaa, zones riches en eau comprenant les terres les plus fertiles du Liban, verront leur fortune déjà importante considérablement amplifiée grâce aux travaux d'aménagement des ressources en eau et au désenclavement progressif de leurs régions par la construction d'un vaste réseau routier, résultant de la politique de grands travaux de l'État, d'abord sous le régime du mandat français, puis de l'indépendance.

Une pyramide sociale diversifiée et instable

À la veille des grands troubles qui vont déchirer le Liban à partir de 1975, les grandes fortunes restent largement concentrées dans les mains de la féodalité chiite, des grands propriétaires fonciers urbains sunnites dans leur majorité, mais aussi grecs orthodoxes. Ces derniers ont aussi une position prépondérante dans le commerce, l'industrie et la finance, dont ils ont fondé dès la fin du XIXᵉ siècle les premiers comptoirs. Chez les maronites, il y a certes de grandes fortunes acquises pour une bonne partie dans l'émigration et qui ont financé la constitution de quelques banques ou de grands commerces. Mais la terre, dans les zones de peuplement maronite, concentrée dans les mains des couvents, n'est plus depuis longtemps source de fortune.

L'avance de la communauté maronite existe surtout vis-à-vis des communautés islamiques et consiste dans le développement de l'éducation moderne. Ce développement s'est réalisé grâce aux liens étroits noués par le clergé maronite avec l'Église de Rome et l'Italie de la Renaissance, puis un peu plus tard avec la France. Les membres du clergé, revenant dans leur village natal après une formation en Italie ou en France, en feront profiter leurs ouailles, qu'ils alphabétiseront autant que possible. Des membres du clergé maronite ont par ailleurs contribué de façon éclatante au développement des connaissances sur l'Orient en Italie et en France. Cette évolution a rencontré des résistances culturelles et sociologiques dans les communautés sunnites et chiites, en particulier l'opposition des féodaux chiites à la perspective de l'émancipation de leurs paysans.

C'est chez les maronites que se développe historiquement une véritable classe moyenne d'envergure, constituée essentiellement de fonctionnaires de l'administration, d'instituteurs, d'employés du secteur tertiaire et de membres des principales professions libérales : médecins, avocats, journalistes. Toutefois, les couches rurales maronites s'appauvriront encore tout au long du XXe siècle, en particulier dans le nord du pays que la prospérité du Liban central, axée sur le développement accéléré de Beyrouth, touche relativement peu. La prospérité du Liban central, où sont jusqu'à aujourd'hui concentrés massivement, mais non exclusivement, les maronites, provient d'abord de l'argent des émigrés, puis de la croissance de la capitale, enfin du développement d'un tourisme de luxe pour riches émirs du pétrole. Elle n'est pas le résultat de l'exploitation du pays par une bourgeoisie capitaliste maronite. Malgré la guerre civile, cette région continuera de connaître dans les zones maronites une grande prospérité du fait de nouvelles et colossales fortunes faites dans le Golfe arabique durant les années du *boom* pétrolier. Mais classe moyenne et toute petite bourgeoisie maronite (ouvriers qualifiés et employés) ne survivront que par ces nouvelles possibilités d'émigration vers les pays pétroliers.

La pyramide sociale des maronites est donc très diversifiée, mais souffre d'instabilité à la base et au sommet. À la base, du fait de la persistance de couches rurales défavorisées qui, émigrant vers les villes, se transforment en toute petite bourgeoisie dont la lutte pour la survie est très dure ; au sommet, par une grande bourgeoisie, réduite en nombre et dont les assises économiques ont leurs origines en partie à l'extérieur du pays. De ce fait, la classe moyenne maronite se trouve en situation d'équilibre instable, ne s'enracinant pas dans une véritable couche populaire urbaine et ne trouvant pas d'encadrement suffisant dans la grande bourgeoisie de sa communauté. Élément moteur de la prospérité libanaise depuis le début du siècle, mais nullement détentrice du pouvoir économique véritable du pays, situé dans les autres communautés, la classe moyenne maronite à la recherche de son identité sera sensible à l'idéologie du Parti phalangiste qui plonge ses racines idéologiques dans le grand malaise des classes moyennes européennes de l'entre-deux-guerres, accoucheur du fascisme européen et de ses violences.

Ce rapide aperçu historique montre qu'en aucun cas la communauté maronite ne peut être considérée comme une classe sociale bourgeoise à l'intérieur de la formation sociale libanaise, ayant tiré son pouvoir de mécanismes d'exploitation locaux. Les particularités de l'histoire libanaise et de l'évolution socio-économique de chacune de ses communautés principales appellent à des analyses beaucoup plus fines que celles cherchant à justifier les mythes grossiers répandus par les idéologies de combat issues de la guerre civile et des positions des parties en cause. C'est bien ce que confirme la problématique plus large du conflit libanais que nous allons maintenant esquisser.

Guerre à l'intérieur des communautés, guerre entre communautés

L'affaiblissement de la communauté maronite

À partir des années 1950, l'avance relative de la classe moyenne maronite, obtenue grâce à l'éducation, va progressivement être élimée par le développement de l'éducation dans les autres communautés, cependant que l'émigration des chiites ruraux vers l'Afrique donnera lieu à la constitution d'une bourgeoisie, jusque-là inexistante, dans cette communauté. À cela il faut ajouter l'afflux au Liban de grands bourgeois musulmans en provenance de Syrie, d'Irak et de Palestine, qui déploient des activités notables dans les secteurs économiques principaux, en particulier la banque et l'industrie. Ainsi s'effrite rapidement la prépondérance relative acquise par la communauté maronite depuis deux siècles environ, prépondérance qui ne s'est jamais concrétisée, comme on l'a vu, dans une hégémonie économique, mais plutôt dans un leadership administratif et culturel qui a donné au Liban contemporain ses traits distinctifs par rapport aux autres pays de la région.

Aussi, malgré leurs efforts pour moderniser l'État et unifier sa politique, les dirigeants de la communauté — cercle hétéroclite de quelques familles ayant conservé des assises féodales terriennes (notamment les familles du nord du Liban), de bourgeoisie d'affaires ayant souvent conquis sa fortune dans l'émigration, de notabilités reconverties à la haute administration du pays depuis la *Mutassarifia*, de membres des professions libérales — se heurteront-ils toujours à la toute-puissance des grandes familles sunnites, adossée à la propriété foncière urbaine, à celle des druzes toujours solidaires des grandes familles féodales, en particulier celle des Joumblatt, enfin à celle des grands propriétaires ruraux chiites maintenant en coupe réglée leurs paysans. Cela sans parler de l'importante concentration de fortune commerciale, foncière, financière et industrielle dans les deux communautés grecque orthodoxe et grecque catholique, ainsi que du dynamisme industriel et commercial déployé par les Arméniens venus au Liban au début du siècle à la suite des grands massacres de Turquie.

Hétéroclite et ne disposant que de fragiles assises socio-économiques, la couche dirigeante de la communauté maronite, menacée de tous côtés, se replie sur elle-même à partir des années 1960, après le départ du général Chéhab. Rien n'est plus significatif du malaise de la classe moyenne maronite que son rejet du chéhabisme. En effet, nous l'avons vu au chapitre 4, le général Chéhab a mené une politique d'intégration socio-économique active des régions musulmanes pauvres du pays et institué la sécurité sociale, tout en n'oubliant pas les deux régions à forte densité maronite que sont le Metn et le Kesrouan. Aux élections de 1968, ces deux dernières rejetteront cependant les listes chéhabistes au profit d'une alliance de trois leaders maronites (Gemayel, Chamoun et Eddé), au programme parfaitement à contre-courant du réformisme chéhabiste et des enjeux locaux dans le contexte de la défaite arabe face à Israël en 1967.

Cette couche dirigeante s'accrocha à l'apparence du pouvoir, sans chercher à en saisir la réalité. Les positions acquises dans l'administration et l'armée, « privilèges » tant dénoncés par les communautés musulmanes, furent considérées comme un élément vital de la survie de la communauté et du Liban issu du mandat français et du Pacte national. La défense de ces privilèges, restreints à la clientèle directe des familles maronites dirigeantes, passa avant toute chose, y compris l'intégrité de l'État que les couches dirigeantes des autres communautés battaient en brèche au nom de l'abolition de ces privilèges. Car, pour ces dernières, l'alliance avec les mouvements palestiniens au cours des années 1960, tout comme l'avait été celle avec les mouvements nassériens une décennie plus tôt, n'était qu'une machine de guerre visant à arracher à la couche dirigeante maronite ses « privilèges ».

L'engrenage de la violence ne prit une tournure aiguë à partir de 1975 qu'en raison des facteurs externes d'abord, mais aussi en raison d'une dynamique socio-politique interne que l'éclatement des hostilités libéra à l'intérieur des communautés musulmanes. En effet, la lutte menée par les cercles dirigeants musulmans, au nom de l'affirmation de « droits » musulmans face aux « privilèges » chrétiens, poussa les couches défavorisées des communautés musulmanes à réclamer leur place au soleil face aux notabilités traditionnelles, urbaines chez les sunnites, rurales chez les chiites. En raison des différences sociales marquées à l'intérieur de ces deux communautés, en particulier chez les chiites, les enchères ont vite monté, oscillant entre la revendication sociale et l'affirmation communautaire.

Ce sont les bouleversements sociaux à l'intérieur des communautés musulmanes qui imprimeront durant la guerre aux heurts avec les communautés chrétiennes, passées sous la domination armée du Parti phalangiste, leurs caractéristiques principales ; ils expliquent aussi la prépondérance acquise par le Parti phalangiste sur toutes les communautés chrétiennes, ainsi que la nature de sa stratégie. Dans sa composante locale, la guerre civile libanaise, telle une bombe à fragmentation, a laissé éclater plusieurs « sous-guerres » à caractère socio-politique que nous allons évoquer à grands traits.

Les révolutions en cascade dans la communauté chiite

C'est surtout dans la communauté chiite que ces bouleversements ont été les plus profonds. L'hégémonie de la féodalité chiite et la permanence de ses privilèges économiques démesurés avaient en effet rendu intolérable la situation sociale à l'intérieur de la communauté dès la fin des années 1960. En pleine ascension sociale, la classe moyenne de la communauté était polarisée par les partis laïcs de gauche, en particulier par le parti Baath et l'Organisation de l'action communiste libanaise (OACL), une branche dissidente et radicale du parti communiste libanais qui attirera de nombreux jeunes de toutes les communautés et dont le chef charismatique sera Mohsen Ibrahim, lui-même un chiite du sud du Liban ; cependant que le sous-prolétariat rural devait former le gros des troupes du Mouvement des déshérités lancé à cette époque par l'imam Moussa El-Sadr et plusieurs personnalités chrétiennes. Très rapidement, à partir de 1975, les notabilités traditionnelles, celles issues des grandes familles terriennes du Sud en particulier, devaient se voir écartées des affaires de la communauté.

À la suite de l'invasion israélienne et du départ des mouvements armés palestiniens, la direction de la communauté s'est partagée entre le clergé officiel chiite, qui dirige le Conseil supérieur chiite, et les laïcs du mouvement Amal, dirigé par Nabih Berri, qui est l'organisation civile et militaire du Mouvement des déshérités.

Le clergé officiel et les dirigeants laïcs ont été en rivalité aiguë pour la suprématie dans la direction de la communauté. Par ailleurs, à l'influence des partis de gauche, qui a considérablement décliné dans la communauté après 1982, a succédé celle du parti de Dieu (Hezbollah). Ce parti, financé et soutenu par l'Iran, a pris au cours de l'année 1985 une extension remarquable, alimentée par la prise d'otages français, anglais et américains. Il a d'abord réclamé ouvertement la constitution d'une république islamique au Liban sur le modèle iranien, légitimant de la sorte la revendication d'un État chrétien par les groupes extrémistes à l'intérieur des communautés chrétiennes. Par la suite, le parti s'est progressivement assagi sur le plan de son idéologie. Sous la IIe République, il intégrera la vie parlementaire libanaise, faisant élire dès les élections de 1992 plusieurs députés. Ces derniers deviendront un élément familier du paysage politique libanais ; ses représentants au Parlement, préoccupés de justice sociale et de l'obtention de crédits pour les régions de leur implantation sociale, y joueront un rôle sérieux et constant. Au sud du pays, la milice du parti mènera une guérilla de plus en plus efficace contre l'occupation israélienne qui aboutit, en 2000, au retrait sans condition (voir *infra*, chapitre 10), ce qui vaudra au parti une énorme popularité.

L'extension considérable de l'influence du parti de Dieu provoquera des heurts armés très graves avec le parti Amal entre 1986 et 1988 qui feront beaucoup de victimes dans la communauté chiite. Trois pôles de pouvoir très divers se disputeront donc l'hégémonie sur la communauté chiite, qui sortira de la guerre considérablement renforcée dans son influence politique, mais désunie sur le plan de ses élites, très partagées entre les trois grands acteurs de la communauté. Lors des élections qui auront lieu au cours de la IIe République, le régime syrien imposera une alliance électorale entre Amal et Hezbollah qui fera barrage au retour des anciennes grandes familles, comme à des militants toujours très populaires de certains partis laïcs ou des syndicalistes.

Les bouleversements dans la communauté sunnite

Moins spectaculaires, les troubles sociaux dans la communauté sunnite ne se sont pas moins traduits par des changements importants durant la guerre, changements qui profiteront tous, en dernière analyse, à celui qui deviendra le plus puissant Premier ministre du Liban à partir de 1992, Rafic Hariri. Comme nous le verrons au chapitre 9, ce dernier deviendra le maître incontesté et exclusif de la communauté sunnite avec l'installation de la IIe République, se posant comme un rempart contre l'influence grandissante de la communauté chiite et contre un éventuel retour de la prépondérance des maronites dans la gestion du pays.

Entre 1975 et 1990, la communauté sunnite va connaître des bouleversements notables au niveau de ses élites dirigeantes. Les divers partis d'obédience nassérienne qui ont fleuri à Beyrouth à partir de 1975, en particulier le Mouvement des nassériens indépendants (Mourabitoun), dirigé par Ibrahim Koleilat et financé généreusement par la Libye, ont attiré des intellectuels et de nombreux éléments de la petite bourgeoisie sunnite, hostiles à la perpétuation de la domination de la famille patricienne des Salam ; cependant qu'à Tripoli divers partis progressistes, en particulier la branche libanaise du parti Baath d'obédience irakienne et le parti communiste, enlevaient durant plusieurs années à Rachid Karamé son hégémonie exclusive traditionnelle sur la capitale du Liban-Nord.

À la différence de ce qui s'est passé à l'intérieur de la communauté chiite pour Amal, la communauté sunnite dans son ensemble n'a pas accepté tous ces partis et leurs milices comme des représentants authentiques de la communauté. Le siège de la communauté (*Dar el-Ifta* [1]), où réside le mufti de la République, ainsi que le Conseil supérieur islamique, qui regroupe autour du mufti tous les anciens présidents du Conseil, sont restés les institutions considérées comme représentantes authentiques de la communauté, cependant que les œuvres éducatives et sociales des Makassed sont demeurées sous la coupe de la famille Salam. Toutefois, les tensions qui se sont développées entre les communautés sunnite et chiite depuis le début de 1985 ont mis à nouveau le vent en poupe, durant quelques mois, aux milices armées des différents partis nassériens, partis qui se sont totalement effondrés à l'issue de la guerre. Enfin, l'intégrisme religieux a eu aussi ses adeptes dans la communauté sunnite, en particulier à Tripoli où une fronde particulièrement meurtrière a été menée par le Parti de l'unification islamique, manipulé par l'OLP, contre la présence syrienne.

L'éclatement des violences communautaires a abouti à un affaiblissement marqué de l'influence de la communauté sunnite durant cette période. Cet affaiblissement sera accentué après l'invasion

1. *Ifta* signifie jurisprudence en arabe. Il s'agit donc des bureaux du mufti de la République, nommé par l'État, qui gère les affaires de statut personnel de la communauté. Le mufti est dans les pays musulmans l'autorité jurisprudentielle suprême qui veille à la bonne application des lois régissant la vie des musulmans (mariage, divorce, héritage, etc.).

israélienne de 1982, puis par la prise de contrôle à partir de 1984-1985 de Beyrouth-Ouest par les deux milices d'Amal (chiite) et du PSP (druze) et l'effondrement de la milice des Mourabitoun, majoritairement sunnite. Le Liban d'après l'invasion israélienne sera ainsi livré à la domination des trois milices principales, les Forces libanaises pour les chrétiens, Amal pour les chiites et le PSP pour les druzes. Au nord, et en particulier à Tripoli, une rivalité de plus en plus violente oppose les partis dits progressistes et l'organisation intégriste du cheikh Saïd Cha'abane, que finance et arme l'OLP dans sa lutte devenue ouverte avec la Syrie. En 1987, Rachid Karamé, alors Premier ministre et dernière personnalité sunnite de poids, est assassiné dans des conditions mystérieuses [2].

C'est cet affaiblissement de la communauté qui poussera l'Arabie saoudite à introduire dans les affaires libanaises le personnage de Rafic Hariri, aussi bien pour affirmer son influence sur le Liban tout entier que pour aider la communauté à retrouver une place sur l'échiquier local. Une véritable biographie de cet homme, qui connaît une irrésistible ascension, régionale et internationale, n'a pas encore été faite [3], laissant place à la seule légende d'un homme d'affaires parti de rien et devenu le grand bienfaiteur en même temps que le sauveur de son pays. Issu d'une famille très modeste de la ville de Saïda, aide comptable au journal des nationalistes arabes paraissant à Beyrouth, Rafic Hariri émigre en Arabie saoudite en 1973. Comme dans un conte des Mille et Une Nuits, il devient au bout de quelques années l'associé d'affaires privilégié du prince héritier d'Arabie saoudite, qui sera roi en 1982. Nous reviendrons longuement, dans la troisième partie, sur le rôle décisif joué par ce personnage depuis le début des années 1990.

L'immobilisme dans la communauté druze

La communauté druze a été la moins touchée par l'évolution socio-économique générale du Liban. La pyramide sociale y est restée quasi inexistante, car l'urbanisation de la communauté est restée très faible et la bourgeoisie druze n'a jamais pu conquérir son droit à l'existence face à la toute-puissance conservée par les grandes familles féodales sur leurs paysans. L'éclatement de 1975

2. Rappelons que Saëb Salam, vieux leader beyrouthin respecté et très proche de l'Arabie saoudite, a vécu en auto-exil à Genève durant de longues années jusqu'à son décès en 2001. Avec la mort de Rachid Karamé, la communauté sunnite n'a plus de figure charismatique.

3. On se reportera au seul ouvrage disponible de René NABA, *Rafic Hariri. Un homme d'affaires Premier ministre*, L'Harmattan, Paris, 1999.

a permis cependant à Kamal Joumblatt, puis à son fils Walid, d'imposer la communauté druze, en dépit de sa dimension restreinte, comme l'arbitre de toutes les situations. Toutefois, afin de pouvoir maintenir le leadership sur le mouvement de revendication des communautés musulmanes à l'encontre de la « prépondérance » chrétienne en général, et maronite en particulier, le contenu laïc, que Kamal Joumblatt avait imprimé au programme de réformes réclamé en 1975 par le Mouvement national (alliance des partis progressistes libanais), a été abandonné avec le temps au profit d'une conception confessionnelle de la réforme du régime politique, où des « droits » islamiques sont affirmés pour contrebalancer les « privilèges » chrétiens.

Les aspirations à la laïcité, dont la communauté druze était un vecteur important, en raison même de sa marginalité démographique et de la nature de ses croyances à cheval sur diverses religions, ont fait place à des surenchères sur le plan des droits islamiques, cependant que la communauté s'est plus que jamais soudée autour du leadership de la famille Joumblatt. Bien plus, les batailles victorieuses du Chouf en 1983 contre les milices phalangistes — qui ont abouti à l'éviction de la plupart des chrétiens de la région — ont donné à la communauté druze une base territoriale solide, équivalente à celle que le Parti phalangiste s'est taillée au Kesrouan et au Metn. Walid Joumblatt, qui hérite de la direction de la communauté à l'assassinat de son père, ne maintiendra pas son héritage laïc. Homme de vaste culture comme lui, sa gestion de la communauté deviendra cependant étroitement sectaire. Il deviendra un allié fidèle des Syriens et de Rafic Hariri, en même temps qu'un homme d'affaires prospère.

Les communautés chrétiennes et l'hégémonie du Parti phalangiste

Face à ce tableau des luttes sociopolitiques intenses à l'intérieur de chacune des deux grandes communautés islamiques (sunnite et chiite), ainsi qu'entre ces deux communautés d'une part et dans leurs rapports avec la communauté druze d'autre part, on peut être étonné que les communautés chrétiennes n'aient pas réussi à mettre en œuvre une stratégie efficace de changement assurant le retour à l'unité du pays à travers le renforcement de l'État. Les opportunités n'ont pourtant pas manqué au cours de ces quinze années de guerre. Mais les dirigeants maronites sont restés prisonniers du poids de l'histoire et des structures sociales de la communauté. La nature des « revendications islamiques » et les mécanismes de surenchère du côté des communautés musulmanes n'ont pas été perçus dans leur vrai contexte, mais exclusivement comme la dernière étape d'un déclin menant à la fin de l'existence libre des communautés chrétiennes dans l'Orient musulman.

La révolution iranienne puis la montée de l'intégrisme islamique dans l'ensemble du Proche-Orient n'ont fait que confirmer cette vision sans nuances. C'est pourquoi le Parti phalangiste, de même que celui de l'ex-président Chamoun, n'hésitant pas à rompre avec l'hostilité contre le sionisme qui avait jusqu'ici prédominé autant chez les chrétiens que chez les musulmans du Liban, a préféré l'alliance avec le « diable », en l'occurrence l'État d'Israël, alliance qui n'a nullement porté chance au Liban ou à la communauté maronite. Lorsque Bachir Gemayel, élu à la présidence en 1982 grâce à l'invasion israélienne, cherchera l'ouverture sur les communautés musulmanes, promettant ouvertement l'égalité de chances et l'intégration sociale de tous à la prospérité libanaise, il sera aussitôt assassiné. Coïncidence malheureuse ou relation de cause à effet : les deux interprétations sont possibles et le choix est affaire de préférence idéologique en fonction de la partie que l'on peut dénoncer comme responsable de la disparition prématurée du jeune président.

C'est la peur ancrée dans la classe moyenne chrétienne, dont le noyau le plus ancien est situé dans la communauté maronite, qui a permis au Parti phalangiste de conquérir l'hégémonie sur l'ensemble des communautés chrétiennes. L'affirmation de cette hégémonie a cependant exigé des batailles sanglantes pour réduire l'indépendance des notabilités politiques maronites refusant la prépondérance du parti dans les rangs chrétiens. Au printemps 1978, l'attaque d'Ehden en plein fief de l'ex-président Soleiman Frangié, où périrent son fils aîné, sa belle-fille, son petit-fils et plusieurs dizaines de villageois ; en 1980, l'attaque de la localité de Safra et des permanences du Parti national libéral de l'ex-président Camille Chamoun où périrent, suivant les estimations, entre deux cents et cinq cents de ses partisans [4] ; enfin, en janvier 1986, l'éviction d'Élie Hobeika et de ses partisans, celui-ci ayant été l'artisan de l'accord conclu à Damas entre les trois grandes milices libanaises (maronite, druze et chiite) en vue de mettre fin au conflit et de

4. On verra à ce sujet le témoignage émouvant de la petite-fille du chef du PNL, Tracy CHAMOUN, *Au nom du père*, Jean-Claude Lattès, Paris, 1992.

donner à la Syrie les moyens officiels de son influence au Liban. Les combats entre adversaires et partisans d'Élie Hobeika feront alors des centaines de victimes.

Rappelons, en outre, cet autre épisode malheureux de la rivalité de pouvoir à l'intérieur de la communauté maronite, lorsque Élie Hobeika et Samir Geagea, hommes forts des Forces libanaises, annoncent leur rupture avec le parti et se lancent dans une nouvelle équipée malheureuse au sud du Liban qui coûtera cher aux chrétiens de la région de Saïda et d'Iklim el-Kharroub, puisqu'ils seront évacués de leurs villages aux mains de miliciens musulmans contre-attaquant. Il est vrai que Samir Geagea se dit ouvertement partisan de la séparation des communautés. Neuf mois plus tard, il entrera en conflit ouvert et sanglant avec Élie Hobeika sur le problème des relations avec la Syrie.

Les restes de féodalité de la communauté, situés au nord du Liban, n'ont cependant pu être soumis, l'ancien président Soleiman Frangié résistant à la tutelle phalangiste et lui préférant une alliance renforcée avec la Syrie. Un contrôle idéologique et politique de fer fut institué durant cette période particulièrement sombre sur l'ensemble de la population chrétienne vivant dans les zones tenues par la milice phalangiste. Les tensions ont souvent été vives avec la communauté arménienne, cependant qu'à partir de 1985 la communauté grecque orthodoxe cherche par tous les moyens à montrer son indépendance afin d'échapper à l'engrenage des surenchères confessionnelles.

De même, les petites communautés chrétiennes dites minoritaires (jacobite, chaldéenne, syriaque, latine et protestante) ont formé au printemps de 1985 un comité chargé d'assurer une représentation indépendante et de défendre leurs « droits » ignorés dans l'empoignade des grandes communautés. Samir Geagea sera aussi responsable des affrontements très sanglants dans lesquels il entraînera en 1989 et 1990 sa milice, surarmée par Israël et par l'Irak, contre la partie de l'armée régulière sous le commandement du général Aoun, général en chef de l'armée et Premier ministre désigné par le président Gemayel à l'issue de son mandat (voir *infra*, chapitre 9). Ces combats achèvent de démoraliser le camp chrétien, rendant facile la victoire des deux autres grandes milices communautaires, alliées à la Syrie.

L'aspect le plus spectaculaire, et cependant le moins connu, de la stratégie du Parti phalangiste est incontestablement la conquête d'assises économiques pour la communauté maronite, ces assises qui depuis le XIXe siècle lui ont tant fait défaut, l'empêchant de profiter de son avance culturelle et d'asseoir son leadership dans le pays sur des bases solides. C'est ainsi que le parti a arraché à l'État une grande partie de ses recettes fiscales (les recettes douanières par la prise du cinquième bassin du port de Beyrouth et l'ouverture de ports libres), ou s'est surajouté à lui pour prélever une quote-part de fiscalité (droits d'enregistrement foncier, taxe sur l'enregistrement des véhicules, taxe sur l'essence), lorsqu'il n'a pas lui-même institué de nouveaux impôts.

Avec son armée (les Forces libanaises), sa police, ses services secrets, ses tribunaux, sa radio, ses bureaux à l'étranger, le Parti phalangiste a donné durant une courte période à la communauté maronite les assises socio-économiques qui lui ont fait défaut dans l'histoire. Ce faisant, il a manifestement mené la communauté dans l'impasse, et avec elle l'ensemble des chrétiens du Liban, et par le fait même le pays tout entier.

On doit mentionner également le rôle qu'a joué l'ordre des moines libanais depuis 1975 dans la mobilisation de la communauté, renouant avec les traditions du XIXe siècle où le clergé avait servi d'encadrement aux paysans maronites en révolte contre l'ordre établi. Par sa présence dans tous les villages de la montagne, la richesse de ses couvents et l'importance de ses écoles, l'ordre des moines ne pouvait rester au XXe siècle hors de la bataille. Le Vatican a souvent tenté, mais en vain, de calmer ses ardeurs belliqueuses. En revanche, le patriarche de la communauté est, lui, resté loin de cette mobilisation, prêchant concorde et réconciliation, sans toutefois réussir à imposer ses vues modératrices au Parti phalangiste ou à l'ordre des moines.

Toutefois, un État chrétien sous le contrôle absolu de la communauté maronite à travers l'hégémonie du Parti phalangiste ou des Forces libanaises, milice chrétienne issue du parti mais en rupture avec lui depuis 1985, aurait eu raisonnablement peu de chances de survie paisible à long terme. Un Liban islamo-chrétien uni, mais dominé entièrement par un parti politique, représentant des intérêts communautaires peu évidents, à l'intérieur même du camp chrétien, était encore moins réalisable, comme l'ont prouvé tous les événements qu'a malheureusement déclenchés l'invasion israélienne du Liban en 1982. Or la stratégie du parti, fondée sur la conquête d'assises économiques au détriment de l'État, l'a amené alternativement et suivant les circonstances à rechercher l'un ou l'autre de ces deux objectifs irréalistes (cette stratégie fluctuante a fait l'objet d'une autocritique assez remarquable de la part d'une personnalité phalangiste, Joseph Abou Khalil, responsable du quotidien du parti, *Al Amal*, dans un long article paru dans ce journal le 23 juin 1984). Elle a bloqué aussi tout retour à la souveraineté de l'État libanais que le parti a tenu en otage, paralysant de la sorte toute nouvelle formule d'équilibre communautaire. Il faudra attendre l'éviction du général Aoun en octobre 1990 pour que les nouveaux arrangements communautaires prévus par les accords de Taëf puissent être appliqués tout en étant rapidement vidés de leur substance.

Accusée sur un mode démagogique d'hégémonique historique et de privilèges injustifiés [5], la classe moyenne maronite, prisonnière au cours des années 1975-1990 de la dynamique hégémonique du Parti phalangiste et de la milice des Forces libanaises, a pris une revanche négative sur l'hostilité que lui ont témoignée les autres composantes sociales du Liban. Reprenant au XXᵉ siècle sa dynamique socio-économique interrompue par les événements sanglants du XIXᵉ siècle, elle était parvenue par ses capitaux amassés à l'étranger à consolider à nouveau au Liban sa position centrale, ainsi qu'une certaine prospérité pour l'ensemble du pays, sans que cependant les dirigeants politiques principaux de la communauté n'appuient les réformes chéhabistes qui étaient indispensables pour assurer l'intégration économique des autres composantes de la société. Aussi n'est-il pas étonnant que cette hégémonie relative des maronites ait été mise en cause par le développement des classes moyennes musulmanes qui font irruption dans le monde politique libanais dès le milieu des années 1950, d'abord sur le mode du nationalisme arabe radical et socialiste, puis sur celui de l'affirmation de « droits » islamiques par la suppression des « privilèges » chrétiens avec la radicalisation du conflit en 1975 [6].

Les classes moyennes musulmanes, quant à elles, ont été à leur tour victimes de tendances fascisantes, qui se sont exercées dans un cadre de plus en plus communautaire. Elles se sont, en effet,

---

5. Parmi les nombreux excès commis dans ce domaine, rappelons celui de Kamal Joumblatt comparant l'« hégémonie » des maronites sur les musulmans libanais à la politique raciste et discriminatoire de la minorité blanche d'Afrique du Sud à l'encontre de la majorité noire.

6. Les travaux réalisés à l'occasion de la tenue du synode de l'Église maronite, en juin 2003, premier synode depuis celui de Louwayzé en 1736, ont procédé à un examen critique du rôle des maronites dans la constitution du Liban moderne, en particulier leurs échecs à constituer un État juste, puis leurs choix erronés en invitant les Syriens puis les Israéliens à entrer au Liban durant la période 1975-1990. De même, dans le domaine économique et social, les documents de base soumis au synode sur les questions économiques et sociales sont une condamnation assez sévère de la pratique des dirigeants maronites et du silence de l'Église sur cette pratique.

trouvées d'une part coincées entre la survivance des vieilles couches dirigeantes musulmanes et l'émergence d'un sous-prolétariat rural et urbain qui adhère aux milices des Mourabitoun pour les sunnites, d'Amal puis du Hezbollah pour les chiites, et soumises d'autre part aux différentes formes d'intégrisme islamique (sunnite ou chiite) ayant pris la succession du radicalisme palestinien. Dans cet éclatement général du Liban, la communauté druze — la seule qui n'ait pas connu de troubles sociaux internes — a restauré son hégémonie historique sur la région du Chouf et a affirmé son rôle d'arbitre des situations libanaises, mettant ainsi fin à la marginalisation qu'une démographie déclinante lui avait imposée dans un système politique fondé sur une répartition confessionnelle des hautes fonctions de l'État. Mais dans cette communauté aussi, cette évolution s'est faite au prix de la dictature totale exercée par la famille des Joumblatt, que personne n'ose contester.

Ainsi, la relation entre confessionnalisme et pouvoir économique est à l'opposé des simplifications usuelles qui ont servi de clés d'explication au conflit libanais dans sa dimension locale. Les complexes et malaises communautaires qui ont alimenté cette dimension du conflit ne sont pas au premier chef ceux des communautés entre elles, mais au contraire ceux régnant à l'intérieur de chaque communauté de par le poids des évolutions socio-économiques différenciées. La longueur du conflit peut s'expliquer par l'absence totale de prise de conscience de ces données à tous les niveaux de l'échelle sociale libanaise, ce qui a poussé chaque communauté à surenchérir dans l'hostilité à l'autre, « exportant » son malaise plutôt que de le guérir. Les intervenants extérieurs apportant de l'eau à ce moulin en venant « au secours » de telle ou telle communauté suivant les conjonctures, renforçant de ce fait les fantasmes communautaires. En particulier, l'État d'Israël a considérablement aggravé le complexe de peur des chrétiens face à la montée des classes moyennes musulmanes et à leurs expressions politiques de nature confessionnelle. Son aide aux milices chrétiennes et son influence idéologique intense sur leurs cadres jeunes et politiquement inexpérimentés lui ont permis d'achever, dans un chaos sanglant, la déstabilisation complète du pays, que les mouvements armés de résistance palestinienne avaient entamée déjà à la fin des années 1960.

8

Nature, mécanismes et objectifs de la violence milicienne

Une guerre sans cause ?

Une guerre sans visage

Au cours des quinze années de violence qui ont frappé le Liban entre 1975 et 1991, la mort d'un Libanais a toujours présenté un caractère irréel, en tout cas incertain. Irréel parce que les Libanais ont été insaisissables : on a eu trop coutume de les voir « pignon sur rue » à Paris, Londres et Genève dans le monde raffiné et cosmopolite de la haute finance, du négoce international et de la promotion immobilière, pour croire que ce même Libanais ait été partie d'un de ces peuples martyrs de cette fin de siècle difficile. Incertain parce que, avec la meilleure bonne volonté, la mort d'un Libanais n'a jamais été tout à fait explicable : les Libanais sont morts de tant de façons différentes, pour des causes si multiples et sous le coup d'adversaires si divers, de l'extérieur et de l'intérieur. Ils ont ouvert la route de la mort à bien d'autres peuples ou communautés, dans les Balkans, en Afghanistan, en Tchétchénie…

On a vu pourtant certaines grandes chancelleries s'émouvoir parfois sur le sort du Liban. Les États-Unis et la France y ont envoyé à plusieurs reprises des émissaires. La France, ancienne puissance mandataire, a même évoqué, en 1976, la possibilité d'y faire débarquer des troupes. Vieux réflexe historique, souvenir d'une expédition de Napoléon III au siècle précédent, pour y « protéger » les chrétiens contre la « férocité » de la soldatesque ottomane. Mais dans tout cela, rien de vraiment sérieux. Non point par négligence, car aucun intérêt de grande puissance n'a été en jeu directement, mais parce que le Liban officiel et les différentes forces politiques libanaises leur ont glissé entre les doigts et que les puissances ne pouvaient être plus royalistes que le roi.

Au demeurant, ces chancelleries ont fait leur travail, puisqu'elles sont intervenues activement lorsqu'il a fallu colmater une brèche trop béante ouverte par l'un des protagonistes non libanais du drame, les seuls vraiment dangereux. Ainsi des contingents onusiens prennent-ils en 1978 la relève des troupes israéliennes qui ont occupé le sud du Liban au printemps de cette même année ; de même, l'administration américaine sort de sa torpeur lorsqu'en 1981 des missiles de fabrication soviétique sont introduits par l'armée syrienne dans la vallée de la Bekaa, au centre du Liban, pour prévenir les coups de main de l'aviation israélienne. Et une Force multinationale d'interposition, comprenant des contingents américains, français et italiens, est constituée en 1982, suite à l'invasion du pays par l'armée israélienne.

Ouverte en 1968, éclatant au grand jour en 1975, on peut dire que la crise libanaise a été remarquablement contenue par ses protagonistes régionaux et internationaux, malgré de nombreuses bavures qui ont fait saigner ces Libanais de l'ombre, ceux que personne ne connaît, parce que, justement, ils sont innocents. Ceux qui n'ont pas habité l'avenue Foch à Paris et fréquenté les grands de la finance ou de ce monde, ceux qui n'ont appartenu à aucune faction militante et qui ont eu pour seul tort leur entêtement quotidien et pacifique à vivre sur leur terroir, en tentant de faire abstraction de l'existence des mercenaires de l'intérieur et de l'extérieur qui ont quadrillé par la violence et la terreur cette terre toujours endeuillée par l'histoire des autres. Ces Libanais de l'ombre ont été les martyrs dont personne n'a jamais parlé, alors qu'ils ont donné le plus bel exemple de résistance non violente à une coalition d'agresseurs-protecteurs aux masques les plus divers et les plus changeants. Ils ont été les proies favorites des francs-tireurs masqués, embusqués sur le toit des immeubles, symboles de la dépravation la plus totale. Ils ont été les victimes des vols et des exactions des milices, bandes et armées qui ont sillonné le territoire au nom des divers idéaux qu'a connus la fin si grinçante du XXe siècle. Ils ont été enlevés et torturés, déchiquetés par des centaines de voitures piégées.

En ce sens, la mort à la libanaise a bien été le témoignage de l'absurdité des valeurs que nous avons vécues au cours du dernier demi-siècle. Le fusil du franc-tireur, l'obus de 155 employé dans les combats de quartier à quartier, les bombes de l'aviation israélienne s'y sont inscrits en effet sous les bannières les plus diverses : protection du christianisme et des minorités, résurgence de l'islam, affirmation du sionisme, dynamique du marxisme, contre-offensive de la CIA, défense de l'arabité ou de l'islam, droit des peuples à s'autodéterminer, liberté de penser, émancipation des opprimés… C'est pourquoi le sang libanais qui a coulé quotidiennement entre 1968, date des premières représailles israéliennes contre la présence armée palestinienne au Liban, et 2000, date de l'évacuation par Israël des territoires qu'il a occupés depuis 1978 au sud du pays, est bien trop gênant pour que la « bonne conscience » internationale s'en soit occupée sérieusement comme pour la Pologne ou les dissidents des régimes communistes.

Qui aurait pu en effet revendiquer ce sang qui a coulé silencieusement, de façon monotone, comme un sous-produit de causes si bien installées dans la bonne conscience du monde : le sionisme, l'autodétermination palestinienne, la révolution tiers-mondiste et la défense des forces « progressistes » dans le monde, enfin, au cours des dernières années, le nouvel ordre mondial de la puissance américaine triomphante. S'occuper du sang libanais, du sang des Libanais de l'ombre, c'est ouvrir trop de dossiers à la fois, alors que le goulag soviétique, la résistance afghane, les turbans de Téhéran (autrefois adulés), l'Amérique centrale ont offert tant de sujets de s'émouvoir sans risque, en étant dans le « sens de l'histoire ».

Il a été dangereux de s'émouvoir pour le Liban, car derrière chaque mort de Libanais il était difficile de savoir qui se cachait : un Israélien, un Syrien, un Palestinien, un phalangiste, un Frère musulman, les Brigades rouges, la bande à Baader, la mafia, un Libyen… La guerre libanaise n'a pas été de ces belles guerres civiles, sanglantes à souhait, mais restreintes dans l'espace et dans le temps, où les bons et les méchants s'affrontent à visage découvert et où chacun peut en toute sécurité choisir son camp. Cette guerre civile a été une guerre sans visage, où la mort s'est présentée sous plusieurs masques. Elle n'a pas offert le luxe de prisons, de procès et d'exécutions, accessoires indispensables à une mobilisation par placards de journaux au nom des droits de l'homme.

La mort au Liban, cela a été l'incongru anonyme. Celle de ce paisible bourgeois assis confortablement dans un salon cossu, réduit en cendres dans son fauteuil par une roquette jaillie de la fenêtre. Celle de ce boulanger distribuant à bicyclette ses galettes de pain à cinq heures du matin et dont un franc-tireur fera un carton pour commencer la journée. Celle de ces familles pauvres entassées dans des immeubles mal construits qui s'écroulent sous le coup des bombes israéliennes, ou d'attentats à la dynamite commis là où des munitions ont été entreposées. Celle de ce jeune homme circulant dans un taxi collectif dans un quartier non engagé dans des hostilités, mais qui sera rendu à sa mère mort d'une balle perdue qui a pénétré dans le taxi pour se loger dans sa tête. Celle des occupants d'un autre taxi collectif qu'un tank israélien ira réduire en ferraille contre une paroi rocheuse. Celle de ces modestes familles de village découvertes au matin la gorge tranchée sans que l'on sache jamais pourquoi. La mort au Liban, cela aura été tous ces cadavres anonymes que l'on a trouvés quotidiennement sous les ponts ou dans les bois. À tous ceux-ci, il faut ajouter tous ceux qui sont morts uniquement parce que leur carte d'identité indiquait une appartenance communautaire déplaisant aux hystériques qui effectuaient dans les rues de Beyrouth et sur les routes de montagne des contrôles dits de « sécurité ».

Dans une guerre, il est dangereux de parler sans haine des autres, ceux d'en face, de l'autre côté de la barricade. Ceux qui font la guerre, tuent, pillent et détruisent ne supportent pas que l'on comprenne l'autre et l'accepte, car alors la tuerie n'aurait plus de sens. Que dire d'une guerre dont tous les chefs, libanais et non libanais, n'ont eu qu'un seul objectif : tuer le plus grand nombre de civils désarmés et épargner les responsables civils et militaires. Car il ne s'est agi que de cela : bombarder, tirer à partir d'un toit d'immeuble, enlever, torturer, tuer des êtres innocents ne demandant qu'à continuer de vivre une convivialité de la différence que peu de peuples ont eu le privilège de connaître.

Aucune guerre de mouvement véritable, aucune bataille avec de hauts faits d'armes où, piètre consolation, on peut penser mourir ou avoir été estropié pour l'honneur et la gloire. Mais une suite monotone de massacres, en gros ou en détail, par divers moyens, d'une population innocente prise dans les filets de factions armées prétendant la défendre ou, pis encore, la libérer. Des bombes à fragmentation les plus sophistiquées jusqu'au simple poignard, en passant par tous les calibres d'obus et les derniers fusils ou mitrailleuses à la mode, sans oublier les innombrables voitures piégées, les Libanais auront dans leur chair payé durant quinze ans un génocide au détail qui a lassé l'univers entier.

Car, bien sûr, personne n'a compris le Liban. Soit que, pour l'esprit prudent, tout cela soit apparu bien trop compliqué ; soit que, pour l'homme de passion, il ait choisi sa « tête de Turc » — et elles n'ont pas manqué — et prétendu connaître toute l'affaire au travers de l'un ou l'autre des clichés à la mode. Ces clichés, il faut bien le dire, sont ceux qu'ont véhiculés les chefs des factions libanaises ou ceux de leurs confrères dans la région, sans parler des médias des grandes puissances, libres ou totalitaires, qui ne s'embarrassent pas de nuances dans ces conflits. Car le Liban a eu hélas le malheureux privilège d'attirer l'attention des grandes puissances : trois fois au moins en dix ans, c'est beaucoup trop pour un pays si insignifiant. Aussi, les regards ont-ils fini par s'en détourner, las de ne point comprendre ou de s'être passionnés pour un pays mirage, une population perçue comme hétéroclite et sanguinaire, des chefs de faction instables et corrompus.

Vous avez votre Liban, j'ai mon Liban

C'est, bien évidemment, un autre Liban que l'on dira ici. « Vous avez votre Liban, j'ai mon Liban », avait déjà dit au début du XXe siècle l'un des plus grands poètes libanais, Khalil Gebrane. C'est le Liban de tous ces Libanais non embrigadés dans les factions armées, qui n'ont point volé, tué, détruit, mais qui, au contraire, se sont obstinés, au milieu de toutes les violences et au prix de leur vie, à continuer d'assurer la survie de leur pays, le fonctionnement de ses approvisionnements, de ses écoles, de ses banques, de ses services publics, que les bandes armées n'ont eu de cesse de vouloir paralyser. Majorité silencieuse, certes, bien que beaucoup, cédant aux passions idéologiques que leur ont martelées les discours de la guerre, ont tenu parfois le langage du fanatisme et de la simplification. Mais leurs actes quotidiens de paix ont démenti leur parole, simple reflet des situations de violence dans lesquelles tous les Libanais ont été pris durant quinze ans.

On ne juge pas un peuple sur le langage qu'il a tenu au milieu des pires violences et des souffrances dans lesquelles il s'est trouvé. On ne doit pas plus le juger sur les mœurs de ceux qui ont prétendu le représenter par la force des armes et se battre en son nom. On doit encore moins le juger, alors que plusieurs guerres se sont déroulées simultanément sur son sol, jouant toutes des différences communautaires qui ont de tout temps caractérisé son existence, et que cette existence même a été historiquement un enjeu de querelles et de passions.

Car la complexité du conflit est d'abord venue de sa nature kaléidoscopique. Entre 1975 et 1990, en effet, ce n'est point une guerre qui s'est livrée au Liban, mais plusieurs, s'emboîtant l'une dans l'autre, puis se désemboîtant successivement selon toutes les combinaisons possibles. Toute compréhension de ces années de violence passe par cette constatation de base et par la description de ces différentes guerres. Bien sûr, l'ordre d'énumération des guerres s'imbriquant dans le conflit et l'intensité attribuée à chacune d'elles permettent des analyses divergentes pouvant servir à tel ou tel des grands clichés qui ont régné sur le Liban.

Il a été de bon ton, par exemple, après le départ de la direction de l'OLP du Liban en 1982, de dire que la composante régionale du conflit n'était pas importante, qu'il s'agissait bien d'une guerre civile entre chrétiens et musulmans, ce qui bien sûr a disculpé Israël, la Syrie et l'OLP de toute responsabilité dans ces morts d'innocents et ces destructions aveugles. Mais on peut aussi dire que rien de ce qui s'est passé entre Libanais n'aurait atteint cette ampleur, ce cours dramatique, si le pays ne s'était trouvé pris dans l'engrenage du conflit israélo-arabe ; ou mieux, pour d'autres, de la rivalité Est-Ouest, en particulier avec l'équipée malheureuse de la Force multinationale sous l'égide des États-Unis. On peut encore invoquer les rôles « maléfiques » de la Syrie, de l'Iran, de la Libye, cependant que tant de choses pourraient être dites sur l'aveuglement et la pesanteur de la politique américaine au Proche-Orient.

Comment donc mettre de l'ordre dans toutes ces approches, donner à chaque facteur du conflit son poids objectif dans l'analyse ? Pour cela, on ne doit pas hésiter à partir des facteurs locaux, car les guerres des autres sur le territoire libanais et par Libanais interposés n'auraient pas été possibles si les responsables libanais avaient gardé leur pays loin des immixtions étrangères. S'ils n'avaient pas utilisé des maronites pour la défense de l'Occident et la garde des frontières d'Israël, des sunnites et des druzes pour la défense de l'OLP et de l'arabité, des chiites pour celle de l'islam et la gloire de Khomeiny. Libanais à vendre, pour tuer ou être tués : afin de maintenir impuni un tel bazar durant quinze ans, il a fallu vraiment que les clichés justificatifs soient bien tournés et les intérêts régionaux et internationaux dans la boucherie libanaise bien consistants.

Un propos sur le Liban ne peut, en tout cas, ignorer son environnement, surtout lorsqu'il est si cruel et incohérent. Ce n'est cependant point le récit des quinze ans d'atrocités que nous ferons ici. D'autres l'ont entrepris avec leurs passions et la violence de leurs propres sentiments ; jusqu'à la nausée, les images des violences et des massacres ont été étalées dans tous les médias du monde, et la souffrance des Libanais a fait l'objet de tous les voyeurismes, y compris celui du talentueux « faussaire » qu'un metteur en scène allemand de renom nous a fourni [1].

Aucune de ces morts libanaises, curieusement, n'est rentrée dans les domaines de compétence d'Amnesty, du tribunal Bertrand Russell ou de la commission des droits de l'homme de l'ONU, ou des tribunaux spéciaux que l'on a pu instituer pour juger des massacres en Yougoslavie et au Rwanda. Car il faut mourir pour une cause, une de ces grandes causes de l'histoire du XXe siècle : la décolonisation, la révolution, la liberté, la démocratie, le droit à l'autodétermination, l'antifascisme, le progrès social... Or les Libanais ont eu deux grands torts : d'une part, ils sont morts de la contradiction de toutes ces causes entre elles et c'est pourquoi leur mort a été incongrue dans le fond comme dans la forme. D'autre part, ils sont morts anonymement, parce qu'à un État défaillant, leur État, se sont substitués des groupes armés qui ont prétendu parler en leur nom, mais qui ne se sont battus qu'à travers le massacre collectif des Libanais désarmés qu'ils ont prétendu représenter et dont ils ont fait commerce dans un Moyen-Orient devenu une foire d'empoigne internationale.

La destruction du tissu intercommunautaire

Le facteur le plus énigmatique de cette guerre, qui semble le mieux avoir accrédité la thèse d'un complot visant à la division du pays et à la création d'un État chrétien et d'un État islamique, est celui de la nature de la violence exercée depuis le début des hostilités, le 13 avril 1975. En effet, la violence a eu un caractère spectaculairement confessionnel, sans rapport avec les enjeux politiques réels du conflit. Le problème est évidemment que toutes les parties en cause, victimes du conflit ou exécutants du complot suivant les optiques, ont pratiqué cette violence exclusivement communautaire.

Il est d'ailleurs extraordinaire qu'en dépit de la complexité de cette guerre, des innombrables facteurs locaux, régionaux, internationaux qui l'ont alimentée et qui n'ont rien à voir avec l'islam ou le christianisme, la violence qui s'y est exercée n'ait été qu'une boucherie grotesque de civils désarmés ayant le malheur d'être chrétiens ou musulmans, ou d'habiter un quartier à prédominance chrétienne ou musulmane aveuglément bombardé par les miliciens

---

1. Volker Schlöndorff, dans son film *Le Faussaire*, 1981, dont la toile de fond est celle du conflit libanais.

de l'autre bord. Loin de dénoncer ces actes comme relevant de la criminalité la plus abjecte, les médias locaux ou internationaux ont fait feu de tout bois dans la rationalisation de cette violence, présentée comme le fruit d'une lutte entre chrétiens se battant pour leur survie et musulmans cherchant à assurer leurs droits dans une république inégalitaire [2].

On ne s'interrogera jamais assez sur les aspects ubuesques et repoussants de la violence pratiquée, car il faudra bien, enfin, qu'un jour les responsables soient désignés et punis. La mort qui a été donnée au Liban, indistinctement et de façon collective, à des populations civiles désarmées relève de la notion de crime contre l'humanité et nullement d'actes de guerre. Placer ces crimes sous le signe de la croix ou du croissant, ou encore de la révolution (pour les Palestiniens), ne les rend que plus odieux. Le silence du monde entier sur ces crimes a été significatif de la baisse du sens moral dont souffre actuellement l'humanité. Quant aux Libanais, il était souvent impossible de dénoncer ces crimes au moment où ils étaient commis, car ils ont eu chacun le canon d'un fusil braqué sur eux, quand ils n'ont pas été amenés à acquiescer à ce qui se passe avec le lavage de cerveaux opéré par les médias jouant sur les problèmes historiques de perception que nous avons déjà analysés.

Qui dira donc un jour pourquoi, un certain samedi de décembre 1975, des combattants phalangistes, affichant sur leur poitrine de grosses croix de bois, descendront en plein centre-ville tuer sauvagement tout musulman trouvé sur leur passage en représailles de trois cadavres chrétiens trouvés la veille au soir [3] ? Qui dira pourquoi, en janvier 1976, ces combattants phalangistes, toujours affublés de leurs énormes croix, célébreront, coupe de champagne à la main, devant des amas de cadavres, et face aux

---

2. On ne peut manquer de mentionner ici, comme nous le ferons à d'autres reprises, l'irresponsabilité des médias internationaux qui, pour le Liban comme pour la Yougoslavie, auront bien plus rendu compte des thèses des chefs de guerre et assassins de leur peuple que de celles des citoyens refusant la violence et l'éclatement de leur société sous des prétextes ethniques ou religieux.

3. Au cours du « Samedi noir », le 6 décembre 1975, la milice phalangiste, en représailles à l'assassinat de trois civils « chrétiens », entreprendra la liquidation physique de toute personne musulmane circulant dans la partie du centre d'affaires de Beyrouth sous son contrôle. Il y eut au moins deux cents victimes. Le récit naïf et répugnant de cette violence par l'un des bourreaux du Parti phalangiste a fait l'objet d'un ouvrage à sensation, médiatisé par Bernard Pivot qui fit venir sur le plateau de l'émission littéraire « Apostrophes » cette victime-bourreau du système milicien qui avait eu deux fils enlevés et tués dans des zones devenues musulmanes du pays (voir Joseph SAADÉ, *Victime et bourreau*, Calmann-Lévy, Paris, 1989) ; dans la même veine « littéraire », Patrice MENEY, *Même les tueurs ont une mère*, La Table Ronde, Paris, 1986 (confession d'un milicien ayant exercé dans diverses milices et qui se raconte avec complaisance).

télévisions du monde entier, une première triste victoire sur le taudis de la Quarantaine, tenu par des miliciens palestino-progressistes ? Cadavres de la misère dans ce taudis à majorité kurde. Qui dira pourquoi, quelques heures après, la « glorieuse » révolution palestinienne croira bon de passer au fil de l'épée cinq mille villageois chrétiens du gros bourg de Damour où malheureusement des miliciens du PNL du président Chamoun enlevaient et tuaient depuis plusieurs mois d'innocents citoyens musulmans traversant ce bourg pour se rendre à Beyrouth ? Qui dira pourquoi des barrages « révolutionnaires » palestiniens enlèveront et feront disparaître des milliers de chrétiens innocents ? Qui dira pourquoi au Chouf, pendant l'été 1982 et dans le sillage de l'armée israélienne, les miliciens aux affreuses croix tireront les barbes de vénérables prêtres druzes et violeront les femmes ? Qui dira pourquoi, un an plus tard, des centaines de familles chrétiennes innocentes et paisibles seront égorgées en représailles par les miliciens druzes et les villages du Chouf vidés de tous leurs habitants chrétiens ? Qui dira pourquoi toutes ces voitures piégées ne visant aucun objectif militaire, mais uniquement le plus grand nombre de victimes civiles ? Qui dira pourquoi elles ont explosé de 1981 à 1986 surtout à Beyrouth-Ouest, faisant fuir les ambassades étrangères dont on enlève par ailleurs à tour de bras le personnel ? Qui dira pourquoi et pourquoi cette longue litanie de meurtres collectifs qui ont touché par dizaines de milliers les innocents désarmés et si peu les sinistres miliciens ? Comme si une complicité active liait entre eux ces syndicats du crime confessionnel. Dans ces carnages, combien de musulmans aux sympathies phalangistes auront été supprimés, combien de chrétiens propalestiniens et laïcs, souvent militants de gauche, auront été liquidés ?

Les partis politiques en cause et leurs milices ont souvent invoqué au début de la guerre l'existence de « cinquièmes colonnes » infiltrées dans leurs rangs, responsables des débordements, des atrocités, des ruptures du cessez-le-feu. Puis, devant la récurrence et la monotonie des violences, cette piètre excuse n'a même plus été invoquée. En revanche, la dénonciation d'un « complot » contre le Liban a continué d'être le thème de toutes les parties, devenant ainsi à la fois victimes et exécutantes du « complot ». Cinquièmes colonnes, complot : de qui contre qui ? Comment d'ailleurs pourrait-il y avoir complot, alors que ce complot est exécuté sur le terrain par ceux-là mêmes qui en dénoncent l'existence et prétendent en connaître toutes les ramifications ?

Dès le début des hostilités, il était clair en tout cas que le but des violences visait à une séparation des communautés, à la destruction du tissu qui les unissait. D'abord destruction du centre commercial de Beyrouth, puis destruction progressive et systématique des axes de passage entre l'est de la ville, à prédominance chrétienne, et l'ouest, à prédominance musulmane, devenu un spectacle hallucinant de ruines qui a fait le délice des photographes... Entre l'est et l'ouest de la ville coupée en deux à partir de 1975, quelques points de passage, exténuants et dangereux à traverser, ouverts et fermés au gré des francs-tireurs et des artilleurs. Même chose dans le Koura, zone mixte particulièrement sensible entre le centre et le nord du pays, dans les zones mixtes de la Bekaa, puis dans le Chouf — haut lieu de l'interpénétration maronito-druze —, enfin dans les zones mixtes du sud du Liban. Comme un film passant d'abord au ralenti, puis en accélérant très rapidement le rythme des images à partir de la seconde invasion de l'armée israélienne au Liban en 1982, la violence libanaise n'a eu que ce seul but.

Ainsi, les attentats répétés à la voiture piégée ont eu pour objet de semer l'insécurité et le découragement dans la région où ils avaient lieu, et donc de créer un climat d'opinion favorable à un coup de force politico-militaire, favorable à telle ou telle puissance extérieure et censé ramener le calme et la sécurité. L'attentat a été aussi un message politique sanglant adressé par une faction à une autre, ou par une puissance régionale ou internationale à une faction locale ou à une autre puissance régionale ou internationale, pour signifier un désaccord profond sur une ligne politique.

On se souviendra que la France a été victime d'une voiture piégée qui sauta à l'entrée de son ambassade à Beyrouth en 1982, cependant que l'immeuble de l'ambassade d'Irak devait sauter tout entier cette même année sous le coup d'un camion piégé ; d'autres attentats, meurtriers, ont été dirigés contre l'ambassade des États-Unis en avril 1983 et contre les quartiers généraux français et américain de la Force multinationale en octobre de la même année. En revanche, d'après les révélations du *Washington Post*, le gouvernement américain — pour contrer l'action du Djihad islamique — est à l'origine de l'attentat à la voiture piégée le plus meurtrier de tous, celui dirigé contre le domicile du cheikh Fadlallah, à l'époque chef spirituel du Hezbollah, dans la banlieue sud chiite, qui manqua son objectif et fit deux cent soixante victimes innocentes. C'est Israël qui a fait œuvre de pionnier en ce domaine, avec de nombreux attentats à la voiture piégée à partir de 1975 contre des responsables militaires palestiniens. Il en paiera le prix lors de son occupation du sud du Liban par les voitures piégées dirigées contre ses troupes et conduites par des volontaires au suicide patriotique.

Quant aux enlèvements d'Américains, de Français et autres Européens, ainsi que ceux de quelques Libanais de confession juive, en 1985 et 1986, et la liquidation de certains d'entre eux, ils doivent être, hélas, relativisés dans l'horreur : que l'on pense en effet à l'enlèvement de milliers de Libanais chrétiens et musulmans, sans aucune affiliation combattante, à leur torture et leur liquidation gratuite et cela dès 1975-1976, puis à nouveau et sans interruption depuis l'invasion israélienne en 1982. Certes, les médias occidentaux ont manifesté leur indignation lors d'événements particulièrement odieux, tels que la prise du camp palestinien de Tell el-Zaatar en 1976 ou les massacres de Sabra et Chatila par la milice phalangiste en 1982, ou encore lors des bombardements de Beyrouth par l'armée israélienne la même année et les massacres de chrétiens du Chouf en 1983. Mais les prises d'otages innocents, qui n'ont épargné aucune famille libanaise, ainsi que les autres formes de violence collective sur des populations civiles, que nous décrivons ici, ont laissé presque indifférent tant que la vie d'Occidentaux n'était pas en jeu. Pourtant, il s'est bien agi de crimes contre l'humanité qui auraient dû être dénoncés dans les démocraties libérales. Hélas, il faut se rendre à l'évidence, la vie humaine compte différemment aux yeux des médias occidentaux, suivant qu'il s'agit d'une vie israélienne ou européenne ou d'une vie libanaise ou arabe, ou africaine, ou même sud-américaine.

Il n'est pas étonnant en tout cas, dans ce climat de violence monotone et continue, que les Libanais de chaque confession aient développé la peur de l'autre, du moins au niveau verbal. Car le fait extraordinaire a bien été dans le comportement, qui a dit le contraire, dans la résistance opiniâtre de la population à cette violence, le refus de la cassure de Beyrouth en deux, le déplacement continuel des Libanais d'un bout à l'autre de la capitale ou du pays, envers et contre tous les dangers, pour assurer la marche d'un pays unifié. Combien seront victimes de leur patriotisme héroïque et silencieux, tués par les sinistres francs-tireurs aux passages entre les deux secteurs de la capitale ou enlevés par des miliciens pour ne jamais reparaître ? Chauffeurs de taxis, vendeurs de journaux ou de légumes, ambulanciers, réparateurs de câbles électriques, fonctionnaires ou employés, s'entêtant tous les jours à se rendre sur un lieu de travail dans une zone qui n'est plus la leur communautairement. C'est elle la grande armée des patriotes libanais, qui a récusé la guerre et ses objectifs, narguant par son courage quotidien la vile lâcheté des factions combattantes. Ce sont eux les soldats inconnus qui ont sauvé le pays de l'éclatement définitif. C'est à eux qu'il faudrait élever des monuments au Patriote inconnu dans les villes et villages du Liban. Lorsqu'en 1984 ces patriotes planifieront une grande marche de la paix à Beyrouth où chrétiens de l'est de la ville et musulmans de l'ouest doivent faire jonction par dizaines de milliers sur les points de passage, une épouvantable canonnade sera déclenchée par les miliciens pour empêcher cette marche d'avoir lieu.

Aussi ne faut-il pas s'étonner du cri de détresse que l'on a entendu finalement si souvent : « Divisons le pays et finissons-en ! » Car les années de violence ont fini par user les plus braves. Pourquoi risquer sa vie pour une cause qui est apparue avec le temps de plus en plus impossible : chasser les miliciens, faire réintégrer leurs foyers aux centaines de milliers de personnes déplacées par la force, oublier tous ces massacres et ces assassinats confessionnels. En fait, les milices locales sont devenues au fil des années les véritables occupants du pays, canaux de l'influence des armées étrangères manœuvrant sur le sol libanais dans le cadre du conflit israélo-arabe. Elles ont vécu de pillages et de rapines, ont contrôlé chaque centimètre carré de territoire. Elles n'ont laissé au patriote libanais aucune possibilité d'organiser une résistance d'envergure à cet occupant de l'intérieur, bien plus redoutable encore que ceux de l'extérieur. Seul le Hezbollah, après dix-huit ans d'une lutte acharnée contre l'armée israélienne et la milice locale qui lui a servi de supplétif au sud du Liban, parviendra, en mai 2000, à obliger l'armée israélienne à se retirer sans contrepartie. Cela entraînera l'effondrement et la débandade de la milice locale, mais sans que cette fois, à la différence des retraits israéliens du Chouf (1983) et de la zone de Saïda (1984), il y ait la moindre violence communautaire (voir *infra*, chapitre 10).

Caractéristiques du système milicien

Les différents types de violence exercés par les miliciens

Comment les miliciens eux-mêmes ont-ils pu en arriver à pratiquer des formes de violence aussi viles ? Autre problème d'envergure qui demanderait de longues explications. Précisons d'abord que les professionnels de la violence communautaire pure, francs-tireurs et égorgeurs patentés enlevant sur des « barrages volants » les citoyens innocents et désarmés, n'ont été qu'une infime minorité de dévoyés, le plus souvent par l'argent ou la drogue qui récompensaient leur travail. Il est difficile d'accepter une motivation idéologique ou religieuse quelconque dans de tels actes de barbarie. Une fois mise en route, cette violence est devenue cumulative, surtout dans une société où les traditions claniques et familiales sont restées fortes et où les morts doivent être vengés, d'autant plus que l'État est défaillant. Dans les enlèvements et les contre-enlèvements qui s'ensuivent, les représailles et les contre-représailles parfois spontanées, parfois organisées vont être un élément d'amplification implacable de la violence, mais où ceux qui ont mis en route la machine se sont fondus dans l'anonymat des milices. Non seulement les milices ont laissé commettre ces actes de barbarie dans les territoires qu'elles ont contrôlés, mais souvent elles les ont déclenchés elles-mêmes.

Jusqu'à l'invasion israélienne en 1982, autour du noyau dur des milices — entre quelques dizaines de combattants pour les plus petites et deux à trois mille pour les grandes —, existaient des forces de soutien de quelques centaines à quelques milliers de personnes à qui l'on distribuait des armes individuelles et un petit salaire ; souvent de braves gens croyant de bonne foi participer à la défense de leur pays et de leur communauté, qui effectuaient les tâches simples. Contrairement à l'image donnée par les médias, le phénomène « milicien » est donc resté marginal jusqu'à l'arrivée des Israéliens. Les médias, dès le début des événements en 1975, se sont presque exclusivement centrés sur la violence libanaise ; ils ont rarement cherché à voir et à montrer le patriotisme extraordinaire de la grande majorité des Libanais, s'accrochant à la cohabitation envers et contre toutes les milices cherchant à séparer les communautés.

Certes, à partir de 1983-1984, avec les terribles événements du Chouf puis ceux du sud du Liban en 1985, si bien manigancés par l'armée israélienne, on a assisté à une « militarisation » des communautés druze et chiite, venue s'ajouter à celle de la communauté chrétienne. On a bien assisté à une accélération des violences communautaires à partir de 1982. Dans l'histoire du conflit, il est certain que cette année marque une charnière, car l'invasion israélienne entraînera de grands bouleversements démographiques par l'exode des chrétiens du Chouf et de la région de Saïda. Dans cet exode, l'armée israélienne porte une responsabilité massive puisqu'elle a été omniprésente dans toutes ces régions et que les massacres et exodes de population interviennent en sa présence ou sitôt qu'elle se retire. Or, de 1975 à 1982, ces régions n'avaient pas connu de troubles confessionnels graves, sinon dans la zone frontalière du sud du Liban où, là encore, à la faveur de l'invasion israélienne de 1978, fut créée la milice du major Haddad, officier chrétien dissident de l'armée libanaise, qui se fit le jouet des Israéliens.

De plus, l'invasion israélienne et toutes ses conséquences ont entraîné un effondrement de l'économie dont témoigne la chute du taux de change de la livre libanaise à partir de la fin de l'année 1984 et du début de 1985. Le cours de la livre par rapport au dollar américain, qui s'était brillamment maintenu entre 1975 et 1982 entre 2,60 et 4,50 pour un dollar, est tombé à 10 à la fin 1984, puis à 20 à la fin 1985, à 40 en mai 1986, à 400 à la fin de la même année. Par la suite, il oscillera entre 600 et 1 200. Il en est résulté un appauvrissement sans précédent de la population, qui a frappé les couches sociales moyennes et pauvres, et plus particulièrement les centaines de milliers de personnes déplacées de leur foyer. Aussi l'engagement dans une milice ou un parti politique est-il devenu alors une exigence pour les membres des familles les plus démunies, puisqu'il a donné l'assurance d'un salaire fixe dès que l'on devenait un milicien permanent. Les effectifs des milices et des partis ont donc été, à cette époque, gonflés artificiellement par la dégradation considérable de la situation socio-économique.

Bien plus, nous allons le voir, les partis et leurs milices ont constitué, pour les opportunistes et les ambitieux de tous bords, des instruments de promotion sociale rapide, parfois même foudroyante, ouvrant droit non seulement aux honneurs politiques, mais aussi à la richesse économique. L'effondrement de l'économie a accentué considérablement ce phénomène, donnant aux partis combattants la maîtrise absolue, chacun dans la région sous son contrôle, de l'appareil économique et financier du pays. De la sorte, les milices sont parvenues, à la faveur de l'invasion israélienne et avec son aide active, à compléter le démembrement de l'État et des institutions politiques par celui du tissu économique du pays qui, jusqu'en 1982, avait réussi à conserver son unité et sa vitalité en dépit de la présence syrienne et palestinienne [4].

4. Sur ce point particulier, voir notre analyse « Current economic and social conditions in Lebanon », *in* Halim BARAKAT (dir.), *Towards a Viable Lebanon*, Croom Helm, Londres, 1988 (ouvrage édité par le Centre d'études arabes contemporaines de l'université de Georgetown à Washington, suite à un colloque tenu sur ce thème en avril 1984 à Georgetown).

La constitution d'une base matérielle et militaire

Le premier souci des milices libanaises a été de se procurer des assises matérielles leur permettant de financer leur projet hégémonique, par divers moyens illégaux.

Les actions de pillage et de confiscation de la propriété privée ont été nombreuses et permanentes. La plus célèbre a été le pillage du port de Beyrouth par la milice phalangiste en 1976, puis celui du centre-ville et des souks par entente entre la milice phalangiste et les milices de la coalition dite à l'époque « palestino-progressiste ». Si le pillage du port a représenté suivant les estimations entre un et deux milliards de dollars, on peut estimer que les gains ont été comparables dans le centre-ville et les souks. Les autres vols et confiscations de propriétés, y compris le fameux pillage des coffres-forts des banques situées dans les zones de combat, depuis 1975, ont vraisemblablement représenté un à deux milliards de dollars de plus. Les milices ont ainsi fait main basse sur cinq à sept milliards de dollars en une quinzaine d'années. Dans cette estimation, il faut inclure le montant des loyers des innombrables appartements qu'elles se sont appropriés par la force, et les « indemnités » parfois perçues pour les restituer ; les vols de voitures, de bijoux, les pillages répétés de magasins, le non-paiement des services tels que l'eau, le téléphone, l'électricité, voire les places d'avion sur la compagnie nationale, etc.

Outre l'extorsion directe de fonds opérée sur des industriels, commerçants ou riches rentiers, que l'on peut évaluer facilement à 500 millions de dollars de 1975 à 1988, la fiscalité milicienne a pris plusieurs aspects : droits perçus sur les importations ou exportations ou sur les mouvements de voyageurs à partir des ports officiels (Beyrouth, Tripoli, Saïda et Tyr), comme des ports illégaux ouverts par les milices et échappant à tout contrôle de l'État ; droits perçus sur les mutations de propriété foncière ; taxes sur les restaurants ; taxes sur les marchandises passant d'une zone milicienne à une autre ; taxes perçues sur l'essence et la farine[5]...

Après avoir inauguré les grandes actions de pillage en 1975, le Parti phalangiste, installé au pouvoir dans le sillage de l'invasion israélienne en 1982, œuvrera à la destruction du secteur bancaire et à la chute de la livre libanaise. Les faillites de banques ayant à leur tête des responsables ou des proches du parti se multiplieront,

5. Sur ces points, voir le document « Liban : l'argent des milices », *Les Cahiers de l'Orient*, n° 10, Paris, 2ᵉ trimestre 1988.

comme la First Phoenician Bank ou la Capital Trust Bank, en 1982-1983. Ces deux banques étaient de création récente : les montants considérables en cause dans leur faillite (respectivement 700 et 350 millions de livres, soit, au taux de change de l'époque, plus de 250 millions de dollars) ont pu donner à penser qu'il s'agissait de détournements de fonds au profit du parti.

Par ailleurs, l'Intra Investment Co, société holding dont la majorité des actions était détenue par l'État libanais, sera dirigée entre 1982 et 1988 par l'un des hommes de confiance du président phalangiste de la République, Roger Tamraz, un financier libano-américain proche des milieux de la CIA, qui s'est rendu célèbre par plus d'un scandale dont il n'hésita pas à assumer avec fierté la paternité [6] ; elle servira d'instrument de fuites de capitaux, et ses principales filiales bancaires (banque Al-Machrek, Crédit libanais — rachetées par Roger Tamraz pour être pillées —, Banque de participation et de placements à Paris et à Genève) tomberont elles aussi en faillite. Il semble que chacune des grandes milices du pays ait eu accès à une part des profits réalisés au détriment de la masse innocente des déposants libanais, qu'il s'agisse des profits réalisés à travers les faillites retentissantes de banques ou à la faveur de la chute vertigineuse du taux de change de la livre à partir de 1985, année où le pouvoir phalangiste installe de nouveaux dirigeants à la Banque centrale et à la Commission de contrôle des banques. En effet, après avoir été vivement attaqué par différents chefs de milices, durant les premiers mois de son mandat, pour ses actions de déstructuration du secteur bancaire, le nouveau président de l'Intra Investment Co continuera d'exercer ses fonctions en toute tranquillité jusqu'à la fin du mandat du président de la République. C'est alors seulement qu'il dut quitter le pays dans des conditions rocambolesques, avant de pouvoir se réfugier en France après un séjour forcé au Chouf et, semble-t-il, à Damas.

La drogue, les déchets toxiques, la contrebande avec les pays voisins, les prélèvements sur l'aide humanitaire étrangère, la piraterie maritime : nous ne disposons d'aucune donnée précise sur toutes ces actions, sinon qu'elles sont d'une telle notoriété publique qu'il est difficile de nier leur réalité. En 1989, en France, un réseau de trafic de drogue lié à des partisans d'une des grandes milices a pu être démantelé. On sait que les plantations de haschisch et de pavot se sont considérablement développées dans la Bekaa où était

6. On pourra voir à ce sujet les mémoires d'un agent de la CIA : Robert Baer, *Fear no Evil*, Crown Publishers, New York, 2002 (p. 219-222, 225-229, 245-247, 252).

massivement implantée l'armée syrienne depuis 1976. On sait aussi que les milices ont joué un rôle important dans le transport et le raffinage de la drogue. Les estimations des revenus annuels produits par ce commerce tournent autour de 700 à 1 000 millions de dollars. La répartition de ce revenu entre les différents acteurs alors présents sur le sol libanais n'est pas connue.

Dès 1975, les différentes milices se sont abondamment servies en armes dans les arsenaux de l'armée. Or, l'État libanais n'a pas cessé de reconstituer ses stocks, le plus souvent par paiement comptant, comme cela s'est fait en 1982-1983 pour un programme d'achat d'armes américaines, qui s'est élevé à lui seul à un milliard de dollars.

Compte tenu de tous ces éléments, on peut estimer que les grandes milices ont opéré une ponction moyenne d'un milliard de dollars par an, soit, sur quinze ans, quelque quinze milliards de dollars. Cette fortune milicienne a été employée à payer les combattants et les salaires des permanents des partis, à constituer les fortunes des principaux chefs de milices, dont une partie importante se trouve placée à l'étranger, à prendre des participations dans différentes affaires industrielles, commerciales, foncières et bancaires.

Il faut évidemment ajouter, aux différentes ressources locales prélevées par la force sur la population, les aides en provenance de l'extérieur, en armements divers et en argent liquide. On sait en effet que les milices ont été des canaux privilégiés d'influence pour les puissances régionales. Les milices dites chrétiennes ont reçu des aides d'Israël, mais aussi probablement d'Arabie saoudite, de Jordanie et d'Égypte, et sans aucun doute possible d'Irak — en particulier entre 1987 et 1990 pour contrer l'influence syrienne (comme on l'a vu au chapitre 5, l'armée syrienne est entrée au Liban dès janvier 1976, avec la bénédiction des États-Unis, et elle a réussi depuis à s'y maintenir contre vents et marées). Les milices dites musulmanes ont essentiellement été aidées par l'OLP, la Libye (pour les Mourabitoun et le PSP de Walid Joumblatt, qui a même envoyé des mercenaires se battre au Tchad) et l'Iran (pour le Hezbollah surtout et accessoirement Amal ; cette milice a été essentiellement aidée par la Syrie à partir de 1984-1985) — le budget de l'ambassade iranienne au Liban a atteint, à partir de 1982-1983, plus de cent millions de dollars par an pour le paiement des combattants recrutés par le Hezbollah ; ces aides devaient probablement doubler les montants perçus localement.

En quinze ans, les milices libanaises pourraient avoir disposé d'environ trente à quarante milliards de dollars en armements et moyens matériels et financiers, de sources locale et extérieure. Par ailleurs, en opérant intentionnellement des bombardements aveugles sur des objectifs civils, elles ont causé depuis 1975 des destructions de biens publics et privés pour au moins une dizaine de milliards de dollars.

Dans chacune des communautés qu'elles ont prétendu représenter et protéger, les milices ont eu l'effet d'un ouragan sur le plan socio-économique. Elles ont provoqué l'émigration et la paupérisation de dizaines de milliers de personnes ; en même temps, elles ont fait la prospérité de quelques-uns, qui se sont lancés dans l'aventure milicienne pour se forger un pouvoir économique et un statut politique. De ce fait, le paysage socio-économique et politique à l'intérieur de chacune des communautés a été complètement bouleversé par rapport à ce qu'il était en 1975. La IIe République consacrera avec brutalité et vulgarité les changements sociologiques intervenus durant cette période sanglante de l'histoire libanaise.

Les formes de violence et la constitution des ghettos communautaires

Lorsque l'on parle de guerre civile, on évoque des formes de violence où la population civile souffre, sans aucun doute, mais où l'objectif militaire de chacune des factions armées est de dominer l'ensemble du territoire, d'éliminer la ou les factions opposées, puis de reconstituer rapidement un appareil d'État.

Dans le cas du Liban, il est clair que nous ne nous trouvons pas en face de cette logique. En effet, mis à part la conjoncture du printemps 1976 où le Mouvement national tente d'envahir le territoire des milices dites « chrétiennes conservatrices », les formes de violence pratiquées par les milices dès le 13 avril 1975 montrent éloquemment qu'il s'agit d'une visée bien particulière : paralyser l'État et l'armée, découper le territoire en ghettos communautaires, terroriser la population en considérant les Libanais non pas sur la base de leur appartenance idéologique (pro- ou antipalestiniens, pour ou contre une réforme politique), mais sur celle de leur appartenance communautaire.

En dehors du printemps 1976, et des événements du Chouf et du Sud en 1982-1983 et 1984-1985, que l'armée israélienne organise, les milices ont très vite reconnu mutuellement leur territoire communautaire respectif. La région du Chouf et celle des environs de la ville de Saïda, zones de grande mixité communautaire, n'avaient pas connu de déplacements forcés de population entre 1975 et 1982. Durant son occupation du Liban, entre 1982 et 1983 pour le Chouf, 1985 pour le Sud, Israël, responsable de la sécurité des populations civiles, laissera la milice chrétienne des Forces libanaises pénétrer dans ces régions d'où elle avait été jusque-là absente et commettre de nombreuses atrocités, entraînant des représailles communautaires non moins hideuses de la part des milices locales dominantes depuis 1975. L'armée israélienne refusera l'entrée de bataillons de l'armée libanaise ou de la Force multinationale d'intervention présente à Beyrouth pour mettre en échec l'action des milices, mais laissera passer armes et renforts aux différentes milices. En septembre 1983, puis en octobre 1985, lors des retraits de l'armée israélienne effectués en l'absence de toute coordination avec l'armée libanaise, interviennent ainsi de dramatiques massacres et déplacements forcés de populations.

C'est la population qui a refusé spontanément le découpage du territoire national en ghettos communautaires et a continué de vouloir circuler comme à l'ordinaire. C'est pourquoi les modes de violence pratiqués par les milices ont tous eu pour objet de dissuader la population civile de continuer à vivre en dehors de leurs « protecteurs » et des ghettos communautaires qu'ils ont découpés dans le territoire libanais au prix d'une violence inqualifiable exercée sur les citoyens innocents. La majeure partie des victimes du conflit est en effet constituée de civils sans aucune appartenance milicienne ou idéologique.

Ils ont été soumis à différentes sortes de violence. Tout d'abord l'action des francs-tireurs, visant à interdire tout déplacement entre les quartiers tenus par des milices différentes : on peut estimer le nombre de ces victimes à 20 000, entre tués et blessés. Ensuite, les enlèvements de citoyens sans affiliation politique, opérés par des milices ou par des groupes protégés par des milices ; l'enlèvement se fait sur la base de la communauté religieuse, chaque fois qu'un citoyen se trouve dans un quartier qui est censé être désormais réservé à une communauté qui n'est pas la sienne. Le nombre des personnes enlevées et qui ont disparu définitivement, ou dont le cadavre mutilé a été retrouvé, peut être estimé à 15 000. Enfin, les bombardements aveugles d'immeubles d'habitation civile d'un quartier à un autre ; ces bombardements ont visé le citoyen de base, apolitique, afin de lui montrer que le danger auquel il est exposé ne vient que de l'« autre » en face, qui représente une communauté religieuse hostile. On peut estimer à 80 000 le nombre de ces victimes.

Il ne s'agissait donc pas des mouvements de factions armées tentant de dominer l'ensemble du territoire, fût-ce au prix de pertes dans la population civile, mais exclusivement d'un système d'agression directe sur l'identité communautaire des Libanais, destiné à souder ceux d'une même confession autour de la milice prétendant les représenter et les défendre contre une autre communauté. Ce système, dont le « Samedi noir » de décembre 1975, déjà évoqué, est l'exemple le plus tristement célèbre, vise à provoquer l'homogénéisation communautaire des quartiers dans les grandes villes, et des villages ou des régions rurales dans les campagnes. Au besoin, lorsque la pratique des enlèvements communautaires n'est pas suffisamment efficace, la milice aura recours à l'expulsion massive (Nabaa, la Quarantaine, Damour, le Chouf, etc.).

À partir du printemps 1976, les lignes de démarcation sont définitivement arrêtées dans tout le pays et elles ne bougeront plus, même si elles sont parfois provisoirement démantelées sous l'effet de conjonctures régionales passagères, où est tentée une reconstitution du pouvoir central (sous l'influence de l'une ou l'autre des puissances régionales concernées) et une diminution de l'influence des milices (1977, 1982).

Outre le rôle régional des milices et l'insertion de chacune d'entre elles dans la politique de l'une ou l'autre des puissances régionales, il faut souligner la similitude extrême de leurs comportements, comme si elles constituaient un véritable syndicat du crime opposé à la population civile qu'elles ont prétendu protéger et défendre. Leur emprise a été parachevée par la suppression des libertés, en particulier la liberté de penser et d'écrire autrement qu'en termes de défense de l'identité communautaire.

La destruction systématique de la liberté de penser

Cette destruction s'est réalisée à des rythmes différents, suivant les régions et l'intensité des rivalités internes à chaque camp milicien.

Dans les régions dites « chrétiennes », le projet hégémonique phalangiste et la complicité active dont il jouit de la part de certaines puissances régionales ou internationales aboutissent très vite à la suppression de la liberté d'opinion, par différents moyens : les attentats et les différentes formes d'intimidation pour forcer à partir les citoyens appartenant aux partis politiques du Mouvement national, en particulier leurs membres chrétiens habitant dans des zones sur lesquelles le Parti phalangiste entend affirmer son hégémonie ; les attentats sanglants contre toute faction politique chrétienne ne s'alignant pas sur les positions du chef du parti ou de la milice ; l'interdiction de mettre en vente des journaux de tendances opposées à la ligne politique de la milice, qui développe ses propres organes de presse et des radios et chaînes de télévision faisant concurrence aux moyens audiovisuels de l'État.

La diversité des forces politiques en présence — y compris les forces palestiniennes et syriennes aux politiques complètement divergentes — dans le camp dit « musulman » n'a pas permis la réalisation d'une hégémonie aussi efficace, mais chacune des trois grandes milices « musulmanes » (le PSP druze, Amal et le Hezbollah) a développé ses moyens audiovisuels propres. De plus, la montée en puissance du Hezbollah à partir de 1982 a accéléré le processus totalitaire (en particulier par les assassinats d'intellectuels marxisants et donc laïcs) visant à rendre « islamique » toute expression politique dans les zones dites « musulmanes » du pays [7]. Ainsi s'est forgé un totalitarisme de l'expression politique parallèle à celui mis en place dans les zones dites « chrétiennes », qui invoque la « préservation de la société chrétienne » et de sa culture « différente » de celle de la société « islamique ».

Il est important de signaler que le paysage audiovisuel libanais a été complètement bouleversé par l'action des milices. Les moyens de l'État, qui avait, jusqu'en 1975, le monopole des émissions de radio et de télévision, ont été complètement supplantés par le développement des moyens audiovisuels des milices. En ce qui concerne la presse, les deux ou trois journaux d'opinion indépendants qui ont pu subsister ont pratiqué une autocensure très sévère afin d'éviter d'être l'objet d'agressions de la part des milices pour tout article qui les critiquerait trop ouvertement ou qui critiquerait la puissance régionale qui les soutenait. Plusieurs assassinats de journalistes libanais ont été des messages bien reçus par la profession, et on peut le comprendre. Quant à la presse milicienne ou sous contrôle direct d'une milice, sa seule fonction était de légitimer la politique de la milice et les actes criminels commis au nom de cette politique, et d'en faire porter la responsabilité aux autres factions armées du pays ou à leurs protecteurs régionaux.

---

7. C'est ainsi que seront assassinés en 1985 deux intellectuels de renom de la communauté chiite, appartenant au parti communiste libanais, Mehdi Amel et Hussein Mroué, en même temps que d'autres membres du parti.

Pour ce qui est de la presse étrangère, si elle a continué d'arriver dans le pays, son prix était devenu prohibitif pour le citoyen ordinaire. En tout état de cause, cette dernière n'a pratiquement jamais donné d'analyses dénonçant le totalitarisme des milices comme incompatible avec les principes élémentaires des droits de l'homme. Elle a plutôt eu tendance à considérer l'émergence du système milicien comme une conséquence logique et naturelle d'une « guerre civile » entre « chrétiens » et « musulmans », où chaque partie défendrait une cause légitime permettant de fermer indéfiniment les yeux sur ce syndicat du crime.

On n'oubliera pas non plus les réseaux très denses d'activités que les milices ont implantés à l'étranger, produisant des bulletins d'informations, organisant des contacts politiques, recueillant des fonds, s'infiltrant dans les communautés libanaises émigrées et surveillant le développement de l'opinion hors du Liban. C'est ainsi que toutes les activités d'émigrés ont été sous surveillance, avec des attitudes d'intimidation ou de diversion chaque fois que des opinions dissidentes se faisaient jour.

Le mépris de l'État et des institutions religieuses

Dès les premiers jours, les milices ont eu pour politique de paralyser l'État et non point de s'en emparer. La destruction des biens de l'État et le pillage de ses ressources montrent là aussi que la logique de guerre civile était absente et que celle pratiquée visait le démembrement de l'État et du territoire. Ici encore, il faut rendre hommage aux sacrifices et aux trésors d'énergie et d'ingéniosité déployés par les fonctionnaires à tous les échelons de la hiérarchie pour continuer à faire fonctionner les administrations en dépit des actions miliciennes [8]. L'armée légale a, elle aussi, tenté contre vents et marées de maintenir l'institution que le système milicien visait sans cesse à dépecer, par ses tentatives d'homogénéiser chaque bataillon sur le plan de la confession religieuse, et d'en faire ainsi des annexes du corps armé de chaque milice.

Paralysie de l'armée, donc, et aussi chantage et pressions — voire attentats meurtriers — exercés sur les députés et les personnalités politiques indépendants. Les « élections » présidentielles n'ont été, en 1976, en 1982 et en 1989, que des parodies. Si

8. Notons que la destruction et le pillage des biens publics, sur une durée de quinze ans, apparaissent aujourd'hui comme relativement bénins par rapport à ce que la coalition anglo-américaine a suscité, ou en tout cas laissé faire, en Irak en 2003.

les puissances régionales et internationales ont directement interféré dans ces élections, elles ont trouvé une couverture à leurs agissements dans le système des milices, qui se sont souvent chargées de mettre en œuvre ces interférences, ou de les légitimer par leur puissante machine de propagande.

Les institutions religieuses elles-mêmes n'ont pas été épargnées : il faut évoquer les assassinats de personnalités religieuses respectées, supprimées pour avoir voulu s'opposer à ce totalitarisme milicien qui livrait le Liban au jeu des puissances régionales : le cheikh Sobhi el-Saleh, une éminente personnalité modérée de la communauté sunnite en 1986, le mufti de la République Hassan Khaled en 1989, sans compter plusieurs prêtres lâchement assassinés, comme à Vaïda ou dans les villages de montagne. Les autorités religieuses recevaient des milices des menaces qui visaient à les paralyser.

D'un autre côté, le fait que certains hommes de religion, du côté chrétien comme du côté musulman, aient ouvertement prôné la violence en lieu et place du dialogue démocratique dans l'enceinte parlementaire a considérablement fortifié la violence milicienne.

L'impossible résistance à l'ordre milicien

On est confondu devant le « complot » du silence qui a régné durant toutes ces années, empêchant de dénoncer le système milicien et de le contrecarrer. À une époque où la sensibilité de l'opinion internationale, l'action des médias et d'organisations de défense des droits de l'homme ont partout dans le monde dénoncé avec de plus en plus de véhémence les phénomènes d'oppression, le silence fait sur l'action répressive et totalitaire des milices s'exerçant contre ceux-là mêmes qu'elles prétendaient protéger apparaît étrange et dérangeant.

Divers facteurs, libanais et non libanais, peuvent expliquer le fait que très peu de voix se soient élevées contre cette situation et aient réclamé des sanctions contre les principaux responsables des organisations miliciennes. On sait, en effet, que les chefs de milices, loin d'être l'objet de l'opprobre de la communauté arabe et internationale, ont été systématiquement récompensés, soit par l'accession à la présidence de la République (1982), soit par des postes ministériels dans des gouvernements dits de « réconciliation nationale », ce qui leur a permis de mieux démanteler l'État et d'accroître leurs profits matériels. À l'issue de la guerre, le

Parlement libanais se hâtera de voter une loi d'amnistie générale mettant à l'abri les chefs de guerre et les responsables des milices de tout recours contre leurs actes.

Les facteurs explicatifs du silence sur le système milicien sont d'ordres très divers. Leur imbrication rend difficile leur catégorisation. Nous commencerons cependant par les plus directs, avant d'examiner ceux relevant de phénomènes plus généraux, liés au fonctionnement des opinions publiques arabes et internationales.

La peur physique et les périodes d'« hystérie communautaire »

Chez la plupart des Libanais, la peur physique de la punition violente a été un facteur prédominant. À l'évocation faite précédemment des attentats contre les personnalités politiques indépendantes, il faut ajouter que de nombreux citoyens ordinaires ont été l'objet d'attentats ou d'agressions physiques, ou ont disparu pour avoir critiqué le comportement de tel ou tel chef de milice. Il est souvent arrivé que des membres de la milice ayant refusé d'exécuter des ordres particulièrement odieux aient immédiatement été passés par les armes.

Nous avons vu — et on ne le soulignera jamais assez — que les Libanais ont manifesté de nombreuses formes de résistance non violente à l'ordre milicien. Reste qu'il y a eu aussi, nous avons tenté d'en rendre compte, des périodes d'excitation communautaire généralisée. En effet, les Libanais, parqués dans des ghettos, matraqués par les mille manifestations quotidiennes de violence, soumis à un lavage de cerveau par les nouveaux médias des milices, ont été saisis en différentes périodes, entre 1975 et 1990, par des phénomènes d'hystérie collective. Ceux-ci ont d'ailleurs été toujours puissamment stimulés par des interventions ou des événements extérieurs : Israël et sa prétendue « défense » de la « minorité » chrétienne, l'Iran avec l'affirmation du khomeinisme et d'une relation privilégiée avec la communauté chiite, les partis de la droite française soutenant les « chrétiens » au nom du mythe d'une amitié remontant aux croisades, la peur « chrétienne » des Palestiniens et des Syriens, puis le refus « chiite » des Palestiniens, etc. Outre le « Samedi noir » de décembre 1975, un des sommets de ces hystéries communautaires a été atteint en 1983 lors des événements du Chouf, puis en 1985 aux environs de Saïda.

Ces phénomènes d'hystérie ont évidemment contribué à renforcer l'image de représentativité des milices par rapport aux communautés, surtout dans l'opinion internationale. Sur le plan local, ces phénomènes ont eu un caractère provisoire. Sitôt que le taux de violence diminuait, l'opinion, à l'intérieur des communautés, tendait à reconnaître que la ou les milices en question n'étaient que des agents des forces régionales et que leur action était catastrophique pour la ou les communautés frappées par les massacres et les déplacements forcés de population.

Mais la peur a continué, chaque fois, d'empêcher l'expression claire et directe de cette opinion. Pour tenter de s'exprimer sans trop de risques, on incrimine alors tantôt les forces externes, tantôt le « communautarisme » pris abstraitement. La dénonciation directe des responsables locaux reste impossible. La seule dénonciation permise par le système milicien, et qui fait partie de son jeu, est celle d'une communauté prise dans sa globalité, et de ses chefs (dénonciation des « musulmans » quand on est chrétien, des « chrétiens » et plus spécialement des « maronites » quand on est musulman). La responsabilité solidaire des « seigneurs de la guerre » dans la destruction de l'État et les crimes collectifs ne peut jamais être établie ou dénoncée avec rigueur. C'est pourquoi les très nombreux mouvements de protestation collectifs tout au long de ces années — grèves syndicales, marches de protestation, réunions d'associations civiles contre la guerre ou pour les droits de l'homme... — ne mettront pas directement en cause les chefs de milices. Il s'agira de mouvements « pour la paix », contre la « démission de l'État », pour la « réconciliation nationale » : sous peine de mettre en danger la sécurité des participants, ils ne pourront aller plus loin que ces slogans généraux.

Le refus psychologique de reconnaître la naissance du totalitarisme dans la société libanaise

La peur de reconnaître la véritable nature de la violence milicienne, violence totalitaire détruisant les fondements mêmes de la société, nous semble être un autre facteur explicatif important de l'attitude de la population. De ce point de vue, on pourrait dire que le fait de s'accrocher à la thèse d'un affrontement pour le pouvoir entre « chrétiens » et « musulmans » a paradoxalement constitué pour les Libanais un moyen de conserver l'espoir d'un arrangement interne qui permettrait un retour à la « normalité ».

Il y a peut-être eu sur ce plan un mécanisme de défense et de survie psychologique au quotidien. Mécanisme renforcé par le fait que dans une microsociété comme le Liban, où il y a peu de distance entre l'homme politique et le citoyen, où de très nombreuses familles ont vu un de leurs membres tenter fortune ou aventure dans la milice, il était difficile d'admettre que la société, autrefois consensuelle et démocratique, avait accouché de monstres totalitaires impitoyables. À cet égard, rappelons à quel point la thèse d'un « complot », la dénonciation de l'existence de « cinquièmes colonnes » ont servi d'arguments pour refuser la réalité de l'émergence de la violence totalitaire.

On ne s'étonnera donc pas non plus de tous les espoirs investis dans de nouveaux arrangements communautaires de répartition du pouvoir, depuis le Document constitutionnel de 1976 jusqu'aux accords de Taëf de 1989, pour faire cesser cette violence considérée comme accidentelle, née d'une mauvaise pratique nationale ou de l'« accaparement » du pouvoir par les « chrétiens ». Le fait d'accepter que l'exécution de tels arrangements soit, au départ, confiée aux chefs de milices sous l'égide de l'une ou l'autre des puissances régionales ressortit à cette logique imaginaire d'une guerre civile islamo-chrétienne dont les acteurs miliciens seraient les représentants légitimes puisque se réclamant de causes chrétiennes ou musulmanes. L'espoir reste ainsi intact d'un retour à la construction d'un État consensuel porté par une société civile transcommunautaire.

L'opinion a refusé de voir aussi la réalité régionale, qui avait changé depuis des années autour du pays, qu'il s'agisse du renforcement des régimes dictatoriaux arabes et de leur objectif d'hégémonie régionale, ou du désir d'Israël d'en finir avec le régime politique libanais de consensus islamo-chrétien, et de son refus de reconnaître aux Palestiniens leurs droits les plus élémentaires. Seuls les chefs de milices et certains intellectuels évoluant dans leur orbite l'avaient compris et en avaient tiré la conclusion que, pour avoir une place significative sur l'échiquier régional, il fallait jouer le jeu du démantèlement de l'État et de la constitution de ghettos communautaires placés, à travers le système milicien, sous le protectorat de telle ou telle puissance régionale.

Le Parti phalangiste est celui qui, dès le début et sans discontinuer, aura joué cette carte. En effet, en dépit d'un consensus international en 1982, après l'invasion israélienne, pour donner à ce parti la gestion de l'État, ses comportements sont restés ceux de la violence et de la division du pays en ghettos communautaires sous hégémonie milicienne. Quant au Mouvement national, il sera frappé par la tragique disparition, en 1977, de son chef Kamal Joumblatt, devenu conscient trop tard de l'erreur que constituaient la déstabilisation de l'État et l'alliance avec les milices palestiniennes[9]. La disparition mystérieuse, en 1978, de l'imam Moussa El-Sadr, qui tentait de restaurer la tradition consensuelle libanaise, fera perdre de plus en plus au Mouvement national son caractère transcommunautaire ; il ne sera plus qu'une « alliance » contradictoire de milices « islamiques » gérant, avec l'assistance de l'Iran et de la Syrie, des sous-ghettos communautaires, à travers des guerres intestines faisant aussi des milliers de victimes, sans parler des hostilités féroces entre la milice dite « chiite » d'Amal et les mouvements palestiniens, entre 1985 et 1988, hostilités qui seront relayées à partir de 1988 par les combats sanglants entre Amal et Hezbollah, qui feront plus de deux mille victimes civiles.

Cependant que l'opinion du citoyen était étouffée, emmurée dans une peur communautaire de plus en plus intériorisée sous l'effet des violences que nous avons décrites, la parole restait à des intellectuels proches des appareils miliciens, développant un discours à partir de plates-formes d'autorité politique. Les milices ont d'ailleurs réussi à attirer autour d'elles des intellectuels à l'allure « modérée », dont la fonction a été de présenter à l'opinion des scénarios de conciliation légitimant toujours plus l'existence des milices comme acteurs incontournables de la réconciliation. Le discours de ces intellectuels a consisté à montrer qu'il n'y avait pas de retour possible à l'unité du pays et à sa tradition consensuelle sans reconnaissance du rôle des milices et des services rendus par elles pour affirmer la « cause » des différentes communautés — « persécutées » ou « opprimées » — au cœur de la problématique affichée de guerre civile.

Les mouvements internationaux d'opinion

Si l'attitude de l'opinion libanaise, sous le coup des phénomènes d'oppression, peut se comprendre, celle de l'opinion extérieure est fort surprenante, si l'on ne tente pas d'en éclairer les motivations.

Disons tout de suite que, dans la presse internationale, la paresse intellectuelle trouvait son compte dans le cas du Liban. Le clivage « chrétien-musulman », en dépit de toutes les complexités des situations internes et des brutales interférences extérieures, est devenu la clé d'explication unique du conflit[10]. Il a servi de

9. C'est ce qui ressort très clairement du recueil de ses dernières confidences au journaliste français Philippe Lapousterle, publiées sous le titre *Pour le Liban*, *op. cit.*

10. Voir l'analyse de Nabil BEYHUM, « Crise sociale et production de nouveaux acteurs dans le conflit libanais », *in* Paul BALTA et Georges CORM (dir.), *L'Avenir du Liban dans le contexte régional et international*, EDI, Paris, 1990.

justification à toutes les violences dont on s'est bien gardé de dénoncer, sinon de façon sélective, l'aspect criminel contre la population civile à l'intérieur de chaque camp. C'est l'image d'une violence innée et quasi « biologique » dans les rapports islamo-chrétiens qui s'est imposée, chaque milice ne faisant que défendre « sa » communauté contre la sauvagerie des autres milices.

Le parti pris, dans beaucoup de milieux influents en Occident, en faveur du « sort » des chrétiens a obscurci trop souvent la vision, en empêchant de constater le sort subi par l'ensemble de la population libanaise. Dès 1975, le Parti phalangiste, en dépit du fait qu'il ne disposait que de cinq députés au Parlement, est considéré comme représentant légitime de l'ensemble des chrétiens du Liban, d'où une légitimité indirecte accordée aux actes de violence de la milice du parti. Les voix de personnalités chrétiennes hostiles à la politique hégémonique du Parti phalangiste ne seront pas reconnues par la grande presse et les médias internationaux. Ainsi, Raymond Eddé, en dépit de sa très forte popularité et de sa représentativité comme leader « maronite », ne pourra pas se faire entendre de son lieu d'exil à Paris, alors que la capitale française a toujours été la principale source d'information internationale sur le Liban. Les télévisions, les radios, les journaux préféreront toujours l'interview du représentant autorisé de la milice à celui de toute personnalité indépendante du système milicien.

Sur le plan international, le discours reçu et écouté sera le discours milicien, « chrétien » ou « musulman » [11]. Même les analyses académiques et universitaires auront tendance à s'aligner sur les thèses miliciennes ou, du moins, verseront de plus en plus dans la description de la milice comme organe légitime des communautés religieuses, elles-mêmes érigées en réalité socio-politique unique du Liban. C'est ainsi que la spécificité du conflit libanais sera réduite à une guerre islamo-chrétienne, en dépit de toutes les évidences contraires : combats armée syrienne-Mouvement national (1976), invasions israéliennes (1978 et 1982), combats Amal-Palestiniens (1985-1987), combats armée syrienne-Palestiniens (1983-1985) au nord du pays, combats Amal-Hezbollah (1986-1990), combats inter-chrétiens (1978, 1980, 1986, 1988, 1990).

---

11. On se souviendra par exemple comment, en 1984, le président de la République française a reconnu le « fait chiite », lorsque Amal a pris le contrôle de Beyrouth-Ouest. De même, la dernière intervention des troupes syriennes au Liban, lors de l'expulsion du général Aoun en octobre 1990, a été expliquée bien facilement par le fait que c'est le président « chrétien » du Liban qui les avait invitées à déloger le général Aoun du palais présidentiel de Baabda.

Il faut ajouter que le discours milicien de type « chrétien » ou « musulman » présente le grand avantage, pour les puissances régionales et internationales, soit de masquer leurs interventions, soit de les légitimer lorsque l'une ou l'autre des milices les réclame, soit, mieux encore, pour d'autres puissances, de justifier l'inaction ou même l'absence de condamnation morale face à des factions combattantes qui ne parviennent pas à formuler une vision commune du retour à la paix.

Avec cette attitude de l'opinion internationale, la boucle est bouclée : personne n'a eu à supporter le poids moral et encore moins la responsabilité pénale des dizaines de milliers de morts, disparus et handicapés, sans parler des destructions massives, des vols et des pillages. Les « Libanais », dans l'abstraction collective, ou dans leur classification communautaire collective, deviennent seuls responsables de leur malheur et de leur désunion. Ils ne doivent s'en prendre qu'à eux-mêmes. Dans l'horreur continue de quinze ans de violences sans responsabilités établies, tout est devenu permis. Cent cinquante mille morts peuvent de la sorte n'être que les victimes d'une étrange et abstraite fatalité quasi « biologique » frappant les Libanais, et non point celle, bien réelle, des chefs de milices qui ont pu chaque fois, en toute impunité, continuer de jouer les simulacres de la « réconciliation nationale », permettant de parachever le jeu du démantèlement de l'État et de la violence sans frontières.

L'impossible résistance à l'ordre milicien n'a donc pas été seulement physique, elle a été aussi fortement psychologique, par le jeu des facteurs que nous avons vus à l'œuvre sur le plan libanais comme sur le plan international. Elle a posé des interdits massifs à toute mise en jugement, ne serait-ce que moral, de l'ordre milicien et de ses crimes, qui relèvent pourtant de ce que les juristes appellent « crimes contre l'humanité ».

C'est ce qui a amené les Libanais à absoudre les bourreaux totalitaires des violences qu'ils leur ont fait subir et à se considérer souvent eux-mêmes comme coupables collectivement de ces violences. Le discours sur la responsabilité collective « des Libanais » permet à ceux qui parmi eux ont pratiqué professionnellement la violence gratuite de type communautaire sur des civils désarmés d'échapper à toute forme de mise en cause de leur action. L'intériorisation de la peur à l'égard des chefs de milices, jointe au système tronqué de présentation et d'analyse du conflit, fait perdurer la croyance en une responsabilité collective et abstraite des « musulmans » ou des « chrétiens » ; il s'en est suivi une paralysie de toute action politique visant à désigner les coupables effectifs de ces violences et à développer les moyens appropriés de leur neutralisation, voire de leur punition.

De même, l'on a continué de penser que l'identité communautaire d'un dirigeant serait garante de sa capacité effective à gérer les affaires de l'État, alors qu'au contraire une gestion efficace exige des institutions fonctionnant sur des principes clairs et non discriminatoires, avec des mécanismes constitutionnels précis empêchant un homme ou un groupe d'hommes d'enfreindre ces principes, que ce soit au nom de la communauté religieuse ou d'une idéologie laïque quelles qu'elles soient.

Certes, il est de nombreux pays où des massacres et des déplacements forcés de populations n'ont jamais été sanctionnés, ou n'auront été que très partiellement punis pour des raisons de commodité ou d'opportunité. Mais il reste alors toujours dans ces sociétés un mal de vivre caché, une source d'instabilité latente, une légitimité fragile des pouvoirs en place. Ce mal de vivre ne peut alors être effacé que par la mise en place de mécanismes démocratiques efficaces de représentativité, et d'une armée forte et légitime, au service du pouvoir démocratique, ce qui rend confiance au citoyen et lui fait retrouver sa dignité d'être humain pleine et entière. C'est seulement ainsi que peuvent disparaître rapidement les forces politiques symboles de la violence infligée à la psychologie d'un peuple par des périodes historiques de souffrances aussi tragiques que celles vécues par le Liban entre 1975 et 1990.

L'Afrique du Sud ou l'Argentine ont montré comment des actes symboliques de repentance ou des actions judiciaires contre les bourreaux peuvent contribuer à guérir les blessures créées par des événements traumatisants pour la société civile. Au Liban, un « comité des disparus » s'efforce, depuis la fin de la guerre, d'obtenir de l'État ces gestes symboliques. Il est animé par des personnes qui attendent toujours depuis plus d'un quart de siècle que l'État leur dise ce que sont devenus leurs maris, leurs frères ou leurs enfants qui ne sont jamais revenus chez eux. Leurs revendications portent sur une déclaration solennelle de l'État déclarant les disparus décédés, sur l'institution d'une journée nationale de deuil pour les disparus, ainsi que sur la création de monuments publics à la mémoire des disparus. Ce ne sont malheureusement pas les gouvernements successifs de miliciens constitués depuis 1985 sans interruption et qui sont responsables de ces crimes qui donneront satisfaction à ces revendications pourtant pleines de bon sens.

III

Les avatars de la IIe République

9

Introduction à l'histoire de la IIe République

Nous qualifierons de IIe République la vie politique et la pratique constitutionnelle qui s'instaurent au Liban après la modification de la Constitution survenue le 5 novembre 1989 et immédiatement suivie par l'élection de René Moawad comme président de la République [1]. Cette modification intègre le texte des changements dans la répartition des pouvoirs constitutionnels prévus par les accords de Taëf, approuvés par ceux des députés libanais qui avaient accepté de se rendre dans cette ville d'Arabie saoudite, en octobre 1989, pour tenter de trouver de nouveaux arrangements communautaires, susceptibles d'aider à mettre fin à la crise libanaise.

Comme nous l'avons déjà rappelé, ces accords n'ont pas ramené la paix, puisque les combats ont continué encore durant une année environ. Le premier président de la République « élu » après leur adoption, René Moawad, sera assassiné le 22 novembre, soit dix-sept jours après son élection, à Beyrouth-Ouest en plein cœur d'une zone directement administrée par la Syrie. C'était mal augurer de la nouvelle République. Toutefois, dès le 24 novembre, les députés, réunis dans une base militaire au nord du pays, élisent Élias Hraoui comme successeur du président assassiné ; ce dernier forme un gouvernement qualifié d'« union nationale » le 25 novembre et

1. Signalons qu'il existe une controverse sur le fait d'appeler IIe République le régime issu des accords de Taëf, certains constitutionnalistes ou historiens estimant qu'il s'agit de la IIIe République, la première ayant été celle qui a fonctionné durant le mandat après l'adoption de la Constitution de 1926, la deuxième étant celle qui a duré de l'indépendance en 1943 jusqu'à 1989, date des accords de Taëf.

présidé par Salim El-Hoss, qui a su tenir la barre du précédent gouvernement dans les circonstances les plus difficiles.

L'irrésistible ascension de Rafic Hariri

Sous Élias Hraoui, la nouvelle République va connaître à partir de 1992 un tournant qui consacre la fin du Liban d'avant-guerre : la prise de pouvoir de Rafic Hariri, favorisée par le président Hraoui. Désormais, le Liban devient la quasi-propriété d'un seul homme, qui transformera profondément le pays où ne compteront plus que les valeurs d'argent, les spéculations foncières et financières, les ventes des plus belles parcelles foncières aux riches ressortissants des pays du Golfe arabique. Hariri lui-même, dès la fin des années 1970, avait pratiqué une politique active d'achat de parcelles foncières, pour son compte ou celui du futur roi d'Arabie saoudite, dont il est devenu l'homme d'affaires préféré. Ce futur Premier ministre, durant les années de guerre, se porte acquéreur de tout ce qui est à vendre à bon prix : banques, sociétés d'assurances, grands magasins, magnifiques parcelles que possède l'État français dans les beaux quartiers de Beyrouth. Toute personne qui a des problèmes de liquidité et de solvabilité trouve alors en lui un « sauveur » providentiel.

En même temps, il met sur pied, au début des années 1980, une fondation qui attribue des milliers de bourses à des étudiants de toutes catégories sociales qui sont massivement envoyés en France et aux États-Unis [2]. Son image de père Noël et de bienfaiteur du Liban devient irrésistible ; il entre dans la légende, au Liban comme à l'étranger, avant même d'avoir officiellement pris le pouvoir en 1992 ; car il est déjà, au début de la décennie, un de ces nouveaux venus de la finance internationale, figurant parmi les hommes les plus riches du monde, possédant un empire médiatique et bancaire,

2. Le but de cette opération était de sortir les jeunes des communautés musulmanes de l'orbite des partis laïcs et révolutionnaires arabes en leur faisant connaître les bienfaits du développement capitaliste à l'occidentale et aussi de contribuer à rattraper leur retard vis-à-vis des jeunes des communautés chrétiennes, ouvertes depuis deux siècles sur l'Occident. Le financement de cette opération, aux dires des témoins les plus avertis, a été assuré par les deniers personnels du roi d'Arabie, Hariri n'étant qu'un paravent pour éviter au royaume saoudien, qui aime rester discret, de se montrer en première ligne. Hariri fait partie de ces nombreuses fortunes extravagantes réalisées dans la dernière étape de la guerre froide, telle celle de George Soros, et qui ont été employées à créer des fondations culturelles et éducatives dans le tiers monde ou les pays de l'Est, ayant pour vocation de lutter contre l'influence communiste.

ne se déplaçant qu'en avion privé, ami intime de Jacques Chirac, futur président de la République française, visitant le pape et ayant un accès facile aux grands de ce monde.

Épuisés par quinze ans de guerre, fascinés par l'aspect « bienfaiteur » de cette nouvelle étoile de la *jet society* internationale, les Libanais, toutes confessions confondues, verront en lui un sauveur d'un genre nouveau, qui a les moyens de reconstruire le pays ravagé par la guerre et de le replacer sur la scène économique régionale. En particulier, la bourgeoisie chrétienne, dépossédée de son pouvoir ancien par la guerre, lui donnera un appui sans faille. Rafic Hariri fait miroiter, en effet, la possibilité de réaliser enfin le vieux rêve d'un Liban transformé en Monte-Carlo du monde arabe, un paradis fiscal, un grand casino, un centre de tourisme et un supermarché de luxe pour riches Arabes. Si l'*establishment* politique chrétien traditionnel a incontestablement perdu la guerre des quinze ans, il sent inconsciemment que Rafic Hariri est l'homme qui incarne le mieux ses vieux rêves économiques et politiques, et qu'à travers lui il pourra regagner ce qu'il a perdu.

Pour lui, cet homme orchestre symbolise le retour à l'ordre. De confession sunnite, appuyé sans restriction par l'Arabie saoudite qui est devenue sur la scène régionale la plus grande puissance sunnite, étroitement alliée aux États-Unis, Rafic Hariri est aussi très proche de la France, par son amitié avec Jacques Chirac. Il a donc tous les ingrédients pour séduire politiquement les chrétiens du Liban dont il a été très proche durant les années de guerre. On pense qu'il pourra faire reculer la nouvelle influence « chiite » dans le pays et éliminer définitivement les rêves révolutionnaires de cette communauté ou ceux des partis laïcs révolutionnaires qui ont été le fer de lance de la coalition « progressiste », formée au début de la guerre contre la politique phalangiste. Très naïvement, on pense aussi que ses moyens financiers personnels, apparemment inépuisables, son influence auprès des dirigeants arabes dits « modérés », Arabie saoudite en tête, et des dirigeants occidentaux, sont suffisants pour qu'il se substitue avec succès à un État qui a été si défaillant, que les éléments miliciens ont gangrené, et dont les caisses sont désormais vides.

Grâce à cette bourgeoisie d'affaires chrétienne, dont l'influence reste encore forte, Rafic Hariri sera nommé Premier ministre au printemps 1992 et couronné sans problème, tout à la fois ingénieur en chef de la reconstruction du pays, détenteur exclusif de la politique extérieure, inspirateur de tous les médias locaux et internationaux qui installent les nouveaux clichés à la mode sur le Liban,

Phénix renaissant de ses cendres. Le président de la République agira sans relâche pour accélérer l'arrivée officielle au pouvoir du nouveau sauveur du pays. Élias Hraoui est, en effet, fasciné, comme tant d'autres, par ce « tycoon » financier qui va rebâtir le Liban. Sans hésiter, il mettra la nouvelle République, dont il est censé être le maître, sous la houlette de cet homme qu'il admire. Rafic Hariri lui rendra la politesse : alors que le président ne parvient à acquérir aucune popularité, en particulier dans la communauté maronite dont il est issu, son Premier ministre œuvrera inlassablement pour que le mandat présidentiel d'Élias Hraoui soit renouvelé, en dépit des dispositions constitutionnelles qui l'interdisent formellement. Ce sera fait en novembre 1995, par un amendement de la Constitution permettant, exceptionnellement, l'extension du mandat présidentiel pour une durée de trois ans.

Rafic Hariri, homme d'influence de l'Arabie saoudite, s'est fait aussi beaucoup d'amis puissants dans la haute nomenklatura civile et militaire syrienne qui gère le dossier libanais et avec qui il entretient, depuis longtemps, d'étroites relations. L'approbation syrienne est, en effet, indispensable pour que les députés libanais votent sans état d'âme cette infraction aux dispositions de la Constitution qui n'a qu'un seul précédent fâcheux, celui du président Béchara El-Khoury en 1949, lequel ne termina pas, d'ailleurs, son second mandat.

Un coup de pouce sera donné à l'action en faveur de cette prolongation du mandat d'Élias Hraoui par des pressions sur le marché des changes. Les banques libanaises, qui ont été, comme nous le verrons, les grandes bénéficiaires de la politique de reconstruction de Rafic Hariri, procèderont à des conversions massives de livres libanaises en dollars, menaçant la stabilité de la livre. Opportunément, sous prétexte d'arrêter ce mouvement spéculatif, les taux d'intérêt flambent, jusqu'au niveau de 45 % pour les bons du Trésor à deux ans, alors même que la liquidité du Trésor et du secteur public s'élève à près de 2 milliards de dollars. Des souscriptions massives de ces bons auront lieu par les banques et les riches particuliers, ce qui fera monter en flèche le service de la dette publique — nous y reviendrons dans le chapitre suivant — et enfoncera définitivement le Liban dans le cercle vicieux de l'endettement où l'a mené la politique de reconstruction.

Cet emploi de la spéculation financière comme arme politique n'est pas nouveau : la prise de pouvoir de Rafic Hariri en 1992 s'est opérée de la même façon. En effet, le gouvernement d'Omar Karamé, qui avait succédé à celui de Salim El-Hoss, le

24 décembre 1990, et qui avait pourtant à son actif le désarmement des milices et le retour à la paix civile, a été victime d'une forte campagne d'opinion contre sa politique économique, émanant des milieux très nombreux qui réclamaient l'arrivée de Rafic Hariri au pouvoir pour résoudre les problèmes de reconstruction.

Prétextant d'une hausse des salaires des fonctionnaires qui, en augmentant le déficit budgétaire, aurait menacé la stabilité de la livre sur le marché des changes, une vague de spéculation sauvage se développe sur la livre libanaise qui fait chuter dramatiquement son cours au printemps 1992. C'est la Banque centrale elle-même qui, consciemment ou inconsciemment, amplifie le mouvement spéculatif, en annonçant que désormais elle n'a plus les moyens de soutenir le cours de la livre et qu'elle se retire, en conséquence, du marché des changes. Du coup, on assiste à un effondrement du cours de la monnaie jusqu'à un niveau de 2 800 livres pour un dollar, alors que durant les premiers mois de l'année le cours fluctuait entre 850 et 1 000 livres pour un dollar.

Cela provoque une nouvelle flambée du coût de la vie, qui pousse les syndicats à un mouvement de manifestations et de grèves. Celui-ci prend une mauvaise tournure, obligeant le gouvernement à démissionner le 6 mai 1992. Lui succède un gouvernement de transition, présidé par Rachid el-Solh, chargé de préparer les premières élections législatives depuis 1972. La nouvelle Chambre des députés se hâtera alors de donner au gouvernement, que Rafic Hariri est chargé de constituer, une confiance massive de cent quatre députés sur cent vingt-huit. Le Liban est désormais officiellement livré à la gestion omnipotente de Rafic Hariri, laquelle ne sera interrompue que durant deux ans (1998-2000) sans que son influence dans le pays n'en soit diminuée (voir chapitre 11).

Rafic Hariri a réussi à concrétiser une alliance presque sans faille des chefs de milices enrichis par la guerre et des nouveaux millionnaires ou milliardaires qui ont fait fortune durant les années de guerre, en Afrique dans le trafic de diamant ou dans les pays de la Péninsule arabique (où ils ont été agents d'affaires de membres des familles royales ou princières), mais aussi d'une large partie de la bourgeoisie d'affaires chrétienne traditionnelle dont il va incarner les anciens rêves. Cette alliance qu'il cimente, ainsi que la propagande médiatique permanente, locale et internationale, autour des travaux de la reconstruction, vont compenser ou plutôt voiler l'énorme déficit démocratique qui caractérise la vie politique libanaise sous la nouvelle République.

Les étranges pratiques constitutionnelles de la IIe République

La IIe République, loin de rétablir l'« entente nationale » et le fonctionnement de la démocratie, va ressembler à une véritable république bananière, mise sous serre par son puissant voisin et protecteur, la Syrie, avec le plein assentiment des nouvelles forces sociales sorties gagnantes de la guerre et fédérées autour de l'écrasante omniprésence de Rafic Hariri.

En tête de ces forces, on trouve la milice d'Amal sous la houlette de Nabih Berri qui deviendra, à la suite des élections législatives de l'été 1992, le président « inamovible » du Parlement ; celle du Parti socialiste progressiste (PSP) dominé par M. Joumblatt ; celle du Parti populaire national syrien (PSNP), seul véritable parti transcommunautaire mais dont la représentativité de type communautaire est évidemment inexistante ; enfin, celle de la faction des milices chrétiennes qui s'est ralliée à la Syrie en 1984-1985 sous la conduite d'Élie Hobeika, célèbre pour son rôle dans les massacres de Sabra et Chatila et qui périra en 2002 dans un attentat mystérieux. Le courant principal de la milice chrétienne, les Forces libanaises, issu du Parti phalangiste, sous la direction de Samir Geagea, responsable de nombreux massacres intra- et intercommunautaires, refusera d'intégrer les gouvernements dits d'« union nationale » de la IIe République, en dépit du fait qu'elle a approuvé les accords de Taëf, que le général Aoun avait fini par refuser, ce qui avait entraîné, nous l'avons vu, son éviction définitive du Liban et son exil français [3].

Le refus du chef de la milice chrétienne entraînera aussi son exclusion totale de la vie politique libanaise. Il sera accusé en 1994 d'être responsable de divers attentats, dont celui qui coûte la vie en novembre 1990 au chef du Parti national libéral (PNL), Dany Chamoun, le fils de l'ancien président de la République Camille Chamoun [4], ainsi qu'un attentat meurtrier à la bombe dans une église, Saiddat Al-Najat, située en plein cœur d'une zone traditionnellement chrétienne, qui coûte la vie à plusieurs personnes, le 27 février

3. Invité à participer au gouvernement d'Omar Karamé, puis à celui de Rachid el-Solh, Samir Geagea refusera de devenir ministre de la IIe République, contribuant ainsi à consacrer le boycottage de la nouvelle République par la partie la plus radicale de l'opinion chrétienne.

4. Dany Chamoun a été sauvagement assassiné à son domicile, en plein sommeil, avec sa femme et sa fille à Yarzé, banlieue chic de Beyrouth. L'attentat rappelle celui pratiqué par les Forces libanaises sur le fils, la femme et le petit-fils du président Soleiman Frangié, à Ehden, au printemps 1978.

1994 ; les soupçons pèseront aussi sur lui en ce qui concerne l'assassinat de l'ancien président Rachid Karamé, en 1987. Suite à un long procès, le chef de la milice chrétienne sera condamné à plusieurs années de prison ; les Forces libanaises seront dissoutes dès le 23 mars et ses biens saisis.

Les gouvernements de la IIe République n'auront de « national », au sens de réconciliation communautaire, que le nom. En effet, les forces politiques chrétiennes sortent décimées de la guerre. Le dernier épisode des violences, qui a opposé l'armée régulière sous le commandement du général Aoun à la milice chrétienne dirigée par Samir Geagea, a sapé le peu de cohésion qui restait du « camp chrétien ». Le président Amine Gemayel est sorti déconsidéré par sa gestion de la crise ; il quittera d'ailleurs le Liban en 1988, à l'expiration de son mandat, pratiquant un auto-exil, et laissant le Parti phalangiste exsangue[5]. C'est donc le vide politique qui s'établit dans les communautés chrétiennes, d'autant que le mot d'ordre de boycottage des premières élections d'après-guerre en 1992, lancé par les différents « chefs » chrétiens, est largement suivi par la population (y compris dans beaucoup de districts électoraux à prédominance musulmane). En termes de démocratie communautaire traditionnelle, il y aura donc constamment un déficit de représentativité chrétienne dans les institutions de la IIe République, aussi bien au niveau du Conseil des ministres que de la Chambre des députés. Certes, les « chrétiens » occupent toujours la moitié des sièges dans l'une et l'autre institution, conformément à la Constitution telle qu'amendée par les accords de Taëf, mais au Conseil des ministres ne siègeront jamais des chrétiens continuant d'avoir des positions antisyriennes marquées. Au Parlement, à quelques exceptions près, les députés chrétiens sont à la dévotion de la Syrie.

La nouvelle République a d'ailleurs bien mal commencé sur le plan institutionnel. Conformément aux accords de Taëf, le gouvernement nomme le 21 août 1990 quelques dizaines de députés, tous proches de la Syrie, pour remplacer les députés décédés depuis 1975 et pour assurer le nombre de cent huit députés, désormais répartis pour moitié entre chrétiens et musulmans, à la place de l'ancienne répartition légèrement inégalitaire de cinquante-cinq députés chrétiens contre quarante-quatre musulmans. Quelque

---

5. Amine Gemayel fera un retour de très courte durée au Liban à l'occasion de la préparation des élections de 1992, et ne rentrera officiellement qu'en juillet 2000, à la veille des élections parlementaires. Mais le parti lui échappera de plus en plus et deviendra à partir de 2002 allié de la Syrie.

temps après, le Parlement vote une amnistie générale des crimes commis durant la guerre à l'encontre de civils innocents (enlèvements, bombardements aveugles des quartiers, tirs des francs-tireurs), mais excluant l'assassinat de personnalités politiques (Bachir Gemayel, Rachid Karamé, Kamal Joumblatt) dont la justice a été saisie. Enfin, le 19 décembre 1991, le même Parlement, si peu représentatif, vote la loi créant la société foncière chargée de la reconstruction du centre de Beyrouth (Solidere), qui viole scandaleusement tous les principes de protection de la propriété privée, comme nous le verrons au chapitre suivant, et qui entraînera un véritable génocide architectural du centre historique de la capitale.

Mais la IIe République sera aussi celle qui étouffera les libertés publiques essentielles, notamment celle de manifester ; elle bafouera la liberté de presse et d'information à plusieurs reprises, comme nous le décrirons un peu plus loin, procédera à des arrestations arbitraires d'étudiants dont le seul crime a été de manifester pacifiquement contre la présence syrienne, s'ingérera dans toutes les élections de syndicats et d'associations professionnelles, en particulier pour y placer les hommes fidèles à Rafic Hariri et ses deux principaux alliés (M. Joumblatt et M. Berri). C'est uniquement avec l'accession au pouvoir du général Lahoud et sous le gouvernement El-Hoss que ces libertés seront rétablies.

La IIe République sera largement boudée politiquement par l'opinion chrétienne traditionnelle, qui refusera aussi bien l'alignement du pays sur la politique régionale syrienne que l'omniprésence de la Syrie dans les affaires intérieures libanaises. Elle estimera que les accords de Taëf, auxquels elle aura souscrit — à l'exclusion de la partie de l'opinion restée fidèle au général Aoun — ne sont pas appliqués correctement, puisque le pouvoir est massivement concentré aux mains des anciens chefs de milices devenus prosyriens, en particulier pour les druzes et les chiites ou le Parti populaire syrien. Cette opinion ne se considère pas représentée par le président de la République, tout maronite qu'il soit, dont le pouvoir repose exclusivement sur son allégeance à la Syrie ; elle ne se considère pas non plus représentée par les ministres et députés élus des communautés chrétiennes, à quelques exceptions près, tous proches de la Syrie.

La loi électorale adoptée par la IIe République désavantage d'ailleurs les chrétiens, en particulier dans le Mont-Liban, dernière circonscription électorale où ils sont encore majoritaires. Les accords de Taëf ont, en effet, prévu que les élections seront organisées au niveau de la *mohafazat* (l'équivalent d'un département). Or la pratique de la IIe République s'éloignera du texte de ces accords introduit dans la Constitution. Pour différentes raisons de commodité politique, le sud du Liban sera divisé en deux *mohafazat* (celui de Nabatié et celui de Saïda), alors que cette région, avant la guerre, n'en constituait qu'un seul. Quant au Mont-Liban, il sera divisé en plusieurs circonscriptions électorales, dans le but de permettre à Walid Joumblatt de continuer de dominer les régions druzes. Le résultat est une dispersion des voix des électeurs chrétiens qui, de ce fait, ne peuvent dans ce *mohafazat*, le seul où ils soient majoritaires, avoir la haute main sur les listes de candidats [6].

Au demeurant, les élections seront le plus souvent une mascarade, car y règnent en maîtres l'argent ainsi que la bénédiction syrienne sur certains candidats ou sur la constitution des listes de candidats qui se regroupent. La majorité des députés issue des scrutins de 1992, 1996 et 2000 sont soit des « hommes d'affaires » disposant de fortunes considérables, rarement acquises dans des conditions claires, soit des membres de partis politiques sous influence syrienne. Les députés véritablement indépendants, parce que disposant d'une base populaire qui n'est pas tributaire de leur fortune personnelle ou de leurs liens avec la Syrie, sont une minorité dans chaque communauté.

Il s'agit souvent pour les chrétiens de députés du Nord ou du Mont-Liban dans les circonscriptions à majorité chrétienne, ou pour les musulmans de députés qui ont des racines solides dans la capitale, Beyrouth, ou les deux capitales régionales, Saïda et Tripoli. Aux élections de 2000 cependant, Rafic Hariri parviendra à rafler tous les sièges de la capitale, faisant ainsi disparaître du Parlement les quelques députés de Beyrouth indépendants et très populaires, tels que Salim El-Hoss, Mohammed Youssef Beydoun ou Tamam Salam, sans compter Najah Wakim (élu député triomphalement à l'âge de vingt-sept ans et ayant toujours siégé à la Chambre depuis 1968), figure symbolique de la défense des pauvres et des opprimés et de la lutte contre la corruption, en particulier par la dénonciation des très nombreuses irrégularités

6. Sur la mauvaise application des accords de Taëf, en particulier les manipulations de la loi électorale, on se reportera à Nawaf SALAM et Theodor HANF, « Lebanon in post-war limbo », contribution à un séminaire sur le Liban d'après-guerre, tenu à Mayence en Allemagne et dont les actes doivent être publiés par Nomos en 2003. De Salam, un des meilleurs observateurs de la IIe République, on verra aussi *Aba'ad min al Taief* (Considérations sur les accords de Taëf), Dar el-Jadid, Beyrouth, 1998, ainsi que *La Condition libanaise. Communauté, citoyen, État*, Dar el-Nahar, Beyrouth, 1998. On ne manquera non plus de signaler le bel article d'Élizabeth PICARD, « Les habits neufs du communautarisme libanais » (*Cultures et Conflits*, automne 2001, Paris), qui décrit très bien l'atmosphère de la IIe République.

commises par Rafic Hariri et ses proches. Au sud, une alliance imposée par la Syrie aux candidats du Hezbollah et d'Amal empêche tout candidat indépendant de réussir et élimine aussi bien quelques figures très populaires par leur honnêteté et leur militantisme que les descendants des anciennes familles de notables chiites, autrefois si puissantes.

Si les chrétiens ont largement boudé les élections de 1992, ce qui permettra à certains candidats d'être élus avec un nombre ridicule de voix, il n'en sera plus de même en 1996 et 2000 [7]. Bien que fortement hostile à la Syrie, cette opinion ne boude pas Rafic Hariri, qu'elle perçoit comme un musulman modéré et pro-occidental, un bienfaiteur aux idées libérales en économie et qui tente de faire reculer l'influence chiite dans le pays, en particulier celle du Hezbollah. Elle ne voit pas l'influence saoudienne grandissante que celui-ci amène au Liban, ni son étroite relation avec la branche du régime syrien qui gère à Damas le dossier libanais dans ses moindres détails. En dehors du député Najah Wakim, aucune personnalité chrétienne ne questionnera les achats massifs de parcelles foncières auxquels procède sans arrêt Rafic Hariri, vraisemblablement pour le compte de ses protecteurs saoudiens, alors que la loi libanaise limite le nombre de mètres carrés de terrain que peuvent acheter les Non-Libanais.

La république des scandales et de la gabegie

La IIe République sera d'ailleurs la république des scandales financiers permanents et de la corruption étalée au grand jour, qu'il s'agisse des spéculations scandaleuses sur le taux de change en 1992, puis des spéculations sur le cours des actions de la société foncière Solidere, des surcoûts effarants dans les travaux de la reconstruction, mais aussi dans le ramassage des ordures à Beyrouth et certaines municipalités par une société privée créée à cet effet par des proches du pouvoir, des détournements de fonds dans plusieurs banques sans que jamais un responsable de ces fraudes ne soit vraiment inquiété, des conditions laxistes dans lesquelles l'État a négocié l'attribution des licences de téléphone mobile puis

7. Sur les élections libanaises, on verra les deux ouvrages collectifs publiés par le Lebanese Center for Policy Studies (LCPS) : *Al intikhabat al loubnania li 'am 1996 wa azmat al dimocrtia fi loubnan* (Les élections libanaises de 1996 et la crise de la démocratie au Liban), Beyrouth, 1998 ; et *Al intikhabat al niabia fi loubnan 'am 2000 bain al i'ada wal taghiir* (Les élections de l'année 2000 au Liban entre la reconduction et le changement), Beyrouth, 2002.

contrôlé les deux opérateurs. Il en est de même de l'attribution de la gestion de la grotte de Jeita, une des merveilles du Liban, à une société privée créée à cet effet par l'un des ministres en exercice, des trafics divers tels que la contrebande avec la Syrie, la formation d'un cartel sur l'importation de pétrole et de fuel-oil, les commissions extravagantes sur tous les marchés d'État ou, surtout, les taux d'intérêts scandaleusement élevés sur les bons du Trésor que l'État émet bien au-delà de ses besoins pour permettre un enrichissement facile et des surprofits bancaires [8].

À ces scandales majeurs viendront s'en ajouter bien d'autres [9] : celui de l'aéroport, totalement surdimensionné et au coût extravagant, qui entraîne un arbitrage international du consortium de sociétés réalisatrices et du CDR (Conseil pour le développement et la reconstruction) ; celui de la reconstruction de la cité sportive, qui fut bizarrement considéré comme une des premières priorités du nouveau gouvernement constitué par Rafic Hariri, au coût non moins extravagant, et qui est réalisée sans que les crédits budgétaires nécessaires à cette dépense aient été votés par le Parlement [10] ; le scandale des contrats innombrables attribués par le CDR à des entrepreneurs locaux ou internationaux de gré à gré et souvent sans que les crédits budgétaires aient été prévus ; les scandales en série à la Caisse des réfugiés qui paye de façon fantaisiste les indemnités des déplacés de leur foyer par les actes de violence commis par les milices entre 1975 et 1990 et qui au bout de douze ans d'existence n'a toujours pas terminé de verser des indemnités ; il en va de même pour le Conseil du Sud qui a pour fonction

8. Très souvent, la Cour des comptes libanaise ne manque pas d'épingler toutes ces irrégularités dans ses rapports ou dans des rapports spéciaux. On pourra se reporter au sujet de la corruption au document *Lebanon Anti-corruption Initiative Report 1999*, préparé par un consultant libanais privé, Information International SAL, et financé par l'Agence des États-Unis pour le développement international (USAID). Un autre rapport du même consultant, publié en 2001 en langue arabe, patronné et financé par les Nations unies (CICP/UNICRI), sera stoppé par le gouvernement libanais, qui blâmera le représentant des Nations unies à Beyrouth. Le rapport avait mis en cause certaines personnalités politiques et hauts fonctionnaires, mais exclusivement à partir de citations de presse.

9. Le livre de référence en la matière est celui de Najah WAKIM, *Al aiadi al soud* (Les mains noires), Charikat al matbou'at lil tawzi'wal nashr, Beyrouth, 1998, 12e édition. Cet ouvrage a connu un énorme succès et embarrassé considérablement le Premier ministre qui a tenté, en vain, d'obtenir une condamnation en justice de l'auteur et de l'éditeur de l'ouvrage.

10. Le chef du gouvernement essayera de débaptiser la cité qui porte le nom de son initiateur et réalisateur, le président Camille Chamoun ; il essayera aussi de faire disparaître de la place Riyad el-Solh la statue du Premier ministre dont la place porte le nom et qui a réalisé l'indépendance de concert avec le président El-Khoury. Il faudra l'intervention énergique du prince saoudien Walid Ben Talal, neveu du roi d'Arabie et petit-fils, par sa mère, de Riyad el-Solh, lui-même encore plus fortuné que M. Hariri, pour que la statue qui avait été enlevée de son socle — sous prétexte de réparation — y revienne.

d'indemniser les habitants des zones occupées par Israël et de réparer les infrastructures que l'armée israélienne détruit ou endommage dans cette région par ces raids continus. On n'oubliera pas de mentionner l'attribution de concessions, sous la forme moderne du BOT (*built operate and transfer*), à des sociétés choisies en dehors de tout appel d'offres, notamment pour le téléphone cellulaire et la poste, et sans respect des dispositions constitutionnelles [11].

Le résultat de cette gabegie permanente sera la constitution d'une dette officielle colossale, qui atteint 32 milliards de dollars en 2003, en sus de différents types de dettes non incluses dans les chiffres officiels, dont les nombreux arriérés de paiement de l'État vis-à-vis de ses fournisseurs, ainsi que les dépôts de certains pays arabes et les dépôts des banques commerciales libanaises auprès de la Banque centrale, soit un montant supplémentaire de 13 à 15 milliards de dollars.

On ne peut non plus oublier l'octroi scandaleux de la nationalité libanaise à deux cent mille personnes par décret du ministre de l'Intérieur en 1994, en dehors de tout critère clair et sans que personne sache l'impact de cet acte sur les équilibres démographiques communautaires [12]. Un autre scandale sera celui de l'attribution de licence pour les radios et les télévisions ; pour ces dernières, seuls M. Hariri et les dirigeants principaux auront droit à une télévision, écartant de la sorte toute voix dissonante. On mentionnera aussi la création en 1994 d'un Conseil constitutionnel, conformément aux accords de Taëf, mais dont la carrière n'est pas glorieuse jusqu'ici ; son premier président démissionnera et, par la suite, les recours faits, en particulier contre les lois électorales, ne seront pas suivis d'effet, le gouvernement et le Parlement trouvant les finasseries juridiques pour éviter les conséquences de l'annulation de certaines lois.

Comment expliquer que toute l'élite culturelle, politique et économique bien pensante du Liban n'ait guère résisté aux filets de la

11. L'attribution en 1994 de deux BOT à des compagnies privées pour la gestion du système GSM de téléphonie mobile a donné lieu à des controverses sans fin et à un feuilleton à rebondissements inépuisables depuis 1999. Le Premier ministre est évidemment actionnaire reconnu de l'une d'entre elles, dont le promoteur n'est autre que le gendre de son épouse et le fils de l'un des députés parmi les plus fidèles de son entourage direct ; il aurait été aussi actionnaire non visible dans l'autre société dont l'actionnaire principal est France Télécom, assisté d'un actionnaire libanais important, choisi parmi les nouveaux hommes d'affaires qui sera par la suite ministre et député.

12. Le décret a été attaqué devant le Conseil d'État qui, en 2003, a accepté le recours en invalidation et pourrait peut-être donner un avis au gouvernement pour qu'il revoie sa copie.

corruption et des scandales dont est tissée l'histoire de la nouvelle République ? Même sans participer directement à la gabegie, beaucoup s'abstiendront d'une dénonciation trop forte ou trop marquée, en particulier pour ce qui est des médias et de l'information. Dans ces milieux, les rares personnalités courageuses qui le feront seront l'objet d'une vindicte permanente de la part des gouvernements présidés par M. Hariri et, souvent même, l'objet d'une certaine désapprobation sociale. C'est qu'en réalité l'idéologie développée autour de la reconstruction a entraîné une adhésion assez large dans le pays. Elle a créé un « néo-libanisme » qui s'est donné des allures patriotiques, venant ainsi combler le vide absolu qu'a fait naître l'effondrement des idéologies ayant animé les protagonistes de la guerre.

Le néo-libanisme économique de la IIe République

Ce néo-libanisme prône la réussite individuelle des Libanais à l'image du « succès » du Premier ministre Rafic Hariri, l'entrepreneur parti de rien pour arriver, en quelques années, à faire partie des hommes les plus riches et les plus influents du monde. Sur ce plan, le ton fut donné par Rafic Hariri lui-même, dans un discours retentissant prononcé lors de la remise des diplômes à l'Université américaine, en juillet 1993. Il y a prôné la « réussite » sous toutes ses formes, la confiance en soi, la décision et la détermination, en idéal du Liban de l'avenir ; il ajoutait aussi sur un ton aigu l'impérative nécessité de reconstruire en priorité le centre historique de Beyrouth suivant le projet adopté par le Parlement, c'est-à-dire par une société foncière s'appropriant le patrimoine de plus de 100 000 ayants droit et faisant appel aux capitaux privés en provenance des pays de la Péninsule arabique. Des remerciements chaleureux étaient adressés dans ce discours au roi Fahd d'Arabie saoudite, royaume qu'il salue comme étant celui qui a permis à de nombreux Arabes cette « réussite » qu'il appelle de ses vœux pour tous les étudiants [13].

Le bien public et la morale collective deviendront ainsi des notions totalement absentes de la nouvelle idéologie de la reconstruction qui s'inscrit dans les courants du néo-libéralisme le plus

13. Voir le texte de ce discours fondamental dans le quotidien *Al-Nahar* de Beyrouth du 14 juillet 1992 ; le mot « succès » y est martelé plusieurs fois par paragraphe, dès la première phrase.

strict, où l'État et l'action collective ne sont vus que comme des sources de distorsions et de gaspillages économiques, entravant l'efficacité de l'entreprise privée et de l'« entrepreneur », nouvelle figure mythique de cette fin de siècle.

En même temps, l'idéologie du néo-libanisme a créé chez les Libanais l'angoisse de manquer le train supposé en marche de la réorganisation économique du Moyen-Orient, tel que les deux gouvernements américain et israélien se sont efforcés de la promouvoir dans le sillage du processus de Madrid et des accords israélo-palestiniens d'Oslo, en 1993. Pays traditionnel de services, le Liban ne saurait être en retard pour prendre sa place dans les bienfaits économiques de la paix que les accords d'Oslo ont fait miroiter à l'opinion internationale. Pour retrouver sa fonction régionale d'autrefois et éviter que cette dernière soit occupée par d'autres pays, il faut laisser au gouvernement de la reconstruction, c'est-à-dire au Premier ministre, entrepreneur à succès, les mains libres dans les priorités à définir comme dans les objectifs à atteindre et les moyens à mettre en place pour y parvenir. Face à l'ampleur du défi dépeint, toute discussion est futile, stérile et retarde le retour à la santé économique du pays.

C'est ainsi que le maintien de la dollarisation de l'économie, la baisse de l'impôt sur le revenu au niveau de 2 % et 10 % (contre 2 % à 50 % auparavant) en dépit des immenses besoins, les symboles de l'urbanisme nouveau de la société Solidere chargée de la reconstruction du centre de Beyrouth, l'intérêt quasi exclusif des cercles gouvernementaux pour les deux secteurs foncier et financier, tout se conjugue pour indiquer que l'objectif réel, le modèle implicite omniprésent est un retour déguisé à la vieille idéologie économique du Liban « Monte-Carlo » de la bourgeoisie chrétienne traditionnelle commerçante, idéologie inscrite dans le contexte plus large des critères du « libanisme ».

Si l'idéologie est éculée, les forces sociales à l'origine de ce renouveau peu imaginatif après vingt ans de souffrances nationales profondes sont, elles, pleines de vigueur. Trois groupes nouveaux sur la scène politique ont conjugué leurs efforts pour promouvoir l'idéal d'une reconstruction axée sur un retour du Liban à son ancienne fonction régionale, mais qui n'est que le retour en force du banal désir d'un pays « casino » et paradis fiscal régional, cher à l'ancienne couche dirigeante : les principaux chefs miliciens enrichis par tous les trafics de la guerre, les pillages et rançonnages de la population civile ; les entrepreneurs de béton armé et les agents d'influence ayant fait des fortunes rapides et faciles dans les pays arabes exportateurs de pétrole durant les années de boom pétrolier ; des intellectuels de l'ancienne mouvance laïque révolutionnaire arabe, reconvertis au néo-libéralisme international et aux théories de la modernisation par le marché mondial et la seule initiative privée. Pour ces derniers, certains d'entre eux ont, de plus, sagement retrouvé le chemin de leurs identités communautaires et travaillent à l'ombre de nouveaux entrepreneurs, millionnaires ou milliardaires [14].

L'alliance de ces trois groupes représente une force considérable et tient le haut du pavé social et médiatique de la scène libanaise. Le nouveau chef du gouvernement est son ciment : il constitue une icône polarisant avec succès l'imaginaire qui a présidé à l'idéologie de la reconstruction. Il s'agit d'ailleurs d'une image que le modèle affirme et confirme en toute occasion.

Le contraste, que l'ensemble de l'équipe gouvernementale issue des accords de Taëf ainsi que le premier chef de l'État de l'époque, Élias Hraoui, mettront en valeur par la parole comme par l'action, est celui du succès de l'entrepreneur privé face à la « faillite » de l'État [15]. L'État serait plus une nuisance qu'un réseau d'institutions sans lequel la vie en société est impossible. On se prévaut alors de l'évolution économique internationale, de la réduction partout dans le monde du rôle des États, des grandes vagues de privatisations, etc., tout en oubliant de dire que, déjà, l'État libanais, en dépit des réformes dues à la reconstruction de type chéhabiste entre 1958 et 1964, souffrait non pas d'un excès d'intervention dans l'économie, en particulier dans le domaine social, mais plutôt de son effacement. Le rappel des politiques internationales de réduction du rôle de l'État dans l'économie est fort peu approprié au cas du Liban, où jamais le secteur public n'a pris l'importance qu'il a pu acquérir dans les pays industrialisés occidentaux ou dans les pays du tiers monde à économie dirigiste [16].

---

14. L'itinéraire de certains intellectuels libanais de « gauche » n'est pas très différent de celui de leurs confrères en Europe, qui se sont convertis du marxisme au néo-libéralisme et au conservatisme le plus étriqué, avec souvent des senteurs de religiosité ou de communautarisme ethnique ou religieux.

15. Il deviendra ainsi de très bon ton pour les hommes d'affaires prospères de faire des dons en nature à l'État ou à ses représentants, sous prétexte de sa faillite financière. Ainsi, Rafic Hariri logera à ses frais le premier président de la République ; un groupe d'hommes d'affaires se cotisera pour payer une partie des réparations du palais présidentiel. Des enveloppes importantes et officieuses sont distribuées à des hauts fonctionnaires, des ministres, des journalistes.

16. Voir notre intervention « Les opérations de reconstruction et la privatisation au Liban », dans le cadre du colloque sur « La reconstruction : politiques d'aménagement et

Les enfants des nouvelles personnalités politiques issues du compromis de Taëf se lancent aussi dans les « affaires » : ils ouvrent des radios, des télévisions, des centraux téléphoniques au mépris de toutes les lois existantes, sans que cela dérange les piliers de l'État.

Comme nous l'avons évoqué, cette nouvelle « élite » ne dédaigne pas non plus, au passage, les profits de la spéculation contre la monnaie nationale par les canaux des banques dont certains de ses membres sont actionnaires et sur lesquelles ils exercent une forte influence. « Enrichissez-vous ! » Tel semble bien être le cœur de l'idéologie de la reconstruction. Les plaies des quinze années de violences, de mort et de destruction ne pourront être soignées que par la réussite personnelle dans le monde des affaires.

Beyrouth ou Dallas-sur-Mer : le rêve ambigu d'une ville-État

Cette idéologie s'est insérée dans une idéologie plus vaste d'un retour de la place de Beyrouth à ses grandes fonctions marchandes régionales d'avant-guerre. Ce retour a été perçu comme la priorité absolue, comme un impératif de nature patriotique. C'est pourquoi le projet de société foncière occupera tout l'espace politique en 1991 ; il sera symbolisé par une maquette présentée et commentée dans tous les forums disponibles. Le centre reconstruit de Beyrouth, isolé du reste de la ville, y apparaît à l'égal de Boston, Riyad, Djedda ou du quartier de la Défense à Paris. L'aspect bazar et casbah de l'ancien cœur historique de la capitale est effacé au profit d'un modernisme urbain, à la fois outrancier et démodé, symbole pour la nouvelle équipe au pouvoir de la restauration orgueilleuse du Liban.

Tout un patriotisme d'hommes nouveaux dans le sérail politique, avides de réussite personnelle rapide, vient se greffer sur cette maquette, symbolique des espoirs d'un futur enchanteur sur le plan matériel. Les remarques, oppositions, solutions alternatives techniques, économiques, urbanistiques, la nécessité d'insérer d'abord la reconstruction du centre dans un plan d'ensemble de Beyrouth et de ses banlieues, mais aussi de l'ensemble de

intérêts publics », tenu à l'hôtel Carlton à Beyrouth les 22 et 23 mai 1992 ; texte repris dans *Al-Mouaten*, n° 7, juin 1992.

l'aménagement du territoire : tout cela est balayé d'un revers de main par les plus hautes autorités politiques du pays. Les critiques ont mauvaise presse, sont accusés d'être des esprits chagrins, taxés de passéisme et de ne pas vouloir une reconstruction efficace et rapide du pays. C'est la société foncière qui va tirer le pays du profond marasme économique. Le chantier spectaculaire que préfigure la maquette-symbole est le centre de tous les efforts. S'y opposer, revient à condamner le pays à stagner dans le pitoyable état qui est le sien.

Nous évoquerons plus loin le projet de reconstruction du centre historique de la capitale et toutes les péripéties du projet de société foncière, mais il est important ici de souligner la centralité du projet dans la démarche générale de reconstruction. Aucune étude technico-financière n'est mise à la disposition du public, montrant la faisabilité du projet par les moyens exorbitants et dérogatoires au droit commun de l'urbanisme et de l'expropriation inventés sous prétexte d'efficacité et de rapidité. Il n'y a pas de recensement des logements détruits, des nombreux logements vides qui paradoxalement caractérisent le parc immobilier libanais. En effet, du fait des disponibilités financières accumulées légalement ou illégalement par de nombreux Libanais depuis vingt ans, et pour préserver ces disponibilités de la chute de la monnaie, le pays a été couvert d'une forêt d'immeubles d'habitations plus ou moins achevés sans que les appartements ainsi disponibles trouvent d'acquéreurs [17].

De plus, l'un des rares aspects positifs des années de guerre a été le redéploiement des activités économiques sur les différentes régions du pays. L'ancienne polarisation de l'ensemble des activités commerciales et financières sur la capitale — qui avait amené la constitution des ceintures de misère au début des années 1970 — a été largement atténuée par les années de guerre où la violence a eu tendance à se concentrer sur la capitale. La politique de reconstruction vise donc à reconstituer la centralité de Beyrouth, à faire du Liban une ville-État. Les images de Hongkong ou de Monaco du Moyen-Orient viennent aussi se greffer sur l'imaginaire de la nouvelle couche sociale qui dirige le pays. Celle-ci reprend ainsi à son compte les anciennes aspirations de la bourgeoisie chrétienne d'affaires, qu'elle qualifiait autrefois de « compradore » et d'« isolationniste ». C'est d'ailleurs bien autour de cette maquette que le

---

17. On verra sur ce point Philippe SKAFF, *La République du béton*, Dar el-Nahar, Beyrouth, 2002, ouvrage qui à travers la photographie montre le spectacle de désolation que cette vague irraisonnée de spéculation foncière a entraîné dans la plupart des régions du pays.

nouveau pouvoir entend consacrer la « réconciliation nationale », d'autant plus facile sur ce thème que l'ancien rêve d'une partie de la bourgeoisie d'affaires est maintenant partagé par l'élite politique de toutes les communautés.

La seule opposition politique active, en dehors de celle de personnalités individuelles n'appartenant pas à des partis constitués, est celle du Hezbollah, qui dénonce dès le début le mécanisme de société foncière. Ses dirigeants entreront dans un marchandage serré avec les piliers de l'État pour empêcher qu'un mécanisme similaire soit mis en œuvre pour la banlieue sud de Beyrouth, leur bastion et le symbole de leur indépendance.

Au demeurant, mis à part l'intermède des élections législatives de 1992, il y a désintérêt non seulement pour une vision globale d'aménagement du territoire, mais aussi pour le politique en général et la souveraineté du pays toujours hypothéquée au grand frère syrien et violée par les Israéliens au Sud. La maquette est un symbole trop attirant pour qu'on s'occupe encore de politique. La ville-État deviendra le Hongkong de la Syrie et le sort politique du pays ne se réglera pas au Liban, mais dans des négociations internationales sur lesquelles la nouvelle élite n'a, en tout cas, aucune prise. Les querelles de petite politique locale sont toutes réglées à Damas et la politique étrangère du Liban s'aligne sur celle du pays voisin et « frère ».

La conclusion d'accords politiques (en particulier le fameux traité de fraternité, de coopération et de coordination signé en 1991) et économiques avec la Syrie sera même vue avec faveur, car elle renforce cette vision de Beyrouth comme Hongkong de l'hinterland syrien qui, à l'instar de la Chine, se libéralise elle aussi progressivement, s'ouvrant aux capitaux étrangers. Les perspectives d'affaires n'en apparaissent que plus réjouissantes.

Sitôt le projet de société foncière adopté par le Parlement et l'assemblée constitutive mise sur pied, le gouvernement dévoile son plan général de reconstruction. Outre la remise en état et l'extension du réseau électrique très endommagé, il est essentiellement axé sur les communications internationales :

— un aéroport pour six millions de passagers/an, surdimensionné par rapport au trafic des meilleures années d'avant-guerre ;

— un réseau téléphonique non moins surdimensionné avec un million de lignes électroniques ordinaires et 750 000 lignes cellulaires ; pour une population de 3 à 3,5 millions d'habitants, le pays deviendrait ainsi le plus avancé dans le monde en termes de lignes installées par habitant.

Dans sa composante intérieure, la plus importante rubrique de dépenses est relative à la construction d'un réseau autoroutier très extensif (plus de deux milliards de dollars, soit 15 % de l'ensemble des enveloppes sectorielles s'élevant à treize milliards). Le reste des montants alloués concerne l'éducation (un milliard), les adductions d'eau et les égouts, et des montants mineurs pour le transport collectif, les affaires sociales et l'irrigation. Dans la foulée de la présentation de ce plan au Parlement en 1993, une loi-programme fait l'objet d'un grand marchandage avec le Hezbollah pour la banlieue sud de Beyrouth. Ce programme est destiné à obtenir le silence du parti sur le projet de société foncière pour Beyrouth [18]. Viennent ensuite des crédits pour des habitations à bon marché, mais sans mécanisme de société foncière, l'État pratiquant ici l'expropriation de type classique. La loi-programme prévoit, en outre, pour le gouvernement la possibilité d'émettre des bons du Trésor en dollars pour un montant de 300 millions. Cette facilité que le gouvernement s'accorde suscite les plus vives inquiétudes, car elle vient confirmer que les autorités continuent dans la politique de « dollarisation » de l'économie au lieu de tenter de rétablir la santé de la livre libanaise.

Si le projet de la banlieue sud prévoit 1,9 milliard de dollars de crédits, celui de plan décennal — que le Parlement n'a d'ailleurs pas formellement approuvé — prévoit 18 milliards. Le texte du plan s'est contenté d'affirmer qu'il serait financé à hauteur de 40 % par des emprunts et de 60 % par des surplus financiers budgétaires. Or, dans le même temps où les autorités s'engageaient dans ces projets à milliards, il faisait adopter au Parlement, à la fin de l'année 1993, une loi réduisant l'impôt sur les bénéfices des sociétés et l'impôt sur le revenu à 10 %, sur les valeurs mobilières à 5 % ; tout prélèvement à la source sur les intérêts bancaires ou les revenus des bons du Trésor est supprimé. Il s'agissait bien de confirmer l'image du Liban réduit à sa capitale et jouissant du statut de paradis fiscal.

Cette mesure de réduction drastique des impôts directs, déjà très peu payés au Liban sinon par les salariés, ne peut que susciter l'adhésion d'une large partie de la communauté d'affaires et souder

18. Au cours des discussions concernant ce projet de loi, les crédits pour le programme passent de 300 à 900 millions de dollars puis à deux milliards en l'espace de quelques semaines, sans que quiconque sache comment se situent ces importants crédits par rapport à ceux du plan décennal qui vient d'être présenté au Parlement. La part la plus importante des crédits est à nouveau consacrée à une ceinture d'autoroute devant traverser la banlieue sud et permettre à l'automobiliste de passer du sud au nord de la capitale avec aisance.

encore plus cette communauté aux nouvelles élites dans le rêve ambigu de la ville-État phénicienne enfin ressuscitée dans une version moderniste. Dans un Moyen-Orient que cette élite considère bien à tort en voie de paix et de réorganisation en vue de la prospérité, à l'instar de nombreux milieux occidentaux qui croient en l'imminence de la réconciliation historique entre Juifs et Arabes, comment ne pas parvenir à souder un « consensus » marchand et national sur cette vision de la reconstruction ? Il y a là un fort relent de la pensée vulgarisée, mal comprise et mal assimilée, de Michel Chiha, éditorialiste politique célèbre et homme d'affaires, qui avait façonné par sa plume brillante la vision d'un Liban communautaire et consensuel autour des valeurs de base d'un libéralisme commercial et politique (voir *supra*, chapitre 4).

Le problème de base est évidemment que cette nouvelle élite refuse de prendre acte que la morphologie économique du Moyen-Orient a profondément changé en vingt ans. En effet, le rôle passé que Beyrouth avait pu acquérir comme plate-forme commerciale et bancaire était dû au profond retard en infrastructures de tout l'environnement. De tous les pays du Moyen-Orient, seul le Liban était désenclavé dans l'économie internationale ; ceux des pays qui avaient pu l'être jusqu'aux années 1950, tel l'Égypte, s'étaient repliés sur des régimes autoritaires et économiquement autarciques qui avaient réorienté une grande partie de leur commerce et de leurs transactions économiques vers l'URSS et les pays de l'Est. Par ailleurs, le conflit israélo-arabe et l'instabilité chronique en Syrie ou en Jordanie et en Irak, de même que le sous-développement en infrastructures de la Péninsule arabique, avaient donné à Beyrouth un rôle central de poumon de l'économie du Moyen-Orient.

En 1990, la situation a totalement changé. C'est le Liban qui est tombé dans l'enclavement et le sous-développement, cependant que les pays de la Péninsule arabique ont des infrastructures aussi développées et efficientes que celles des pays industrialisés, que la Jordanie et la Syrie se sont modernisées et ouvertes sur le monde extérieur, enfin que les économies israélienne et turque sont devenues géantes et relativement industrialisées par rapport aux autres pays de la région. L'Égypte, de son côté, a réintégré les circuits du commerce et de la finance internationaux.

La morphologie de la région a donc changé de façon drastique et l'on peut être étonné de l'obstination de la nouvelle élite issue des accords de Taëf à considérer qu'il y existe nécessairement un rôle régional que le Liban peut retrouver sans difficultés pour peu qu'il mette le prix fort pour refaire du vieux centre commercial de Beyrouth une ville aux équipements et aux infrastructures luxueux et modernes.

Il y a dans cette attitude comme un refus de prendre acte des douloureuses réalités : non seulement celle des besoins d'une population épuisée et appauvrie par la guerre et de très graves problèmes de pollution, mais aussi celle des changements irréversibles ayant affecté le contexte arabe et moyen-oriental qui avait autrefois contribué à la prospérité du Liban. L'aveuglement est tel dans ce domaine qu'on a du mal à se l'expliquer, sinon par la nature même de la nouvelle élite et par un consensus de « réconciliation nationale » d'où est évacuée toute vision politique, source d'une certaine naïveté autour de laquelle s'organise la vision de la reconstruction. Tandis que le Liban continue de servir de monnaie d'échange régionale pour les États-Unis, la Syrie, Israël et l'Iran dans leurs jeux feutrés de géopolitique, la nouvelle élite politique libanaise est poussée dans un rêve d'affaires et d'argent. Dallas-sur-Mer : tel pourrait être le nom actuel de Beyrouth où rivalités traditionnelles de familles et coups financiers fumants vont de pair. La population libanaise, elle, n'est qu'un décor discret de chauffeurs de taxis « services », de maîtres d'hôtel et de serveurs de restaurants de luxe, mais aussi de gardes du corps moustachus.

10

Un bilan économique désastreux

Solidere, projet « phare » de l'affairisme foncier et financier de la IIe République

Dès 1990, Rafic Hariri, qui n'était pas encore à l'époque Premier ministre, a mis tout son poids dans le projet de reconstruction du centre de Beyrouth, qu'il voulait emblématique de son dynamisme et de ses capacités de « constructeur ». Dans sa campagne médiatique en faveur du projet, il sera aidé par Henri Eddé, architecte et personnalité publique très respectée, qui s'est enthousiasmé pour la personnalité de ce « bienfaiteur » du Liban qui lui offrait l'occasion de devenir le chef d'orchestre de la reconstruction de la capitale [1]. Aucun effort ne sera épargné pour convaincre les députés de voter le projet de loi, y compris des déclarations tonitruantes du futur Premier ministre affirmant qu'il se désintéresserait du sort du Liban si les députés ne votaient pas le projet tel que présenté au Parlement.

Un des thèmes principaux des campagnes d'intoxication fut centré sur l'incapacité de l'État à entreprendre lui-même la réhabilitation du centre de la capitale, suivant les procédures classiques du droit de l'urbanisme, en raison de l'absence de moyens financiers, de la difficulté ou l'impossibilité pour l'État libanais de

1. Henri Eddé démissionnera avec fracas de ses fonctions d'architecte principal du projet en 1993. Il écrira un beau livre, *Le Liban d'où je viens* (Buchet-Chastel, Paris, 1997), où, ayant perdu ses illusions sur la personnalité de Rafic Hariri, il dénonce avec virulence toutes les infractions commises par la société foncière et ses abus de droit entraînant de graves dommages financiers pour l'État. Il avait été pourtant longtemps la caution morale de M. Hariri.

s'endetter pour financer les travaux de reconstruction, de la corruption de ses administrations. Un autre point fut de faire miroiter aux propriétaires et locataires une solution simple et rapide à l'enchevêtrement complexe de droits sur un même bien-fonds, la plupart des immeubles étant la propriété de nombreux héritiers et étant grevés des droits des locataires.

Pour comprendre comment un projet aussi exorbitant a pu voir le jour, il faut rappeler le contexte économique et financier sur lequel il s'est appuyé.

Le contexte historique de la fièvre immobilière libanaise

La formidable manne financière des pétrodollars engendrée par l'explosion des prix pétroliers entre 1973 et 1985 a permis au Moyen-Orient la constitution d'un groupe de rentiers disposant d'une force de frappe financière démesurée par rapport à l'état des marchés financiers et immobiliers locaux. C'est donc dans les pays de l'OCDE que cette fortune s'est en priorité implantée, contribuant activement au boom immobilier qu'ont connu les places de Paris et de Londres, ou la région de Marbella en Espagne.

Dans certaines capitales arabes, la nouvelle fortune pétrolière a eu un impact encore plus lourd qu'en Europe, compte tenu de l'étroitesse de leurs marchés financiers et immobiliers. Le segment de marché des appartements somptuaires a flambé, entraînant une multiplication des prix par plus de cent ainsi qu'une concentration des capacités de réalisation dans la construction de tours qui ont considérablement dégradé le paysage traditionnel de la ville arabe.

Le Liban, du fait de son régime économique ouvert, a été la première victime de cette évolution. Dès la fin des années 1960 et le début des années 1970, Beyrouth connaissait une explosion anarchique d'immeubles de béton toujours plus élevés, le plus souvent financés par les premières fortunes d'origine pétrolière. Seul, le centre de la ville, historique et commercial, restait préservé, en raison, à la fois du blocage du coefficient d'exploitation des sols à 2,8, et de la hausse vertigineuse du prix du mètre carré de terrain qui atteignait, à la veille du déclenchement des hostilités en 1974, une fourchette de 5 000 à 7 000 dollars par mètre carré au sol.

Au cours des années de conflit, les Beyrouthins furent surpris par l'acharnement des artilleurs des principales milices sur le centre de la capitale. Plus surprenant encore fut le fait que les vieux souks furent totalement rasés par les bulldozers pendant la courte période d'accalmie de septembre 1982 à septembre 1983. Cette action fut entreprise par la société OGER, appartenant à Rafic Hariri, au titre du nettoyage bénévole du centre de la capitale, durement éprouvé par l'invasion d'Israël au cours de l'été 1982.

Dès le début du conflit, la destruction du centre de Beyrouth devait entraîner un spectaculaire boom de la construction dans les régions adjacentes de la capitale, financé par les nouvelles fortunes libanaises constituées dans les pays de la Péninsule arabique. Le style architectural des nouvelles constructions rejoignait celui du Koweït, de Riyad ou Djeddah : multiplication des galeries commerciales et immeubles ou tours de grand luxe disposés anarchiquement en bord de mer, énormes blocs de béton construits pour être vendus comme « chalets ». En quelques années, l'ensemble Jounieh-Kaslik au nord de Beyrouth, une des plus belles baies de la Méditerranée, était ainsi totalement défiguré. Jusqu'à l'invasion israélienne de 1982 et en dépit des hostilités permanentes, les marchés fonciers et immobiliers étaient donc en ébullition permanente. La tendance ne se retournera qu'avec l'anarchie, semée sur tout le territoire par les milices armées entre 1983 et 1990, qui coïncide avec l'effondrement des prix pétroliers et donc la fin du mécanisme de constitution des fortunes géantes [2].

Ce contexte de fièvre immobilière régionale et arabe fut particulièrement favorable au projet de reconstruction du centre historique de la capitale. Au printemps 1991, le Conseil pour le développement et la reconstruction (CDR), organisme public créé par l'État libanais en 1977, est doté d'une nouvelle administration avec à sa tête un des plus proches collaborateurs de Rafic Hariri, qui fut successivement directeur de la société OGER puis de la Fondation Hariri. C'est cet organisme qui jouera le rôle de pivot institutionnel pour la création de la société foncière devant prendre en charge la reconstruction du centre de Beyrouth. Comme nous l'avons vu, en août 1991 le projet est lancé autour d'une maquette du nouveau Beyrouth, mélange de style roumain à la Ceausescu et de celui du quartier de la Défense à Paris [3].

---

2. Mais les déplacements forcés de population à l'intérieur du pays, suite aux événements du Chouf en particulier, continueront d'alimenter un mouvement de construction, les déplacés utilisant leur épargne pour se faire construire des logements dans les zones de leur appartenance communautaire.

3. Voir la critique de ce projet sous la plume de Frédéric EDELMAN dans *Le Monde* du 11 février 1993, ainsi que le dossier sur Beyrouth de la revue *Urbanisme*, n° 264-265, juin-juillet 1993.

Le projet et ses dérogations exorbitantes aux principes du droit

En dépit d'une opposition farouche d'avocats, d'ingénieurs, d'urbanistes, d'économistes et de financiers [4], le Parlement libanais votait en décembre 1991 une loi n° 117 amendant le décret-loi portant constitution du CDR et permettant à cet organisme de confier à une société foncière unique (Solidere) le soin de reconstruire les régions sinistrées du pays. Nous ne rentrerons pas ici dans l'analyse juridique détaillée de cette loi de nature monstrueuse [5]. Face à la montée des critiques, le CDR eut recours, dès janvier 1992, à la consultation du doyen Georges Vedel qui, en s'appuyant plus sur des opinions de type économique proches des arguments des promoteurs du projet que sur une argumentation proprement juridique, viendra conforter les tenants du projet sur la constitutionnalité de la loi incriminée et des procédures exorbitantes au droit commun qu'elle institue. L'éminent juriste français, en s'abstenant de s'informer auprès d'autres juristes et économistes libanais de la réalité politique et socio-économique sur le terrain, aura été victime de l'intoxication pratiquée par son client, le CDR, dont il a pris les

4. Un groupe de travail composé de dix personnalités libanaises et comprenant un juriste, trois urbanistes, trois économistes, un sociologue, un architecte professeur à l'Université américaine de Beyrouth et ancien membre du Conseil exécutif des grands travaux de la ville de Beyrouth, ainsi que l'ancien bâtonnier de l'ordre des ingénieurs de Beyrouth et ancien ministre des Travaux publics, devait manifester son opposition au projet par l'élaboration d'un ouvrage collectif, publié au début de l'année 1992 sous le titre de *I'mar Bairut : al foursat al daï'at* (La reconstruction de Beyrouth : une opportunité perdue). On pourra voir aussi : Georges CORM, « Le centre-ville de Beyrouth : où est l'État ? », *Les Cahiers de l'Orient*, 4e trimestre 1991 ; ainsi que O. KABBANI, *The Reconstruction of Beirut*, Publications du Centre for Lebanese Studies, Oxford, septembre 1992 ; Nabil BEYHUM, « Les trois plans de reconstruction de Beyrouth ou la crise de la culture citadine », *in Cahiers de l'IRMAC*, n° 2, 1993, Maison de l'Orient méditerranéen, Université Lumière-Lyon 2. On pourra voir aussi les nombreuses critiques adressées au projet dans S. KHALAF et Ph. KHOURY (dir.), *Recovering Beirut. Urban Design and Postwar Reconstruction*, E. J. Brill, Leiden, 1993, ainsi que les actes d'un colloque tenu à Beyrouth en 1992 et qui a regroupé des interventions des spécialistes de toutes les disciplines : *Beyrouth : construire l'avenir, reconstruire le passé ?*, publication de l'Urban Research Institute avec le soutien de la Fondation Ford, Beyrouth, 1995.

Par ailleurs, quatre volumes ont été publiés en 1995 par l'Urban Research Institute et la Fondation Ford sur les problèmes de la reconstruction et plus particulièrement du centre de la capitale avec pour titre principal *Al 'imar wal maslaha al 'ama* (La reconstruction et l'intérêt général) : Nabil BEYHUM, *Fil ijtima'wal sakafa : ma'na al madina wa soukkaniha* (Société et culture : la cité et ses habitants) ; Assem SALAM, *Fil 'imara wal madina* (De l'architecture et de la ville) ; Jad TABET, *Fil tourath wal hadassa* (Du patrimoine et de la modernité) ; Georges CORM, *Fil iktissad wal siassat* (De l'économie et de la politique).

5. On verra à ce sujet notre étude « La reconstruction de Beyrouth : un exemple de fièvre immobilière au Liban », *Revue d'économie financière*, numéro hors-série sur « La crise financière de l'immobilier », décembre 1993.

dires pour vérité essentielle. Quelques mois plus tard, cependant, le Conseil d'État libanais, constitué de juristes de formation française, qualifiera sans hésiter la loi d'anticonstitutionnelle et contraire au « droit des gens », tout en reconnaissant son incompétence à en suspendre l'exécution[6].

Entre-temps, en effet, le plan directeur approuvé par le Conseil des ministres révélait l'ampleur des séquestrations foncières opérées au profit de la société foncière. Le centre-ville historique et commercial, seul à avoir subi des destructions massives, s'étendait sur environ 600 000 mètres carrés ; le plan directeur y avait annexé de nombreux quartiers adjacents, ainsi que le premier bassin du port de Beyrouth. De ce fait, la superficie du centre-ville couverte par le plan directeur avait doublé et s'élevait désormais à 1,2 million de mètres carrés, sans compter les superficies devant être gagnées sur la mer par une opération géante de remblaiement et représentant environ encore 450 000 mètres carrés additionnels. La séquestration foncière atteignait ainsi environ 120 000 personnes, entre propriétaires et ayants droit, dont les droits réels sont transformés en droits financiers sur la société foncière, puisqu'ils acquièrent de façon forcée la qualité d'actionnaires[7].

Par ailleurs, le plan directeur estime à 4,4 millions de mètres carrés la surface à bâtir, soit un coefficient d'exploitation passant à environ 5,8 (contre 2,8 auparavant) pour une superficie au sol constructible en vue de la promotion immobilière par la société foncière de 75 hectares. Celui-ci avait été élaboré par une société privée, Dar el-Handassah, en dehors de toute procédure institutionnelle apparente et transparente. Un communiqué de six grands architectes libanais en dénonçait immédiatement les aspects urbains et architecturaux les plus repoussants et appelait à une conservation de la « mémoire des lieux[8] ». Au début de l'année 1993, Henri Eddé, en charge du projet à la société privée Dar el-Handassah, face aux exigences des promoteurs du projet d'augmentation du coefficient d'exploitation au-delà du seuil de 5, démissionne avec fracas et dénonce tout le projet. Se joindra

---

6. Le texte intégral de l'arrêté a été publié en français dans la revue libanaise *Le Commerce du Levant*, n° 5286, 30 juillet 1992.

7. Un comité des ayants droit du centre-ville de Beyrouth est créé sitôt que l'ampleur des saisies foncières est publiquement révélée ; le comité tentera par diverses manifestations d'affirmer l'opposition des propriétaires et exploitants à la loi créant la société foncière. Les promoteurs du projet susciteront la création d'un autre comité formé de propriétaires « acquis » au principe de la société foncière, ce qui évidemment contribuera à semer la confusion dans l'opinion publique.

8. Texte paru dans le supplément du grand quotidien libanais *Al-Nahar*, le 2 mai 1992.

bientôt à lui dans la dénonciation, avec la plus grande virulence, l'ancien président de la Chambre des députés libanaise, Hussein El Husseini, sous le mandat duquel la loi de 1991 avait été passée [9].

Entre-temps, sous la pression continue de campagnes médiatiques intenses en faveur du projet, le Conseil des ministres, en dépit de toutes les oppositions, approuvait en juillet 1992 les statuts de la société foncière, puis en octobre le plan directeur, et ce malgré les réserves les plus vives émises par le Conseil supérieur de l'urbanisme [10]. Si l'État et la municipalité de Beyrouth sont représentés par un seul délégué au conseil d'administration de la société foncière, la loi précise que c'est uniquement « en leur qualité de propriétaire de biens-fonds » (article 18).

La société foncière n'est, en effet, soumise à aucun contrôle spécial de l'État (Cour des comptes ou commissaire du gouvernement) ; bien plus, la loi nº 117 de 1991 a été jusqu'à exempter la société foncière de l'obligation d'avoir recours à un commissaire aux comptes complémentaire (article 4-7 de la loi, repris par l'article 30 du décret), comme l'exige l'article 173 du Code de commerce libanais pour toute société anonyme. La société est aussi exemptée de toute fiscalité pour une durée de dix ans.

La constitution du capital et les prévisions fantaisistes de bénéfices

Outre la spoliation exercée sur les ayants droit dépossédés, l'estimation des biens-fonds saisis par des commissions spécialisées fut un autre scandale. En février 1993, les commissions d'évaluation du premier degré estiment l'ensemble des biens-fonds saisis à environ un milliard de dollars. Face aux critiques, des commissions

9. Voir l'ouvrage d'Henri EDDÉ, *Le Liban d'où je viens, op. cit.*, ainsi que l'ouvrage publié sous la direction d'un ancien bâtonnier de l'ordre des avocats de Beyrouth, Issam KARAM (dir.), *Kanoun al shirka al 'akaria* (La loi sur la société foncière et ses textes d'application), Charikat al matbou'at lil tawzi'wal nashr, Beyrouth, 1994, qui, outre tous les textes juridiques relatifs à la société foncière, reprend le compte rendu des discussions du Parlement ; l'ouvrage a été préfacé par Hussein El Husseini, qui dénonce un détournement complet du sens de la loi dans son application.

10. Les statuts de la société foncière se sont contentés de reprendre intégralement les dispositions de la loi de décembre 1991 ; cependant, l'article 63 du décret portant statut de la société foncière permet à l'assemblée constituante de rendre à leurs propriétaires des biens-fonds moyennant paiement à la société foncière d'un montant de 12 % maximum de la valeur du bien-fonds, si « l'état et la localisation des biens-fonds par rapport au plan directeur le justifient ». C'était une façon habile de désarmer l'opposition au projet de certains grands propriétaires fonciers, politiquement bien placés, qui ont récupéré ainsi les beaux immeubles de caractère historique dont ils étaient propriétaires.

supérieures d'évaluation sont nommées et augmentent le montant à 1,2 milliard de dollars, représentant une valeur moyenne d'environ 1 000 dollars le mètre carré construit, soit environ 2 800 dollars pour le mètre carré au sol contre 5 000 à 7 000 dollars en 1974. Au même moment, les transactions immobilières dans les autres parties nobles de la capitale s'effectuent à raison de 1 000 à 2 500 dollars le mètre carré de surface bâtie pour les appartements dits « de luxe ».

En octobre 1993, cent dix-neuf biens-fonds sont déclarés comme pouvant être rendus à leurs propriétaires, pour une valeur de 260 millions de dollars, ce qui réduit à 985 millions de dollars le montant des actions de catégorie A représentant les apports en nature au capital de la société foncière Solidere. Les souscriptions aux actions en numéraire (actions de catégorie B) ont été ouvertes en novembre 1993 pour 650 millions de dollars et lancées à travers un syndicat de banques libanaises et la banque Paribas [11] à Londres ainsi que la Saudi American Bank à Riyad.

Le syndicat n'est pas un syndicat de prise ferme et les actions ne seront cotées qu'à la Bourse de Beyrouth, qui n'a jamais été qu'un organisme dormant et inefficace, toujours fermé depuis le début des hostilités en 1975. L'ensemble des projections financières alléchantes incluses dans le document d'offre de vente des actions est réalisé en dollars des États-Unis. Il en ressort que le taux de rendement interne pour l'investisseur est de 18,1 % et que les souscripteurs recevront des dividendes par action de l'ordre de 6 % par an en moyenne durant les cinq premières années, puis successivement de l'ordre de 41 %, 35 % et 33 % par an en moyenne au cours des trois quinquennats suivants.

Le lancement de la souscription aux actions de Solidere s'est fait à grands frais de campagnes publicitaires, tout comme l'avaient été les campagnes précédentes, pour tenter d'attirer les petits épargnants libanais et ne pas limiter l'intérêt éventuel aux grandes fortunes d'Arabie saoudite et des autres pays pétroliers de la Péninsule arabique. En effet, depuis les débuts du projet, la rumeur court avec insistance que six ou sept des plus grandes fortunes libanaises et saoudiennes, proches du Premier ministre libanais, ont promis de

11. Il était de notoriété publique que l'actuel Premier ministre du Liban possédait à l'époque, vraisemblablement en tant que prête-nom du roi d'Arabie saoudite, un paquet d'actions important, de l'ordre de 2 % à 3 %, dans la banque Paribas, mais aussi dans la banque Indosuez.

couvrir entièrement le montant requis pour les actions en numéraire.

À l'issue de la souscription en numéraire, la société foncière a donc été dotée d'un capital de 1,6 milliard de dollars, soit un montant représentant environ 30 % du PIB du pays, estimé à l'époque à 5,5 milliards de dollars. On peut ainsi réaliser à quel point le sort de l'ensemble de l'économie a été lié à celui de la société foncière. Jamais une société privée ou publique, sauf dans certains petits pays du tiers monde à forte spécialisation minière, n'aura eu un tel poids par rapport au revenu national. En fait, durant les trois premières années après la fin de la guerre, la plus grande partie des énergies des autorités aura été consacrée à enfanter, au forceps, cette société foncière.

Ni le degré de pollution dans le pays alarmant pour la santé publique, en particulier celle des eaux, ni l'état d'abandon des systèmes d'enseignement et de santé publique, ni l'absence quasi totale de moyens de transports publics, ni la paupérisation de très larges couches de la population, n'ont polarisé l'attention gouvernementale [12].

La défiguration de la capitale et ses résultats économiques

C'est en fait une mise unique sur la reconstruction du centre-ville à travers la société foncière qui a été faite pour assurer le démarrage de l'économie du pays. Ce mécanisme foncier a amené à mettre de côté un plan directeur de reconstruction qui était dans les tiroirs du CDR depuis 1977 et qui n'aurait vraisemblablement nécessité que des mises à jour mineures. Ce plan directeur avait été élaboré par l'Atelier parisien d'urbanisme (APUR) puis revu par un comité d'architectes et d'urbanistes libanais. Deux ou trois sociétés foncières sur le modèle de celles prévues à l'origine par le code de l'urbanisme devaient être créées pour les deux zones où des remembrements étaient estimés indispensables. Dans ce schéma classique d'urbanisme, l'État aurait facilement pu s'endetter lui-même pour la réhabilitation des infrastructures.

L'argument des promoteurs du projet Solidere invoquant l'incapacité de l'État à s'endetter s'est évidemment révélé fallacieux, puisque l'équipe dirigeante a elle-même très rapidement surendetté

12. Voir M.-C. Bittar, « Quelle politique de reconstruction ? », *Les Cahiers de l'Orient*, 4e trimestre 1991.

l'État libanais [13]. Dans le cas de la réhabilitation des infrastructures du centre de la capitale, l'État aurait pu en outre rembourser ses emprunts par l'introduction d'une fiscalité sur les plus-values, inexistante dans la législation libanaise, ou par des ventes de terrains conquis sur la mer. Il eût été alors dans la capacité des banques libanaises d'assurer les financements des propriétaires et ayants droit pour la remise en état ou la reconstruction des biens-fonds détruits, pour peu que la Banque du Liban accepte de pratiquer des facilités d'escompte sur les prêts de reconstruction [14]. Le centre historique de la capitale aurait alors été déjà reconstruit aujourd'hui, sans que ce large chantier inachevé, immobilisant un patrimoine foncier considérable, ne contribue à handicaper le dynamisme économique du pays.

Transformé en zone piétonnière, le centre historique de la capitale, avec son mélange architectural harmonieux de styles arabo-ottoman et franco-italien, aurait pu devenir une attraction touristique majeure en Méditerranée. Au lieu de cela, la société aura dynamité neuf cents immeubles historiques, en particulier l'ancien commissariat central de la place des Martyrs, qui a aujourd'hui disparu, ainsi que le magnifique quartier historique de Wadi Abou-Jamil, resté vierge de toute destruction et qui, malgré les promesses faites par la société aux différentes associations de protection du patrimoine, sera entièrement dynamité en avril 1996, alors que l'armée israélienne menait une attaque d'envergure au sud du Liban et que l'opinion ne pouvait réagir [15]. Seuls six ou sept immeubles nouveaux ont été construits sur la superficie confiée à la société, dont un entièrement aux frais de l'État et dans les conditions les plus scandaleuses [16].

---

13. L'argument était d'autant plus fallacieux que l'État libanais était sorti des années de guerre avec une situation financière relativement saine. Le système bancaire avait évité l'effondrement, les importantes réserves d'or de la Banque centrale étaient intactes, l'État n'avait pas d'endettement extérieur.

14. Voir un exemple de projections financières sur ces bases dans Georges CORM, « Le centre-ville de Beyrouth : où est l'État ? », *loc. cit.*, et « Reconstruction du centre-ville de Beyrouth. La solution alternative : une approche évolutive et normalisée des opérations de reconstruction », *Annales de géographie*, années 1991-1992, vol. 12-13, Faculté de lettres et de sciences humaines, Université Saint-Joseph, Beyrouth.

15. Sur les ravages archéologiques du projet de reconstruction du centre de la capitale, on verra l'article de Jean LAUFRAY, archéologue français de renom qui connaît bien les problèmes du Liban : « Beyrouth : ce qui n'a pas été dit », *Archeologia*, n° 137, novembre 1995.

16. Il s'agit de l'immeuble construit pour les organismes des Nations unies et pour lequel le ministère libanais des Affaires étrangères paye à la société foncière un loyer scandaleusement élevé de 7 millions de dollars par an, soit un amortissement du coût de la construction pour la société foncière en trois ans seulement.

Si le projet continue d'être une vitrine de propagande pour les gouvernements présidés par Rafic Hariri et un lieu de pèlerinage obligatoire pour tous les officiels ou chefs d'entreprises étrangers qui se rendent au Liban, la réalité est donc bien amère. En effet, après une vague spéculative qui fait flamber le prix de l'action de 100 dollars à 170 en quelques semaines, le titre de Solidere s'affaissera inéluctablement pour ne plus coter deux ans plus tard que 4 à 5 dollars par action, après la division par dix du nominal de 100 dans l'espoir de réanimer le titre. Les fabuleux profits annoncés ne se sont évidemment jamais réalisés. Quant aux malheureux propriétaires et ayants droit qui n'ont pas pu vendre leurs actions à temps, ils ont vu la valeur de leurs droits, déjà considérablement sous-estimée à l'émission des actions, être réduite de moitié. La spoliation, dans ce cas, a pris des proportions monstrueuses.

Après avoir dépensé en dix ans environ 1,5 milliard de dollars, Solidere n'a réhabilité qu'une dizaine de rues, exclusivement peuplées de restaurants et de quelques boutiques, mais la société publie des ouvrages luxueux qui montrent ces rues sous tellement d'angles différents que le lecteur non averti a l'impression qu'elle a rénové une centaine de rues au moins. Quant aux gigantesques travaux sur la mer, confiés à une société multinationale française, ils ont défiguré définitivement l'admirable baie de l'hôtel Saint-Georges, symbole du Liban des belles années. Ces travaux ont coûté environ 400 millions de dollars, sans encore être achevés en 2003 [17].

Cette description un peu longue du drame du centre-ville et du génocide architectural qui y a été perpétré témoigne de la nature de la IIe République et des scandales innombrables qui la caractérisent, mais qui sont présentés dans la presse locale, régionale et internationale comme autant d'exploits d'un homme d'affaires et homme d'État qui serait hors du commun. La machine de propagande et d'influence du Premier ministre et de sa clientèle entraînera d'ailleurs des milliers de Libanais dans une vague de construction d'immeubles dans toutes les régions du pays, aboutissant à immobiliser un capital important dans ce secteur.

17. Suite à des différends légaux divers entre les propriétaires de l'hôtel Saint-Georges, celui-ci n'a toujours pas pu ouvrir ses portes, cependant qu'il a été interdit aux yachts de plaisance, qui avaient toujours le droit d'accoster sur le ponton de l'hôtel, les obligeant à employer désormais le port de plaisance de la société foncière (sur le sort malheureux de l'hôtel Saint-Georges, hautement symbolique du raffinement d'avant-guerre, on consultera le site web <www.stgeorges-hotel.com>). En outre, le remblaiement de la mer par le talus géant d'immondices accumulées durant la guerre dans la baie du Saint-Georges n'était toujours pas achevé, continuant de présenter un espace de désolation lunaire en plein cœur de la capitale.

De nombreux émigrés, en effet, pensent que le Liban va redevenir le centre du Moyen-Orient et que le meilleur placement de l'épargne qu'ils ont constituée à l'étranger est dans la construction d'immeubles, souvent de grand luxe, dont ils pensent pouvoir vendre les appartements à de riches ressortissants des pays arabes exportateurs de pétrole ou à d'autres Libanais qui ont fait fortune durant la guerre au Liban ou à l'étranger. Il en résultera un excédent colossal d'un parc immobilier construit de façon anarchique et qui défigure considérablement la beauté des paysages de la côte ou de la montagne libanaises. Le stock d'appartements, pratiquement invendables, est estimé à 200 000 unités, représentant le gel d'environ 7 à 8 milliards de dollars, soit la moitié du PIB en 1998 [18].

La réalité du délabrement de l'État et de l'économie

Il est difficile de penser que les difficultés et les impasses de la politique de reconstruction ont résulté seulement d'un manque de préparation, faute de temps. Bien plus, jamais gouvernement n'a disposé au Liban d'une Chambre des députés votant les lois économiques proposées par le gouvernement, en dépit de nombreuses oppositions, avec autant d'empressement ; jamais aussi un chef politique libanais n'a joui d'autant d'audience, d'appuis internationaux et médiatiques que le nouveau chef du gouvernement. Pourtant, dès 1995, les mécanismes de la reconstruction se sont grippés, les capitaux de la diaspora libanaise ont cessé d'affluer et le pays s'est enfoncé dans une morosité économique générale qui ne le quittera plus.

La pollution, et plus particulièrement celle des eaux, les amoncellements d'ordures, le trafic routier constamment engorgé avec un taux très élevé d'accidents mortels, le déclin continu de l'agriculture et de l'industrie, le manque d'électricité dans de nombreuses régions du pays, la grande misère de l'Université libanaise qui compte la majeure partie des étudiants du pays, le délabrement toujours total du système de santé publique, le coût effarant de la vie, la condition précaire de milliers de déplacés dans leur propre pays : autant de facteurs ignorés des politiques de la reconstruction

---

18. On verra à ce sujet les résultats officiels d'un « Recencement des immeubles et établissements », effectué par l'Administration centrale de la statistique et publié par elle dans *Études statistiques, La Ville de Beyrouth*, n° 3, septembre 1996 ; *Liban Nord*, n° 4, juillet 1997 ; *Mont-Liban*, n° 6, octobre 1997 ; *Bekaa*, n° 8, décembre 1997 et *Liban sud et Nabatieh*, n° 11, juin 1998.

de la IIe République qui se sont enfoncées dans une routine désespérante de lenteur [19]. Le paradoxe qui s'impose alors est celui du contraste entre l'image du Premier ministre, celle de « tycoon », d'homme d'affaires prospère, dynamique et résolu, grand inspirateur d'une politique de reconstruction ambitieuse, destinée à rendre au Liban une place économique et financière prééminente sur l'échiquier régional, et la dure réalité du terrain.

On ne s'étonnera pas dans ces conditions que l'État, son appareil administratif pléthorique dans certaines de ses institutions et peu efficace après les quinze années de sauvagerie qui ont frappé le pays, ait constitué un embarras pour la nouvelle élite. Il faut en effet donner l'impression que l'on reconstruit aussi l'État. On nommera donc des commissions pour étudier une grande réforme administrative. La montagne accouchera d'une souris. On fera une épuration administrative ne frappant bien sûr que les petits fonctionnaires, laissant intacts tous les circuits de la haute corruption mis en place depuis la guerre et dans lesquels baigne la nouvelle élite politique [20]. En pratique, l'administration publique et les grands services publics deviendront la chasse gardée des grands barons du régime qui y ont créé des forteresses d'influence et de corruption [21].

Il deviendra vite de notoriété publique, à partir de 1990, que les hauts dirigeants de l'État, certains hauts fonctionnaires administratifs ou financiers, reçoivent des salaires occultes en provenance

19. L'Office d'électricité, malgré une modernisation ultra-coûteuse de ses infrastructures à coups d'emprunts extérieurs, continue en 2003 de ne pas être en mesure de fournir régulièrement de l'électricité à toutes les régions du pays ; son déficit annuel continue d'augmenter et de grever le Trésor public ; la Caisse des réfugiés a distribué de façon anarchique plusieurs centaines de millions de dollars sans avoir achevé en 2003 sa mission ; les réseaux de distribution d'eau potable n'ont pas été modernisés et le recyclage des eaux usées reste très limité ; quant au ramassage, au tri et au traitement des déchets, les décharges à ciel ouvert continuent de défigurer les paysages, de dégager des puanteurs et de polluer les eaux souterraines.

20. L'Union européenne se montrera, en vain, très généreuse avec le Liban en matière de réforme administrative, finançant un vaste programme de réhabilitation de l'administration publique.

21. Ainsi, à titre d'exemple, le CDR et la Banque centrale sont le cœur de l'empire du Premier ministre ; le Conseil du Sud (pour la reconstruction de cette partie du pays), la Caisse de sécurité sociale et l'Intra Investment Co seront le domaine réservé exclusif du président de la Chambre des députés ; la Caisse des réfugiés chargée de l'indemnisation des déplacés est du domaine de M. Joumblatt, le puissant chef druze ; cependant que M. Michel Murr, notable grec orthodoxe, député, longtemps puissant ministre de l'Intérieur ou de la Défense en même temps que vice-président du Conseil des ministres, dispose d'un réseau d'influence impressionnant dans la magistrature, l'armée, les conseils municipaux, en sus de ses nombreuses affaires personnelles, en particulier immobilières (dont la célèbre « Tour Murr » au centre de la ville, carcasse sinistre de béton armé qui n'est toujours pas achevée depuis le début des années 1980 et qui a servi de repaire durant la guerre aux miliciens).

des institutions de Rafic Hariri[22]. La chute dramatique de la livre par rapport au dollar a en effet rongé le pouvoir d'achat des rémunérations du personnel administratif. La pratique avait été initiée durant les années de guerre où les chefs de milices avaient pris pour habitude de se faire rémunérer le respect de certains cessez-le-feu ou leur accord sur des projets de règlement politique. C'est à l'occasion des accords de Taëf que cette pratique a pris un caractère délibérément ouvert pour obtenir le consensus interne tant recherché. Elle devait se poursuivre après la conclusion des accords et avoir tendance à s'institutionnaliser. On n'a jamais su clairement si les paiements ainsi effectués le sont exclusivement au nom de l'Arabie saoudite, puissance régionale intervenante dans les affaires du Liban avec le consensus des pays occidentaux mais toujours d'une façon qui ne soit pas trop voyante politiquement ; ou si Rafic Hariri agit davantage dans le cadre de sa propre dynamique de réussite personnelle.

On a souvent l'impression que les dirigeants de la IIe République ont été très embarrassés de l'existence de leur État, en dehors des titres honorifiques qu'il leur accorde. De par leurs moyens financiers, ils ne sentent pas le besoin de l'État, sinon pour lui arracher des privilèges et des concessions, comme cela a été si bien réalisé pour la société foncière. La politique de laisser-aller financier qu'ils font suivre à l'État, si elle devait se prolonger longtemps, amènera forcément à la banqueroute totale. Les groupes économico-financiers, créanciers de l'État à travers les bons du Trésor, pourront alors se partager ses dépouilles.

La nouvelle élite gouvernante au Liban, profondément insérée dans les jeux de la géopolitique régionale, même si la politique lui est interdite, semble résolue à aller de l'avant dans tous les choix implicites de reconstruction qu'elle a déjà effectués. Ces choix lui ont été inspirés par la situation même qui lui a été faite sur l'échiquier régional et les perspectives de paix qui chatouillent les imaginaires de la communauté internationale sur les bonnes affaires qui seront possibles dans un Moyen-Orient apaisé. L'implication hautement visible des capitaux privés des royautés et émirats pétroliers arabes dans le projet de société foncière et dans l'achat de nombreux biens immobiliers est une source de confort pour

22. On découvrira aussi un peu plus tard que des salaires ont été payés à des professeurs de l'Université américaine, ce qui entraînera la démission du recteur par intérim, qui avait laissé s'installer cette pratique.

l'équipe gouvernementale, mais d'inquiétude pour de nombreux Libanais de toutes les confessions.

À l'hégémonie politique syrienne, s'est ajoutée très visiblement une hégémonie économique des pays pétroliers de la Péninsule arabique et de leurs alliés dans la nouvelle classe politique locale. Ceux-ci ne verraient pas d'un mauvais œil la constitution d'un Monte-Carlo arabo-phénicien au bord de la Méditerranée, sur lequel ils auraient la haute main économique et financière à peu de frais. Cela leur amène immanquablement l'influence politique discrète dont ils savent user à merveille ; en outre, en cas de nouvelles turbulences politiques dans le Golfe, ils auraient enfin un « refuge » sûr et aussi agréable que Monte-Carlo lui-même.

C'est évidemment la population libanaise, résidente ou émigrée, qui a été la grande absente du processus actuel de reconstruction. Elle a été avantageusement remplacée, aux yeux des autorités, par les familles royales et grands entrepreneurs saoudiens ou koweïtiens et le rôle très visible que prennent les cinq ou six grandes fortunes libanaises de la même origine que celle du Premier ministre Rafic Hariri dans le projet de société foncière [23].

Les oppositions aux choix de la reconstruction ont en effet été traitées, par les milieux favorables aux gouvernements successifs de Rafic Hariri, comme des problèmes communautaires. Les cercles dirigeants de la IIe République ont sans cesse affirmé, dans leurs conversations privées et suivant leurs interlocuteurs, soit qu'il s'agit d'une opposition « chiite », menée par le Hezbollah et Amal, parce que le processus de reconstruction, en particulier pour Beyrouth, bloquerait les ambitions hégémoniques de la communauté ; soit d'une opposition maronite qui refuserait le rééquilibrage communautaire prévu par les accords de Taëf et qui resterait prisonnière d'une vision étroite du monde.

Nulle part dans le débat n'a été prise en compte la réalité des besoins d'une population qui a souffert de quinze ans de violences cruelles et qui est considérablement appauvrie. Comme on l'a vu, seuls le Hezbollah et le député de Beyrouth Najah Wakim ont mené une guerre ouverte que les médias locaux n'ont pu éviter de mentionner. Pour le reste, une chape de plomb, locale et internationale, s'est abattue sur les débats pourtant très vivants qui se sont déroulés

23. Il faut signaler quelques exceptions où des hommes d'affaires sont entrés en politique en gelant ou liquidant leurs affaires au Liban afin de ne pas être partie prenante des cercles de la corruption. Il s'agit en particulier des deux députés Nassib Lahoud et Issam Farès, d'ailleurs appréciés et respectés pour ce comportement « hors norme ».

dans certaines enceintes de la société civile, ainsi que sur les manifestations d'opposition sur le terrain, en particulier pour ce qui est du projet de société foncière.

La guerre au Liban a changé de nature, mais non de fonction. On n'y tue plus les Libanais comme des moutons en fonction de leur affiliation communautaire, on les dépossède de leur pays au nom d'une impérative reconstruction présentée comme ayant un caractère d'avant-garde, anticipant les développements de la conjoncture régionale. Au lieu d'armes qui enlèvent la vie aux citoyens innocents, comme ce fut le cas entre 1975 et 1990, ce sont des chèques et des corruptions à tous les niveaux qui tuent les consciences.

Dans cette région du monde, où les projets les plus cruels et les plus utopistes ont réussi à prendre racine contre tous les principes du droit et du bon sens et où les aspirations de justice, d'équité et de solidarité ont versé dans le tragique sanglant, le pari de la reconstruction dans les choix irréversibles qu'il a entraînés pour le pays a été un autre de ces projets fous.

En tout cas, ce qui se passe au Liban aujourd'hui, en termes d'enrichissement brutal et rapide de certains et d'appauvrissement de larges couches de la population, n'est pas différent de ce que l'on a pu voir dans les pays de l'ex-URSS ou plus modérément en Europe centrale. Peut-être faut-il être reconnaissant d'avoir frôlé longtemps le stade de la fragmentation à la yougoslave et de l'avoir jusqu'ici évitée grâce au courage et à l'entêtement de nombreux Libanais de toutes les communautés qui ont refusé la division du pays aux mains des milices communautaires qui ont martyrisé ceux-là mêmes qu'elles prétendaient défendre. Prise dans une perspective d'histoire longue, la vision actuelle de la reconstruction ne constitue qu'un épisode, parmi tant d'autres, des essais de changer la morphologie profonde du pays dans un Moyen-Orient qui, depuis le début du XXe siècle, n'arrête pas de changer de visage, tantôt par la violence de l'argent, tantôt par celle des armes.

Les points forts de la IIe République : le rétablissement de la sécurité et la libération du sud du Liban de l'occupation israélienne

Une vue objective de la IIe République amène à souligner deux points positifs incontestables : le rétablissement de la sécurité sur tout le territoire et le désarmement des milices ; la libération du sud du Liban le 24 mai 2000, sans aucune condition imposée par Israël. Ces deux réalisations de la nouvelle République sont considérables. Le rétablissement de la sécurité a été le fait des deux premiers gouvernements du début de la République, celui de Salim El-Hoss, puis celui d'Omar Karamé. Il est vrai que l'effondrement de l'URSS, la guerre du Golfe et le ralliement de la Syrie à la coalition occidentale contre l'Irak ont fait disparaître les causes premières du jeu à somme nulle que nous avons décrit au chapitre 5. Après le 13 octobre 1990, date de l'éviction du général Aoun, les violences s'arrêtent, presque comme par enchantement. Les milices, voyant leur rôle terminé dans la géopolitique internationale et régionale, cèdent leurs armes sans problème [24]. Mais le mérite de ces deux gouvernements aura été d'absorber une partie des miliciens dans l'armée régulière et d'instaurer le service militaire obligatoire, ce qui permet à la jeunesse de toutes les communautés de vivre ensemble à nouveau dans un cadre institutionnel.

Certes, en 1999, le début du mandat du général Lahoud a été marqué, sur le plan de la sécurité, par deux incidents graves : l'assassinat au printemps de quatre juges en cours de session au sérail de la ville de Saïda, événement qui reste mystérieux jusqu'à aujourd'hui, l'enquête n'ayant débouché sur aucune piste [25] ; une révolte d'un groupe fondamentaliste musulman sunnite dans les montagnes du nord du Liban, près de la frontière syrienne, qui s'attaque à l'armée libanaise à la fin de l'année 1999 et à un village chrétien de la région. Cependant, mis à part ces deux incidents notables, le Liban jouit depuis la fin des combats en 1990 d'une sécurité tout à fait remarquable.

Avec le retrait sans incident de l'armée israélienne du sud du Liban, le pays retrouve alors son intégrité territoriale et Beyrouth commence à reprendre un certain rôle dans la politique régionale. Au printemps 2000, suite à cette évacuation, s'y tiendra pour la première fois depuis 1975 une réunion des ministres des Affaires étrangères de la Ligue arabe. En 2002, se tiendront à Beyrouth successivement deux grands sommets : celui des chefs d'État de la Ligue arabe et celui des chefs d'État francophones. De nombreux colloques et congrès régionaux ont lieu de nouveau régulièrement

---

24. La milice des Forces libanaises enverra les siennes en Croatie, qui fait alors sécession de la Yougoslavie.

25. Du moins aucune piste avouable. Il pourrait s'agir de « messages » au nouveau président de la République que l'état de la sécurité au Liban reste encore fragile et qu'il convient de ne pas penser que l'on peut se passer de la présence syrienne.

dans la capitale libanaise. Le mouvement touristique se développe considérablement, en particulier pour les touristes arabes. Hôtels de luxe et restaurants à la mode se multiplient, assurant à nouveau à Beyrouth la réputation de la capitale de la *dolce vita* moyen-orientale.

C'est clairement la libération du sud du Liban qui a permis ce nouvel essor. Grâce à la détermination du chef de l'État et au soutien logistique discret que leur apporte l'armée libanaise, les combattants du Hezbollah obtiennent cette évacuation sans condition. L'appui syrien et iranien au Hezbollah doit aussi être mentionné ici. Rappelons que le sud du pays a été martyrisé sans interruption depuis le début des années 1970. C'est d'abord l'implantation des mouvements armés palestiniens, après les accords du Caire de 1969, qui est le prétexte aux représailles israéliennes qui s'abattent sur cette région. S'y ajouteront ensuite les actions de la milice que les Israéliens installent en encourageant la sécession de certains éléments de l'armée libanaise. Cette milice sera élargie en 1978, lorsque l'armée israélienne envahit le sud du Liban. Elle servira de supplétif à l'armée israélienne dans son occupation. Lors de l'invasion de la moitié du territoire libanais en 1982, Israël crée le grand camp de détention d'Ansar, où les partisans libanais de la lutte contre Israël, appartenant en grande majorité aux partis de la coalition de gauche (parti communiste, Parti populaire syrien, Baath, etc.), sont parqués dans des conditions inacceptables. Ces derniers éliminés de la scène du Sud, les actes de résistance seront le fait du Hezbollah qui devient en très peu de temps l'acteur principal que l'armée israélienne tentera en vain de déraciner. L'armée du Sud-Liban sera alors renforcée et la prison de Khyam deviendra un lieu sinistre de détention où les résistants et leurs sympathisants seront torturés [26].

Israël procédera à au moins deux grandes expéditions punitives et meurtrières contre cette région durant les années 1990 : une fois en 1993, entraînant un flux de réfugiés sur Beyrouth qui commence à peine à panser ses plaies ; une fois en 1996, où le massacre de Qana provoquera l'indignation mondiale. Les « arrangements d'avril », obtenus grâce à l'action de la diplomatie française, font reconnaître la résistance du Hezbollah comme légitime. Ces

26. On verra à ce sujet Souha BECHARA, *Résistante*, Jean-Claude Lattès, Paris, 2000. Il s'agit du témoignage émouvant d'une résistante chrétienne qui a attenté à la vie du chef de la milice du sud du Liban aux ordres d'Israël, le général Lahad, et qui décrit les conditions de détention dans la prison de Khyam, aujourd'hui transformée en musée.

arrangements, auxquels les gouvernements des États-Unis, de la France, de la Syrie et du Liban sont parties prenantes, visent à limiter les victimes civiles que font les attaques et représailles israéliennes au Liban. Devant le nombre de morts et de blessés, de plus en plus important, que l'armée israélienne subit au sud du Liban, Ehud Barak, candidat du Parti travailliste aux élections de 1998, promet le retrait du sud du Liban s'il est élu.

Longtemps, personne ne pensera que Barak se conformerait à sa promesse. Pourtant, c'est bien ce qu'il fera au printemps 2000, deux ans après son élection. Longtemps les Libanais retiendront leur souffle : quel piège les Israéliens ont-ils préparé au sud du Liban pour accepter ainsi de se retirer sans condition ? Le souvenir des retraits de l'armée israélienne en 1984 et 1985 et des massacres communautaires qu'ils avaient à chaque fois entraînés est encore présent dans toutes les mémoires. Est-ce que ce nouveau retrait, qui terminerait toute présence israélienne au Liban, n'entraînera pas des massacres entre chrétiens et musulmans et, en particulier, des représailles des combattants du Hezbollah sur les supplétifs libanais de l'armée israélienne et les membres de leur famille ? Ne serait-il pas plus sage de négocier ce retrait, moyennant quelques concessions, afin d'éviter un nouveau bain de sang entre Libanais ?

En fait, ni le gouvernement ni le Hezbollah ne se laissent influencer par la peur qui s'empare des Libanais, lorsqu'il devient clair à la fin du mois d'avril 2000 qu'Israël entend bien se retirer. De nombreuses voix vont réclamer l'envoi de l'armée au sud du Liban, immédiatement après le retrait, pour éviter les désordres, vengeances et massacres. Cette demande est forte, en particulier du côté de l'opinion modérée chrétienne. Les États-Unis font aussi savoir qu'ils entendent bien que le gouvernement désarme le Hezbollah et envoie l'armée libanaise au Sud pour assurer la paix à la frontière. Les Israéliens ont d'ailleurs menacé avec virulence le gouvernement libanais de représailles massives, si un acte d'hostilité quelconque était commis à la frontière contre les villages israéliens.

L'opinion libanaise devient très inquiète ; sur le marché des changes, la tension reprend. Du côté chrétien, bien que la milice aux ordres d'Israël comprenne des combattants de toutes les communautés du sud du Liban (chrétiens, chiites et druzes), la nervosité est forte. Le chef de la milice est un officier chrétien dissident de l'armée libanaise et l'on s'interroge sur le sort des familles des miliciens chrétiens dans une région à prédominance chiite où le Hezbollah fera la loi si l'armée libanaise n'intervient pas. Cette atmosphère malsaine tourne à la panique lorsque l'armée israélienne se retire à une vitesse record en mai 2000 (en l'espace d'une nuit). Beaucoup de miliciens et leurs familles (environ cinq à six mille personnes) s'enfuient en Israël, abandonnant leur maison et leurs biens. Mais, divine surprise, en dehors de ce mouvement limité de panique, l'évacuation ne provoque aucun massacre ou règlement de comptes. Le Hezbollah fait montre d'une retenue totale et l'État s'efforce de faire acte de présence à travers ses institutions civiles. Quelques jours après l'évacuation, le Parlement libanais tiendra même une séance solennelle à Bint Jbeil, capitale de la zone occupée. Il n'y aura aucun règlement de comptes au Sud, grâce à l'initiative du gouvernement de faire passer en jugement les miliciens à quelque communauté qu'ils appartiennent [27].

Un plan de reconstruction du sud du Liban est préparé par le gouvernement de Salim El-Hoss et présenté au mois de juillet aux ambassadeurs des pays de l'OCDE réunis en groupe de pays donateurs. En effet, aussi bien le secrétaire général des Nations unies que le président de la Banque mondiale ont exprimé leur disposition à mobiliser la communauté internationale pour assister la reconstruction du Sud libéré. Cependant, sitôt que l'État réaffirme qu'il n'entend pas désarmer le Hezbollah ou envoyer l'armée au Sud, les puissances occidentales font savoir qu'elles ne pourront apporter leur aide à la région que lorsque l'État y aura rétabli toute son autorité, militaire aussi bien que civile.

Le gouvernement tiendra d'ailleurs la dragée haute aux responsables des Nations unies nommés pour constater l'évacuation de l'armée israélienne et son retrait au-delà de la frontière internationale entre le Liban et Israël. En effet, les Israéliens font mine de ne pas reconnaître la frontière internationale dans son intégralité, conservant une présence à plusieurs endroits sur le tracé de la frontière. Il s'ensuivra des négociations longues et pénibles et la constitution d'une « ligne bleue » du retrait israélien, légèrement différente de la frontière internationale et sur laquelle le gouvernement libanais exprime ses réserves.

Le dernier épisode du retrait israélien sera la réclamation par l'État libanais des hameaux de Chébaa, une zone presque inhabitée de quelques kilomètres carrés, coincée entre la frontière libanaise et syrienne au pied du mont Hermon et que les Israéliens ont occupée après la guerre de 1967. Cette zone, qui est une dépendance du gros

---

27. Les jugements rendus seront cléments (entre six mois et deux ou trois ans de prison suivant la gravité des actes commis par les accusés).

bourg de Chébaa, a été occupée par l'armée syrienne en 1948 et les Israéliens considèrent qu'elle fait partie du Golan occupé. À l'évacuation du sud du Liban, le gouvernement libanais, appuyé par le gouvernement syrien, réclame la restitution de ce territoire pour considérer l'évacuation totale et définitive. Cette attitude à l'avantage de justifier la perpétuation de la résistance du Hezbollah et le refus de le désarmer, ce qui suscite la colère des États-Unis. Le Hezbollah rappellera ainsi sa présence sur l'échiquier régional en menant, de temps à autre, des opérations très limitées contre la présence militaire israélienne dans la zone des hameaux de Chébaa, et ce en dépit des menaces répétées des dirigeants israéliens contre le Liban et la Syrie [28].

En dépit de ces rebondissements, l'état de la sécurité dans la zone libérée a été total, le Hezbollah et les services de sécurité libanais continuant de coopérer étroitement pour assurer la stabilité. Alors qu'il fallait un permis des autorités militaires pour se rendre au Sud avant la guerre, la région est aujourd'hui ouverte sur le reste du pays sans contrôle spécial, ce qui prouve bien que l'État libanais (et derrière lui l'État syrien) considère qu'il n'y a pas de danger de déstabilisation. Il n'est pas sûr, si le Hezbollah était désarmé, que la situation demeure aussi calme. La présence du parti, de par sa forte implantation et son armement, est en effet un paratonnerre contre les efforts de déstabilisation qui pourraient être déployés, par l'État d'Israël, par des éléments armés palestiniens toujours présents dans certains camps de réfugiés au Liban, ou par d'autres forces régionales.

Mais cette présence armée, comme on le sait, déplaît énormément aux États-Unis, en particulier depuis les événements du 11 septembre 2001, ainsi qu'à Israël. Ils considèrent le Hezbollah comme une organisation terroriste qui doit disparaître pour assurer la paix régionale. L'opinion libanaise reste ambivalente vis-à-vis de cette présence armée. Si le parti a suscité l'admiration unanime pour ses sacrifices et sa discipline, en particulier lors de l'évacuation israélienne en 2000, les Libanais aimeraient tourner définitivement la page de la guerre et restent méfiants, y compris dans les parties de la communauté chiite qui ne sont pas sous son influence directe, vis-à-vis des visées hégémoniques que le Hezbollah pourrait avoir encore à l'échelle du pays et de son messianisme révolutionnaire, anti-israélien et anti-américain, à l'échelle régionale. Au

28. Une opération de représailles israélienne, très limitée, aura lieu en 2001 contre des positions syriennes au Liban.

niveau de l'État, si Rafic Hariri est connu pour son hostilité au Hezbollah, ce qui fait partie de l'admiration qu'on lui porte en Occident, le président Lahoud, en revanche, lui reste acquis et ne manque pas une occasion de prôner la nécessité de son maintien au Sud tant que l'ensemble des contentieux avec Israël n'est pas réglé.

11

Le blocage des institutions et la réforme avortée de 1999-2000

Le système de la troïka et les rivalités entre le chef de l'État et le Premier ministre

C'est à partir de 1995, on l'a dit, que la nouvelle République se grippe. Outre la mise à l'écart d'une large frange de l'opinion chrétienne dans la gestion de la République, plusieurs facteurs paralysent la vie politique ou, du moins, la vident de tout contenu.

Tout d'abord, la puissance qu'a acquise Rafic Hariri depuis son accession à la présidence du Conseil finit par indisposer son promoteur initial, le président Hraoui, mais aussi la branche du régime syrien qui ne l'aime guère et se méfie de ses liens trop étroits avec l'Arabie saoudite et les États-Unis, ainsi que de son parti pris pro-occidental dans les questions du conflit israélo-arabe. Il arrive que les crises éclatent au grand jour, qu'il parte à l'étranger bouder ou qu'il se départisse de son respect apparent pour le chef de l'État. La dernière crise entre les deux hommes aura lieu à propos du mariage civil. Le chef de l'État a, en effet, présenté au Conseil des ministres un projet de loi créant enfin un statut personnel unifié optionnel et le mariage civil facultatif pour ceux des Libanais qui le désireraient. Le Premier ministre s'y oppose avec virulence, arguant que les musulmans ne peuvent en aucun cas accepter l'existence d'un tel statut, même optionnel [1].

1. En dépit du fait que le vote intervenu en Conseil des ministres sur ce projet ait été favorable, le chef du gouvernement refusera de l'entériner.

Durant les dernières années du règne du président Hraoui, le pays sera géré, en fait, par consensus entre les trois présidences (de la République, du Conseil et de la Chambre des députés), vidant aussi bien le Parlement que le Conseil des ministres de tout pouvoir réel. Les trois plus hauts personnages de l'État et quelques hommes très puissants de leur entourage, tels M. Joumblatt et M. El-Murr (vice-président du Conseil sans interruption entre 1992 et 2000), semblent se partager les dépouilles d'une République paralysée. Ce sera le « système de la troïka », dénoncé avec virulence par certains des membres du Parlement, comme le président El-Hoss.

Avec l'élection du général Émile Lahoud à la présidence de la République en septembre 1998, le heurt entre Rafic Hariri et le nouveau chef de l'État devient inéluctable. Ce dernier, en effet, n'éprouve aucune sympathie pour le milliardaire Premier ministre. Il entend lutter contre la corruption et la gabegie. Il s'efforcera donc de mettre en application toutes les prérogatives que lui donne la Constitution telle qu'amendée en 1989. Il sera soucieux de rétablir la prééminence du chef de l'État, symbole de la souveraineté nationale, sur le Premier ministre dont il hérite à son accession au pouvoir.

La bataille entre les deux hommes commence dès les premiers jours, sur la façon d'interpréter les clauses de l'accord de Taëf qui renforcent les pouvoirs du Premier ministre et du Conseil des ministres. Lors des consultations parlementaires pour la formation du premier gouvernement du président nouvellement élu, Rafic Hariri proteste de façon véhémente contre le fait que certains députés ont laissé au président de la République le choix de son Premier ministre : bien que disposant d'une majorité encore confortable en sa faveur parmi les députés consultés par le président, Rafic Hariri, estimant que les voix données à ce dernier lors de la consultation affaiblissent sa propre position, affirme que ce procédé invalide la consultation.

Devant cet éclat, sans hésiter — avec l'appui de la Syrie, qui manifestement cherche un changement au Liban —, le président nomme Salim El-Hoss Premier ministre. Celui-ci est un symbole d'intégrité et de vie modeste, loin des fastes des nouveaux barons milliardaires qui ont géré jusqu'alors la nouvelle République. Les relations entre les deux hommes seront tout à fait harmonieuses durant toute la durée de ce gouvernement, jusqu'en octobre 2000. Le président s'absentera assez souvent du Conseil des ministres, laissant ainsi sa présidence au Premier ministre, en particulier durant les derniers mois. Il aura aussi à cœur que le Conseil des ministres ne se réunisse plus au palais présidentiel, comme cela en était l'usage auparavant, mais dans un local séparé au cœur de Beyrouth, montrant bien ainsi l'indépendance du Conseil des ministres par rapport à la présidence de la République. Face à cette bonne entente entre les deux présidents, Rafic Hariri n'hésitera pas — nous y reviendrons en évoquant le bilan du gouvernement El-Hoss — à donner, à travers ses différents organes de presse, de son rival Salim El-Hoss l'image d'un homme faible cédant au président de la République au lieu de défendre les nouvelles prérogatives de la communauté sunnite que les accords de Taëf auraient consacrées.

Rafic Hariri revenu aux affaires en octobre 2000, du fait du raz de marée électoral et d'un changement évident de la politique syrienne au Liban après la mort du président Hafez El-Assad, le président Lahoud contrôlera scrupuleusement l'ordre du jour du Conseil des ministres, se réservant le droit de le modifier. Il présidera toutes les séances du conseil, reléguant Rafic Hariri au rang de second ; il insistera pour recevoir seul les chefs d'État étrangers et se fera le défenseur des droits du Trésor public dans différentes affaires où les intérêts privés de Rafic Hariri sont en jeu, en particulier le fameux dossier du téléphone cellulaire.

De son côté, Rafic Hariri affirmera son omniprésence dans l'État et sa capacité d'être perçu à l'étranger comme le véritable chef de l'État. Il prend, en effet, des décisions sans consultations préalables, les faisant ensuite entériner par la Chambre des députés ou le Conseil des ministres où le président ne dispose pas d'un nombre suffisant de ministres qui lui sont acquis pour bloquer certaines décisions. Il décide seul de ses innombrables voyages à l'étranger, dont il rend rarement compte et dont le ministre des Affaires étrangères est toujours écarté. Il possède un somptueux Boeing 777 [2], le haut de gamme des longs courriers, dans lequel il quitte le pays de façon impromptue, avec une suite de hauts fonctionnaires et de ses partisans dans la presse et les milieux d'affaires [3], parfois pour

2. Rafic Hariri possède en outre plusieurs autres Boeing d'autres modèles (quatre au moins), stationnés en permanence sur l'aéroport international de Beyrouth et qui servent à son épouse ou aux membres de sa famille et à ses amis privilégiés. Ces avions ne portent pas le sigle du Liban sur leurs ailes. À titre de comparaison, la flotte civile aérienne du Liban (la Middle East Airlines) ne compte que neuf appareils.

3. Au cours de l'été 2001, c'est en Sardaigne, sur son yacht somptueux, que le budget de 2002 a été préparé et discuté avec les fonctionnaires du ministère des Finances et ses conseillers.

quelques heures seulement. Il va ainsi rencontrer le roi d'Arabie saoudite, son protecteur initial, ou les chefs d'État les plus divers, tels le président de la Biélorussie à la veille d'une élection, celui du Gabon, du Pakistan ou de la Malaisie[4] — sans parler de ses visites ultrafréquentes à l'Élysée, où il est toujours reçu par le président français Jacques Chirac avec plus que les honneurs[5], ou de ses visites en Angleterre, aux États-Unis, en Allemagne et en Russie. Il n'est pas un mois sans qu'il quitte une fois ou plus le pays.

Il se donne aussi, vis-à-vis de la communauté internationale, l'allure du chef moderne et dans le vent, partisan des privatisations tous azimuts, de la réduction du poids de l'administration dans l'économie, comme si l'économie libanaise était fortement étatisée, sur le modèle syrien ou égyptien. Il fait ainsi apparaître les oppositions à sa politique économique, y compris celle du chef de l'État, comme venant de personnes qui ne se sont pas mises à jour et qui s'accrocheraient à une économie étatique fermée.

Sur le plan communautaire, il se présente comme le chef incontestable de la communauté sunnite. Dans les polémiques qu'il entretient avec le chef de l'État, par journalistes interposés, il fait savoir qu'il entend défendre toutes ses prérogatives constitutionnelles de chef de gouvernement, car à ses yeux il s'agit du prestige de la communauté qu'il représente et qu'il se doit de défendre avec acharnement. Il reprochera au chef de l'État de vouloir revenir à la Ire République, dont le président concentrait tout le pouvoir exécutif ; ou de le tenir à trop grande distance lors des réceptions de personnalités étrangères ou des sommets de chefs d'État qui se sont déroulés à Beyrouth (comme celui de la francophonie et celui de la Ligue arabe en 2002[6]).

La partie est donc complètement inégale entre les deux têtes du pouvoir exécutif, ce qui donne au président de la Chambre des députés, le troisième pilier de la troïka gouvernante, la confortable position d'arbitre qu'il peut monnayer chèrement pour l'extension de sa propre influence et de ses intérêts politiques. Les accords de

4. Les rumeurs expliquent les voyages « exotiques » par des raisons d'affaires, Rafic Hariri étant à la tête d'un empire économique, dont des sociétés de téléphonie mobile.

5. Le président français reçoit en effet, à l'Élysée, le Premier ministre libanais, avec une fréquence peu commune, allant parfois jusqu'à plus d'une visite par mois ; les images de la télévision libanaise montrent à chaque fois le chef de l'État français descendant le perron de l'Élysée et ouvrant la porte de la voiture de Rafic Hariri…

6. On verra la liste des doléances du Premier ministre contre l'attitude du chef de l'État dans un article du quotidien *Al-Safir* du 22 mai 2003 (page 2), « Hariri voit en Lahoud l'image de la Ire République », sous la plume d'Imad Marmal.

Taëf, déjà mal appliqués en l'absence de véritables gouvernements d'union nationale, font de Rafic Hariri un homme incontournable par les moyens démesurés dont il dispose dans l'information, l'économie, les finances locales et internationales, et par les amitiés internationales, apparemment indéfectibles et inépuisables, dont il jouit. Lors de gouvernements qu'il a dirigés, il n'a pas hésité à fermer les télévisions qui lui étaient hostiles, à poursuivre ou fermer provisoirement les journaux qui se permettaient de l'attaquer[7]. C'est sous son règne que la liberté de manifester sera suspendue, que le mouvement syndical, traditionnellement puissant au Liban, sera divisé et mis sur la touche, qu'une manifestation pacifique du Hezbollah sera réprimée dans le sang en septembre 1993 (faisant sept tués et trente-quatre blessés), que les manifestations et rassemblements seront interdits.

Rafic Hariri a acquis un contrôle fort sur les médias, soit par des prises de participation importantes dans des entreprises de presse, comme le groupe prestigieux de Ghassan Tuéni qui publie le grand quotidien *Al Nahar* et lui sera dévoué corps et âme, soit par des paiements réguliers aux propriétaires d'autres journaux et aux principaux éditorialistes et journalistes, en particulier ceux en charge de l'économie, comme pour le *Safir* ou le *Diar*. Rafic Hariri dispose d'ailleurs lui-même d'un empire médiatique au centre duquel se trouve Radio-Orient, qui émet sur toute la région à partir de Chypre et en Europe à partir de Paris ; il a aussi créé sa propre télévision au Liban, Al Mustaqbal, qui dispose d'un canal satellite et d'un quotidien du même nom. Sa force de frappe médiatique, directe ou indirecte, est donc considérable. C'est pourquoi, hors du pouvoir, sa présence n'est pas moins hégémonique que lorsqu'il occupe les fonctions de Premier ministre. Nous verrons plus loin comment il sera en mesure de décrédibiliser, par des campagnes

---

7. Il s'agit, en particulier, du quotidien en langue arabe *Al-Nida* et de la chaîne de télévision ICN (appartenant l'un et l'autre à Henri Sfeir, personnalité politique maronite indépendante), et de la chaîne NTV (appartenant à Tahsin Khayat, homme d'affaires et personnalité sunnite indépendante, très hostile à Rafic Hariri — c'est à lui qu'appartient la maison d'édition qui publie les ouvrages les plus impertinents contre le Premier ministre, dont celui de Najah WAKIM, *Al aiadi al soud*, *op. cit.*). Henri Sfeir, harcelé et subissant des fermetures prolongées de son quotidien, sera amené à le fermer définitivement en 1998. Les deux télévisions « rebelles » seront également fermées lorsque le gouvernement, sous prétexte d'une loi sur l'organisation de l'audiovisuel, refusera de leur accorder une licence. En septembre 2002, alors que Rafic Hariri est revenu aux affaires, la télévision MTV, dont la tonalité est très antisyrienne, est à son tour fermée abruptement ; aucune voie de recours judiciaire n'a pu jusqu'ici aboutir. Au début de l'année 2003, Rafic Hariri a tenté d'obtenir la fermeture définitive de la NTV de M. Khayat, mais le chef de l'État s'y est opposé, à la grande fureur du Premier ministre.

médiatiques sauvages et calomnieuses, le seul gouvernement qu'il ne présidera pas depuis l'automne 1992, celui de Salim El-Hoss entre 1998 et 2000.

Il donne un spectacle permanent de « dynamisme » et de « compétence », qui contraste avec l'allure nonchalante et parfois patibulaire des membres de la nomenklatura politique libanaise et syrienne. Face à ce « géant » de la politique régionale et internationale, ces derniers apparaissent comme des petits « politiciens » de province. Dans l'opinion, au Liban ou à l'étranger, beaucoup restent sensibles au spectacle des déplacements perpétuels et spectaculaires du Premier ministre. C'est ce spectacle qui cache la réalité du bilan économique et financier catastrophique de sa gestion. En dépit des capacités du pays, en connaissances, expérience professionnelle et technique, aucun projet de réforme n'est écouté ou entendu ; les critiques à l'encontre de sa politique sont balayées d'un revers de la main, sous prétexte que personne au Liban ne saurait faire mieux que lui et avoir son dynamisme.

La présence syrienne au Liban

Mais la nouvelle République est aussi paralysée par la présence syrienne, dont le bilan est complexe. En effet, celui-ci est perçu de façons très différentes par les diverses composantes de l'opinion et des élites du pays. Vomie par les uns, pas toujours pour les bonnes raisons, adulée sans restrictions par les autres, comment la juger ? Ici encore, le communautarisme ambiant fausse la perspective, car il n'est pas vrai que les chrétiens sont massivement antisyriens et que les musulmans ne le seraient pas.

Au niveau populaire, dans toutes les communautés, il existe un ras-le-bol évident contre cette présence. Du côté musulman, l'invasion de travailleurs syriens — chauffeurs de taxis, concierges ou vendeurs de légumes — est un facteur d'exaspération. Dans la jeunesse universitaire, on voit bien également que si les horizons politiques sont aussi bouchés et si la corruption est généralisée, c'est bien parce que le puissant voisin est omniprésent. Mais les organes de presse ou de télévision contrôlés par des personnalités politiques musulmanes se gardent bien de se faire écho de ce mécontentement feutré, pourtant très réel. De plus, le Hezbollah et le parti Amal, qui comptent des dizaines de milliers de partisans au sud du Liban et dans la Bekaa, zones à prépondérance chiite, sont les alliés privilégiés de la Syrie. Le soutien au voisin est ici sans faille et peu osent s'exprimer publiquement. Du côté sunnite, Rafic Hariri est le roi de l'opinion et il se présente comme l'allié de la Syrie — où il a de nombreux détracteurs dans certaines branches du régime, mais aussi un support indéfectible dans d'autres.

Du côté chrétien, le tableau est différent. Au nord du pays, Soleiman Frangié est un allié indéfectible de la Syrie, dont la présence est massive dans la région. C'est d'ailleurs cette présence ininterrompue depuis 1976 qui a évité des massacres entre chrétiens et musulmans, tels qu'il y en a eu au Chouf entre druzes et chrétiens, à Beyrouth ou dans la région de Saïda [8]. Par ailleurs, comme nous l'avons évoqué, le gouvernement syrien a réussi à convaincre certains membres de la milice des Forces libanaises de virer de bord et de se joindre à la coalition de ses partisans au Liban. Enfin, une grande partie des députés chrétiens élus depuis 1992 est aussi à sa dévotion ou du moins ne fait pas partie des opposants déclarés. En 2002, ils se regrouperont d'ailleurs dans un bloc parlementaire pour faire contrepoids à la coalition chrétienne antisyrienne qui s'est formée fin avril 2001 [9] pour exiger le retrait des troupes syriennes et le rétablissement de relations amicales, mais équilibrées, entre les deux pays.

Le ton est en effet monté dans la communauté chrétienne contre la Syrie à l'occasion des élections de l'année 2000. Curieusement, la tonalité antisyrienne dans la campagne électorale a été donnée par M. Joumblatt, en juillet 2000, lorsqu'il a fait des déclarations abruptes sur la nécessité pour la Syrie de revoir sa politique au Liban, suscitant l'enthousiasme de l'opinion chrétienne traditionnelle, du coup oublieuse des horribles massacres du Chouf. Cette attitude, purement tactique, a permis au chef du PSP de gagner les voix dont il avait besoin dans le Mont-Liban pour continuer d'être une force au Parlement [10]. Elle a mis en route, cependant, une surenchère antisyrienne dans le pays.

---

8. Elle n'a toutefois pas évité, on l'a vu, le massacre d'Ehden perpétré en 1978 par les Forces libanaises contre la famille de l'ancien président de la République Soleiman Frangié. L'armée syrienne aurait-elle sciemment laissé perpétrer ce massacre pour consacrer la division de ce qui était alors le « camp chrétien », dont faisait partie le président Frangié ? Certains le pensent, estimant que l'armée syrienne, du fait de sa présence massive dans la région, ne pouvait ignorer l'arrivée de l'expédition militaire des Forces libanaises.

9. Le « groupe de Kornet Chehwan », du nom du village où est situé le couvent qui a abrité sa première réunion.

10. M. Joumblatt, vigoureusement attaqué par certains des éléments les plus prosyriens du monde politique libanais, fera progressivement marche arrière, puis reviendra à son alliance totale avec la Syrie.

En effet, en septembre 2000, le patriarche maronite et les évêques réunis publient un communiqué incendiaire contre la présence syrienne, à laquelle ils attribuent tous les malheurs du Liban depuis la fin de la guerre. Le patriarche part peu de temps après aux États-Unis, où il fait une tournée triomphale, marquée aussi par la tournure antisyrienne des événements au Liban. Au cours de l'été 2001, il fera une visite historique au Chouf, se rendant même au domicile de Walid Joumblatt pour sceller la réconciliation entre les druzes et les chrétiens. La dernière étape de son parcours est marquée par la présence d'un groupe de manifestants qui portent des banderoles et scandent des slogans hostiles à la Syrie. Le patriarche intervient pour les faire taire.

Tout cela entraîne un regain de l'agitation estudiantine chrétienne antisyrienne, qui s'était calmée avec l'arrivée du général Lahoud à la présidence de la République. Les partisans du général Aoun y sont très actifs. Les manifestations sont réprimées avec vigueur, avec des brutalités et des emprisonnements que rien ne justifie, car la présence syrienne n'est guère menacée — ni Israël ni aucune grande puissance ne demandant à la Syrie de quitter son petit protégé libanais. Un groupe musulman sunnite implanté à Beyrouth, dénommé Ahbache, organise des contre-manifestations avec couteaux et bâtons — ce groupe, qui donne dans le soufisme et la bienfaisance, est apparemment soutenu par la Syrie, pour ne pas laisser l'espace politique et religieux sunnite entièrement aux mains de l'Arabie saoudite et de son grand commis Rafic Hariri. Le Hezbollah lui-même mobilise ses partisans dans une énorme manifestation de soutien à la Syrie.

Cette atmosphère malsaine ne sera dissipée qu'au printemps 2003, dans le contexte de la nouvelle guerre contre l'Irak. Le pape et le patriarche maronite, mais aussi toutes les hiérarchies religieuses des autres communautés chrétiennes, prennent alors position contre la guerre anglo-américaine. Le patriarche exprime même des sentiments amènes vis-à-vis de la Syrie et de sa politique régionale. Mais le malaise demeure. La jeunesse chrétienne, qui peut plus facilement s'exprimer que la jeunesse musulmane, encadrée totalement par les éléments prosyriens de la nomenklatura libanaise, ne semble pas vouloir se taire ; cependant que le groupement antisyrien de Kornet Chehwan met lui aussi un peu d'eau dans son vin dans la conjoncture régionale compliquée créée par l'invasion de l'Irak.

Dans la perversion qui a si bien caractérisé les situations libanaises au cours de l'histoire, le mouvement de Kornet Chehwan est qualifié d'opposition, bien que la plupart de ses membres n'aient jamais exprimé de critiques vis-à-vis des gouvernements successifs de Rafic Hariri — comme si ce dernier n'avait aucun rôle dans cette hégémonie syrienne sur le pays —, à qui il n'a jamais rien refusé, pourvu qu'il soit toujours l'homme orchestre du pays. En fait, lorsque la presse qualifie d'opposition le mouvement, ce n'est point le gouvernement qu'elle vise, mais le président de la République, considéré comme le défenseur inébranlable de la présence syrienne au Liban.

Il est vrai que le général Lahoud a souvent pris des positions abruptes en matière régionale. Il est, en effet, un grand admirateur de la résistance au sud contre l'État d'Israël. Il ne ménagera donc pas son soutien de chef de l'État et de l'armée au Hezbollah. Il ne se laisse guère intimider par les pressions américaines qui exigent du Liban que le Hezbollah soit désarmé. Il défend avec vigueur l'alliance stratégique avec la Syrie et l'Iran, estimant que c'est cette alliance, ainsi que le soutien inconditionnel à la résistance du Hezbollah, qui assurent au Liban une immunité contre toute nouvelle déstabilisation. Il n'éprouve donc aucune sympathie pour les thèses de l'opinion chrétienne traditionnelle qui voudraient maintenir le Liban dans une orbite occidentale, ou du moins ne pas laisser le pays être englouti dans un axe arabe ou musulman hostile à l'Occident. Très laïc de tempérament, le nouveau président n'est nullement sensible aux arguments communautaires et ne semble pas, tout comme son prédécesseur de la IIe République, Élias Hraoui, préoccupé de l'image qu'il peut avoir dans sa communauté.

L'opinion chrétienne n'éprouvera d'ailleurs pas de sympathie pour lui, une fois passé l'état de grâce des premiers mois. Chez les notabilités, il existe une vieille méfiance vis-à-vis des militaires dont, avant lui, le général Chéhab avait été victime. Tout comme cet illustre prédécesseur sera accusé de faire la politique de l'Égypte, puissance dominante dans les années 1960 dans le monde arabe, le général Lahoud sera accusé de céder à tous les desiderata de la Syrie. En dépit du fait que le premier gouvernement nommé par le nouveau président était composé de nombreuses personnalités indépendantes de la Syrie, le président sera perçu, encore plus qu'Élias Hraoui, comme l'homme de Damas. Par un phénomène de mémoire courte, qui lui fait oublier que les jeunes miliciens chrétiens se sont battus pendant quinze ans contre la présence palestinienne au Liban, l'opinion chrétienne sera tout à fait insensible à la position du président contre l'implantation des Palestiniens au

Liban[11]. Il s'agit là d'une position de principe que le président affirme avec éclat dès sa prise de fonction, lors du sommet de la francophonie tenu au Canada en 1998, et qu'il rappellera sans cesse à tous ses visiteurs étrangers.

Selon les critères des politiques communautaires traditionnelles du Liban, la distance ainsi créée entre le président de la République et la communauté à laquelle il appartient le rend vulnérable, en particulier face aux deux autres membres de la troïka qui pratiquent sans aucun état d'âme le communautarisme le plus étriqué.

La réforme avortée du gouvernement El-Hoss [12]

L'accession d'Émile Lahoud à la présidence de la République avait suscité de nombreux espoirs. Le nouveau chef de l'État appartient à une famille prestigieuse qui a donné au Liban plusieurs personnalités civiles et militaires de premier plan, reconnues pour leur intégrité au service de l'État. Le nouveau chef de l'État devait aussi sa popularité au fait qu'il a gardé ses distances avec Rafic Hariri, dont il n'a jamais accepté les largesses pour lui-même ou pour l'armée libanaise. Et il entretient, on l'a vu, les meilleures relations avec la Syrie.

Son discours d'investiture à la Chambre des députés est un texte de combat contre la corruption et l'affairisme ambiants. Il y explique la nécessité de bâtir l'État de droit et des institutions, de pratiquer la transparence dans les statistiques, d'arrêter les

11. Il est vrai que les rumeurs, en provenance des milieux proches de Rafic Hariri, ont fait courir le bruit que l'implantation des Palestiniens au Liban permettrait d'effacer la dette du pays et qu'elle renforcerait la présence sunnite à l'encontre de celle, grandissante, des chiites. Rafic Hariri, aidé de M. Joumblatt, a d'ailleurs fait un essai en initiant une opération foncière par laquelle l'État devait construire des logements pour les réfugiés palestiniens. Une levée de boucliers dans l'opinion a entraîné le gel de l'opération.

12. Ayant fait partie de ce gouvernement, en tant que ministre des Finances, nous avons jugé utile de décrire quelque peu en détail son action qui a été si décriée pour des raisons qui seront expliquées ici. Nous nous excusons auprès des lecteurs pour certains détails techniques ardus, mais qui devraient permettre de mieux comprendre le fonctionnement et les blocages de la IIe République, aussi bien politiques qu'économiques ou financiers. Nous avons d'ailleurs rendu compte de notre expérience entre 1998 et 2000 dans ce gouvernement dans un ouvrage en langue arabe intitulé *Al Foursa al da'ia fil islah al mali fi Lubnan* (L'opportunité perdue de la réforme financière au Liban), Charikat al matbou'at lil tawzi'wal nashr, Beyrouth, 2001. On signalera aussi que le président du Conseil Salim El-Hoss, de son côté, a raconté les problèmes rencontrés par son gouvernement dans un ouvrage intitulé *Lill tariki wal hakika. Tajaroub al houkm ma baina 1998 wa 2000* (Pour la vérité et l'histoire. Récits du gouvernement de 1998 à 2000), Charikat al matbou'at lil tawzi'wal nashr, Beyrouth, 2001.

agressions criminelles sur l'environnement, de réformer une fiscalité profondément injuste et d'être soucieux de justice sociale. Quant aux rapports avec la Syrie, il dénonce ceux des Libanais qui pratiquent une surenchère prosyrienne. Enfin, il affirme que jamais il n'acceptera l'implantation des Palestiniens au Liban, ce dont il fera un pilier de sa politique étrangère.

La population, stupéfaite de ce langage nouveau, lui fait un accueil émerveillé. L'opinion pense que l'ère Hariri est terminée, d'autant qu'en Syrie le dossier libanais n'est plus aux mains du vice-président de la République syrienne, Abdel Halim Khaddam, et des officiers supérieurs des services de renseignement proches de celui qui était depuis 1992 un Premier ministre inamovible. C'est le fils du président Assad qui a pris en main les relations syro-libanaises. La volonté syrienne d'écarter le Premier ministre et de permettre plus d'autonomie au Liban dans sa politique intérieure semble évidente. Comme nous l'avons vu, cette volonté est bien traduite par le fait que le président écarte sans difficulté la candidature de Rafic Hariri pour le poste de Premier ministre, proposée par une majorité de députés, et que le gouvernement constitué par Salim El-Hoss, rival de Rafic Hariri, ne comporte que quatre ministres sur seize qui aient des liens forts et de dépendance avec la Syrie. Pour la première fois depuis le début de la nouvelle République, des personnalités indépendantes sont associées au pouvoir. Quant à Salim El-Hoss, il est un symbole d'intégrité que tout le pays respecte. Aussi, la nomination de ce cabinet est accueillie avec un enthousiasme peu commun.

Mais il devra faire face cependant à la formidable opposition qu'organisent Rafic Hariri et ses alliés au Parlement dans la presse et les principaux organismes économiques du pays. Il convient ici, en outre, de rappeler que ce gouvernement n'était pas issu d'une coalition de partis politiques avec un programme réformiste déjà mis au point. Au contraire, beaucoup de ministres qui y siègent ont été des admirateurs de la politique des gouvernements successifs de Rafic Hariri. Certains sont des hommes d'affaires influents avec des intérêts liés à ceux de l'État, tel M. El-Murr, le puissant vice-Premier ministre et ministre de l'Intérieur, qui a été aussi vice-Premier ministre sous les différents cabinets précédents ; il est très influent dans presque toutes les administrations de l'État et le corps judiciaire, mais aussi auprès du chef de l'État ; de même, il est un proche de la Syrie. La partie n'était donc pas gagnée d'avance pour une réforme financière et administrative destinée à arrêter la dégradation socio-économique profonde du pays et à relancer l'économie. Le nouveau gouvernement ne disposait d'ailleurs que d'un temps très court avant les prochaines élections parlementaires devant avoir lieu au cours de l'été 2000.

La situation héritée des « années reconstruction »

À la prise de fonction du nouveau gouvernement, le pays connaissait une triple crise : celle du déficit des comptes extérieurs, celle du déficit des finances publiques et d'un niveau d'endettement insupportable, celle du marasme profond du secteur foncier. À ces crises brûlantes et immédiates, s'ajoutait une crise sociale forte, caractérisée par une stagnation du pouvoir d'achat de la majeure partie de la population, un taux de chômage élevé et une concentration croissante de la richesse aux mains d'une oligarchie politico-financière toute-puissante.

C'est pourquoi le gouvernement constitué par Salim El-Hoss, le 4 décembre 1998, a fait de la réforme économique et financière son principal objectif. Les principes de cette réforme ont été énoncés dans la déclaration ministérielle. Pour la première fois, il y est clairement dit que l'économie libanaise a perdu sa capacité compétitive dans la région et qu'il convient d'œuvrer pour sortir d'urgence du cercle vicieux d'un endettement interne excessif qui pèse sur la croissance et menace la stabilité économique et sociale. La déclaration appelait à un plafonnement des dépenses publiques, à des privatisations menées dans un cadre légal précis assurant la transparence des opérations et à une action vigoureuse pour rétablir les grands équilibres macro-économiques.

Il n'est pas inutile de rappeler que l'endettement interne du pays à la fin de l'année 1998 avait atteint plus de 14 milliards de dollars, auxquels il faut ajouter environ 4,2 milliards de dollars de dette externe, soit au total de 18 milliards de dollars d'endettement. Le coût du service de cette dette engloutissait environ 85 % à 90 % des recettes budgétaires et représentait presque 50 % des dépenses. En outre, durant les « années reconstruction », l'État avait accumulé des retards de paiements vis-à-vis du secteur privé (700 millions de dollars), des municipalités (700 millions), de la sécurité sociale (300 millions) et de différents offices publics (200 millions). L'endettement total du pays, retards de paiement compris, s'élevait donc à plus de 20 milliards de dollars à la fin de l'année 1998 (contre 3 milliards en 1993).

La responsabilité de cet endettement est attribuable principalement au système monétaire mis en place par Rafic Hariri à partir de la fin de 1992, tel qu'il est géré par la Banque du Liban, à la tête de laquelle un homme nouveau a été placé, très proche du Premier ministre. Comme on l'a vu, ce système a été caractérisé par le très haut niveau des taux d'intérêt sur les bons du Trésor émis en livres libanaises, en dépit de la convertibilité totale de la livre et de la parité fixe qui la lie au dollar depuis la dévaluation de 1992 [13]. Ce ne sont donc ni les dépenses militaires (20 % du budget, retraites et indemnités comprises), ni les trop rares augmentations des salaires de la fonction publique qui sont responsables de l'explosion du niveau d'endettement, mais bien l'insuffisance des ressources fiscales, qui ne représentent que 13 % à 14 % du PIB (ressources en provenance du secteur public exclues, comme les profits de la Banque du Liban ou ceux du ministère des PTT), ainsi que le niveau des taux d'intérêt qui a fluctué entre 20 % et 42 % durant cette période. Le prélèvement opéré par le service de la dette publique sur l'économie atteint environ 14 % à 15 % du PIB, soit plus que le prélèvement fiscal lui-même.

En décembre 1998, avec une inflation proche de zéro, le taux nominal des bons du Trésor à deux ans atteint 16,6 %, mais leur rendement réel est de 22,5 %, grâce aux généreuses opérations de swap que pratique la Banque centrale au profit du système bancaire et des gros déposants libanais et arabes. Le différentiel entre taux nominal et rendement réel prouve bien la tension existante sur le marché financier local. À la fin de l'année 1998, le taux de dollarisation des dépôts dans le système bancaire, indice éloquent de la confiance dans la stabilité de la monnaie, atteint 68 %, contre 55 % en 1994.

Plus inquiétante, sur le plan économique, a été la dégradation de la situation de la balance des paiements. En 1998, en dépit d'une augmentation substantielle du recours à l'endettement externe (1,5 milliard de dollars), le déficit de la balance des capitaux s'élève à un demi-milliard de dollars, chiffre astronomique pour un pays comme le Liban. Les exportations du pays stagnent à un niveau très bas. De plus, après une euphorie foncière de deux ans, le marché immobilier, qui a alimenté la croissance entre 1993 et 1996, connaît une stagnation douloureuse. Le montant des investissements immobilisés dans ce secteur est estimé à près de la moitié du

13. En réalité, depuis 1993, la Banque du Liban procédait à une réévaluation d'environ 3 % par an de la livre par rapport au dollar, ce qui a contribué à donner aux souscripteurs de bons du Trésor en livres une prime additionnelle par rapport au très haut niveau de taux d'intérêt servis sur ces bons. Cette pratique artificielle sera arrêtée par le gouvernement El-Hoss.

PIB, soit environ 7 à 8 milliards de dollars (périmètre de la société Solidere de réaménagement du centre historique de la capitale exclu [14]).

Les mesures d'assainissement financier du gouvernement El-Hoss

Quelques jours après sa nomination, Georges Corm (auteur du présent ouvrage), ministre des Finances du gouvernement El-Hoss, avait fait une première déclaration publique à la presse, le 7 décembre 1998, annonçant son programme : une modernisation de la fiscalité pour augmenter les recettes de l'État, tout à fait insuffisantes, pour faire face au déficit budgétaire, gonflé par le service de la dette publique, mais aussi pour mieux répartir la charge fiscale entre les contribuables ; la mise en place d'un cadre juridique transparent pour procéder à des opérations de privatisation, sans enfreindre la Constitution comme par le passé ; le renforcement de l'appareil statistique afin de pouvoir mieux cibler des politiques économiques répondant aux besoins des différents secteurs de l'économie.

Par la suite, au cours de nombreuses conférences et débats, le ministre devait prôner un retour à l'économie réelle et un soutien aux secteurs productifs, en particulier la nécessité d'augmenter les exportations déclinantes du pays (« exporter ou mourir »), la lutte contre la situation d'endettement (la « bataille nationale pour réduire la dette ») et contre le gaspillage des deniers publics, ainsi que la nécessité d'une baisse du différentiel d'intérêt très élevé entre les taux des bons du Trésor en livres et ceux des bons en dollars, injustifiable dans un régime de taux de change fixe et avec une réévaluation annuelle automatique du cours de la livre par rapport au dollar [15]. C'est ce différentiel (ayant atteint parfois plus de 30 % entre 1993 et 1996) qui a permis un enrichissement rapide des souscripteurs de bons du Trésor en livres. Certaines années, au

14. Rappelons que l'action de Solidere en Bourse avant l'arrivée du gouvernement de M. El-Hoss était déjà tombée au-dessous du niveau de 10 dollars par action.

15. Au changement de gouvernement en décembre 1998, la prime additionnelle annuelle d'enrichissement constituée par la réévaluation annuelle de la livre vis-à-vis du dollar (2,5 % à 3 %) a été immédiatement arrêtée par la Banque centrale sur demande du ministre des Finances. Le ministre demandait aussi à la Banque centrale la fixation de la parité de la livre par rapport au dollar et à l'euro, et non pas au dollar exclusivement. La Banque centrale, cependant, ne mit pas en œuvre cette recommandation, fondée sur la constatation de bon sens que plus de 50 % des importations de produits courants proviennent des pays de l'Union européenne.

cours de la période d'euphorie spéculative, le Trésor s'était endetté beaucoup plus que ses besoins réels, satisfaisant ainsi une demande de bons du Trésor gonflée artificiellement par ce différentiel d'intérêt exorbitant, sous le prétexte de stabilisation monétaire [16]. Il ne s'agissait en réalité que de permettre aux nouveaux venus du monde politico-financier de la nouvelle République, ainsi qu'à leurs amis en Syrie ou en Arabie saoudite, de s'enrichir facilement aux dépens de l'État, en empruntant des dollars à bas taux au Liban ou à l'étranger et en les plaçant en bons du Trésor en livres.

Dès le début du mois de février 1999, le ministère des Finances précisait son approche de l'assainissement financier, en décrivant les deux volets indispensables d'une réforme économique : la réforme fiscale d'un côté, incluant l'introduction de la TVA, la mise en place de l'impôt général sur le revenu et l'augmentation des taux progressifs jusqu'à 21 % au lieu du plafond de la progressivité limité à 10 % par le précédent gouvernement ; un programme modéré de privatisations, notamment dans les télécommunications, d'un autre côté, ainsi que le paiement des arriérés de l'État dus au secteur privé. Ces trois éléments étaient essentiels pour préparer une relance économique sur des bases saines et durables [17].

Le processus de discussion des premières mesures d'assainissement que voulut prendre le ministre des Finances fut extrêmement pénible. Le gouvernement était, en effet, soumis depuis le premier jour de sa nomination à un harcèlement médiatique, mettant en garde contre tout changement, en particulier dans le domaine fiscal, ce qui pourrait faire fuir les capitaux et les investisseurs. Aussi, pour calmer les esprits, le Premier ministre devait-il déclarer, lors d'une grande émission télévisée le 24 décembre 1998, soit moins d'un mois après la prise de fonctions du gouvernement, qu'en matière de politique monétaire, comme en matière fiscale, le nouveau gouvernement entendait ne pas s'écarter des règles traditionnelles de gestion économique du pays. Il était soutenu dans cette position conservatrice par presque tous les ministres, en particulier ceux qui avaient siégé sous les précédents gouvernements de

---

16. L'excès d'endettement du Trésor a ainsi atteint jusqu'à plus de 2,5 milliards de dollars à certaines époques ; il continue jusqu'à aujourd'hui, bien qu'à des niveaux moins élevés.

17. En mars 1999, un groupe restreint d'économistes libanais présentait au ministre des Finances et au gouvernement un plan d'assainissement financier préconisant l'adoption de très nombreuses mesures dans les domaines les plus divers, mais ne tenant pas compte de la réalité des forces politiques en présence. Le ministère transmit ce document au Comité économique ministériel, où il subit de nombreuses coupes. Ce texte devait aussi donner l'occasion à l'opposition d'augmenter la dose de ces attaques contre le gouvernement et sa politique qualifiée de « dirigiste ».

M. Hariri, et qui composaient le Comité économique ministériel (CEM) formé par le Premier ministre pour coordonner et superviser les actions du gouvernement en matière économique et financière. En fait, ce comité constituera plus un élément de blocage des réformes nécessaires qu'un appui au ministre des Finances.

Les principales mesures de réforme préconisées, notamment l'adoption de la TVA et d'autres mesures fiscales, furent aussi discutées de façon approfondie entre le ministère des Finances et le Fonds monétaire et la Banque mondiale, ainsi que l'Union européenne. Il était en effet indispensable d'obtenir l'aval de ces organismes pour assurer la crédibilité internationale de la politique économique du nouveau gouvernement. En dépit des critiques de l'opposition, en particulier de nombreux députés appartenant au groupe de Rafic Hariri au Parlement, ou proches de lui, les grandes lignes de l'assainissement financier proposées au Parlement par le ministre des Finances et concrétisées par les premières mesures inscrites au budget furent acceptées par une majorité de députés à l'occasion du vote du budget de 1999. Cette approbation devait avoir un impact très positif sur le marché financier local et au niveau international. L'Union européenne, pour exprimer son soutien aux mesures d'assainissement financières déjà prises, accordait un don non conditionnel de soutien au budget d'un montant de 50 millions d'euros, dont 25 millions furent déboursés comme première tranche au printemps 2000. La Banque mondiale se dit prête à accorder une série de prêts annuels d'ajustements structurels pour environ 800 millions de dollars, conditionnés par les progrès en matière de réforme de la gestion de l'État et de privatisation [18].

La mise en œuvre des premières mesures fiscales [19] (décrites par l'opposition comme créant un « enfer fiscal ») devait rapide-

18. Toutefois, le ministre des Finances suspendit les négociations sur ces prêts à l'automne 1999, lorsque la Banque mondiale, sans crier gare, demanda que le Liban négocie en même temps un programme dit de « stand-by » avec le FMI. Le Liban n'ayant jamais eu recours aux facilités du FMI, le ministère des Finances estima que la conclusion d'un stand-by avec le FMI pourrait être mal interprétée par le marché local et semer l'inquiétude chez les souscripteurs de bons du Trésor (en dollars comme en livres). En effet, la plupart de ces accords exigent du pays assisté une dévaluation souvent brutale de la monnaie locale qui, dans les pays sans capacités productives et dont l'économie est déjà largement dollarisée, ne produit aucun effet, sinon celui de couper dramatiquement le pouvoir d'achat des couches défavorisées de la population.

19. Ces mesures consistaient principalement en une augmentation de l'impôt sur les bénéfices des sociétés de 10 % à 15 % (et de 5 % à 10 % pour l'impôt sur les dividendes) et de 10 % à 21 % pour les tranches les plus élevées de l'impôt sur les personnes physiques, une augmentation de 4 cents la minute de la taxe sur les communications de téléphones portables, une augmentation très modérée de la taxe sur l'essence de 100 livres libanaises par litre, une augmentation des droits de douane sur les produits de luxe (parfums, alcools et tabac), ainsi

ment entraîner une réaction favorable du marché, ce qui se traduisit par un renversement de la tendance négative en matière de paiements extérieurs [20]. La stabilisation macro-économique était réussie, éloignant le spectre d'une crise sur le marché des changes. À partir de l'été 1999, les taux d'intérêt sur les bons du Trésor baissent sensiblement. Les taux nominaux sur les bons à deux ans étaient réduits à 14,14 % (contre 16,6 %), le rendement effectif de ces bons baissant à 14,6 % (contre 22,5 %). Les économies ainsi réalisées sur le service de la dette publique représenteront quelque 1 400 milliards de livres, qui constitueront un soulagement certain sur la situation des finances publiques et contribueront à réduire le déficit budgétaire.

Cette stabilisation sera, de plus, consolidée par un assainissement sérieux de la situation des finances publiques en 1999, en particulier la maîtrise du déficit budgétaire, en dépit d'une augmentation importante du service de la dette publique héritée de la politique précédente et de l'augmentation des salaires de la fonction publique adoptée par le Parlement en novembre 1998. Une amnistie pour les amendes fiscales sur tous les arriérés de paiement d'impôts devait donner des résultats remarquables sur le plan de la perception ; les rentrées fiscales de l'année 1999 battaient tous les records. Le résultat fut un déficit budgétaire réduit à 38 % et un déficit global des finances publiques (dépenses du Trésor incluses) limité à 42 %, malgré le soutien financier croissant apporté par le Trésor à l'Office d'électricité et le début de remboursement des dettes du Trésor aux municipalités. L'opposition au gouvernement, qui avait annoncé des niveaux de déficit records et

---

que sur les textiles (afin de protéger l'industrie locale en pleine déroute). Dans un souci de justice fiscale, et conformément aux principes énoncés par le chef de l'État dans son discours d'investiture, les revenus au-dessous de l'équivalent de 600 dollars par mois ont été exemptés d'impôt sur le revenu par le jeu de l'augmentation des déductions familiales. En sens inverse et pour favoriser l'expansion de l'industrie, créatrice d'emplois, le gouvernement baissait les droits de douane sur l'ensemble des matières premières de 6 % à 3 % ; par ailleurs, une série de mesures fiscales en faveur du secteur foncier étaient prises dans le budget 1999. Aucun impôt nouveau ne sera créé dans le budget de l'année 2000, en dehors de la taxe professionnelle, dont l'entrée en vigueur sera conditionnée par la réalisation d'une amnistie fiscale générale (voir ci-dessous).

20. Après le déficit record de 500 millions de dollars en 1998, la balance des paiements revenait à une situation de surplus en 1999 (+ 268 millions de dollars), et cela en dépit d'un endettement externe de nouveau inférieur à celui de l'année 1998 (1,2 milliard de dollars d'emprunts en 1999 contre 1,5 milliard en 1998). Par ailleurs, à partir de la seconde moitié de l'année 1999, on assistait sur le marché des changes à un important mouvement de retour sur la livre libanaise par des conversions des dépôts bancaires en dollars vers la livre, le taux de dollarisation des dépôts diminuant à 61 % à fin 1999. Le niveau des réserves de change au printemps 2000 atteignait le chiffre record de 7,3 milliards de dollars.

accusé le ministre des Finances de tromper l'opinion par des estimations trop optimistes des recettes fiscales, en était pour ses frais.

Un autre élément clé de cette politique d'assainissement fut le paiement des arriérés de l'État vis-à-vis du secteur privé. Face à une conjoncture économique déprimée depuis plusieurs années déjà et aux signes avant-coureurs d'une crise de liquidités grave dans le secteur privé, le ministre des Finances mit en œuvre un plan de liquidation de ces arriérés. Ce plan fut soumis au Parlement en juin 1999 et immédiatement approuvé par une loi spéciale dont le projet avait été préparé par le ministère, après une identification approximative des sommes en jeu (1 200 milliards de livres, soit environ 700 millions de dollars)[21].

Telles sont les grandes lignes de la stabilisation macro-économique et de l'assainissement financier pratiqués par le gouvernement de Salim El-Hoss. La confiance de l'opinion, en dépit des campagnes médiatiques et parlementaires hostiles et vociférantes, se traduisit non seulement par le regain de confiance dans la livre libanaise, déjà signalé, mais aussi par des donations importantes au Trésor public qui ont atteint en un an 52 milliards de livres (environ 35 millions de dollars[22]). Ce montant fut utilisé après le retrait israélien du Liban sud — obtenu grâce à la politique de soutien actif du gouvernement à la résistance armée contre l'occupant — pour venir en aide aux habitants de cette région. Au printemps 2000,

---

21. Rappelons que ces arriérés de paiement étaient nés sous le précédent gouvernement, soit d'un dépassement des crédits existants (notamment pour les factures d'hôpitaux privés), soit de dépenses entreprises sans existence de crédits budgétaires (notamment pour les grands projets de développement exécutés par des entrepreneurs privés pour le compte d'administrations ou d'entreprises publiques, sur simple décision du Conseil des ministres ou, parfois, du seul Premier ministre). L'approbation du pouvoir législatif était donc requise pour régulariser les montants dépensés sans autorisation parlementaire et pour pouvoir émettre des bons du Trésor spéciaux en règlement de ces dettes. Entre juillet 1999 et octobre 2000, plus de 900 milliards de livres en bons du Trésor furent ainsi remis aux bénéficiaires de ces arriérés, après un contrôle effectué par deux commissions siégeant au ministère des Finances (une pour les hôpitaux, l'autre pour les entrepreneurs et les expropriations).

22. Cette campagne fut initiée en avril 1999 par une société d'assurance (Bankers Assurance) dont les employés firent don au Trésor public d'un pour cent de leur salaire annuel, en réponse à l'appel du ministre des Finances pour une lutte généralisée afin de réduire le niveau d'endettement du pays. Par la suite, en juin de la même année, en réponse à l'attaque israélienne sur les installations électriques du pays, la campagne s'amplifiait à l'initiative du chef de l'État, qui faisait don de son salaire d'un mois, suivi par les ministres et des députés. Le ministère des Finances se mit ainsi à publier chaque jour la liste des donateurs, dont certains furent des ressortissants des pays arabes ainsi que de nombreux émigrés. En avril 2000, un ancien émigré libanais, M. Hikmat Kassir, proposait au ministère des Finances l'ouverture d'une souscription de bons du Trésor sans intérêt comme soutien à la politique de lutte contre l'endettement. Cette proposition fut acceptée et le premier souscripteur fut M. Kassir lui-même. Le changement de gouvernement, en octobre de la même année, ne permit pas de poursuivre cette généreuse initiative.

avec le succès de la stabilisation macro-économique et le début d'assainissement financier, le gouvernement El-Hoss avait déjà en quelques mois un bilan dont il n'avait pas à rougir, en dépit de toutes les campagnes d'intoxication de l'opinion.

Autres mesures de réforme

Par ailleurs, le gouvernement avait à son actif, au début de l'été 2000, l'élaboration et l'adoption par le Parlement, conformément à la déclaration ministérielle, de la loi sur les privatisations, préparée conjointement par le ministère des Finances et celui de l'Économie ; de même, l'élaboration et l'adoption de la loi sur le secteur des eaux prévoyant la privatisation des Offices des eaux. De plus, un projet de loi sur l'organisation du secteur de l'électricité et un autre sur celle des télécommunications avaient été préparés par les ministères concernés, sans toutefois être transmis au Parlement. Le gouvernement, se conformant aux accords de Taëf, créa aussi le Conseil de développement économique et social, que les précédents gouvernements de la IIe République s'étaient bien gardés de mettre en place.

Enfin, un projet de Fonds social (comprenant l'octroi de microcrédits et de crédits pour le développement à l'échelle locale) était élaboré en collaboration avec l'Union européenne et le gouvernement avait engagé et fait adopter une loi sur l'assurance maladie pour les personnes âgées, ainsi qu'une loi sur la création d'un nouvel Institut de formation des cadres administratifs de la fonction publique (projet étudié en collaboration avec l'École nationale d'administration française). De plus, sur le front de la préparation des privatisations, le gouvernement avait fait progresser deux grands dossiers, ceux de Middle East Airlines et de Télé Liban[23].

Il faut signaler aussi l'élaboration par le Conseil de la reconstruction et du développement (CDR), avec l'aide d'un consultant étranger, d'un plan de développement économique quinquennal qui, pour la première fois, conformément à la demande des

23. Le ministère des Finances avait réussi à confier à la Société financière internationale, filiale de la Banque mondiale, un mandat de restructuration/privatisation de la Middle East Airlines, mandat approuvé par le Conseil des ministres. Cependant que le ministère de l'Information, en ce qui concerne Télé Liban, la chaîne publique libanaise, avait préparé un plan de restructuration de la société et négocié avec un investisseur étranger une prise de participation à hauteur de 50 % dans le capital, avec contrat de gestion, sans que toutefois le Conseil des ministres approuve la transaction.

autorités, prenait en compte non seulement les besoins en investissements publics, mais aussi les besoins du secteur privé, pour accroître sa capacité compétitive, avec une identification des secteurs les plus porteurs, notamment en matière d'exportations [24].

Ainsi, en un an et demi, le travail réalisé par le gouvernement était considérable, bien que celui-ci, à sa nomination, comme nous l'avons déjà évoqué, n'eût pas de programme global de réforme. Mais ce bilan positif était largement contrebalancé par la déception de l'opinion publique sur deux points politiques majeurs : le gouvernement n'avait pas poursuivi les quelques actions en justice entamées contre certains ministres ou hauts fonctionnaires des gouvernements précédents de Rafic Hariri et n'avait donc pas été sérieux dans son désir de lutter contre la corruption ; il n'avait pas fait une loi électorale moins injuste que les précédentes. Ces deux échecs politiques majeurs constituèrent une profonde déception pour l'opinion publique avide d'une réforme radicale de la situation politique et d'un assainissement des mœurs corrompues de la IIe République, que le président de la République par son discours d'investiture, ainsi que le Premier ministre par son programme de gouvernement, avaient laissé espérer.

Certains partisans de la réforme se transformeront, de ce fait, eux aussi en furieux détracteurs du gouvernement et des ministres ayant un profil de réformateurs. C'est pourquoi la virulence des campagnes de presse et de médias sous influence de Rafic Hariri, qui redoublaient d'intensité à la veille des élections, trouvait un terrain fertile dans l'opinion. Ces campagnes parvenaient à donner l'impression d'un gouvernement impotent et immobile, ayant tué la croissance économique, d'autant qu'à partir de l'été 2000 la plupart des autres actions de réforme seront bloquées.

Le blocage de la réforme

Au début de l'été 2000, le gouvernement El-Hoss avait atteint le plein de ses possibilités. À partir du mois de juin, en effet, ce gouvernement est frappé de paralysie totale, pour des raisons diverses et complexes. Tout d'abord, certains ministres commencent à critiquer ouvertement le gouvernement, rompant la solidarité gouvernementale à la veille même des élections législatives. Il s'agira notamment des trois ministres du gouvernement connus

24. Conseil du développement et de la reconstruction, *Five Year Development Plan, 2000-2004*, Beyrouth, mai 2000.

pour être des proches de la Syrie (les ministres de l'Intérieur, de l'Agriculture, ainsi que celui des Transports et Travaux publics). Par ailleurs, la mort du président syrien Hafez El-Assad facilite le retour de la vieille garde syrienne, proche de Rafic Hariri, sur le devant de la scène politique au Liban comme en Syrie. De plus, le prince héritier d'Arabie saoudite semble aussi être intervenu auprès du nouveau président syrien pour demander le retour aux affaires de Rafic Hariri.

En outre, la politique du président de la République et du gouvernement, qui ont soutenu avec ténacité le Hezbollah au Liban et ne se sont pas soumis aux pressions internationales sur le Sud après le retrait israélien, n'a pas manqué d'indisposer les États-Unis et leurs alliés dans la région. Dans ce contexte, le retour au pouvoir de Rafic Hariri a été vu comme une garantie contre des débordements possibles du Hezbollah. C'est pourquoi, semble-t-il, dès la libération du sud du Liban en mai 2000, tout le pays est mis en attente du résultat des élections législatives, qui doivent se dérouler en août-septembre, et du retour de plus en plus probable de Rafic Hariri aux affaires. Certaines administrations ne se donneront même plus la peine d'exécuter les décisions ministérielles, lorsqu'elles seront prises [25].

On mentionnera encore le projet de transformation des contrats de BOT en contrats de licence entre l'État et les deux sociétés gérantes du réseau de téléphone cellulaire qui n'a pu aboutir, en dépit de la position du ministre des Finances, favorable à une offre avantageuse faite par les sociétés au ministère des Télécommunications en mai-juin 2000 [26]. L'acceptation de cette offre aurait permis une réduction substantielle de la dette publique et aurait assuré la continuation de la politique de réduction des taux

25. C'est dans cette nouvelle conjoncture que plusieurs actions majeures soigneusement préparées par le ministère des Finances, en matière de réforme économique et financière, sont bloquées, soit au niveau du Conseil des ministres, soit au niveau du Parlement (projet de loi sur les infractions au domaine maritime et la révision des loyers payés à l'État par les bénéficiaires de l'exploitation de ce domaine, ce qui aurait permis des rentrées fiscales exceptionnelles ; projet de loi sur la taxe à la valeur ajoutée, transmis au Parlement au mois de mai 2000, après de longues discussions en Conseil des ministres ; projet de loi portant amnistie fiscale générale et permettant de revenir à la prescription normale de quatre ans en matière fiscale, ce qui aurait permis non seulement des rentrées fiscales additionnelles, mais aussi un assainissement et une vérité des bilans des sociétés).

26. L'offre prévoyait un paiement de 1,35 milliard de dollars pour chaque société, dont 950 millions payables immédiatement (soit près de deux milliards de dollars pour les deux sociétés) et le reste (soit 700 millions) étalé sur vingt ans ; plutôt que d'accepter l'offre, le Conseil des ministres choisit la voie contentieuse avec les deux sociétés, réclamant à chacune d'elles le paiement de compensations de 300 millions de dollars pour mauvaise application des contrats de BOT.

d'intérêt, élément fondamental d'une sortie de la crise économique et financière [27].

D'autres projets non moins importants ne furent jamais inscrits à l'ordre du jour du Conseil des ministres ou ne furent pas débattus par la Chambre des députés lorsqu'ils lui ont été transmis [28]. Il est certain que si ces projets, ou du moins les plus importants d'entre eux, avaient été adoptés et mis à exécution, l'opération d'assainissement financier et de sortie du cercle vicieux de l'endettement, et donc la possibilité d'un retour rapide à la croissance économique, auraient pu se concrétiser. Le blocage de tous ces projets et l'impact financier de facteurs externes ont au contraire entraîné une dégradation de la situation, faisant perdre le bénéfice de la stabilisation macro-économique exceptionnelle réalisée en 1999.

En effet, comme nous l'avons vu au chapitre précédent, la libération du sud du Liban, au lieu d'être vécue comme un facteur positif, se transforma en facteur d'inquiétude qui commença à peser sur le marché des changes, lorsqu'il apparut que l'État n'enverrait pas massivement l'armée dans les zones libérées, comme le réclamaient Israël, la France et les États-Unis, et que la délimitation de la frontière avec Israël devenait un problème. La conférence préparatoire des pays donateurs, convoquée au mois de juillet 2000 à Beyrouth pour recueillir les contributions et les aides des pays occidentaux pour la reconstruction des territoires libérés, ne laissa pas de doute sur cette question.

---

27. Le ministre des Finances fut systématiquement mis en minorité lors des débats du Conseil des ministres sur la politique à suivre en la matière, en dépit des nombreuses études transmises aux ministres et autorités concernées montrant l'impact positif d'une acceptation de l'offre sur tous les plans et plus particulièrement celui de la dette publique.

28. Il s'agit notamment d'un projet de décret permettant le soutien des prix des produits agricoles exportés ; d'un projet de loi sur l'usure, inspiré de la loi française la plus récente, modernisant la vieille loi datant des années 1930, et destiné à soulager la pression sur les débiteurs du secteur bancaire ou sur les victimes des usuriers ; d'un projet de loi destiné à favoriser le développement de l'assurance-vie ; d'un projet de loi organisant le contrôle du marché bancaire et financier et séparant le contrôle bancaire de la tutelle du gouverneur de la Banque centrale ; d'une série de baisses de droits de douane sur les intrants et produits semi-finis afin de stimuler la production et l'exportation de produits industriels, baisse étudiée méticuleusement avec les représentants de la Chambre de commerce et d'industrie et de l'Association des industriels, afin d'éviter de porter préjudice à des entreprises libanaises fabricant des intrants industriels ou des produits semi-finis ; enfin, d'une harmonisation générale du tarif douanier et d'une baisse de l'ensemble de la nomenclature à mettre en œuvre avec l'introduction de la TVA prévue pour le début de l'année 2001, ainsi qu'une refonte du code général des douanes suivant le projet présenté par la Coopération technique française et en préparation depuis plus de deux ans.

Le retour de l'ancien Premier ministre et la dégradation de la situation

À tous ces facteurs s'ajouta une amplification exceptionnelle des campagnes médiatiques contre le gouvernement El-Hoss, accusé d'impotence, d'inaction et même de « gestion calamiteuse » par le journal français *Le Monde*. La situation économique fut dépeinte sous les traits les plus noirs, comme si le Liban était transformé en un pays du quart monde en proie à la famine et à la gabegie. La responsabilité de la crise économique, créée par la politique imprudente et légère des précédents gouvernements, fut rejetée entièrement sur le gouvernement El-Hoss, pour une prétendue politique d'austérité et un immobilisme dans l'action gouvernementale qui auraient tué la croissance [29].

Les élections furent une catastrophe, entraînant un raz-de-marée en faveur des listes de Rafic Hariri ou des députés proches de lui dans toutes les régions du pays (en particulier le Nord et la Bekaa) ouvertement soutenues par la Syrie. À Beyrouth, le communautarisme sunnite, stimulé par un appareil redoutablement efficace de quadrillage de la population, financé par Rafic Hariri, aboutissait à écarter de la vie politique tous les leaders sunnites traditionnels, y compris Tamam Salam qui pourtant n'avait pas participé au gouvernement.

Rafic Hariri, revenu aux affaires, annonçait un programme paradoxal, à la fois néo-libéral et keynésien, de relance économique : baisse des impôts, par la baisse généralisée des droits de douane (en particulier sur les produits de luxe) et sans introduction concomitante de la TVA, et augmentation substantielle des dépenses. Le projet de budget de l'année 2001 était revu par le nouveau gouvernement, faisant passer les estimations de déficit de 38 % à 50 % (sans compter les dépenses du Trésor) ; en novembre et décembre, le gouvernement n'hésitait à ouvrir toutes les vannes des dépenses, faisant ainsi passer en deux mois le déficit budgétaire effectif de l'année 2000 de 42 % à 50 % et le déficit global (opérations du Trésor comprises) de 50 % à 56 %.

---

29. Voir la page entière consacrée aux élections libanaises dans *Le Monde* du 6 septembre 2000, où les correspondants du journal donnent l'impression aux lecteurs que le gouvernement El-Hoss, en plus de sa gestion économique « calamiteuse », était inféodé totalement à la Syrie et que le retour de M. Hariri permettrait de desserrer l'étreinte syrienne sur le pays. Ce fut le même son de cloche, d'ailleurs, dans l'*International Herald Tribune*. On verra ma libre opinion, parue le 20 septembre en réponse à cette page du *Monde*, et qui sera un peu perfidement intitulée par la rédaction du journal : « Hélas ! Hariri revient ».

Déjà soumis à rude épreuve par les suites du retrait israélien pour les raisons expliquées ci-dessus, et par le découragement et le pessimisme créés par les campagnes médiatiques de l'empire de presse et de télévision de Rafic Hariri, le marché des changes continuait d'être tendu et le niveau des réserves de change de la Banque centrale baissait régulièrement. Méfiants, beaucoup de déposants, malgré l'emprise de l'activisme médiatique du Premier ministre, convertissaient leurs livres libanaises en dollars, préférant éviter le risque lié à la décision d'augmenter le déficit des finances publiques à titre de relance économique.

Ainsi, les bénéfices de l'ajustement macro-économique réalisé par le gouvernement El-Hoss en 1999 et durant les premiers mois de l'année 2000 étaient dilapidés sans retenue. L'« effet Hariri », qui avait si bien joué en 1992, ne se manifestait plus. L'hémorragie devait se perpétuer sur le marché des changes jusqu'à la fin de l'année 2002. Pour calmer les esprits et le marché, les amis personnels du Premier ministre, en particulier le président de la Banque mondiale et le chef de l'État français [30], se mobiliseront, ainsi que le président de la commission de l'Union européenne, Romano Prodi.

Une conférence, dite « Paris I », organisée à Paris dans la hâte au cours du mois de février 2001, a ainsi été réunie pour obtenir des soutiens financiers au Liban [31]. Ce soutien ne lui a été promis que si le gouvernement abandonnait sa politique économique traditionnelle. Le Premier ministre a été alors obligé de revenir aux mesures d'assainissement financier préparées par le précédent gouvernement, en particulier d'accepter la mise en œuvre de la TVA, dont il

---

30. Est-il besoin de rappeler que les relations franco-libanaises ont connu auparavant un froid notable, le chef de l'État français ayant considéré la mise à l'écart de Rafic Hariri en 1998 par Émile Lahoud presque comme un acte inamical à son égard. Par la suite, les déclarations de Lionel Jospin sur le Hezbollah (qualifié d'organisation « terroriste ») ne devaient pas aider à un réchauffement des relations à travers le Parti socialiste. Sitôt Rafic Hariri revenu aux affaires, les relations franco-libanaises ont repris leurs cours habituel.

31. On doit souligner le caractère exceptionnel de cette réunion tenue à Paris, alors même que le président de la Banque mondiale et Romano Prodi avaient visité le Liban le même mois. Dans aucun des cas de pays en difficulté (Mexique, Argentine, Turquie, pays du Sud-Est asiatique), des réunions au sommet de ce style n'ont eu lieu. Toutefois, aucun organe de presse, français ou libanais, n'a relevé ce caractère d'exception ou ne s'est interrogé sur les causes et les motivations de cet événement. On rappellera que le président de la Banque mondiale, M. Wolfenson, fera à Beyrouth — où il était en principe en visite privée — des déclarations diversement interprétées, en prêchant la nécessité pour le Liban de ne pas vivre au-dessus de ses moyens et d'ajuster ses dépenses à ses recettes, la dette ne pouvant plus être augmentée. Ces déclarations aggravèrent le malaise sur le marché des changes. M. Wolfenson parlera aussi de la nécessité de serrer les rangs politiquement pour soutenir le nouveau gouvernement.

avait toujours contesté l'application et qui rentrera en vigueur rapidement en mars 2002, grâce aux préparatifs du précédent gouvernement qui comptait l'introduire au début de l'année 2001. En attendant ces nouvelles recettes, le nouveau gouvernement a procédé à des augmentations massives de divers impôts indirects et en particulier des taxes sur l'essence. Face à l'assèchement des réserves de change, la Banque centrale, de son côté, a dû imposer des réserves obligatoires sur les dépôts en dollars et s'est efforcée d'attirer des dépôts en devises des banques commerciales en offrant des taux d'intérêt supérieurs de 5 % à 7 % aux taux à l'étranger.

En novembre 2002, grâce aux efforts du président français qui voue à son « ami » le Premier ministre libanais une admiration et une déférence peu communes, une nouvelle réunion se tient à Paris, dite conférence « Paris II », que les États-Unis cette fois soutiennent. Elle décide, pour éviter la catastrophe, d'aider le Liban. L'Arabie saoudite, le Koweït, Oman, Abu-Dhabi, la Malaisie (pour des raisons mystérieuses[32]) et la France acceptent de souscrire, à hauteur de 2,5 milliards, à des bons du Trésor émis en dollars par l'État libanais à 5 % pour une durée de quinze ans. Au Liban, c'est le soulagement : la banqueroute immédiate est évitée à l'État[33]. Les banques libanaises donnent un coup de pouce, en déclarant qu'elles déposeront sans intérêt l'équivalent de 4 milliards de dollars auprès de la Banque centrale[34]. Grâce à ses médias tout-puissants, Rafic Hariri apparaît à nouveau comme le sauveur du pays et fait oublier, non seulement que c'est lui le responsable de la situation catastrophique dans laquelle il se débat, mais qu'il n'a fait qu'augmenter l'endettement du pays, qui atteint désormais plus de 40 milliards de dollars, si l'on prend en compte les dépôts des banques à la Banque centrale.

Tout cela a représenté un temps précieux perdu dans la dynamique de la réforme économique et financière, ouvertement arrêtée et brisée au moment même où elle commençait à porter ses fruits et alors que la sortie du cercle vicieux de l'endettement était une véritable course contre la montre. Trois ans après le changement de gouvernement, la situation financière du Liban s'est

32. Peut-être des relations d'affaires entre le chef de l'État malais Mohammed Mahatir et le Premier ministre libanais ?

33. La presse a annoncé des aides de 4 milliards de dollars, alors que seulement 2,5 milliards avaient été confirmés sous forme de prêts ; on peut comparer ce montant à ce qui aurait pu être obtenu de la transformation du BOT en licence en 2000 (voir ci-dessus, p. 287).

34. La Banque centrale se hâtera, quelques mois plus tard, de compenser ce manque à gagner provisoire des banques par l'émission de certificats de dépôts à taux très élevés.

considérablement dégradée et aucune mesure sérieuse de réforme n'a été entreprise, en dehors de l'introduction de la TVA [35].

Car l'enjeu de la réforme ne peut évidemment pas être de faire de Beyrouth un centre commercial régional, un nouveau Dubaï comme en rêve l'actuel Premier ministre depuis l'époque de son premier gouvernement (octobre 1992), mais bien de trouver les dispositifs institutionnels et incitatifs permettant au Liban de retourner au monde réel de la production et de la productivité, qui seul peut le sauver de la catastrophe économique. Avec ses ressources humaines, hydrauliques et agricoles, il est impensable que l'objectif premier de toute politique économique et financière au Liban ne soit pas de redevenir un centre d'excellence productive au Moyen-Orient. C'est s'aveugler ou vivre dans de dangereuses illusions de penser que le commerce et quelques services touristiques de luxe résoudront la grave crise structurelle, politique, économique et financière dans laquelle le pays se débat depuis la fin de la guerre.

La dette — la plus élevée de tous les pays arabes et sans rapport avec la dimension modeste de l'économie — constitue une épée de Damoclès qui hypothèque sérieusement l'avenir. Si l'économie libanaise a montré durant la guerre, puis au cours de la décennie suivante, une capacité d'adaptation et de survie exceptionnelle, il faudra bien un jour faire face aux réalités.

Il est évidemment dommage que l'expérience de réforme du premier gouvernement du président Lahoud ait avorté. Elle a laissé un goût amer à tous ceux qui pensaient, un peu naïvement, que quelques personnalités intègres dans un gouvernement pouvaient faire une révolution réformatrice et chasser les « marchands du temple », sans que la société tout entière se mobilise pour opérer les changements tant souhaités.

35. On rappellera que M. Hariri, au lieu de transformer les contrats de BOT du téléphone mobile en licence pour soulager la pression sur le Trésor, annulera ces deux contrats, et donc « nationalisera » le secteur, ce qui oblige l'État à payer des compensations aux sociétés exploitantes, dont lui-même ou ses proches et ses alliés sont actionnaires. Le chef de l'État demandera alors que le secteur reste aux mains de l'État pour bénéficier de l'ensemble des revenus des sociétés, M. Hariri s'opposant à lui et se posant comme défenseur de la privatisation, en invoquant aussi la nécessité de respecter les engagements pris lors de la conférence Paris II.

12

La résolution 1559 et le retour au statut d'État tampon

Avec la nouvelle phase de déstabilisation ouverte dans la politique régionale par l'invasion américaine de l'Irak en mars 2003, le Liban va être emporté dans cette tourmente, sans y être le moins du monde préparé. La crise de régime, qui couvait sous les cendres et minait la IIe République issue des accords de Taëf, a alors éclaté au grand jour, cependant que l'opportunisme de la majeure partie de la classe politique libanaise et son peu de souci de la stabilité du pays se sont encore une fois manifestés bruyamment. L'opinion publique, dans beaucoup de ses composantes communautaires, a connu à nouveau une période d'hystérie aveugle, telle que je l'ai décrite pour certaines étapes de la guerre au chapitre 8.

Elle a été largement encouragée par les médias internationaux, sous influences américaine et française, qui ont voulu faire du malheureux Liban un laboratoire de l'installation de la démocratie au Moyen-Orient suivant le schéma d'« instabilité constructive » préconisé par les néo-conservateurs américains au pouvoir à Washington. Mais c'est à la France de Jacques Chirac que revient principalement le déclenchement de cette nouvelle crise.

En 2004 en effet, le président français, qui voue comme on l'a vu une amitié indéfectible au Premier ministre Rafic Hariri, croyant vraisemblablement bien faire en participant à la mise à l'écart du chef de l'État libanais Émile Lahoud, que le Premier ministre ne supportait plus, va être à l'origine d'un nouveau drame libanais. Ce drame est provoqué par l'adoption, le 2 septembre 2004, de la résolution 1559 du Conseil de sécurité des Nations unies — demandant notamment la non-prolongation du mandat présidentiel et le retrait des troupes syriennes du Liban —, dont il a pris l'initiative et dont il avait soumis le projet aux États-Unis dès le mois de juin.

Le jeu français et le coup de tonnerre de la résolution 1559

Une fois encore, les « passions » françaises à l'égard du Liban ont contribué à la déstabilisation du pays. On se souviendra, en effet, de l'expérience malheureuse de la constitution de la Force d'intervention multinationale en 1982 à l'initiative de la France, mais qui sert alors de couverture au retour des États-Unis sur la scène libanaise et se termine par les attentats terroristes sanglants contre les bataillons américains et français de la Force en octobre 1983, ce qui accentue le retour au chaos du Liban. De même, en 1988-1989, la France a soutenu bruyamment la vaine équipée du général Michel Aoun, transformant ce militaire aventureux aux intentions nationales honorables en héros « chrétien » malheureux, à qui elle donnera asile ; du coup, les chances d'une bonne application des accords de Taëf étaient compromises et les factions musulmanes pouvaient se considérer comme victorieuses d'une rébellion chrétienne (voir *supra*, chapitre 5).

À l'automne 2004, tel un coup de tonnerre dans un ciel relativement serein, la résolution 1559 de l'ONU va précipiter à nouveau la déstabilisation du Liban, alors que, depuis l'année 2002, Beyrouth avait retrouvé son rôle de capitale arabe à la faveur du sommet des chefs d'État de la Ligue arabe, au mois de mars. Au mois d'octobre de cette même année, c'est le sommet des chefs d'État francophones qui se tient dans la capitale libanaise. Le chef de l'État français s'est alors rendu au Parlement libanais pour y prononcer un discours dans lequel il a confirmé implicitement le statut du Liban comme protectorat syrien jusqu'au règlement du conflit israélo-arabe [1]. D'ailleurs, Rafic Hariri, redevenu Premier ministre en octobre 2000, avait confirmé dans sa déclaration de politique

1. Voir le texte de ce discours dans le quotidien libanais *L'Orient-Le Jour* du 18 octobre 2002 : « Bien entendu, affirme le président français, la paix [au Moyen-Orient] ne sera globale, juste et durable que si elle inclut le Liban et la Syrie, et si elle apporte une solution équitable à la question des réfugiés palestiniens, une solution qui tienne compte des intérêts du Liban. C'est la position constante de la France. Dans le même temps, l'évolution vers cette paix tant souhaitée permettra au Liban et à la Syrie d'harmoniser leurs relations et de mener à terme le retrait complet des forces syriennes de votre pays, conformément aux accords de Taëf. »

générale au Parlement la nécessité pour les troupes syriennes de rester au Liban[2].

Grâce à la libération du sud du pays, le Liban récupère rapidement son rôle de centre touristique, culturel et même politique du monde arabe. Paradoxalement, les événements dramatiques du 11 septembre 2001 et leurs retombées sur la région vont faciliter ce retour à la normale. En effet, les riches touristes arabes de la péninsule Arabique se détournent des destinations européennes ou américaines, et reviennent en nombre au Liban, où désormais il n'y a plus d'occupation israélienne ni d'opérations militaires. L'année 2004 connaît une saison touristique exceptionnelle, le nombre de visiteurs dépassant un million de personnes, retrouvant pour la première fois le niveau antérieur au déclenchement de la guerre ; la croissance économique, totalement languissante depuis 1998, reprend un peu de couleur, atteignant 4 % du PIB. Les capitaux aussi affluent dans les banques libanaises, fuyant les contrôles internationaux tatillons mis en place pour traquer les circuits de financement des organisations terroristes, souvent en provenance de la péninsule Arabique. En même temps, le dispositif militaire syrien au Liban est allégé : entre 2000 et 2004, le nombre de soldats syriens est réduit de 40 000 à 14 000.

Le seul problème qui agite alors la classe politique libanaise et les ambassades étrangères est celui de l'antipathie entre le chef de l'État et l'incontournable Premier ministre, Rafic Hariri, que nous avons décrite au chapitre précédent. Ce dernier tente par tous les moyens d'éviter une extension ou un renouvellement du mandat du président de la République — limité constitutionnellement à six ans et non renouvelable —, qui échoit en octobre 2004. C'est pourtant une pratique qu'il avait lui-même contribué à forger en 1995, en œuvrant sans relâche pour convaincre la Syrie de le laisser amender la Constitution libanaise afin de prolonger le mandat du président sortant de l'époque, Élias El-Hraoui, ce qui lui fut accordé. Il est vrai que M. El-Hraoui était un admirateur aveugle de M. Hariri, qui se contentait fort bien de jouer les seconds et de s'effacer devant lui. L'extension (exceptionnelle) de son mandat pour trois ans ne créa à l'époque aucun état d'âme dans les chancelleries occidentales.

2. À un député de l'opposition qui protestait contre cette déclaration, M. Hariri répondait avec vivacité que « blâmer la Syrie pour les problèmes du Liban ne correspond pas à la réalité » et qu'il affirmait ceci « uniquement pour rendre justice à la vérité, [...] car sans elle [la Syrie], il aurait été impossible de parvenir à la stabilité » (voir le texte intégral dans le quotidien libanais *Al-Nahar* du 3 novembre 2000). Il s'agit là d'une position constante de M. Hariri, de son premier gouvernement en 1992 jusqu'à son assassinat en février 2005.

Ce ne fut plus le cas en 2004 à l'échéance du mandat du président Émile Lahoud, à qui le Premier ministre avait fait au Liban et dans toutes les capitales arabes et occidentales la réputation d'un homme qui ferait obstacle à son désir ardent de réformer le pays et son économie, obérée par une dette colossale. Pourtant, Rafic Hariri avait été lui-même Premier ministre durant dix ans (1992-1998 et 2000-2004), sans jamais véritablement proposer et mettre en œuvre une réforme drastique de l'administration et des finances du pays [3], ni mener une campagne sérieuse contre la corruption ou arrêter l'engrenage infernal de l'endettement, presque exclusivement dû aux taux d'intérêt outrageusement élevés prélevés par les banques libanaises, avec l'appui de la Banque centrale, sur une dette à l'origine modeste [4]. Durant ces dix années, le Premier ministre n'avait également jamais protesté contre les arrestations de partisans du général Aoun ou de militants des Forces libanaises, ou contre l'augmentation du nombre d'ouvriers syriens permanents ou saisonniers, ou contre la présence des services de renseignements syriens — lui-même visitant très régulièrement le

3. Ce n'est qu'en septembre 2004, à quelques jours de la fin du dernier gouvernement qu'il a présidé, que son ministre des Finances, Fouad Saniora, lui aussi en poste durant les dix ans de règne de Rafic Hariri (et qui deviendra à son tour Premier ministre, en mai 2005), présentera à la presse un projet de budget pour l'année 2005 qui comprenait une série de mesures de réforme hétéroclites, touchant à divers domaines — et qui, sur le plan constitutionnel, ne pouvaient en tout cas relever d'une loi budgétaire.

4. Il est utile de rappeler que le montant de la dette libanaise à la fin de l'année 1992, lorsque Rafic Hariri devint Premier ministre, n'était que de 2,5 milliards de dollars. Par la suite, le déficit cumulé des finances publiques durant la période 1993-2004 n'a pas dépassé le montant de 5,2 milliards de dollars, charge du service de la dette exclue. L'addition de ces deux chiffres nous donne le montant du capital de la dette, soit 7,7 milliards de dollars. Le montant des intérêts payés durant cette période sur ce capital s'est élevé à 39 182 milliards de livres, soit l'équivalent de 25,7 milliards de dollars, représentant 3,3 fois le montant du capital de la dette payé en intérêts sur une période de douze ans…

En réalité, comme nous l'avons mentionné ici (voir *supra*, p. 279), le Trésor public libanais a été contraint par le système bancaire et la Banque centrale de payer un taux d'intérêt moyen durant la période sur la dette de 16,6 %, alors que, dès 1993, l'inflation avait considérablement reculé et avait pratiquement disparu à partir de 1997. Des fortunes colossales se sont faites au Liban par cette gestion d'une dette publique modeste à l'origine. Si la Banque centrale, dirigée depuis 1992 par un proche de Rafic Hariri, qui a géré la dette publique, avait appliqué une structure normale de taux d'intérêt, le montant de cette dette à la fin de l'année 2004 aurait dû être de 20,1 et non de 35,8 milliards de dollars (arriérés de paiement de l'État et dette de la Banque centrale envers les banques commerciales exclus, sans compter plus de deux milliards de bons du Trésor, souscrits par la Banque centrale et annulés par elle en contrepartie des profits comptables réalisés sur le stock d'or, opération tout à fait contestable sur le plan légal). La surfacturation d'intérêts à l'État libanais a donc dépassé 15,7 milliards de dollars durant cette période (voir Georges CORM, *Overcoming the Debt Trap in Lebanon. An Analysis of Debt Mechanism and Scenarios for the Future*, étude non publiée réalisée pour le bureau du vice-Premier ministre libanais, M. Issam Farès, mars 2005).

siège de ces services à Anjar, dans la plaine de la Bekaa, et entretenant des relations étroites avec le général Ghazi Kanaan (aujourd'hui ministre de l'Intérieur en Syrie), chef de ces services.

Plus grave, comme nous l'avons expliqué au chapitre précédent, alors que Rafic Hariri passait pour un pro-occidental « modéré » dans les affaires régionales, c'est-à-dire prêt à normaliser les relations du Liban avec Israël, le président Lahoud avait acquis la réputation d'un « faucon » en politique régionale : il avait soutenu sans réserve et fait soutenir par les services de sécurité — et, plus discrètement, par l'armée — la guérilla du Hezbollah contre l'occupation israélienne, appui qui devait grandement faciliter la victoire de la résistance ; il était convaincu, non sans raison, que le Liban devait rester fidèle à son alliance avec l'axe syro-iranien dans la région, cette situation ayant assuré au pays une stabilité et une sécurité intérieure totale qui lui avaient fait défaut depuis 1969 ; de plus, il avait toujours refusé de céder aux pressions américaines qui exigeaient le désarmement du Hezbollah ou, au moins, son retrait de la frontière avec Israël et le déploiement de l'armée libanaise tout au long de cette frontière. C'est pourquoi Rafic Hariri, étroitement allié à Walid Joumblatt — le redouté chef d'une puissante faction druze qui avait procédé durant la guerre en 1983-1984 au déplacement forcé de presque toute la population chrétienne du Chouf — et au groupe de personnalités maronites dit de Kornet Chehwan, très hostile au chef de l'État, a entrepris une campagne virulente contre le renouvellement ou l'extension du mandat d'Émile Lahoud.

Un rouleau compresseur était ainsi mis en marche, y compris au plan international. En juin 2004, le président français, toujours soucieux de plaire au Premier ministre libanais, son ami de toujours, soumet discrètement à Washington une idée pour le moins originale : faire adopter par le Conseil de sécurité des Nations unies une résolution qui dénoncerait l'éventualité d'une prorogation du mandat du président libanais par le Parlement. L'administration Bush accepte très vite cette proposition : venant d'un opposant déclaré à leur politique dans la région, elle lui apparaît comme une opportunité à saisir pour afficher un bien utile rapprochement franco-américain, d'autant plus que cette initiative peut servir aux États-Unis pour faire avaliser par la communauté internationale certains de leurs objectifs au Proche-Orient[5].

---

5. Ces objectifs ont été très bien exprimés par Robert SATLOFF, *Assessing the Bush Administration's Policy of « Constructive Instability » (Part I) : Lebanon and Syria*, 15 mars 2005 (texte disponible sur le site web de cet institut, proche des milieux conservateurs américains :

Pour Washington, cette résolution « révolutionnaire » peut en effet constituer une très opportune diversion au dérapage de la situation en Irak, où les troupes américaines — et la police irakienne qui coopère avec elles — se heurtent à une résistance toujours plus virulente. Le gouvernement américain considère par ailleurs que la Syrie soutient cette résistance et mène donc une politique anti-américaine pour laquelle elle doit être punie. Les relations syro-américaines avaient déjà pris une mauvaise tournure après l'invasion de l'Irak, ce qui s'était traduit par l'adoption, le 12 décembre 2003, par le Congrès américain d'une loi dite « Syrian Accountability and Lebanese Sovereignty Restoration Act », permettant au président des États-Unis de prendre diverses mesures de boycottage économique de la Syrie ou de saisie des comptes d'organismes officiels syriens.

Cependant, le projet de résolution sur le Liban présenté aux Nations unies constituait une telle immixtion dans les affaires d'un État membre de l'ONU, qu'elle avait besoin pour être acceptée d'un habillage et d'arguments « légitimes ». Aussi, lorsque ce projet est adopté le 2 septembre 2004 par la résolution n° 1559 du Conseil de sécurité [6], non seulement il est demandé au Parlement libanais de ne pas amender la Constitution pour permettre l'extension du mandat présidentiel, mais la résolution exige également le retrait immédiat de toutes les troupes syriennes du Liban, le désarmement du Hezbollah, le déploiement de l'armée libanaise tout au long de la frontière avec Israël, le désarmement des camps palestiniens. La stabilité du Liban est ainsi totalement remise en cause et le pays est jeté à nouveau dans les jeux sauvages de la géopolitique régionale, tout comme il l'avait été à partir du début des années 1970 [7].

<www.washingtoninstitute.org> ; la seconde partie de cette étude est intitulée « Regional Dynamics ») ; mais aussi dans une autre étude du même institut, beaucoup plus ancienne : Daniel Pipes et Ziad Abdelnour, *Ending Syrian Occupation of Lebanon : the US Role. Report of the Lebanon Study Group*, The Washington Institute for Near East Policy, mai 2000 (disponible sur le même site).

6. Avec neuf voix seulement sur quinze, et six abstentions importantes, dont celles de deux membres permanents (Algérie, Brésil, Chine, Russie, Pakistan, Philippines).

7. C'est ce que nous avons exprimé dans une libre opinion parue dans le quotidien *Le Monde* du 14 septembre 2004, sous le titre : « Pourquoi la France change-t-elle d'attitude au Liban ? » Cela nous a valu une campagne de critiques acerbes de la part de certains Libanais, au caractère parfois diffamatoire, parues dans plusieurs grands quotidiens (*Le Monde* en France, qui ne m'a pas accordé de droit de réponse, ainsi que *L'Orient-Le Jour* et *Al-Nahar* au Liban). Avec le recul du temps et les événements survenus depuis, cette libre opinion controversée apparaît comme l'expression du simple bon sens, face à une naïveté assez consternante qui considère les grandes puissances comme des œuvres de charité dans l'ordre international et le Conseil de sécurité de l'ONU comme une organisation modèle disant un

On peut évidemment s'interroger sur les motifs de la France dans cette affaire, car l'amitié étroite liant le président français au Premier ministre libanais ne peut expliquer, à elle seule, une initiative qui bouleverse à ce point le paysage régional [8]. Il est probable que, du côté français, un rapprochement avec Washington, après le froid dans les relations avec les États-Unis dû à la position française sur l'invasion de l'Irak, ait été jugé utile. De plus, le président français a pu croire que cette initiative entraînerait une redistribution des cartes sur le plan de la géopolitique régionale : elle permettrait à la France de réaffirmer son influence décisive sur la Syrie et le Liban, pays ayant relevé de la domination coloniale française autrefois, cependant que les États-Unis se contenteraient de consolider leur monopole d'influence sur l'Irak, la Palestine et la péninsule Arabique [9].

On peut d'ailleurs douter, comme beaucoup de rumeurs ont tenté de l'accréditer, que le Premier ministre libanais ou certains de ses proches aient été une cheville ouvrière de cette résolution. Très lié à Damas, dont il tenait une large partie de son pouvoir, il entretenait alors des liens politiques et d'affaires ainsi que de nombreuses amitiés dans une large partie de la haute nomenklatura syrienne, et ne pouvait se permettre de perdre ces appuis [10]. Même sur le plan international, il était souvent considéré comme un intermédiaire utile avec ce pays, où il exerçait une forte influence. Il n'avait donc aucun intérêt à devenir un ennemi de la Syrie et à saper ainsi les bases de son propre pouvoir ; d'autant que, par caractère, il était un médiateur et un conciliateur, et non un va-t-en-guerre prêt à mettre en péril toute la base locale de son influence et de son pouvoir [11].

---

droit international à l'abri de toute influence des grandes puissances et de leurs intérêts géopolitiques…

8. Voir Georges Corm, « La crise libanaise dans le contexte régional houleux », *Le Monde diplomatique*, avril 2005.

9. Calcul qui se révélera tout à fait erroné, car ce seront désormais les États-Unis qui mèneront le jeu au Liban et non point la France.

10. Beaucoup de rumeurs, parfois reprises par des journalistes libanais et étrangers, ont accrédité la version de menaces physiques proférées par les autorités syriennes à Damas ou leur représentant au Liban à l'égard du Premier ministre. Pour qui connaît l'influence — et souvent même le respect — dont jouissait Rafic Hariri au plus haut niveau de l'État syrien, ces rumeurs apparaissent très fantaisistes. On rappellera aussi qu'en 2000 les autorités syriennes avaient officiellement œuvré pour la déconfiture du gouvernement de Salim El-Hoss et le retour de Rafic Hariri.

11. Le 6 mars 2005, peu après l'assassinat du Premier ministre, le chef du Hezbollah, Sayyed Hussein Nasrallah, révélera d'ailleurs dans une conférence de presse que, depuis l'adoption de la résolution 1 559, Rafic Hariri menait avec lui des discussions secrètes pour tenter d'en limiter les dégâts (révélations confirmées par la famille de Rafic Hariri et par son collaborateur chargé des relations avec le Hezbollah).

L'introuvable gouvernement d'union nationale

Après l'adoption de la résolution onusienne, la tempête se lève sur le Liban et la première victime en sera M. Hariri lui-même. En fait, la diplomatie française — ou plus précisément l'Élysée, tant le Quai d'Orsay a été marginalisé lors de cette crise — paraît ne pas avoir réalisé, pas plus que cela n'avait été le cas lors des épisodes déjà évoqués de 1982-1983 et de 1989-1990, que par cette initiative elle jette dans l'enfer le pays qu'elle prétend si bien aimer.

En effet, la Syrie semblait avoir envisagé un moment de laisser le choix au Parlement libanais de prolonger le mandat du président Lahoud ou d'élire un des nombreux candidats maronites considérés comme des fidèles de l'alliance avec la Syrie. Mais lorsqu'il devient clair que la manœuvre franco-américaine au Conseil de sécurité est sur le point de réussir, elle réagit en décidant de faire adopter par le Parlement, dont la majorité des membres lui sont favorables, l'extension du mandat du président de la République.

Le 26 août 2004, Rafic Hariri se rend à Damas pour rencontrer le président Bachar El-Assad, qui l'a fait venir pour lui signifier cette décision [12]. Le 28 août, le Conseil des ministres approuve un projet de loi, préparé par le Premier ministre, amendant la Constitution pour permettre l'extension du mandat présidentiel pour trois années, et le transmet à la Chambre des députés. Le 3 septembre 2004, soit le lendemain même de l'adoption de la résolution du Conseil de sécurité, la loi est adoptée par quatre-vingt-seize voix pour — dont celles du groupe de Rafic Hariri —, vingt-neuf voix contre et trois absentions [13]. Vu les liens étroits du Premier ministre avec la Syrie, le vote positif des députés de son groupe — à deux exceptions près — s'inscrit dans la logique, contrainte, de la situation.

---

12. Il semble que cette entrevue ait été aussi brève que sèche. Après l'assassinat du Premier ministre, on a beaucoup brodé dans la presse libanaise et internationale sur des menaces proférées à cette occasion par le chef d'État syrien, ainsi que sur une rencontre orageuse qui aurait eu lieu peu après entre M. Hariri et le chef des services de renseignement syriens au Liban, le général Rustom Ghazalé, successeur du général Ghazi Kanaan.

13. En 1995, il n'y avait eu que onze députés pour voter contre l'extension du mandat du précédent président de la République, Élias El-Hraoui. La décision syrienne avait alors été annoncée par une interview donnée par le président Hafez El-Assad au journal égyptien *Al-Ahram*, dans laquelle il affirmait péremptoirement et cyniquement qu'il acceptait le « souhait » des Libanais de voir leur président reconduit pour trois ans. En 2004, sur les vingt-neuf députés ayant voté contre l'extension du mandat d'Émile Lahoud, dix s'étaient prononcés neuf ans plus tôt en faveur de l'extension du mandat d'Élias El-Hraoui, dont Walid Joumblatt et son groupe, ainsi que certains députés du groupe de Kornet Chehwan, figurant désormais parmi les plus hostiles au chef de l'État.

Mais la résolution 1559 a bouleversé la donne habituelle, ouvrant le champ à des ambitions politiques jusque-là réfrénées : le 6 septembre, quatre ministres démissionnent du gouvernement, dont trois du groupe parlementaire de Walid Joumblatt. Le 9 septembre, le Premier ministre annonce la démission de son gouvernement pour le 20 ; mais il entame aussitôt des consultations officieuses pour former un gouvernement d'union nationale avec les membres de l'opposition, suivant les souhaits du président de la République et des partis favorables à la présence syrienne au Liban, dit « camp des loyalistes » — essentiellement composé du Hezbollah, du parti Amal de Nabih Berri (président du Parlement), du Parti national syrien, du Parti phalangiste (qui a basculé dans l'orbite syrienne) et du groupe parlementaire des députés du nord du Liban fidèles à Omar Karamé (sunnite) et à Soleiman Frangié (maronite).

Les partis d'opposition antisyriens, conduits par Walid Joumblatt, se regroupent à partir du 20 septembre dans une coalition dite *Al Lika'al dimokrati* (« La Rencontre démocratique ») [14], qui réclame la démission du chef de l'État. Rafic Hariri, qui n'a toujours pas présenté la démission de son cabinet le 20 septembre, continue de tenter de constituer un gouvernement d'union nationale entre les « opposants » et les « loyalistes » à la Syrie et au président de la République — lesquels ont eux-mêmes constitué une coalition opposée à « La Rencontre démocratique », appelée « Rencontre de Aïn El-Tiné », du nom du somptueux domicile du chef du pouvoir législatif, Nabih Berri.

Mais le 1er octobre 2004, le député et ministre démissionnaire Marwan Hamadé, appartenant au groupe de Walid Joumblatt et proche de Rafic Hariri, fait l'objet d'un attentat à la sortie de son domicile, dont il ressort blessé, tandis que son chauffeur est tué. Les déclarations officielles françaises et américaines se font de plus en plus menaçantes pour la Syrie, et les services de sécurité libanais sont immédiatement mis en accusation pour cette tentative d'assassinat. La tension politique atteint un nouveau sommet et toute possibilité de gouvernement d'union nationale semble écartée.

Le 4 octobre, Rafic Hariri se rend à Damas, sans que rien ne filtre de sa visite ni des personnalités syriennes qu'il a rencontrées. Il remet finalement sa démission au président de la République le 20 octobre, au lendemain d'une déclaration du président du Conseil

14. Ses réunions se tenant à l'Hôtel Bristol à Beyrouth, ses résolutions seront appelées « Bristol 1 » (22 septembre 2004) et « Bristol 2 » (13 décembre).

de sécurité de l'ONU prise à l'unanimité (S/PRST/2004/36), demandant au secrétaire général des Nations unies « d'assister les parties concernées à appliquer la résolution 1559 et d'établir un rapport semestriel sur les phases de cette application ». Les consultations parlementaires que mène le président donnent une majorité de députés favorables à la nomination de M. Omar Karamé — frère du Premier ministre assassiné en 1987, Rachid Karamé, et lui-même ancien Premier ministre (voir *supra*, chapitre 9). Celui-ci forme un gouvernement composé de personnalités dites prosyriennes, mais aussi de plusieurs ministres indépendants qui n'appartiennent pas aux cercles dirigeants (dont trois ministres francophones ayant des relations étroites avec d'importantes institutions économiques ou culturelles françaises). Ce gouvernement n'obtient la confiance du Parlement qu'à une faible majorité de cinquante-neuf voix, face à vingt-neuf contre et vingt abstentions.

Dès sa formation, le gouvernement d'Omar Karamé est l'objet des plus vives attaques de la part des médias locaux et internationaux : il sera qualifié d'incompétent et de « prosyrien », tout comme l'avait été celui de Salim El-Hoss constitué en 1998, dans lequel pourtant seuls trois ministres sur seize devaient leur portefeuille ministériel à des relations étroites avec la nomenklatura syrienne. De fait, sitôt que Rafic Hariri n'était plus au pouvoir dans le système de la IIe République, les médias ont tiré à boulets rouges sur tout gouvernement qu'il n'avait pas constitué.

L'assassinat de Rafic Hariri et les ambiguïtés du « printemps de Beyrouth »

C'est dans ce contexte délétère créé par la résolution 1559, à l'origine d'une vague d'hostilité sans précédent contre la Syrie et le président de la République libanaise, que survient l'assassinat de Rafic Hariri. Le traumatisme provoqué par ce drame va faire exploser toute l'hostilité contenue jusqu'alors à l'égard de la Syrie. Cela se traduira par des manifestations géantes, dont les jeunes Libanais seront le cœur et l'âme. Elles expriment le ras-le-bol de la jeunesse : situation économique et sociale déplorable et absence de débouchés professionnels ; arrestations arbitraires de jeunes militants chrétiens, partisans du général Aoun ou de Samir Geagea, chef des Forces libanaises ; présence des ouvriers syriens dont les bas salaires ont contribué à achever le retrait des Libanais, entamé depuis longtemps, des emplois non qualifiés aux salaires dévalorisés ; invasion des produits agricoles syriens, qui a accéléré le déclin de l'économie rurale, lui aussi engagé de longue date. La Syrie devient ainsi le bouc émissaire de tous les maux du Liban, ce qui permet de disculper instantanément de toute responsabilité dans les malheurs du pays les nouveaux « héros » de la liberté, bien qu'ils aient été les fidèles piliers de l'hégémonie syrienne au Liban et les initiateurs des circuits de corruption [15].

Tous les décors d'un grand drame sont en place lorsque Rafic Hariri est victime d'un attentat terroriste d'envergure en plein cœur de Beyrouth, le 14 février 2005 : il est tué, ainsi que le ministre de l'Économie qui l'accompagnait dans sa voiture [16] et dix-huit passants et membres de sa garde, par une explosion très puissante, déclenchée au moment précis du passage de sa voiture blindée [17]. Une indignation internationale sans précédent, comparée à celle soulevée par l'assassinat d'autres Premiers ministres tels Aldo Moro en Italie (1978) ou Olof Palme en Suède (1986), va encourager la furie à Beyrouth : très vite, des centaines de milliers de jeunes descendent dans la rue dans une organisation parfaite, investissent la place historique des Martyrs où est enterré le Premier ministre assassiné — qui prend bientôt la stature d'un « commandeur » ou d'un marabout (sa tombe située sur la place va devenir un lieu de pèlerinage à caractère quasi religieux). Ils y camperont jusqu'aux élections de l'été et des manifestations grandioses auront lieu sur cette place, qui impressionneront le monde entier tant elles seront vantées par les médias internationaux, accourus dans la capitale libanaise dès l'assassinat du Premier ministre.

En réalité, c'est une dynamique contradictoire de manifestations qui se met en route après l'assassinat de Rafic Hariri. La place des

---

15. C'est le sens de divers articles de presse ou de dossiers (tel celui publié sous le titre « L'économie de l'ombre » par le mensuel économique *Le Commerce du Levant*, n° 5543, avril 2005), qui tentent tous de démontrer que la corruption et la dette sont exclusivement le résultat des pillages syriens, dont la nomenklatura libanaise serait innocente.

16. Il s'agit de Basel Fleihan, un proche du Premier ministre, qui sort vivant de l'attentat, mais affreusement brûlé ; il mourra quelques semaines après dans un hôpital parisien.

17. L'origine de l'explosion a donné lieu à de nombreuses controverses. Selon les membres de la famille Hariri et la coalition d'opposition, la charge explosive aurait été enterrée sous la chaussée et déclenchée au moment du passage de la voiture blindée, ce qui aurait supposé une complicité active des autorités libanaises. Pour les autorités judiciaires, les enquêteurs des organes officiels de sécurité et le ministère de la Justice, il se serait agi d'une voiture piégée, conduite probablement par un commando suicide, et un groupe terroriste islamiste aurait revendiqué l'opération. Le chef de la seconde commission d'enquête de l'ONU (voir ci-dessous) tranchera la question le 17 juin 2004, dans une conférence de presse, en faveur de la thèse de l'État : l'évidence a été apportée par les caméras de surveillance de l'agence de la banque HSBC, située sur le lieu de l'explosion, dont les films montrent clairement un camion blanc évoluant très lentement pour se placer à côté du convoi.

Martyrs sert de lieu de rassemblement permanent aux manifestations antisyriennes regroupant les courants des fidèles du Premier ministre défunt, des Forces libanaises de Samir Geagea, du Courant patriotique libre des partisans du général Aoun, ainsi que les troupes du leader druze Walid Joumblatt et une fraction des communistes libanais ; elle sert de tribune aux leaders de ces courants — réunis depuis septembre 2004, comme on l'a vu, dans l'« opposition » dite Rencontre démocratique —, qui instrumentalisent l'assassinat de Rafic Hariri.

Face à l'ampleur de cette mobilisation, le Hezbollah décide de rappeler aux Libanais et aux médias internationaux le poids de sa présence sur la scène politique. Il appelle à une grande contre-manifestation favorable à la Syrie et qui dénonce la résolution du Conseil de sécurité de l'ONU comme favorable aux intérêts israéliens et américains dans la région. Le 7 mars, la place Riad El-Solh, voisine de celle des Martyrs, sert de lieu de rassemblement à près d'un demi-million de personnes, de courants politiques divers et de toutes les confessions, hostiles à la résolution 1559 et qui entendent maintenir les liens privilégiés avec la Syrie. Le chef du Hezbollah et diverses personnalités politiques y prennent la parole pour dénoncer le « complot » dont est victime le Liban et exprimer leur soutien à la Syrie, aux « sacrifices » qu'elle a faits pour sauvegarder l'unité du pays, arrêter la guerre civile et aider à la libération complète du sud du Liban de l'occupation israélienne.

En riposte, le 14 mars, à l'occasion de la célébration du trentième jour du décès de Rafic Hariri, une contre-manifestation géante est organisée par l'opposition. Alors que la jeunesse chrétienne était jusqu'alors la plus nombreuse à manifester sur la place des Martyrs, on observe ce jour-là — pour répliquer au succès de la manifestation de la semaine précédente, qui avait pris un caractère « chiite » — une mobilisation massive de la communauté sunnite, aux côtés des communautés chrétienne et druze, afin de montrer que la force du nombre n'est pas seulement chez le Hezbollah et les forces politiques dans la communauté chiite ou en dehors d'elle qui l'appuient. Cette manifestation sera présentée comme celle de l'unité nationale retrouvée, permettant la libération du Liban et le retour à la démocratie. Les estimations du nombre de manifestants varieront entre un demi-million et un million, selon la façon dont est photographiée ou filmée la manifestation et l'affinité idéologique des journalistes avec l'un ou l'autre des camps en présence.

Ce « printemps de Beyrouth », qui se veut une répétition de la « Révolution orange » survenue en Ukraine peu de temps auparavant [18], est présenté dans les médias internationaux comme un exemple pour d'autres peuples arabes qui va les inciter à se libérer de toutes les tyrannies. Les États-Unis et la France prendront la tête de la nouvelle croisade en faveur du « rétablissement de la démocratie au Liban » et de sa « libération du joug syrien ».

L'activisme inédit de l'ONU

La multiplication des déclarations du président George W. Bush — entre autres dans plusieurs grands discours, dont le traditionnel message au Congrès sur l'État de l'Union le 2 février, puis les 17, 21 et 22 février 2005, le 4, les 8, 9 et le 15 mars, le 14 et le 18 avril — et de la secrétaire d'État Condoleezza Rice, du président Chirac et de Michel Barnier, ministre français des Affaires étrangères, est impressionnante. Après l'assassinat, ces déclarations deviendront quasi quotidiennes, entretenant la tension au Liban, creusant le clivage entre pro- et anti-occidentaux et aggravant l'état des relations libano-syriennes, devenues déplorables. Ces déclarations lient toutes la libération du Liban du joug syrien à la chute des régimes dictatoriaux arabes et à la guerre implacable contre le terrorisme, la Syrie étant accusée d'alimenter celui qui sévit en Irak et celui qui frappe désormais le Liban. Le ministre des Affaires étrangères israélien y va lui aussi de son couplet deux jours avant l'assassinat de Rafic Hariri, le 12 février, demandant l'application ferme et résolue de la résolution 1559 et dénonçant le Hezbollah comme un acteur majeur sur la scène palestinienne, source de terrorisme à l'instar de tous les groupes dits « radicaux » dans la région [19] ; le 8 mars, il rencontre le secrétaire général des Nations unies pour s'entretenir essentiellement de la ferme application de la résolution 1559.

Sous le poids conjoint des diplomaties française et américaine, les Nations unies déploieront une activité tout à fait exceptionnelle à l'occasion de cette crise libanaise qui permet d'internationaliser le statut du pays. C'est ainsi que l'adoption de la résolution 1559 donnera lieu à un premier rapport du secrétaire général au Conseil de

---

18. Entre novembre 2004 et janvier 2005, dans ce pays, la nomenklatura prorusse est écartée du pouvoir par un mouvement de masse entraîné par une fraction de cette même nomenklatura qui change son fusil d'épaule, avec le soutien de l'Union européenne et des États-Unis. Au Liban, les hommes politiques et les manifestants antisyriens, comme en Ukraine, arboreront une écharpe orange, pour affirmer leur affinité avec cette « révolution » précédée en 2003 de celle des « œillets » en Géorgie.

19. Voir notamment son interview dans *Le Monde*, 12 février 2005.

sécurité sur l'application de la résolution (le 1er octobre 2004, S/2004/777), puis à une déclaration du président de ce Conseil (19 octobre, S/PRST/2004/36) réaffirmant son soutien à l'intégrité territoriale et la souveraineté du Liban et exprimant son inquiétude sur la non-application de la résolution 1559. Le 15 février 2005, une autre déclaration (S/PRST/2005/4) condamne l'attentat terroriste ayant coûté la vie à Rafic Hariri et demande au secrétaire général de suivre très attentivement la situation au Liban et de faire un rapport au Conseil sur les circonstances de cet assassinat. Sur la base de ce rapport, établi le 24 mars, le Conseil de sécurité adopte le 7 avril 2005 la résolution 1595 (S/RES/1595/2005), qui décide la formation d'une commission d'enquête internationale avec laquelle tous les États membres devront coopérer ; le 13 mai Kofi Annan désigne le juge allemand Deltev Mehlis pour présider cette commission.

Le 26 avril, le secrétaire général transmet au Conseil de sécurité son second rapport sur l'application de la résolution 1559 et l'informe que les troupes syriennes ont quitté le Liban (S/2005/272). Le 4 mai, une autre déclaration de la présidence du Conseil demande aux gouvernements libanais et syrien de faciliter la tâche de l'équipe des Nations unies qui doit constater définitivement le retrait de toute présence syrienne au Liban (S/PRST/2005/17) ; mais elle exige aussi l'envoi de l'armée libanaise au sud du Liban et, enfin, félicite le gouvernement pour avoir fixé la date des élections conformément au calendrier constitutionnel et l'enjoint de faire appel à l'assistance internationale pour l'organisation de ces élections. Une nouvelle déclaration du président du Conseil de sécurité est proclamée le 7 juin 2005, suite à l'assassinat du journaliste Samir Kassir (S/PRST/2005/22) ; puis, le 22 juin 2005, une autre se félicite du bon déroulement des élections au Liban (S/PRST/2005/26). Enfin, le 29 juillet 2005, à l'occasion du renouvellement périodique du mandat des forces des Nations unies présentes au sud du Liban (FINUL) depuis l'invasion israélienne de 1978, le Conseil de sécurité, tout en approuvant le renouvellement, exige par la résolution 1614 du gouvernement libanais l'envoi en nombre suffisant de soldats de l'armée libanaise et de gendarmes « sur tout le territoire du sud du Liban... pour exercer son contrôle et avoir le monopole de l'emploi de la force sur tout son territoire et prévenir des attaques du Liban à partir de la Ligne bleue[20] »

20. Il s'agit de la ligne adoptée par les Nations unies comme fronitere entre Israël et le Liban, lors du retrait de l'armée israélienne en 2000 et dont le tracé en plusieurs endroits a été contesté par l'État libanais.

(S/RES/2005/1614) ; en fait, il s'agit de réaffirmer l'un des paragraphes de la résolution 1559 qui demande le désarmement de toutes les milices, ce qui dès l'origine visait le Hezbollah et les armes existant encore dans les camps palestiniens, ce qui met à nouveau la pression sur l'État libanais. On ne connaît guère de pays n'ayant pas enfreint les règles du droit international, ou constitué une menace pour la paix, qui ait jamais fait l'objet en si peu de temps d'une telle activité onusienne...

Par ailleurs, la Syrie, conspuée de toute part et mise sous une pression américano-française et internationale très forte, a retiré ce qui restait de ses troupes au Liban, retrait achevé dès la fin du mois d'avril. Parallèlement, le rapport au secrétaire général de l'ONU de la première commission d'enquête sur l'assassinat du Premier ministre, dirigée par un ancien chef de la police irlandaise, accuse de façon violente et unilatérale la Syrie, les Libanais dits « prosyriens » et les services de sécurité libanais d'être responsables, directement ou indirectement, de ce crime [21]. L'« opposition » à la Syrie et au président de la République, au centre de laquelle se trouvent Walid Joumblatt et les députés du bloc de Rafic Hariri — qui vantaient tant autrefois les mérites de l'hégémonie syrienne —, forte de ce rapport, élève encore plus le ton. La démission du chef de l'État est réclamée avec véhémence, ainsi que celle des responsables des services de sécurité.

Le 20 avril, après des flottements à l'intérieur de la famille Hariri sur la succession politique du Premier ministre assassiné [22], son fils

---

21. Transmis le 24 mars 2005 par Kofi Annan, secrétaire général des Nations unies, aux membres du Conseil de sécurité, ce rapport affirme d'emblée : « Au vu des informations qu'elle a recueillies sur les faits, la Mission a conclu que les services de sécurité libanais et les services de renseignement de l'armée syrienne étaient les premiers responsables de l'insécurité, du manque de protection et du désordre public au Liban » (voir Document S/2005/203, disponible sur le site web des Nations unies, p. 3). Par ailleurs, le puissant chef de la Sûreté générale, le général Jamil El-Sayyed, exaspéré par les accusations répétées de complicité des services de sécurité, tient une conférence de presse le 17 mars 2005, événement tout à fait insolite, dans laquelle il dénonce la corruption et l'ineptie de la classe politique libanaise, en particulier les anciens chefs de milice, responsables de tant de crimes et de vols ; il dénonce aussi les accusations sans preuves lancées par l'opposition et refuse de démissionner sous la pression de ces accusations et tant qu'il n'y a pas un changement d'orientation politique officiel, consacré par un changement de président et de Premier ministre (il présentera cette démission en avril, lorsque est formé le gouvernement de Najib Mikati, voir ci-dessous).

22. Rappelons que sa sœur, Bahia Hariri, députée de la ville de Saïda depuis 1996, avait pris un profil haut durant les événements, notamment lors de la manifestation du 14 mars 2005, où elle avait prononcé un discours programme ménageant beaucoup la Syrie, ce qui lui valut des sifflements de la part des manifestants. Il semble que les problèmes de succession politique entre la sœur du défunt et ses deux fils aînés aient été réglés en Arabie saoudite. Bahia Hariri et l'un de ses frères resté hors de la politique publieront finalement un commu-

Saad est désigné par un communiqué officiel de la famille, publié dans toute la presse libanaise, comme héritier politique de son père. Il part aussitôt à Paris, le 21 avril, rencontrer le président français Jacques Chirac, qui le reçoit avec la même pompe que son père. Le 24 avril, il est aux États-Unis, où il est longuement reçu, en même temps que le prince héritier d'Arabie saoudite, Abdallah, par le vice-président Dick Cheney, cheville ouvrière de la politique américaine au Moyen-Orient.

Mais le Liban s'enfonce bel et bien dans la déstabilisation : en ce printemps 2005, plusieurs voitures piégées explosent dans les quartiers chrétiens ; en juin, sont successivement assassinés le très populaire journaliste francophone Samir Kassir, puis le non moins populaire ancien dirigeant communiste Georges Haoui ; enfin, Élias El-Murr, gendre du président de la République et ministre de la Défense, est blessé le 12 juillet dans l'attentat terroriste qui visait à le tuer.

Élections sous haute tension

Durant cette période, divers attentats individuels visent également des ouvriers syriens (environ une trentaine de morts) ou, plus rarement, dans des incidents isolés à Beyrouth, opposent Libanais chiites et chrétiens, cependant que le risque d'un vide constitutionnel s'accroît. En effet, le gouvernement d'Omar Karamé, qui avait succédé à celui de Rafic Hariri en octobre 2004, démissionne le 28 février 2005, suite à une attaque particulièrement violente au Parlement de la députée Bahia Hariri, sœur du Premier ministre assassiné. Renommé Premier ministre après que la majorité des députés lui eurent donné son appui, il ne parvient pas à former un cabinet d'union nationale, l'opposition refusant toute participation au gouvernement ; il se récuse finalement le 12 avril.

Après des tractations entre l'Arabie saoudite, la France et les États-Unis, le Parlement donne sa confiance à un nouveau Premier ministre, homme d'affaires lui aussi, député et membre de tous les gouvernements depuis 1998, Najib Mikati, par ailleurs ami personnel (et non politique) du président syrien et qui entretient des relations d'affaires avec la nomenklatura de ce pays. Le nouveau

niqué séparé affirmant leur appui à la décision prise par la famille. Le communiqué de la famille ne manquait pas, de plus, de proclamer que les « œuvres sociales » du défunt allaient continuer comme par le passé, sous le patronage de la veuve de Rafic Hariri.

Premier ministre a été, en effet, un actionnaire important de l'une des sociétés de téléphonie mobile du pays aux côtés de France Télécom. L'opposition accepte de participer à ce gouvernement de transition — dont sont écartés cette fois les éléments dits « prosyriens » —, qui doit assurer la bonne tenue des élections législatives, prévues au plus tard en juin 2005, le corps électoral devant être convoqué au moins trois semaines avant l'échéance constitutionnelle. Le ministère de l'Intérieur et celui de la Justice sont confiés à des proches de la famille Hariri. Le 27 avril, le Parlement vote la confiance au nouveau gouvernement par cent dix voix et deux abstentions, sur cent dix-huit présents.

Le seul événement qui change l'atmosphère dans ce printemps de tous les dangers est le retour — triomphal pour ses partisans —, le 7 mai, du général Michel Aoun au Liban après quinze ans d'exil [23]. Celui-ci, plus lucide que les notabilités maronites traditionnelles, tient un discours qui contribue à casser l'hystérie ambiante : il demande de ne plus continuer d'accuser inconsidérément la Syrie, désormais boutée hors du Liban, ou d'accuser le président de la République et les services de sécurité pour tous les attentats et assassinats. Il exige que la lutte contre la corruption soit l'objectif de tout nouveau gouvernement, de même qu'il demande la constitution d'une commission d'enquête pour savoir comment une dette aussi colossale a pu être constituée. Il sème ainsi l'émoi auprès de tous ceux qui ont été les piliers de l'influence syrienne et ont retourné si bien leur veste pour plaire aux États-Unis ; du coup, ils accusent le général de « complicité » avec la Syrie, lui qui en a été la victime principale…

En fait, depuis la résolution 1559, l'influence des ambassadeurs américain et français grandit tous les jours. Ce sont eux qui gouvernent en coulisse, composent de concert avec l'Arabie saoudite le nouveau gouvernement, organisent et fixent la date des élections (refusant tout report, même d'une ou deux semaines, pour amender la loi électorale), font envoyer des missions d'observateurs de l'ONU et de l'Union européenne pour veiller à ce que ces élections consacrent bien la sortie du Liban de l'orbite syrienne et que l'intégralité de la résolution onusienne sera appliquée par le nouveau gouvernement issu des urnes et qui doit être docile.

---

23. Par la suite, l'autre événement qui rompt avec le passé sera la loi d'amnistie votée le 18 juillet par le nouveau Parlement en faveur de Samir Geagea, chef des Forces libanaises emprisonné depuis 1994 et farouchement antisyrien (voir *supra*, p. 230). Pour contrebalancer l'amnistie du chef de cette milice chrétienne, le Parlement vote aussi celle d'islamistes arrêtés dans le cadre de troubles provoqués en 2000 et 2004 au Liban-Nord et dans la Bekaa.

Ces élections auront bien lieu, en mai et juin 2005 [24]. Elles sont organisées au pas de charge, sans même introduire dans la loi électorale de l'année 2000 — totalement décriée et supposée avoir été adoptée sur « ordre » de la Syrie par le gouvernement de Salim El-Hoss — les amendements réclamés par l'opposition et que le précédent gouvernement de M. Omar Karamé avait pourtant acceptés. Elles débutent d'ailleurs fort mal pour la nouvelle démocratie libanaise, la compétition électorale ayant été largement faussée : à Beyrouth, les élections assurent une victoire entière et totale de la liste patronnée par la famille Hariri [25] ; et, au Sud, celle de l'alliance du Hezbollah et du parti Amal [26]. Au Mont-Liban, dans les districts mixtes sur le plan communautaire, l'alliance entre les Forces libanaises de Samir Geagea, Walid Joumblatt, le Hezbollah et les partisans de la famille Hariri donne la victoire complète à l'opposition [27], cependant que dans deux districts très majoritairement chrétiens, les listes du général Aoun sont plébiscitées haut la main, faisant mordre la poussière aux notabilités traditionnelles du rassemblement de Kornet Chehwan.

Aussi, Saad Hariri, désigné héritier de son père Rafic, se mobilise-t-il pour empêcher que soient élus les alliés du général Aoun au Nord ou ses candidats directs dans certaines circonscriptions. Des consignes de vote sont données dans les mosquées, ce qui ne s'était jamais vu jusqu'alors. L'argent pour l'achat des voix coule à flot et Saad Hariri s'installe lui-même dans un hôtel de Tripoli pour la dernière période de la campagne électorale, afin d'en diriger les opérations et de présider aux distributions d'« aides sociales » — brisant ainsi un autre tabou en vertu duquel aucun chef communautaire ne se mêle des opérations électorales dans une région qui n'est pas la sienne. Les observateurs des Nations unies ou de l'Union européenne tournent pudiquement la tête sur les fraudes électorales diverses qui assurent, à Tripoli, la victoire absolue des listes

---

24. Les élections se déroulent sur quatre semaines, chaque dimanche les électeurs d'une région étant appelés au vote, ce qui n'est pas très démocratique puisque les résultats d'une région influencent le vote des autres régions.

25. Neuf des dix-neuf députés de la circonscription de Beyrouth sont d'ailleurs élus d'office, faute de candidats concurrents qui savent qu'ils n'ont aucune chance, dans l'atmosphère créée par l'assassinat, de battre un candidat de la liste Hariri ; déjà aux élections de 2000, comme nous l'avons signalé, toute la liste constituée par Rafic Hariri avait été élue, des candidats totalement inconnus l'emportant contre d'autres candidats aussi prestigieux que Salim El-Hoss.

26. Pour les mêmes raisons qu'à Beyrouth, six députés sur vingt-trois sont ici aussi élus d'office par absence de concurrents.

27. Dans le sous-district électoral du Chouf, région de prédominance de Walid Joumblatt, deux députés sur huit sont élus d'office faute de concurrents.

patronnées par Saad Hariri : les députés chrétiens du rassemblement de Kornet Chehwan y sont tous élus grâce aux voix musulmanes mobilisées en leur faveur, mais la plupart n'obtiennent dans leur propre circonscription qu'un minimum de voix face à l'alliance des aounistes avec l'ancien ministre de l'Intérieur Soleiman Frangié, petit-fils du président Soleiman Frangié, qui, en dépit de sa réputation de « prosyrien », jouit d'une très large popularité.

Le 28 juin, Fouad Saniora, un des plus proches de l'ancien Premier ministre assassiné, qui fut son ministre des Finances durant ses dix ans de règne, est désigné pour former un nouveau gouvernement par cent vingt-six députés sur cent vingt-huit — du jamais vu, même du temps de l'hégémonie syrienne incontestée —, ce qui sera fait le 19 juillet[28]. De son côté, Nabih Berri, président du Parlement depuis les élections de 1992, est réélu à ce poste par quatre-vingt-dix voix pour et trente-sept contre, grâce aux voix de la coalition hétéroclite formée pour les élections entre le groupe Hariri, celui de Walid Joumblatt, le Hezbollah, Amal et les Forces libanaises.

Décidément, la nouvelle démocratie libanaise n'a pas bonne allure : le pays est certes sorti d'une hégémonie déclinante, mais il est retombé dans une autre non moins redoutable, puisqu'il sert désormais d'instrument aux mains d'une diplomatie américaine rêvant de redessiner la carte de toute la région — en particulier en déchaînant sa colère contre la Syrie, accusée de soutenir la résistance irakienne et de créer l'instabilité au Liban.

L'écœurement de beaucoup de Libanais, qui avaient cru à la nouvelle démocratie sur le mode franco-américain, est bien exprimé par un lecteur, et non des moindres, du journal *L'Orient-Le Jour* : « La montagne d'optimisme du 14 mars a donc accouché d'une souris. Tout cela n'empêchera pas les représentants du condominium américano-franco-saoudien qui assure aujourd'hui la gérance de notre pays de nous adresser leurs plus vives félicitations pour ces élections "démocratiques et transparentes". Ne nous y laissons pas prendre. Déparé de sa très folklorique vitrine "démocratique", le Liban d'aujourd'hui n'est pas une démocratie mais une oligarchie, c'est-à-dire un système dans lequel le pouvoir réel est détenu

28. Au vote de confiance au Parlement, le 30 juillet, le gouvernement n'obtiendra cependant que quatre-vingt-douze voix contre quatorze et deux abstentions, les députés du groupe parlementaire du général Aoun s'étant placés dans l'opposition au nouveau gouvernement, après de longues et infructueuses négociations avec Saad Hariri, le nouvel homme fort du Liban, pour entrer dans le gouvernement.

non pas par le peuple souverain mais par un groupe très restreint de personnes, cinq ou six dans le cas libanais : leaders communautaires, féodaux, anciens chefs de milice ou héritiers politiques fortunés [29]… »

Le dramatique aveuglement de la classe politique maronite

Le Liban, qui a souvent constitué dans son histoire, comme on l'a vu, l'exemple parfait d'un « État tampon », retrouve ainsi son rôle d'instrument aux mains des puissances régionales et internationales en lutte pour l'hégémonie et le contrôle de cette région vitale pour l'équilibre du monde. Confié à la Syrie en récompense de son attitude coopérative dans la première guerre du Golfe contre Saddam Hussein, le Liban lui est brusquement arraché en 2005 pour être directement géré par la France et les États-Unis.

Dans cette conjoncture catastrophique, se manifestent à nouveau la dramatique impotence et l'aveuglement de la classe politique maronite. Mais, fait encore plus grave qu'autrefois, c'est le patriarche de la communauté maronite, cardinal de l'Église de Rome, Nasrallah Sfeir, qui descend désormais dans l'arène politique de façon quotidienne. Il rompt de la sorte avec toutes les traditions qui ont maintenu l'Église au-dessus de la politique afin de préserver le prestige du patriarcat maronite et de lui permettre d'intervenir efficacement en cas de crise grave. Les personnalités maronites regroupées dans le rassemblement de Kornet Chehwan, sous le patronage d'un évêque très proche du patriarcat, se placent ainsi en première ligne dans l'appui à la résolution 1559. Elles se mettent ostensiblement au service du tandem constitué par M. Joumblatt et le bloc des députés de Rafic Hariri, et se font confirmer leur légitimité par des visites de plus en plus fréquentes au patriarche maronite.

Durant la crise, ce dernier tient un salon politique quotidien : à la sortie, les membres de l'opposition tiennent devant la presse libanaise et arabe, à qui le patriarcat alloue un espace de presse, les propos les plus incendiaires contre la Syrie, le chef de l'État et les

29. Karim Bitar, *L'Orient-Le Jour*, 28 juin 2005 (l'auteur, ancien élève de l'ENA, est directeur de la rédaction de la revue *L'ENA hors les murs* à Paris). On pourra aussi lire avec profit : Alain Gresh, « Les vieux parrains du nouveau Liban », *Le Monde diplomatique*, juin 2005, ainsi que l'article de Gary C. Gambill, « The Cedar Revolution Slow Death », *National Post Toronto*, 26 juillet 2005.

services de sécurité, accusés de tous les maux du pays — comme si nombre d'entre eux ou leurs alliés du tandem Joumblatt-Hariri n'avaient pas été depuis de longues années les piliers les plus inébranlables de la domination syrienne. Au mois de mars 2005, le patriarche, qui a été déjà été invité à Paris par Jacques Chirac en janvier, est invité aux États-Unis, où il rencontre le président Bush. Lors de ces voyages — qui donneront aux deux dirigeants occidentaux l'occasion de réaffirmer leur nouvelle doctrine sur le Liban et la Syrie —, il fera des déclarations abruptes sur la nécessité de désarmer le Hezbollah pour que tous les Libanais se sentent en sécurité [30]. La seule ligne rouge que le patriarche s'imposera sera sa réticence à exiger une démission forcée du président de la République, que réclament ses ouailles du rassemblement de Kornet Chehwan et leurs alliés.

L'aveuglement traditionnel du club des notabilités de la communauté maronite, que nous avons vu à l'œuvre plusieurs fois dans l'histoire contemporaine du Liban, se manifeste donc à nouveau. On rappellera ici les campagnes de dénigrement menées au début des années 1960 contre le général Fouad Chéhab, qui avait pourtant mis en place un État fort garant de la stabilité de la communauté maronite et de ses bonnes relations avec les communautés musulmanes (voir *supra*, chapitre 4). Il est d'ailleurs frappant de constater qu'après le départ du général Chéhab, sous la présidence de son successeur Charles Hélou, la même campagne hystérique contre les services de sécurité libanais que celle déchaînée au cours des événements dramatiques de l'année 2005 avait été menée par le club des notabilités traditionnelles de toutes les communautés (maronites en tête) ; ces services, tout comme en 2005, furent alors décapités et désorganisés, ce qui ouvrit la porte toute grande aux infiltrations au Liban d'éléments palestiniens armés, fuyant la Jordanie après les événements de « Septembre noir » — épisode qui préparait, comme on l'a vu, la descente aux enfers du pays.

Le choix des notabilités maronites d'appuyer la milice chrétienne des Forces libanaises au détriment de l'État et de l'armée, lors des combats entre cette milice et l'armée sous le

30. Aux États-Unis, le patriarche se prêtera même — événement tout à fait inusité et insolite — à un très long entretien télévisé avec l'animateur de *talk-show* le plus célèbre du Liban sur les antennes de la chaîne libanaise LBC, la plus regardée au Liban et dans le monde arabe. Il y répétera des positions politiques qui sonnent étrangement dans la bouche d'une autorité religieuse aussi éminente, en principe gardienne de la stabilité et de l'intégrité de la communauté maronite et de ses bonnes relations avec les autres communautés religieuses libanaises ainsi qu'avec le monde arabe et musulman.

commandement du général Aoun en 1989-1990, ne sera pas plus heureux pour une élite qui se dit à la recherche d'un État fort assurant la souveraineté du pays. Mais on pourrait rappeler aussi l'appui donné à la politique suicidaire du parti phalangiste et de Camille Chamoun, qui ont fait appel d'abord en 1976 à l'armée syrienne pour mettre en échec la coalition des partis de la gauche libanaise avec certains mouvements palestiniens, puis en 1982 à Israël pour chasser les mouvements armés palestiniens du Liban.

Le même comportement suicidaire est répété en 2005 à l'encontre du général Émile Lahoud, lequel a pourtant tenté de redonner du prestige à la fonction présidentielle revenant traditionnellement à la communauté maronite (après que les amendements constitutionnels issus des accords de Taëf ont considérablement réduit l'autorité de cette fonction) et dont la politique dite « prosyrienne » avait assuré stabilité et sécurité au pays. Un comportement d'autant plus absurde que le leader druze Walid Joumblatt, fin politique, n'a pas tardé pour sa part à opérer un renversement de position — art qu'il manie sans aucun complexe — en affirmant après le retrait des troupes syriennes en avril 2005 que les autres clauses de la résolution du Conseil de sécurité, en particulier le désarmement du Hezbollah, ne concernaient désormais que les Libanais et qu'il n'était pas question de les mettre en application sous la pression internationale[31] : il se donnait ainsi, à moindres frais, un beau rôle de « nationaliste », laissant aux seules notabilités maronites la responsabilité d'une attitude trop complaisante vis-à-vis des États-Unis et de la France en réclamant l'application intégrale de la résolution 1559.

Encore une fois, ces notabilités ont assumé le mauvais rôle en appuyant de façon obtuse toutes les clauses de cette résolution, prenant notamment des positions tranchées sur la question du statut du

31. Ces zigzags peuvent être identifiés à partir des différentes déclarations de Walid Joumblatt : le 22 février 2005 : « Le Hezbollah est une milice redoutable » (*Libération*, Paris) ; le 28 février : « Il est vrai que nous étions opposés à l'occupation de l'Irak par les États-Unis, [...] cependant un nouvel Irak a émergé aujourd'hui » ; le 4 mars 2005 : « Les armes du Hezbollah ne doivent pas être un instrument de la domination syrienne » (*L'Orient-Le Jour*) ; le 14 mars : « Par principe, nous sommes contre la 1559, parce que cette résolution comporte une disposition sur les armes de la Résistance » (*L'Orient-Le Jour*) ; le 16 mars : « Pas de dialogue avec les loyalistes misérables. [...] Je ne comprends plus le Hezbollah » (*L'Orient-Le Jour*) ; le 18 mars : « Nous sommes prêts à rouvrir le dialogue avec le Hezbollah... » (*L'Orient-Le Jour*) ; le 10 juin : « Nous appelons à préserver les armes (du Hezbollah) [...]. Ce qui est une question interne et nous avons refusé la résolution 1559 parce qu'elle est dangereuse pour l'unité du Liban et nous constituons une protection politique pour le Hezbollah [...]. Oui, il y a un appui syrien et iranien (au Hezbollah) et qu'ils en soient remerciés » (interview accordé à *Assafir*, quotidien libanais de langue arabe).

Hezbollah, qui ne les concernait que très marginalement. Elles auraient au moins pu appuyer la position sage du chef de l'État et du ministre des Affaires étrangères, affirmant que le Liban était certes en faveur des actions de l'ONU pour la paix, mais qu'il faudrait que l'ONU et les grandes puissances fassent appliquer l'ensemble des résolutions onusiennes sur les contentieux de la région, dont le contentieux israélo-arabe et israélo-palestinien, pour que le Liban, de son côté, puisse appliquer sans difficultés internes majeures la résolution 1559, qui ne doit pas être séparée des autres résolutions. De plus, pour tout observateur un peu averti des affaires du Moyen-Orient, il est clair que la capacité militaire du Hezbollah au Liban relève d'un problème d'équilibre régional et n'est pas une question interne : les armes du Hezbollah, comme aime à le répéter son chef, ne seront jamais tournées contre des concitoyens libanais. Sur le plan intérieur, par ailleurs, l'influence acquise par le Hezbollah est surtout un problème dans la rivalité sourde entre les communautés chiite et sunnite et ne met pas du tout en cause l'existence des maronites ni leur statut.

Bien plus, la question de l'application de la résolution 1559 a créé un clivage profond dans le pays et les deux formations chiites, Amal et Hezbollah, ont conclu en réaction une alliance étroite pour conserver la prépondérance absolue dans leurs zones d'influence communautaire au Sud et dans la Bekaa, ce qu'elles ont parfaitement réussi lors des élections de juin 2005. En sus, par machiavélisme politique et chacun pour ses raisons, le Hezbollah et le bloc Hariri-Joumblatt se sont associés dans des listes communes au Mont-Liban, ce qui a achevé de priver les maronites de toute chance d'influencer le scrutin électoral dans les circonscriptions électorales à majorité druze ou musulmane (Beyrouth, Baabda, Aley et le Chouf)...

Conclusion

Sortir du cercle vicieux et du statut d'État tampon ?

Nul ne pouvait dire, à l'été 2005, ce que réservait l'avenir au Liban. La France et les États-Unis se sont mis en position difficile : l'application forcée de la résolution 1559 par la continuation de pressions sur les nouvelles autorités issues des élections de 2005, y compris par la menace de ne pas venir au secours de l'économie libanaise de plus en plus sinistrée et endettée, peut entraîner une dislocation du pays. Celui-ci pourrait alors redevenir un foyer de tensions et de déstabilisation, un nouveau vivier de terrorisme venant s'ajouter aux autres foyers purulents dans la région et mettant en échec toute tentative de stabiliser une situation régionale plus que volatile. Dans cette hypothèse — dont on peut se demander parfois si elle ne constitue l'objectif non avoué de l'administration de Bush Jr, toujours en quête d'« instabilité constructive » —, le Hezbollah deviendrait plus actif que jamais, la résolution 1559 ayant eu en définitive un effet boomerang contraire à l'intention franco-américaine initialement affichée.

Dans le cas contraire, si les États-Unis et la France n'insistent plus sur l'application des autres clauses (que le retrait syrien) de la résolution, après avoir tellement vociféré qu'il fallait une application intégrale de toutes ses dispositions, ce sera une perte de prestige certaine pour ces deux puissances dans la région et une victoire du Hezbollah — et donc, indirectement, de l'axe syro-iranien. Il faut ajouter à ce dilemme l'inconsistance et l'opportunisme de la grande majorité des chefs libanais habitués à retourner prestement leur veste suivant la conjoncture. Les ambassadeurs de France et des États-Unis au Liban auront encore beaucoup à faire pour refermer sans dégâts la boîte de Pandore que leurs gouvernements respectifs ont ouverte au Liban…

Le mythe de la démocratie communautaire

Quant aux Libanais, leur guerre de libération n'a pas encore commencé. Il s'agit, en effet, de libérer le pays de sa classe politique inconséquente, produit de la situation historique du Liban comme État tampon dans la région, pour installer enfin des élites non communautaires et non asservies à l'étranger. Jusqu'ici, cette classe politique a toujours trouvé le moyen d'attribuer à d'autres les malheurs qui frappent le Liban, comme si leur communautarisme étroit et leur asservissement aux puissances régionales et internationales n'étaient pour rien dans le maintien du statut du pays comme État tampon. Autrefois, ce furent l'Empire ottoman et la Grande-Bretagne qui furent accusés de tous les maux du Liban ; après l'indépendance, l'Égypte nassérienne sera mise en accusation, puis, dans les années 1970, les Palestiniens ; enfin, au cours des événements récents, ce sera au tour de la Syrie.

Le cercle vicieux dans lequel se débat le Liban depuis son émergence dans l'ordre international est bien celui d'un régime communautaire qui facilite la transformation du pays en État tampon : ce statut produit une culture politique dominante où l'existence même du pays n'est perçue qu'en fonction des intérêts des puissances étrangères, occidentales ou orientales. Cette culture à son tour engendre des idéologies « patriotiques » opposées, nourries par les liens complexes, culturels, économiques et politiques, qu'entretiennent les communautés religieuses, leurs institutions et les familles politiques qui en sont issues, avec ces puissances et leurs ambassadeurs en poste à Beyrouth ou leurs hommes politiques et leurs institutions sociales, culturelles et économiques.

Ces idéologies ont produit le mythe de la démocratie communautaire et consensuelle dont le Liban serait un exemple réussi [1]. Mais en fait, cette démocratie n'a fonctionné que lors des périodes de calme et de stabilité régionale ou lorsque des présidents avisés, tels Fouad Chéhab et avant lui Béchara El-Khoury, avaient réussi de

1. Sur cette question, voir Georges CORM, « Contraintes historiques, régionales et internationales dans le fonctionnement de la démocratie au Liban », conférence prononcée à l'Université du Saint-Esprit à Kaslik, Liban, le 11 mai 2005, et publiée dans *Confluences Méditerranée*, n° 54, été 2005.

façon éphémère à retirer le pays, au moins partiellement, de son statut d'État tampon. Ces présidents ont été en butte à l'hostilité de la classe politique traditionnelle, craignant de perdre les assises de son pouvoir si le pays perdait ce statut. Quant aux puissances étrangères, arabes ou occidentales, elles ne sont pas prêtes elles non plus à lâcher leurs agents d'influence dans les familles politiques libanaises traditionnelles, en particulier dans une conjoncture où les partages d'influence et les ambitions sont plus vifs que jamais au Proche-Orient.

La résolution 1559 a manifestement rendu le Liban à son statut d'État tampon, après cette période intérimaire, décrite dans la troisième partie de l'ouvrage, où ce statut avait été gelé au profit de la consolidation de l'hégémonie syrienne sur le pays. Libéré de cette tutelle, le vieux clivage est aussitôt réapparu : d'un côté, une opinion favorable aux intérêts de l'Occident et qui ne voit pas le danger que constitue pour le Liban la perpétuation du conflit israélo-arabe ; et, de l'autre, une opinion favorable à l'inclusion du pays dans un front de résistance à la politique israélo-américaine dans la région, dont la Syrie et l'Iran restent les deux derniers piliers. Ce clivage n'est pas que libanais d'ailleurs, il traverse profondément toute l'opinion arabe ; mais c'est désormais au Liban, à nouveau déstabilisé, que ce clivage va pouvoir s'exprimer le plus ouvertement, le pays redevenant une scène symbolique forte qui met en scène les déchirements agitant les sociétés arabes, rôle qui a si souvent été le sien dans son histoire contemporaine [2].

Comme par le passé, ce clivage ne recoupe pas exactement celui entre la communauté chrétienne et la communauté musulmane. Mais beaucoup de familles politiques chrétiennes continuent à se faire un devoir de jouer les pro-occidentaux aveugles et les partisans d'une souveraineté théorique absolue, comme si le Liban était une île isolée sur une planète lointaine, hors de tout contexte géopolitique ; attitude d'autant plus dérisoire que la France et les États-Unis, depuis l'adoption de la résolution du Conseil de sécurité, apparaissent bien comme les gestionnaires exclusifs du pays et de sa souveraineté. Cette attitude d'une large partie de la classe politique chrétienne contribue évidemment à masquer d'autres jeux plus subtils et feutrés, notamment la rivalité entre la communauté sunnite et la communauté chiite ; et elle permet aussi à certains hommes politiques des communautés musulmanes qui partagent

2. Voir Georges CORM, « Construire l'avenir », *Le Monde, édition Proche-Orient*, 6 mai 2005.

l'opinion de leurs collègues chrétiens de rester en retrait sur ce problème, voire d'apparaître comme des défenseurs de la ligne favorable au maintien du Hezbollah comme mouvement armé. Ils laissent ainsi à la classe politique chrétienne traditionnelle le rôle de défenseurs uniques des intérêts des puissances occidentales, comme cela avait déjà été le cas au début des années 1970 vis-à-vis de la présence des mouvements armés palestiniens.

Comment quitter le système communautaire ?

Sortir de ce cercle vicieux n'est pas une chose facile. Depuis plus de cent cinquante ans, cette culture politique spécifique, produite par le statut d'État tampon, domine non seulement la classe politique, mais aussi une large partie de la communauté intellectuelle, où se retrouvent les mêmes clivages entre pro- et anti-occidentaux. L'œuvre des personnalités qui ont tenté de produire une autre culture et qui, en règle générale, ont été des participants remarqués et des novateurs de la période de la renaissance arabe, est aujourd'hui oubliée ou marginalisée, au profit d'œuvres et de publications qui consacrent la culture de l'État tampon — que j'avais autrefois qualifiée de « culture de la discorde »[3].

C'est donc un long chemin qui reste à parcourir. Le Liban jusqu'ici a réussi à éviter l'éclatement. Il faut espérer qu'il continuera à le faire, en dépit de la géopolitique tourmentée de la région qui a failli réussir à le démanteler durant les années sombres de la guerre. Mais le prix à payer est toujours très lourd : c'est, en particulier, cette émigration continue des meilleurs de ses fils aux quatre coins du monde, qui affecte particulièrement la démographie déclinante de la communauté chrétienne. L'émigration frappe d'ailleurs l'ensemble des pays arabes, qui vivent toujours plus d'instabilité, de tensions violentes, de guerres et souffrent de performances économiques très faibles qui n'assurent pas les opportunités d'emploi suffisantes aux jeunes générations.

Plus que d'autres, le Liban ne peut se permettre de laisser ce flux migratoire affecter ses équilibres socio-économiques et communautaires fragiles. Pas plus qu'il ne peut laisser les riches ressortissants des pays de la péninsule Arabique continuer d'acheter les plus belles parcelles foncières du pays, transformant petit à petit le

3. Voir Georges CORM, *Le Liban : les guerres de l'Europe et de l'Orient, 1840-1990*, Gallimard, Paris, 1990.

Liban en une annexe de ces États pétroliers, subissant leur influence socio-économique, religieuse et culturelle — ce qui contribue à diluer la spécificité libanaise et enterre le génie de cette belle montagne et de sa côte, aujourd'hui défigurées par l'invasion anarchique et sans goût du béton armé, reflet du désordre politique et d'un déracinement culturel toujours plus prononcé.

Sur ce plan, l'instauration de la IIe République, dominée par la stature puissante de Rafic Hariri, dont toute la fortune matérielle et politique est due à son allégeance à la famille royale saoudienne, porte une très lourde responsabilité. Reste que ce personnage central de la vie politique sous ce nouveau régime fut aimé et admiré d'une grande partie des Libanais, sortis épuisés et désespérés de quinze ans d'une guerre ravageuse et à la recherche d'un nouveau sauveur. Sa disparition, en particulier dans ces circonstances dramatiques et violentes, a été vécue par ses nombreux admirateurs comme le signe d'un impossible retour à la normalité — même si cette normalité n'a plus signifié sous son règne que l'étalage du luxe et de la richesse matérielle, dans le cadre des aspects criards d'une modernité architecturale mal assumée dont la reconstruction du centre historique de la capitale, toujours inachevée quinze ans après la fin de la guerre, était le projet phare.

En ce sens, le Liban ne fait pas exception à ce qui se passe un peu partout dans le monde, dans une conjoncture internationale où les valeurs d'argent et de richesses matérielles sont devenues des critères majeurs de succès. Et où argent, politique, religion et médias sont désormais si étroitement imbriqués, que le retour à d'anciennes valeurs politiques, intellectuelles et morales, fondées sur le respect du bien public et de la citoyenneté républicaine, apparaît comme une utopie hors d'atteinte.

On le voit bien, de quelque côté que l'on aborde aujourd'hui le problème du Proche-Orient, en particulier après l'invasion de l'Irak par les États-Unis, la question du statut des communautés religieuses et ethniques et leur manipulation par les grandes puissances, comme au temps de l'Empire ottoman, reste malheureusement au centre des débats et de la dynamique de terrain, car plus que jamais la partie de l'opinion en faveur d'une démocratie de type laïque est marginalisée par la géopolitique internationale, qui ne veut connaître que les communautés ethniques et religieuses. L'anthropologie coloniale est désormais aussi dominante et prégnante qu'elle a pu l'être au XIXe siècle dans les cercles politiques, académiques et médiatiques. La présence toute-puissante de l'État d'Israël au cœur de la région contribue à cette communautarisation, Israël offrant le modèle même de l'État communautaire.

Les États-Unis seront-ils la puissance impériale qui est appelée à reconstituer au niveau régional, avec l'assistance d'Israël, le système ottoman des *millet* qui s'est refusé jusqu'ici à mourir et dont le Liban est resté le prototype ? C'est dans ce domaine que les Libanais pourraient faire œuvre novatrice, en refusant la logique communautaire qui a prédominé dans leur histoire contemporaine et qui a été à l'origine de toutes les violences et les déstabilisations. Il s'agit d'un défi majeur qui suppose que la pesanteur historique qui les domine soit secouée. Pour cela, il faut penser au cheminement nécessaire pour quitter le système communautaire sans que cela ne déchaîne les peurs et les angoisses que les deux derniers siècles ont gravées dans la psychologie inquiète des Libanais.

Le défi est de taille, mais c'est le seul qui vaille la peine d'être relevé, si les Libanais désirent sortir leur pays de son statut d'État tampon à la souveraineté diminuée ou limitée qui est le sien depuis 1840. Cela implique de sortir de la problématique traditionnelle à travers laquelle la question communautaire est abordée au Liban et dans la région, et dont le présupposé de base est que la communauté religieuse forge exclusivement l'identité et le comportement de ses adhérents ; bien plus, et contre toutes les évidences historiques que nous nous sommes efforcé de mettre en relief, qu'elle homogénéiserait cette identité et les comportements supposés en découler.

Il ne s'agit point, d'ailleurs, d'abolir le communautarisme, ce qui ne peut se faire par un décret politique, mais de créer les conditions dans lesquelles il pourrait cesser d'être le facteur dominant de la vie politique. Dans ce but, il faut procéder à la séparation de l'ordre communautaire et de l'ordre politique, intimement mêlés depuis les fameux arrêtés du haut commissaire français au Liban de 1936, qui sont toujours en vigueur et qui forment la base de l'ordre public libanais. Les communautés religieuses doivent être dotées d'un statut de nature civile et non plus politique. Sur le plan juridique, il ne s'agit donc pas de « supprimer » le confessionnalisme politique, comme le prévoient les accords de Taëf — i.e. par la mise sur pied d'une commission nationale qui doit proposer les phases d'une suppression du régime communautaire sur le plan politique, tout en maintenant intact le système de la multiplicité des statuts personnels qui resteraient d'ordre public. Cela, c'est prendre le problème à l'envers.

Bien au contraire, ce qui est requis, c'est la séparation entre l'ordre communautaire et l'ordre public, les communautés devenant des associations de droit civil et les statuts personnels de chaque communauté un choix individuel. Un statut unifié serait le statut de droit commun, mais chaque Libanais aurait le choix, à sa majorité, de demander que le statut personnel optionnel de sa communauté lui soit appliqué. On quitterait ainsi la logique perverse des arrêtés de 1936 qui rendaient d'ordre public les différents statuts personnels des communautés et qui proposaient un statut unifié, uniquement optionnel, qui n'a, en fait, jamais vu jour. C'est l'adoption de ce statut optionnel qui est aujourd'hui, à tort, la revendication principale de l'opinion laïque au Liban. Celle-ci n'a pas réussi à sortir de la logique juridique perverse qui fait du système communautaire la base de l'ordre public, y compris en matière de statut personnel.

Sur le plan politique, une véritable réforme de ce système ne peut provenir que d'une abolition progressive de la répartition des pouvoirs entre les communautés. L'introduction d'un système de représentation proportionnelle bien conçu, ainsi que l'interdiction de partis politiques n'ayant qu'une base communautaire, de même que l'interdiction pour ces partis de recevoir de l'étranger des dons en argent ou en nature, permettraient de décrisper l'atmosphère politique et obligeraient les partis à tenir compte des différentes sensibilités communautaires et à œuvrer pour les faire évoluer vers des attitudes politiques transcendant les vieux clivages liés à la géopolitique régionale.

Pour les conditions d'accès à la présidence de la République, divers systèmes sont possibles : présidence tournante à la Suisse, ou système à l'américaine avec un président et un vice-président qui seraient élus en tandem en deux étapes. Dans une première étape, au niveau des arrondissements (*kada*), le tandem devrait obtenir un minimum de 20 % des voix dans chaque arrondissement ; dans la seconde étape, au niveau national, les deux tandems ayant obtenu le plus de voix resteraient seuls en lice. On peut aussi imaginer l'institution d'un Sénat ou d'une Chambre des sages qui auraient un certain pouvoir sur des décisions constitutionnelles majeures susceptibles de remettre en cause la nature pluraliste du système politique[4].

Ce qui est important, en tout cas, c'est le pluralisme des opinions et des idéologies qu'assure un système politique et non point une représentativité communautaire où est supposée, de façon tout à fait

4. Sur le contenu de ces différentes propositions, on pourra se reporter, outre à notre article cité *supra* (« Contraintes historiques, régionales et internationales dans le fonctionnement de la démocratie au Liban »), à notre ouvrage en arabe, *Introduction au Liban et aux Libanais*, suivi de *Propositions de réforme*, *op. cit.*, ainsi qu'à notre contribution (« Le système institutionnel libanais ») au colloque organisé au Sénat français par l'Institut français des relations internationales (IFRI), sur *Liban : espoirs et réalités*, les 5 et 6 mai 1986 (publiée dans les actes du colloque, Économica, Paris, 1987).

arbitraire, l'homogénéité des opinions. Pour que les Libanais, les Syriens ou les Irakiens sortent du prisme communautaire, il faut que les règles du jeu politique ne soient plus fondées sur ce présupposé absurde. Ni la dictature laïque à la mode baathiste cachant la prédominance d'un groupe régional et communautaire restreint, ni le communautarisme institué à la libanaise, ni le modèle israélien, ne sont des solutions susceptibles d'assurer la stabilité et la paix au Liban ou ailleurs au Proche-Orient. Il est grand temps de sortir de l'influence pernicieuse que l'anthropologie européenne coloniale autrefois ou celle des États-Unis et d'Israël aujourd'hui ont instituée dans la région, aussi bien que dans le cadre de l'éclatement récent de la Yougoslavie.

C'est évidemment la liberté individuelle qui doit être promue, mais celle-ci, pour s'imposer, a besoin d'une vision de l'État qui assume ses responsabilités sociales et économiques et permet au citoyen de se passer des services multiformes que peut assurer l'allégeance à des chefs communautaires puissants et corrompus. L'idéologie néo-libérale actuelle n'est évidemment pas favorable aux conceptions de l'État « providence » qui veille à ce que les citoyens aient une égalité véritable de chances dans la vie économique et sociale. C'est pourquoi, de notre point de vue, l'idéologie de la globalisation économique coexiste si bien avec les idéologies communautaires et ethniques prétendant faire le bonheur de l'individu en militant pour son « droit à la différence », comme substitut à son droit à l'égalité républicaine.

Sans se cacher la difficulté de l'entreprise, les Libanais pourraient en la matière faire œuvre novatrice. Il faut pour cela que les jeunes faisant des études supérieures, chez eux ou à l'étranger, parviennent à briser le carcan des problématiques stériles autour du communautarisme, plus que jamais hégémonique, voire dictatorial, dans les études et recherches de type académique comme dans les médias. Pour que le Liban accède à une indépendance véritable et cesse d'être le jouet de la géopolitique régionale, il faut, en dépit de tous les obstacles, que ses fils prennent conscience des enjeux véritables des situations qu'ils vivent et cessent d'être captivés et « enchantés » par les mirages des idéologies communautaires, imbriquées dans les jeux de puissance à l'échelle régionale. À défaut de cette prise de conscience, le Liban demeurera un espace de confrontation, feutrée ou ouverte, pacifique ou sanglant, suivant les conjonctures. Il continuera d'être enchaîné à sa vocation d'État tampon qui a fait tant de victimes depuis deux siècles.

Beyrouth, 11 août 2005.

Bibliographie

Ouvrages généraux sur l'histoire du Liban

ABU Husayn, *The View from Istanbul. Ottoman Lebanon and the Druze Emirate*, I. B. Tauris, Londres, 2002.

AKARLI Engin Deniz, *The Long Peace. Ottoman Lebanon, 1861-1920*, I. B. Tauris, Londres, 1993.

ALBORD Maurice, *L'Armée française et les États du Levant 1936-1946*, CNRS Éditions, Paris, 2000.

AL CHIDIAK Tannous, *Akhbar al a'ian fi jabal Lubnan* (Chroniques des notabilités du Mont-Liban), 2 volumes, Dar Nazir Abboud, Beyrouth, 1993.

AL QUATTAR Elias, *Niabat Trablous fi 'ahd al mamalik 1289-1516* (Le gouvernorat de Tripoli à l'époque des Mamelouks, 1289-1516), Publications de l'Université libanaise, Beyrouth, 1998.

AL SAFA Mohammad Jaber, *Tarikh Jabal 'Amel* (Histoire du Jabal 'Amel), Dar el-Nahar, Beyrouth, 1981.

AL SAFADI Ahmad al Khaliqi, *Lubnan fi 'ahd al amir Fakreddine al ma'ani al thani* (Le Liban sous le règne de l'émir Fakhreddine II Al Maan), Publications de l'Université libanaise, Beyrouth, 1969.

AMMOUN Denise, *Histoire du Liban contemporain 1860-1943*, Fayard, Paris, 1997.

BEYDOUN Ahmad, *Identité confessionnelle et temps social chez les historiens libanais contemporains*, Publications de l'Université libanaise, Beyrouth, 1984.

CHAMI Joseph G., *Le Mémorial du Liban*, en trois volumes : *Du Mont-Liban à l'indépendance 1861-1943 ; Le Mandat de Béchara El-Khoury 1943-1952* et *Le Mandat de Camille Chamoun 1952-1958*, édités par les soins de l'auteur à Beyrouth en 2002.

CHAMOUN Camille, *Crise au Moyen-Orient*, Gallimard, Paris, 1963.

CHARLES-ROUX F., *France et chrétiens d'Orient*, Flammarion, Paris, 1939.

CHARTOUNI Charles (dir.), *Histoire, sociétés et pouvoirs aux Proche et Moyen-Orient*, 2 volumes, Geuthner Paris, 2001.

CHEBLI Michel, *Une histoire du Liban à l'époque des émirs (1635-1841)*, Beyrouth, 1955.

— , *Fakhreddine II Maan, Prince du Liban (1572-1635)*, Publications de l'Université libanaise, Beyrouth, 1984.

CHEVALLIER Dominique, *La Société du Mont-Liban à l'époque de la révolution industrielle en Europe*, Paul Geuthner, Paris, 1971.

CHURCHILL Charles, *The Druzes and the Maronites under the Turkish rule from 1840 to 1860*, Bernard Quaritch, Londres, 1862.

COBBAN Helena, *The Making of Modern Lebanon*, Hutchinson, Londres, 1985.

CORM Georges, *Le Proche-Orient éclaté 1956-2003*, Gallimard, coll. « Folio/Histoire », Paris, 2003.

DAHER Mass'oud, *Tarikh Loubnan al ijtimaï 1914-1926* (Histoire sociale du Liban 1914-1926), Dar el Matbouat al sharkia, Beyrouth, 1984.

— , *Loubnan. Al istiqlal, al sigha wal mithak* (Liban : l'indépendance, la formule et le Pacte), Dar el Matbouat al sharkia, Beyrouth, 1984.

DIAB Nasri Antoine, *L'Année du destin. 1948 : Le Liban et Israël face à face*, Édition FMA, Beyrouth, 1993.

EL JISR Bassem, *Fouad Chehab zalika al majhoul* (Fouad Chéhab, cet inconnu), Charikat al matbou'at lil tawzi'wal nashr, Beyrouth, 1988.

EL KHAZEN William, *Les Aspects de la civilisation libanaise sous les Abbassides*, Publications de l'Université libanaise, Beyrouth, 1983.

EL KHOURY Béchara, *Hakaïk loubnania* (Vérités libanaises), 3 volumes, Beyrouth, 1961 ; il s'agit des mémoires de l'ancien président de la République ayant conduit le pays vers l'indépendance, qui sont aussi une belle œuvre littéraire.

EL SAOUDA Youssef, *Tarikh Loubnan al hadari* (Histoire culturelle du Liban), Dar el-Nahar, 2e édition, Beyrouth, 1979.

EL SOLH Raghid, *Lebanon and Arabism, 1936-1945*, I. B. Tauris, 2001.

FARAH Caesar E., *The Politics of Interventionism in Ottoman Lebanon 1830-1861*, I. B. Tauris, Londres, 1999.

FARES Hani, *Al niza'at al taifiat fi tarikh loubnan al hadith* (Les conflits communautaires dans l'histoire contemporaine du Liban), Al ahlia lil nashr wal tawzi', Beyrouth, 1980.

FAWAZ Leila Tarazi, *Merchants and Migrants in Nineteenth Century Beirut*, Harvard University Press, 1983.

FIRRO Kais, *Inventing Lebanon. Nationalism and the State under the Mandate*, I. B. Tauris, Londres, 2002.

GEIGER André, ARTHAUD B., *En Syrie et au Liban*, Grenoble et Paris, 1942.

GOURAUD Philippe, *Le Général Henri Gouraud au Liban et en Syrie, 1919-1923*, L'Harmattan, Paris, 1993.

HAMZE Nadim Nayef, *Al Tannoukhioun, ajdad al mouwahiddin (al drouze) wa dourouhoum fi jabal lubnan* (Les Tannoukhides, ancêtres des druzes et leur rôle au

Mont-Liban), Dar el-Nahar, Beyrouth, 1984.

HITTI Philippe, *Lebanon in History,* Macmillan, Londres, 1967, 3e éd.

ISMAÏL Adel, *Le Liban. Histoire d'un peuple*, Dar el-Makchouf, Beyrouth, 1965.

— , *Azmat al fikr al loubnani fi kitabat tarikh loubnan wa fi tawthikihi* (La crise de la pensée libanaise dans l'écriture de l'histoire du Liban et l'identification de sa documentation), Dar el nashr lil siassa wal tarikh, Beyrouth, 1997.

— , *Histoire du Liban à nos jours*, vol. I, *Le Liban au temps de Fakhr-ed-din (1590-1633)*, Maisonneuve, Paris, 1955, et vol. IV, *Redressement et déclin du féodalisme libanais (1840-1861)*, Beyrouth, 1958.

JALABERT Henri, *Un montagnard contre le pouvoir : Liban 1866*, Dar el-Machrek éditeurs, Beyrouth, 1975.

KALAWOUN Nasser M., *The Struggle for Lebanon. A Modern History of Lebanese-Egyptian Relations*, I. B. Tauris, Londres, 2000.

KARAM Georges Adib, *L'Opinion publique libanaise et la question du Liban (1918-1920)*, Publications de l'Université libanaise, Beyrouth, 1981.

KHALIFE Issam, *Loubnan. Al miah wal houdoud 1916-1975* (Liban : eaux et frontières), Beyrouth, 1996.

— , *Des étapes décisives dans l'histoire du Liban*, Beyrouth, 1997.

— , *Loubnan fi mouwajahat moufawadat al Tasswi'at, Beyrouth* (Le Liban face au défi des négociations de paix), Beyrouth, 2000.

— , *Chamal Loubnan fi al karn al sades 'achar. Jawaneb min al hadarat al madia* (Le Liban nord au XVIe siècle ; aspects de la culture du passé), Beyrouth, 1999.

KHATER Lahd, *'Ahd el Moutassarifin 1861-1918* (L'Époque des Mutasarrif au Liban 1861-1918), Publications de l'Université libanaise, Beyrouth, 1967.

KHOUKY Philip S., *Syria under the French Mandate. The Politics of Arab Nationalism, 1920-1945*, Princeton University Press, Princeton, 1987.

KURI Sami, *Une histoire du Liban à travers les archives des jésuites*, vol. 1 : 1816-1845 ; vol. 2 : *1846-1862*, Dar el-Machrek éditeurs, Beyrouth, 1985.

LABAKI Boutros, *Introduction à l'histoire économique du Liban. Soie et commerce extérieur en fin de période ottomane (1840-1914)*, Publications de l'Université libanaise, Beyrouth, 1984.

LAMY Étienne, *La France du Levant*, Plon, Paris, 1900.

LOHEAC Lyne, *Daoud Ammoun et la création de l'État libanais*, Éditions Klincksiek, Paris, 1978.

LONGRIGG S. H., *Syria and Lebanon under the French Mandate*, Oxford University Press, Oxford, 1957.

MAKKI Mohammed Ali, *Loubnan 635-1516 Min al fath al 'arabi ilal fath al 'osthmani* (Le Liban de la conquête arabe à la conquête ottomane 635-1516), Dar el-Nahar, 1977.

MOURANI Antoine Hamid, *Fi hawiat Loubnan al tarikhiat* (De l'identité historique du Liban), Dar el-Nahar, Beyrouth, 1994.

NANTET Jacques, *Histoire du Liban*, Minuit, Paris, 1963.

NOUJAÏM Paul (M. Jouplain), *Question du Liban, étude d'histoire diplomatique et de droit international*, 2e édition, Beyrouth, 1961.

Ouvrage collectif, *Ismail Adel, Al Mou'arekh, al Bahess, al diplomati, moudawalat haflet al takrim wal nadwa al ilmyat* (Adel Ismaïl, l'historien, le chercheur et le diplomate, études et débats du séminaire scientifique tenu en son honneur), Dar el nashr lil siassa wal tarikh, Beyrouth, 1996.

Ouvrage collectif, *Sour min al 'ahd al phiniqi ila al qarn al 'ichrine* (Tyr, de l'époque phénicienne au XXe siècle), Mountada Sour al thakafi, 1996.

Ouvrage collectif, *Jabat bcharré iban al hokum al outhmani 1516-1918* (La région de Bechrré durant le régime ottoman), Manchourat lijnat joubran al wataniat, Beyrouth, 1998.

O'ZOUX Raymond, *Les États du Levant sous mandat français*, Librairie Larose, Paris, 1931.

SAADE Antoun, *Nouchou'al oumam* (Naissance des nations), Beyrouth, 1976.

— , *Fil Masala al lubnania* (La question libanaise), Dar Fikr lill abhath wal nashr, 1991.

SALIBI Kamal, *Histoire du Liban du XVIIe siècle à nos jours*, traduction Sylvie Bess, Groupe Nawfal Europe Sarl, Paris, 1988.

— , *Une maison aux nombreuses demeures. L'identité libanaise dans le creuset de l'histoire*, traduction Sylvie Bess Ricord, Groupe Naufal Europe Sarl, Paris, 1989.

— , *The Modern History of Lebanon*, Weindenfeld and Nicolson, 1965.

— , *Mountalak tarikh loubnan* (Fondements de l'histoire du Liban), Caravan Book, New York, 1979.

SHAHADI N. et HAFFAR MILLS D. (dir.), *Lebanon. A History of Conflict and Consensus*, The Center for Lebanese Studies et I. B. Tauris & Co, Londres, 1988.

SPAGNOLO John P., *France and Ottoman Empire 1861-1914*, Ithaca Press, Londres, 1977.

TOUMA Toufic, *Paysans et institutions féodales chez les druzes et les maronites du Liban du XVIIIe siècle à 1914*, 2 vol., Publications de l'Université libanaise, Beyrouth, 1971.

VOLNEY, *Voyage en Égypte et en Syrie*, Mouton & Co, Paris, 1959.

WEULERSSE Jacques, *Paysans de Syrie et du Proche-Orient*, Gallimard, Paris, 1948.

YAZBECK Youssef Ibrahim, *Awrak lubnania* (Études libanaises), 3 volumes, Dar el raâd el lubnani, Beyrouth, 1983 (réimpression par l'auteur de la *Revue d'histoire libanaise* entre 1955 et 1957).

— , *Al jouzour al tarikhia lill harb al lubnania* (Les racines historiques de la guerre du Liban), Naufal, Beyrouth, 1993.

ZAMIR Meir, *The Formation of Modern Lebanon*, Cornell University Press, Ithaca, New York, 1985.

Ouvrages sur la vie politique et constitutionnelle

ABI Saab Fares (dir.), *Al lamarkazia al idariat fi loubnan* (La décentralisation administrative au Liban), Al markaz al loubnani lil dirassat, Beyrouth, 1996.

AKL Wassel Said et Honein Riyad, *Michel Zakkour. Hikayat 'isamia wa tarikh hakba* (Récit d'un *self-made man* et histoire d'une époque), Imprimerie catholique, Beyrouth, 1988.

AMIL Mahdi, *L'État confessionnel*, La Brèche, Paris, 1966 (traduit de l'arabe).

ATTIEH Atef, *Al Daoula al moua-jalla. Dirassat fil mou'awwikat noushou al daoulat wal mouj-tama'al madani fi Loubnan* (L'État reporté, études sur les contraintes pesant sur la naissance de l'État et de la société civile), Bissan lil nashr wal tawzi'wal i'lam, Beyrouth, 2000.

CHARTOUNI-DUBARRY May (dir.), *Le Couple syro-libanais dans le processus de paix*, IFRI, Paris, 1998.

CHIHA Michel, *Politique intérieure*, Publications du la Fondation Michel Chiha, Éditions du Trident, Beyrouth, 1953.

CORM Georges, *L'Europe et l'Orient. De la balkanisation à la libanaisation ; histoire d'une modernité inaccomplie*, La Découverte, Paris, 1989 ; nouvelle édition 2002.

— , *Madkhal ila Lubnan wal Lubnaniïn, yalihi iktirahat fil islah* (Introduction au Liban et aux Libanais, suivi de propositions de réforme), Dar el-Jadid, Beyrouth, 1996.

DAIEBES Tanios, *Al watan al sa'ab. Al daoulat al mustahila* (La nation difficile, l'État impossible), entretien entre Karim PAKRADONI et Karim MROUE, Dar el-Jadid, Beyrouth, 1995.

EL KHAZEN Farid, *Al ahzab al siassiat fi Loubnan : houdoud al dimocratia fi al tajriba al hazina* (Les partis politiques au Liban : limites de la démocratie dans l'expérience amère), Al markaz al loubnani lil dirassat, Beyrouth, 2002.

EL MALLAT Wajdi, *Chebli Al Mallat*, Beyrouth, sans date.

FARCHAKH Georges, *Hamid Frangieh wa jamhouriet al istiklal* (Hamid Frangié et la République de l'indépendance), Al mouassa't al arabia lil dirassat wal nashr, Beyrouth, 1997.

FAVIER Agnès (dir.), *Municipalités et pouvoirs locaux*, Les Cahiers du Cermoc, n° 24, 2001.

FREIHA Adel, *L'Armée et l'État au Liban (1945-1980)*, LGDJ, Paris, 1980.

HANF Theodor, MESSARA Antoine et REINSTROM H. (dir.), *La Société de concordance, approche comparative* (actes du symposium organisé par le Goethe-Institut sur « La régulation démocratique des conflits dans les sociétés plurales »), Publications de l'Université libanaise, Beyrouth, 1986.

HOKAYEM Antoine, *La Genèse de la Constitution libanaise de 1926. Le contexte du mandat français, les projets préliminaires, les auteurs, le texte final*, Les Éditions universitaires du Liban, 1996.

ISKANDAR Bachir, *Ilgha al taïfia, dirasa tahlilia wathaïkia li tatowour al taïfia al siassia wa mustaqbal ilghaouha* (L'abolition du confessionnalisme politique. Étude analytique et documentaire de l'évolution du confessionnalisme politique et possibilité future de son abolition), Dar el 'ilm lil malaïn, Beyrouth, 1993.

MENASSA Béchara, *Al doustour al lubnani, Ahkamouhou wa tafsiriha ; al dirisat wal waçaiq al mota'allika bihi* (La Constitution libanaise ; ses dispositions et leur exégèse ; les documents qui s'y rapportent), Beyrouth, 1998.

MESSARA Antoine N., *Le Modèle politique libanais et sa survie Essai sur la classification et l'aménagement d'un système consociatif*, Publications de l'Université libanaise, Beyrouth, 1983.

– , *Le Pacte libanais. Le message d'universalité et ses contraintes*, Librairie orientale, Beyrouth, 1997.

MESSARA Antoine (dir.), *Partis et forces politiques au Liban. Engagement et stratégie de paix et de démocratisation pour demain*, Fondation libanaise pour la paix civile permanente, Beyrouth, 1996.

— , *Bina'al siassat al ijtima'iat fi Loubnan. Al ichkaliat wal takhtit* (Élaboration de la politique sociale au Liban. Problématique et planification), Manchourat al mouassat al loubnaniat lil silm al ahli al daiem, Beyrouth, 1995.

— , *'Ilakat al mouaten bil idarat al 'ama. Namazeg fi al mou'amalat wal 'ilam al idari* (Les relations du citoyen avec l'administration. Étude de cas de formalités et de communication administratives), Manchourat al mouassat al loubnaniat lil silm al ahli al daiem, Beyrouth, 1998.

— , *Mouwaten al ghad. Na'iche ma'an fi moujtama'* (Le citoyen de demain. Vivons ensemble dans la société), Manchourat al mouassat al loubnaniat lil silm al ahli al daiem, Beyrouth, 1998.

— , *Al ahzab wal qiwa al siassiat fi Loubnan. Tajadoud wa iltizam* (Les partis et forces politiques au Liban. Renouvellement et engagement), Manchourat al mouassat al loubnaniat lil silm al ahli al daiem, 1998.

— , *Observatoire de la démocratie au Liban*, Fondation Joseph et Laure Moghaizel en coopération avec l'Union européenne, 2000.

NACCACHE Georges, *Un rêve libanais 1943-1972*, Édition FMA, Beyrouth, 1983.

NASSAR Nassif, *Nahoua moujtam'em jadiden. Mouquadimmat assasiat fi nakd al moujtama'al taïfi* (Vers une nouvelle société. Prolégomènes de base d'une critique de la société communautaire), Dar el Tali'a, Beyrouth, 1981 (4e édition).

RABBATH Edmond, *La Constitution libanaise. Origine, textes et commentaires*, Publications de l'Université libanaise, Beyrouth, 1982.

, *La Formation historique du Liban politique et constitutionnel. Essai de synthèse*, Publications de l'Université libanaise, Beyrouth, 1973.

RIFAAT Hassan Tabet, *Les Libertés publiques en droit positif libanais*, Beyrouth, 1965.

RIZK Charles, *Le Régime politique libanais*, LGDJ, Paris, 1966.

RONDOT Pierre, *Les Institutions politiques du Liban. Des communautés traditionnelles à l'État moderne*, Publications de l'Institut d'études de l'Orient contemporain, réimpression 1989.

SALAM Nawaf, *Mythes et politiques au Liban*, FMA, Beyrouth, 1981.

— , *Aba'ad min al Taief* (Visions sur les accords de Taëf), Dar el-Jadid, Beyrouth, 1998.

— , *La Condition libanaise. Communauté, citoyen, État*, Dar el-Nahar, Beyrouth, 1998.

SCHEMEIL Yves, *Sociologie du système politique libanais*, Université de Grenoble II, 1976.

SLIM Mohsen, *Liwajh al adalat fi Loubnan. Moudakhalat moukhtarat* (Pour la justice au Liban ; interventions choisies), Dar el-Jadid, Beyrouth, 1998.

TAKKIEDINE Sleiman, *Al Kada'fi Loubnan* (La justice au Liban), Dar el-Jadid, Beyrouth, 1996.

Ouvrages sur la IIe République

BAHOUT J. et DOUAYHI C., *La Vie publique au Liban. Expressions et recompositions du politique*, Les Cahiers du Cermoc, n° 18, Beyrouth, 1997.

DAJANI Nabil H., *Disoriented Media in a Fragmented Society : The Lebanese Experience*, AUB, Beyrouth, 1992.

EDDÉ Henri, *Le Liban d'où je viens*, Buchet-Chastel, Paris, 1997.

EL-HOSS Salim, *Lil hakikat wal tarikh. Tajarob al Hokm ma bain 1998 wa 2000* (Pour la vérité et l'histoire. Mon expérience du pouvoir entre 1998 et 2000), Charikat al matbou'at lil tawzi'wal nashr, Beyrouth, 2001.

FEGHALI Antoine, *Al intikhabat al niabia 1996, moashirat wa nataij* (Les élections de 1996 ; indicateurs et résultats), Beyrouth, 1996.

HUYBRECHTS Éric, Douayhi Chawqi (dir.), *Reconstruction et réconciliation au Liban, négociations, lieux publics, renouement du lien social*, Les Cahiers du Cermoc, n° 23, 1999.

KARAM Issam, *Khanoun al charikat al 'akariat. Al noussous al tachri'iat wal tamzimiat. Mounakachat majless al nouab wal lijan al mouchtarakat* (La loi sur la société foncière. Les textes et règlementations. Les délibérations de la Chambre des députés et des commissions conjointes), Charikat al matbou'at lil tawzi'wal nashr, Beyrouth, 1994.

KARAM Naji, *Beyrouth, l'histoire qu'on assassine*, Beyrouth, 1996.

KIWAN Fadia (dir.), *Le Liban aujourd'hui*, CNRS Éditions, Paris, 1993.

— , *La Vie publique au Liban. Expressions et recompositions du politique*, Les Cahiers du Cermoc, n° 18, Beyrouth, 1997.

MANSOUR Albert, *Al inkilab ala al taief* (Le coup d'État contre les accords de Taëf), Dar el-Jadid, Beyrouth, 1993.

MENASSA Béchara, *Constitution libanaise. Textes et commentaires et accords de Taëf*, Les Éditions l'Orient, Beyrouth, 1995.

NABA René, *Rafic Hariri. Un homme d'affaires Premier ministre*, L'Harmattan, Paris, 1999.

Ouvrage collectif, *Al Intikhabat al baladia fi Lubnan, 1998. Mikhad al dimoucratia fi bina al moujtama'at al mahallia* (Les élections municipales au Liban, 1998. Naissance de la démocratie locale), LCPS, Beyrouth, 1999.

Ouvrage collectif, *Al intikhabat al niabia fi loubnan 2000 bain al i'ada wal taghiir* (Les élections parlementaires au Liban, 2000, entre la reproduction et le changement), Al markaz al loubnani lil dirassat, Beyrouth, 2002.

Ouvrage collectif, *Al 'amal al baladi fi loubnan. Dirassat maidaniat wa taqiim lil tajroubat* (L'action municipale au Liban. Études de terrain et bilan de l'expérience), Al markaz al loubnani lil dirassat. Beyrouth, 2002.

Ouvrage collectif, *Al 'oubour ila al dawlat min al mou'anat il al mouatinyat, Al mouassassa al loubnaniat lil silm al ahli al daiem*, Beyrouth, 1992.

SALEM Paul (dir.), *Al Intikhabat al loubania 1996 wa azmat al dimocratia fi Loubnan* (Les élections de 1996 et la crise de la démocratie libanaise), Al markaz al loubnani lil dirassat, Beyrouth, 1998.

SAMAHA Joseph, *Qada'la Qadar. Fi akhla'al Joumhouriat al thania* (Une nécessité mais non un nasard, Des mœurs de la IIe République), Dar el-Jadid, Beyrouth, 1996.

WAKIM Najah, *Al aiadi al soud*, Charikat al matbou'at lil tawzi'wal nashr, Beyrouth, 12e édition, 1998.

Ouvrages sur les communautés libanaises

AJAMI Fouad, *The Vanished Imam. Musa al Sadr and the Shia of Lebanon*, I. B. Tauris, Londres, 1986.

AOUAD Ibrahim, *Le Droit privé des maronites au temps des émirs Chéhab (1697-1841)*, Paul Geuthner, Paris, 1998.

ATALLAH Élias, *Le Synode libanais de 1736, son influence sur la restructuration de l'Église maronite*, 2 volumes, CERO/Letouzey et Ané, Paris, 2002.

AYYACHE Ghassan, *Majma'al louwayzé 1736* (Le concile de Louwayzé), Al markaz al watani lil ma'loumat wal dirassat, Beyrouth, 1991.

BENEDICTY Robert, *Société civile et communauté religieuse. Expérience culturelle d'un village chrétien dans la société arabe contemporaine*, Faculté des lettres et des sciences humaines, Dar el-Machrek, Beyrouth, 1986.

CHAHINE Fouad, *Al Taifiat fi loubnan. Hadiriha wa jouzourouha al tarikhiat wal ijtima'iat* (Le confessionnalisme au Liban dans son actualité et ses racines historiques et sociales), Dar el Hadatha, Beyrouth, 2e édition, 1986.

CHARARA Waddah, *Al oumma al qaliqa. Al 'amiloun wal assabia al 'amiliat ala 'atbat al daoula al loubania* (La nation inquiète ; les habitants du Jabel 'Amel et leur *'assabia* au seuil de l'avènement de l'État libanais), Dar el-Nahar, Beyrouth, 1996.

CORM Georges, *Contribution à l'étude des sociétés multi-confessionnelles. Effets socio-juridiques et politiques du pluralisme religieux*, LGDJ, Paris, 1971 (réédité sous le titre *Histoire du pluralisme religieux dans le Bassin méditerranéen*, Geuthner, Paris, 1998).

DAGHER Georges, *Identités composées au Liban. La radicalisation communautaire au XIXe siècle*, Geuthner, Paris, 1999.

DAOU Boutros, père, *Tarikh al Maouarinat al Dini wal siassi wal hadari. Min Mar Maroun ila Mar Youhanna Maroun (325-700)* (Histoire religieuse, politique et culturelle des maronites ; de saint Maron à saint Jean Maron), 2 volumes, Dar el-Nahar, Beyrouth, 1970.

DE BAR Luc-Henri, *Les Communautés confessionnelles au Liban*, Éditions Recherche sur les civilisations, Paris, 1983.

DE SACY Sylvestre, *Religion des druzes*, 2 volumes, Librairie Orient édition, Paris, 1964.

DIB Pierre, *Histoire des maronites*, 3 volumes, tome I : *Histoire de l'Église maronite* ; tome II : *Les maronites sous les Ottomans, histoire civile d'après les principaux témoins contemporains* ; tome III : *L'Église maronite du XVIe siècle à nos jours*, Librairie orientale, Beyrouth, 2001.

EL HACHEM Bassam, *Introduction à l'étude de la religion et de la sécularisation*, Publications de l'Université libanaise, Beyrouth, 1984.

GEMAYEL Nasser, *Les Échanges culturels entre les maronites et l'Europe, du Collège maronite de Rome (1584) au collège de 'Ain-Warqa*, Beyrouth, 1984.

JABRE Jamil, *Al 'allama al batriark Mar Istphan al Douaihy. Majd Loubnan wal mawarinat* (Le patriarche Mar Stephan Al Douaihi, savant et gloire du Liban et des maronites), Manarat min Loubnan, Beyrouth, 2002.

MAHFOUZ Youssef, père, *Moukhtassar Tarikh al Rahbaniat al loubnaniat al Marouniat* (Précis d'histoire de l'ordre des moines libanais maronites), Éditions Aourak Rahbaniat, Kaslik, Liban, 1969.

MANSOUR Albert, *Kadr al massihiïn al'arab wa khiarihom* (Le destin des chrétiens arabes et leurs choix), Dar el-Jadid, Beyrouth, 1995.

MERVIN Sabrina, *Un réformisme chiite. Ulémas et lettrés du Gabal 'Amil (actuel Liban-Sud) de la fin de l'Empire ottoman à l'indépendance du Liban*, Khartala-Cermoc-IFEAD, 2000.

MOOSA Matti, *The Maronites in History*, Syracuse University Press, 1986.

MOUBARAK Yoakim, *Maronites au présent. Libres approches d'un aggiornamento*, Libanica III, Cariscript, Paris, 1991 (texte publié sous le pseudonyme de Abbé Youssef Samya).

NORTON Augustus Richard, *Amal and the Shi'a. Struggle for the Soul of Lebanon*, University of Texas Press, 1987.

SALHAB Nasri, *La France et les maronites*, Dar el-Machrek éditeurs, Beyrouth, 1997.

SICKING Tom, *Religions et développement : étude comparée de deux villages libanais*, Université Saint-Joseph, Faculté des lettres et sciences humaines, Dar el-Machrek éditeurs, Beyrouth, 1984.

VALOGNES Jean-Pierre, *Vie et mort des chrétiens d'Orient. Des origines à nos jours*, Fayard, Paris, 1994.

VAN LEEUWEN Richard, *Notables and Clergy in Mount Lebanon : the Khazin Sheikh and the Maronite church (1736-1840)*, Institute for Near Eastern and Islamic Studies, University of Amsterdam, 1992.

Ouvrages ayant un caractère documentaire

La Revue phénicienne, Dar An Nahar, Beyrouth, 1919.

Les Années cénacle, Dar an Nahar, Beyrouth, 1997.

CORM Charles, *La Montagne inspirée. Trois étapes de la vie du Liban* (Chanson de geste), Éditions de la *Revue phénicienne*, Beyrouth, 1964.

EL RIHANI Amin, *Qualb Loubnan, siahat saghira fi jibalina wa tarikhina* (Le cœur du Liban, petites promenades dans nos montagnes et notre histoire), Dar el Rihani lill tiba'at wal nashr, Beyrouth, 1965.

GHANEM Chukri, *Écrits politiques. Œuvres complètes*, Éditions Dar el-Nahar, Beyrouth, 1994.

KHOURY Gérard, *Mémoire de l'aube. Chroniques libanaises*, Publisud, Paris, 1987.

LATOUR Augustin Dupré et NACHABE Hicham (dir.), *Al bayanat al massihiat wal islamiat al mouchtarakat min 1945 ila 1992* (Les communiqués islamo-chrétiens de 1945 à 1992), Dar el-Machrek, Beyrouth, 1995.

Mission Irfed-Liban, *Besoins et possibilités de développement du Liban*, 3 vol., publiés par le ministère du Plan de la République libanaise, Beyrouth, 1960-1961.

MOUBARAK Yoakim, *Pentalogie antiochienne. Domaine maronite*, 5 vol., Éditions le Cénacle libanais, Beyrouth, 1984.

Ouvrage collectif, *Les Chrétiens du monde arabe* (préface de Pierre Rondot), Maisonneuve et Larose, Paris, 1989.

Ouvrage collectif, *'Ahd el Nadoua el loubnan* (Les années Cénacle), Éditions Dar el-Nahar, Beyrouth, 1997.

Ouvrage collectif, *La Nouvelle Société libanaise dans la perception des Fa'aliyat (Decision-Makers) des communautés chrétiennes*, Bibliothèque de l'université Saint-Esprit, Kaslik-Liban, 1984, 3 vol.

Ouvrage collectif, *Al 'ilakat al loubnania al souria. Mouhawala takwimia* (Les relations libano-syriennes. Essai d'un bilan), actes d'un colloque organisé par le Mouvement culturel d'Antélias en novembre 2000, Mouvement culturel d'Antélias, Antélias, 2001.

SALIBA Maurice, *Index Libanicus, Paulist Press, Jounieh, Liban, 1979, 1982, 1987, 2002* (index de tous les écrits sur le Liban en langue française).

Ouvrages sur l'économie et la société libanaises

Al awda'a al maïchia lill ousar fi'am 1997 (*Enquête sur les niveaux de vie des ménages en 1997*), *Études statistiques*, n° 9, février 1998, Administration centrale de la statistique, Beyrouth.

Budget des ménages en 1997, 2 volumes, *Études statistiques*, n° 13, février 1999, Administration centrale de la statistique, Beyrouth.

Kharitat ahwal al maïcha fi Loubnan (La carte des niveaux de vie de vie au Liban), PNUD (Programme des Nations unies pour le développement), Beyrouth, 1998.

Le Liban face à son développement, Institut de formation en vue du développement, Beyrouth, 1963.

ABDEL Nour Antoine, *Tijarat Saida ma'al gharb min mountassaf al karn al sabe'achar ila awakher al karn al thamen achar* (Le commerce de la ville de Saïda avec l'Occident du milieu du XVIIe siècle à la fin du XVIIIe siècle), Publications de l'Université libanaise, Beyrouth, 1987.

ABOU El-Rousse Slim Souad, *Le Métayage et l'impôt au Mont-Liban. XVIIIe et XIXe siècles*, Dar el-Machrek, Beyrouth, 1987.

ARNAUD Jean-Luc (dir.), *Beyrouth, Grand Beyrouth*, Les Cahiers du Cermoc, n° 16, Beyrouth, 1997.

ATTIEH Abdallah, *Makhater al ajz wal dain al a'am ala al istiklal wal houriat fi loubnan* (Les dangers du déficit et de la dette publique sur l'indépendance et les libertés au Liban), Dar el-Jadid, Beyrouth, 1998.

BASSHUR Munir (dir.), *The State and Education in Lebanon*, Lebanese Association for Educational Studies, Beyrouth, 1999.

CHAMMAS Nicolas, *L'Avenir socio-économique du Liban en questions. Éléments de réponse*, Harvard Business School-Club of Lebanon, Beyrouth, 1995.

CHIHA Michel, *Propos d'économie libanaise*, Publications de la Fondation Michel Chiha, Éditions du Trident, Beyrouth, 1953.

CORM Georges, *Al 'imar wal maslaha al 'ama. Fi iqtissad ma ba'da al harb wa siassatouhou* (La reconstruction et l'intérêt public. De l'économie politique de l'après-guerre), Dar el-Jadid, Beyrouth, 1996.

— , *Al Foursa al da'ia fil islah al mali fi Lubnan* (L'opportunité perdue de la réforme financière au Liban), Charikat al matbou'at lil tawzi'wal nashr, Beyrouth, 2001.

— , *Politique économique et planification au Liban, 1954-1964*, Imprimerie universelle, Beyrouth, 1964.

DAGHER Albert, *L'État et l'économie au Liban, action gouvernementale et finances publiques de l'indépendance à 1975*, Les Cahiers du Cermoc, n° 12, Beyrouth, 1995.

DAVIE May, *Beyrouth et ses faubourgs (1840-1940). Une intégration inachevée*, Les Cahiers du Cermoc, n° 15, Beyrouth, 1996.

DUBAR Claude, NASR Salim, *Les Classes sociales au Liban*, Cahiers de la Fondation nationale de sciences politiques, Paris, n° 204, 1976.

EL-CHAHAL Adnan, *Mouchkilat al naft fi Loubnan wa ghiab al siassat al naftiah* (Problèmes pétroliers au Liban et absence de politique pétrolière), Manchourat Jrous Pers, 1998.

EL-NATOUR Souheil M., *Les Palestiniens du Liban. La situation sociale, économique et juridique*, traduit par Lionel Donadieu, Dar Al Taqqadom al-Arabi, Beyrouth, 1993.

EL-ZOUGHBI Habib, *Loubnan, Tarikh al nouhoud* (Liban : histoire d'une renaissance), Dar el-Nahar, Beyrouth, 2001.

FA'OUR Ali, *Beyrouth (1975-1990) Al tahaoulat al dimougraphia wal ijtima'ia wal iktisadiat* (Beyrouth : les transformations démographiques et sociales, 1975-1990), Al mouassassat al joughrafiat, Beyrouth, 1991.

GATES Caroline L., *The Merchant Republic of Lebanon. Rise of an Open Economy*, The Center for Lebanese Studies et I. B. Tauris Publishers, Londres, 1998.

GILSENAN Michael, *Lords of the Lebanese Marches. Violence and Narrative in an Arab Society*, I. B. Taurus, Londres, 1977.

HOURANI A. et SCHEHADI N. (dir.), *The Lebanese in the World. A Century of Emigration*, Center for Lebanese Studies et I. B. Tauris, Londres, 1992.

KASPARIAN Choghig et AMMAR Walid, *L'Enquête nationale sur les dépenses et l'utilisation des services de santé par les ménages 1999*, ministère de la Santé publique, Beyrouth, octobre 2001.

KASPARIAN Choghig, *L'Entrée des jeunes Libanais dans la vie active et l'émigration*, 3 volumes (*I. La population libanaise et ses caractéristiques ; II. L'insertion professionelle des jeunes ; III. Les Libanais émigrés depuis 1975*), enquête réalisée par l'Université Saint-Joseph, Presses de l'Université Saint-Joseph, Beyrouth, 2003.

KHALAF S. et KHOURY Philip S. (dir.), *Recovering Beirut. Urban Design and Postwar Reconstruction*, E. J. Brill, Leiden, 1993.

MENASSA Gabriel, *Plan de reconstruction de l'économie libanaise et réforme de l'État*, Éditions de la Société libanaise d'économie politique, Beyrouth, 1946.

SAADEH Safia Antoun, *The Social Structure of Lebanon. Democracy or Servitude*, Éditions Dar el-Nahar, 1993.

SAFA Élie, *L'Émigration libanaise*, USJ, Beyrouth, 1960.

SKAFF Philippe, *La République du béton*, Dar el-Nahar, Beyrouth, 2002.

STETIE Salah, *Liban pluriel, essai sur une culture conviviale*, Naufal, Beyrouth, 1994.

TABET Jacques (dir.), *Reconstruction of War-Torn Cities*, Université libano-américaine, Beyrouth, 1997.

TOUMA Toufic, *Un village de montagne au Liban, Hadeth El-Jobbeh*, Mouton, La Haye, 1958.

YEHIA Mounir, *Al kahraba fi Lubnan : tahadiat wa afak* (L'électricité au Liban : défis et perspectives), Al markaz a. loubnani lil dirassat, Beyrouth, 1999.

Ouvrages sur la guerre

ABOUHABIB Abdallah, *Al Daou al asfar* (Le feu orange), Charikat al matbou'at lil tawzi'wal nashr, Beyrouth, 1991 (mémoires de l'ambassadeur libanais à Washington durant la dernière période de la guerre).

ABOUKHALIL Joseph, *Kissat al mawarina fil harb* (Le problème des maronites durant la guerre), Charikat al matbou'at lil tawzi'wal nashr, Beyrouth, 1990.

ABUL-HUSN Latif, *The Lebanese Conflict. Looking Inward*, Lynne Rienner Publishers, Boulder, Londres, 1998.

ASSOCIATION INTERNATIONALE DES JURISTES DÉMOCRATES/UNION DES JURISTES PALESTINIENS, *Livre blanc sur l'agression israélienne au Liban*, Publisud, Paris, 1983.

BAGUET G., HALLAQ B., JONDOT M., *Lumières sur Saïda*, Desclée de Brouwer, Paris, 1994.

BALTA Paul et CORM Georges (dir.), *L'Avenir du Liban dans le contexte régional et international*, Les Éditions ouvrières/EDI, Paris, 1990.

BARAKAT Halim (dir.), *Toward a Viable Lebanon*, Croom Helm, Londres, 1988.

BASHIR Georges, ABI AKL Philippe, MOUBARAK Fawzi, *Oumara'al tawaeif min Genève ila Lausanne* (Les seigneurs des communautés ; de Genève à Lausanne), Wikalat al Arabia al markaziat, Beyrouth (sans date).

BECHARA Souha, *Résistante*, Jean-Claude Lattès, Paris, 2000.

BENASSAR B., *Anatomie d'une guerre et d'une occupation. Événements du Liban de 1975 à 1978*, Galilée, Paris, 1978.

BLANC Paul, *Le Liban entre la guerre et l'oubli*, L'Harmattan, Paris, 1992.

BOURGI Albert et WEISS Pierre, *Les Complots libanais. Guerre ou paix au Proche-Orient*, Berger-Levrault, Paris, 1978.

CHAMOUN Camille, *Crise au Liban*, FMA, Beyrouth, 1977.

CHAMOUN Tracy, *Au nom du père*, Jean-Claude Lattès, Paris, 1992.

CHAMUSSI René, *Chronique d'une guerre : Liban 1975-1977*, Desclée de Brouwer, Paris, 1978.

COLLINGS Deirdre (dir.), *Peace for Lebanon. From War to Reconstruction*, Boulder, Londres, 1994.

DAGHER Carole, *Les Paris du Général*, FMA, Beyrouth, 1992.

DIB Kamal, *Thaman al dam wal damar. Al ta'widat al moustahaqa li Loubnan natijat al 'itida'at al israiliat* (Le prix du sang et des destructions. Les indemnités dues au Liban du fait des agressions israéliennes), Charikat al matbou'at lil tawzi'wal nashr, Beyrouth, 2001.

DIB Youssef, *Al ihtilal al isarïli li janoub loubnan. Youmiat-waçaïk* (L'occupation israélienne du sud du Liban. Chroniques et documents), Dar 'alam al fikr, Beyrouth, 1999.

EL AZZI Ghassan, *L'Invasion israélienne du Liban. Origines, finalités et effets pervers*, L'Harmattan, Paris, 1990.

EL KHAZEN Farid, *The Breakdown of the State in Lebanon 1967-1976*, I. B. Tauris, Londres, 1999.

FISK Robert, *Pity the Nation. Lebanon at War*, Oxford University Press, 1991.

FRIEDMAN Thomas, *From Beirut to Jerusalem*, Fontana/Collins, 1990.

GEMAYEL Amine, *L'Offense et le Pardon*, Gallimard/Lieu commun, Paris, 1988.

HADDAD Wadih D., *Lebanon. The Politics of Revolving Doors*, Praeger, CSIS, Georgetown University, 1985.

HAMDAN Kamal, *Le Conflit libanais. Communautés religieuses, classes sociales et identité nationale*, Institut de recherches des Nations unies pour le développement social (UNRISD), Carnet éditions, Genève, 1997.

HANF Theodor, *Coexistence in Wartime Lebanon. Decline of a State and Birth of a Nation*, I. B. Tauris, Londres, 1993.

HARB Habib, *Al rihan al mamnou'* (Le pari interdit), Beyrouth, 1992.

HENRY Paul-Marc, *Les Jardiniers de l'enfer*, Olivier Orban, Paris, 1984.

HOBALLAH Adnan, *Le Virus de la violence*, Albin Michel, Paris, 1996.

IRANI Georges et IRANI Laure King (dir.), *Al 'itiraf bil akhar, al ghoufran wal mousalaha : dourousse min Lubnan* (La reconnaissance de l'autre, le pardon et la réconciliation), Université libano-américaine, Beyrouth, 1996.

JABRE Antoine, *La Guerre du Liban. Moscou et la crise du Proche-Orient*, Belfond, Paris, 1980.

JOHNSON Michael, *All Honourable Men. The Social Origins of War in Lebanon*, I. B. Tauris, Londres, 2001.

JOUMBLATT Kamal, *Pour le Liban*, propos recueillis par Philippe Lapousterle, Stock, Paris, 1978.

KARAM Patrick, *La Journée des dupes ou le sommet syrien. Les non-dits de l'affaire Aoun*, Union des jeunes Européens, Diffusion La Librairie, Paris, 1991.

KASPARIAN Robert, BAUDOIN André, ABOU Sélim, *La Population déplacée par la guerre au Liban*, L'Harmattan, Paris, 1995.

KASSIR Samir, *La Guerre du Liban. De la dissension nationale au conflit régional (1975-1982)*, Kharthala-Cermoc, Paris, 1994.

KODMANI Darwish Basma (dir.), *Liban : espoirs et réalités*, IFRI, Paris, 1988.

LABAKI Boutros et ABOU Rjeily Khalil, *Bilan des guerres du Liban, 1975-1990*, L'Harmattan, Paris, 1993.

MAKDISI Jean Saïd, *Beirut Fragments. A War Memory*, Persea Books, New York, 1990.

NAAMAN A., *La Guerre libanaise (1975-1985), essai bibliographique*, Maison Naaman pour la culture, Beyrouth, 1985.

NASSIF Tar, KOVACKS Fadia, *Les Rumeurs dans la guerre du Liban. Les mots de la violence*, CNRS Éditions, Paris, 1998.

Ouvrage collectif, *The Ordeal of South Lebanon. A Documented Study*, Beyrouth, 1980.

PAKRADOUNI Karim, *Le Piège. De la malédiction libanaise à la guerre du Golfe*, Grasset & Fasquelle et Éditions FMA, Paris/Beyrouth, 1991.

PICARD Élisabeth, *Liban, État de discorde. Des fondations aux guerres fratricides*, Flammarion, Paris, 1988.

PICAUDOU Nadine, *La Déchirure libanaise*, Complexe, Bruxelles, 1989.

RANDAL Jonathan, *La Guerre de mille ans, jusqu'au dernier chrétien, jusqu'au dernier marchand, la tragédie du Liban*, traduit de l'américain, Grasset, Paris, 1983.

RONDEAU Daniel, *Chronique du Liban rebelle, 1988-1990*, Grasset, Paris, 1991.

SAADÉ Joseph, *Victime et bourreau. Une vie racontée par Frédéric Brunquell et Frédéric Couderc*, Calmann-Lévy, Paris, 1989.

SALEM Élie, *Violence and Diplomacy in Lebanon. The Troubled Years, 1982-1988*, I. B. Tauris, Londres, 1995.

SARKIS Jean, *Histoire de la guerre du Liban*, PUF, Paris, 1993.

SCHEFF Ze'ev, YA'ARI Ehud, *Israel's Lebanon War*, Simon and Schuster, New York, 1984.

SCHULZE Kristen E., *Israel's Covert Diplomacy in Lebanon*, Macmillan Press Ltd, Londres, 1998.

SCRUTON Roger, *A Land Held Hostage. Lebanon and the West*, The Claridge Press, Londres, 1987.

SEGUIN Jacques, *Le Liban-Sud, espace périphérique, espace convoité*, L'Harmattan, Paris, 1989.

SHIFFER S., *Opération boule de neige. Les secrets de l'intervention israélienne au Liban*, Jean-Claude Lattès, Paris, 1984.

SOUEID Mahmoud, *Al Janoub al Loubnani fi mouajahat Israel*, Mouassassat al dirassat al falastiniat, Beyrouth, 1998.

TABBARA Lina, *Survivre à Beyrouth*, Olivier Orban, Paris, 1977.

TARAZI Fawaz Leila, *An Occasion for War. Civil Conflict in Lebanon and Damascus*, The Center for Lebanese Studies et I. B. Tauris Publishers, Londres, 1994.

TIMOVIEV Igor, *Kamal Joumblatt. Al rajoul wal oustoura* (Kamal Joumblatt. L'homme et la légende), Dar el-Nahar, Beyrouth, 2000.

TROUBÉ Christian, *Comment te nommer Liban ? Des Libanais*

racontent la guerre, Cerf, Paris, 1985.

TUEINI Ghassan, *Rissalat ila al rais lias Sarkis 1978-1982* (Lettres au président Élias Sarkis), Dar el-Nahar, Beyrouth, 1995 (l'auteur était représentant du Liban aux Nations unies durant cette période).

— , *Une guerre pour les autres*, Jean-Claude Lattès, Paris, 1985.

WOODWARD Bob, *CIA, Guerres secrètes 1981-1987*, Stock, Paris, 1987.

YAZIGI Joseph, *La Guerre libanaise. Aspect du conflit israélo-arabe ?*, Messidor/FMA, Paris/Beyrouth, 1981.

Table

Avant-propos 5

Introduction : présentation du pays 9
La géographie 9
La population 10
L'organisation politique et administrative 11
Origine et implantation des communautés religieuses . 13
Les communautés chrétiennes, 13. – Les communautés musulmanes, 15.

I. AVANT L'INDÉPENDANCE :
UNE HISTOIRE RICHE ET COMPLEXE

1. Une histoire exemplaire 19
Les discours des Libanais sur eux-mêmes 19
Une identité déchirée et paradoxale 21
Un État mou, un peuple éponge 24
Que sont les communautés libanaises ? 27
Le communautarisme, un produit de la modernité 29
Crises identitaires et exemplarité du cas libanais 33
Liban carrefour et pont ou Liban microcosme de l'Empire ottoman 35
La permanence des clichés 39

2. La complexité de l'histoire libanaise 44
Histoire du Liban, ou histoire des communautés religieuses 45

Histoire du Mont-Liban, ou histoire du Grand-Liban, ou histoire des grandes familles 49
La montagne contre les villes ?, 50. – Le rêve d'une Grande Syrie, 54. – Le poids des grandes familles, 57.
Communauté religieuse et pouvoir politique 59
Le jeu du pouvoir à l'intérieur des communautés, 59. – Les communautés libanaises sont-elles des ethnies ?, 63.
Le Liban et le problème de la succession de l'Empire ottoman 67
Les impasses de la réforme dans l'empire : laïcité et confessionnalisme dans le contexte colonial, 69.

3. De l'émirat du Mont-Liban à la constitution du Grand-Liban 73
Émergence et affirmation de l'émirat libanais (XVIIe-XIXe siècle) 73
La mouvance historique avant l'émergence de l'émirat, 74. – La symbiose des communautés, base de l'entité libanaise, 77.
La crise de 1840-1860 : du féodalisme au confessionnalisme 79
Le Petit Liban ou l'entité « ficelée » (1861-1920) 84
La vie politique libanaise sous le mandat français (1920-1943) 86
L'institutionnalisation du communautarisme sous le mandat 90

II. 1943-1990 : L'IMPOSSIBLE INDÉPENDANCE ?

4. 1943-1975 : les blocages de la société de l'indépendance et l'éclatement communautaire 95
Le Pacte national ou la consécration du Grand-Liban 96
Le chéhabisme, ou le dépassement manqué du Pacte national 102
Le plan de reconstruction de l'économie libanaise de 1945, 102. – Les efforts de reconstruction et de réforme après les événements de 1958, 105.
Les accords du Caire et la désintégration de l'État 112
La pathétique impotence maronite, 113. – L'éclatement des violences communautaires en dépit des progrès de la laïcité, 116.

5. 1975-1990 : les grandes étapes de la gestion de la crise libanaise 119
1975-1982 : de la gestion syro-américaine à la gestion israélo-américaine de la crise 120
Les causes de l'échec de la Force multinationale 123
Les conférences de Genève et de Lausanne (novembre 1983-mars 1984) et l'accord tripartite de Damas (décembre 1985) 125
L'échéance présidentielle de 1988 et l'approfondissement de l'éclatement 128
Les gouvernements illégitimes du Liban 132
La guerre de libération du général Aoun 136
Octobre 1989 : les accords de Taëf 140
La guerre du Golfe met fin à la crise libanaise 143
Les fonctions géopolitiques de l'entité libanaise : un jeu international et régional à somme nulle 144

6. Les facteurs régionaux dans l'éclatement du Liban 149
Les avatars du nationalisme arabe 149
La Nahda, mouvement fondateur, 149. – La naissance de la Ligue arabe et la radicalisation nationaliste, 151. – L'écroulement de l'ordre ancien, 153.
L'influence israélienne dans l'instabilité du Proche-Orient 155
Les effets du choix sioniste pour la ségrégation, 155. – Une dynamique exclusivement fondée sur la force, 157. – Le rêve d'une balkanisation du Proche-Orient, 159. – Israël et l'atomisation du monde arabe, 162. – Les prémices de l'atomisation du Liban, 165.
Le développement de l'intégrisme islamique et la fortune pétrolière 167
Les influences étrangères 171

7. Les facteurs communautaires dans l'éclatement du Liban 176
Le facteur économique : les maronites, une communauté classe ? 176
Les maronites : classe bourgeoise dans la formation sociale libanaise ?, 177. – Une pyramide sociale diversifiée et instable, 179.
Guerre à l'intérieur des communautés, guerre entre communautés 181

L'affaiblissement de la communauté maronite, 181. – Les révolutions en cascade dans la communauté chiite, 183. – Les bouleversements dans la communauté sunnite, 184. – L'immobilisme dans la communauté druze, 186.
Les communautés chrétiennes et l'hégémonie du Parti phalangiste 187

8. Nature, mécanismes et objectifs de la violence milicienne 193
Une guerre sans cause ? 193
Une guerre sans visage, 193. – Vous avez votre Liban, j'ai mon Liban, 197. – La destruction du tissu intercommunautaire, 199.
Caractéristiques du système milicien 204
Les différents types de violence exercés par les miliciens, 204. – La constitution d'une base matérielle et militaire, 207. – Les formes de violence et la constitution des ghettos communautaires, 210. – La destruction systématique de la liberté de penser, 212. – Le mépris de l'État et des institutions religieuses, 214.
L'impossible résistance à l'ordre milicien 215
La peur physique et les périodes d'« hystérie communautaire », 216. – Le refus psychologique de reconnaître la naissance du totalitarisme dans la société libanaise, 217. – Les mouvements internationaux d'opinion, 219.

III. Les avatars de la IIe République

9. Introduction à l'histoire de la IIe République 225
L'irrésistible ascension de Rafic Hariri 226
Les étranges pratiques constitutionnelles de la IIe République 230
La république des scandales et de la gabegie 234
Le néo-libanisme économique de la IIe République 237
Beyrouth ou Dallas-sur-Mer : le rêve ambigu d'une ville-État 240

10. Un bilan économique désastreux 246
Solidere, projet « phare » de l'affairisme foncier et financier de la IIe République 246
Le contexte historique de la fièvre immobilière libanaise, 247. – Le projet et ses dérogations exorbitantes aux

principes du droit, 249. – La constitution du capital et les prévisions fantaisistes de bénéfices, 251. – La défiguration de la capitale et ses résultats économiques, 253.
La réalité du délabrement de l'État et de l'économie .. 256
Les points forts de la IIe République : le rétablissement de la sécurité et la libération du sud du Liban de l'occupation israélienne 260

11. Le blocage des institutions et la réforme avortée de 1999-2000 267
Le système de la troïka et les rivalités entre le chef de l'État et le Premier ministre 267
La présence syrienne au Liban 272
La réforme avortée du gouvernement El-Hoss 276
La situation héritée des « années reconstruction », 278. – Les mesures d'assainissement financier du gouvernement El-Hoss, 280. – Autres mesures de réforme, 285. – Le blocage de la réforme, 286.
Le retour de l'ancien Premier ministre et la dégradation de la situation 289

12. La résolution 1559 et le retour au statut d'État tampon . 293
Le jeu français et le coup de tonnerre de la résolution 1559 294
L'introuvable gouvernement d'union nationale 300
L'assassinat de Rafic Hariri et les ambiguïtés du « printemps de Beyrouth » 302
L'activisme inédit de l'ONU 305
Élections sous haute tension 308
Le dramatique aveuglement de la classe politique maronite 312

Conclusion : Sortir du cercle vicieux et du statut d'État tampon ? 316
Le mythe de la démocratie communautaire 317
Comment quitter le système communautaire ? 319

Bibliographie 324

Dans la même collection

Littérature et voyages

Fadhma Amrouche, *Histoire de ma vie.*
Taos Amrouche, *Le grain magique.*
Ibn Batûtta, *Voyages* (3 tomes).
Louis-Antoine de Bougainville, *Voyage autour du monde.*
René Caillié, *Voyage à Tombouctou* (2 tomes).
Christophe Colomb, *La découverte de l'Amérique* (2 tomes).
James Cook, *Relations de voyages autour du monde.*
Hernán Cortés, *La conquête du Mexique.*
Bernal Díaz del Castillo, *Histoire véridique de la conquête de la Nouvelle-Espagne* (2 tomes).
Charles Darwin, *Voyage d'un naturaliste autour du monde.*
Charles-Marie de La Condamine, *Voyage sur l'Amazone.*
Homère, *L'Odyssée.*
Jean-François de Lapérouse, *Voyage autour du monde sur* l'Astrolabe *et la* Boussole.
Bartolomé de Las Casas, *Très brève relation de la destruction des Indes.*
Louis-Sébastien Mercier, *L'an 2440, rêve s'il en fut jamais.*
— *Le tableau de Paris.*
Louise Michel, *La Commune, histoire et souvenirs.*
Martin Nadaud, *Léonard, maçon de la Creuse.*
Paul Nizan, *Aden Arabie.*
Mongo Park, *Voyage dans l'intérieur de l'Afrique.*
Lady M. Montagu, *L'islam au péril des femmes.*
Marco Polo, *Le devisement du monde, le livre des merveilles* (2 tomes).
Horace Benedict de Saussure, *Premières ascensions au Mont-Blanc, 1774-1787.*
Mémoires de Géronimo.
Victor Serge, *Les années sans pardon.*
— *Le Tropique et le Nord.*
Inca Garcilaso de la Vega, *Commentaires royaux sur le Pérou des Incas* (3 tomes).

Essais

Mumia Abu-Jamal, *Condamné au silence.*
— *En direct du couloir de la mort.*
Lounis Aggoun et Jean-Baptiste Rivoire, *Françalgérie, crimes et mensonges d'États.*
Hocine Aït-Ahmed, *L'affaire Mécili.*
Fadela Amara, *Ni putes ni soumises.*
Patrick Artus et Marie-Paule Virard, *Comment nous avons ruiné nos enfants.*
Patrick Artus et Marie-Paule Virard, *Le capitalisme est en train de s'autodétruire.*
Michel Authier et Pierre Lévy, *Les arbres de connaissances.*
Morjane Baba, *Guérilla Kit.*
Étienne Balibar, *L'Europe, l'Amérique, la guerre.*
Nicolas Bancel, Pascal Blanchard et Sandrine Lemaire (dir.), *La fracture coloniale.*
Louis Barthas, *Les carnets de guerre de Louis Barthas, tonnelier, 1914-1918.*
Nicolas Beau et Catherine Graciet, *Quand le Maroc sera islamiste.*
Nicolas Beau et Jean-Pierre Tuquoi, *Notre ami Ben Ali.*
Michel Beaud, *Le basculement du monde.*
Stéphane Beaud et Younès Amrani, *« Pays de malheur ! ».*
Stéphane Beaud, Joseph Confavreux et Jade Lindgaard, *La France invisible.*
Miguel Benasayag et Diego Sztulwark, *Du contre-pouvoir.*
Sophie Bessis, *L'Occident et les autres.*
Mongo Beti, *La France contre l'Afrique.*
Paul Blanquart, *Une histoire de la ville.*
Augusto Boal, *Jeux pour acteurs et non-acteurs.*
— *Théâtre de l'opprimé.*
Lucian Boia, *La fin du monde.*
Philippe Breton, *Éloge de la parole.*
— *L'utopie de la communication.*
— *La parole manipulée.*
Valérie Brunel, *Les managers de l'âme.*
François Burgat, *L'islamisme en face.*
François Chobeaux, *Les nomades du vide.*
Daniel Cohn-Bendit, *Une envie de politique.*

La Découverte/Poche

La Découverte/Poche

Sonia Combe, *Archives interdites.*

Georges Corm, *La question religieuse au XXIe siècle.*

— *Le Liban contemporain.*

— *Orient-Occident, La fracture imaginaire.*

Julia Csergo et Roger-Henri Guerrand, *Le confident des dames.*

François Cusset, *La décennie.*

Sylvain Cypel, *Les emmurés.*

Adam Czerniaków, *Carnets du ghetto de Varsovie.*

Cécile Delannoy, *Au risque de l'adoption.*

Thomas Deltombe, *L'islam imaginaire.*

John Dinges, *Les années Condor.*

Alfred Dreyfus, *Cinq années de ma vie.*

Denis Duclos, *Le complexe du loup-garou.*

Shirin Ebadi, *Iranienne et libre.*

Les Éconoclastes, *Petit bréviaire des idées reçues en économie.*

Guillaume Erner, *Victimes de la mode ?*

Roger Faligot et Jean Guisnel (dir.), *Histoire secrète de la Ve République.*

Frantz Fanon, *Les damnés de la terre.*

— *Pour la révolution africaine.*

Robert Fisk, *La grande guerre pour la civilisation.*

Gustave Folcher, *Les carnets de guerre de Gustave Folcher, paysan languedocien, 1939-1945.*

Daniel Guérin, *Ni Dieu ni Maître* (2 tomes).

Roger-Henri Guerrand, *L'aventure du métropolitain.*

— *Les lieux.*

Jean Guisnel, *Guerres dans le cyberespace.*

— Libération, *la biographie.*

Theodor Herzl, *L'État des Juifs.*

Rudolf Hoess, *Le commandant d'Auschwitz parle.*

Pascale Jamoulle, *Des hommes sur le fil. La construction de l'identité masculine en milieux précaires.*

Alain Joxe, *L'empire du chaos.*

Yazid Kherfi, Véronique Le Goaziou, *Repris de justesse.*

Joseph Klatzmann, *Attention statistiques !*

Paul R. Krugman, *La mondialisation n'est pas coupable.*

Pierre Larrouturou, *Pour la semaine de quatre jours.*

Serge Latouche, *L'occidentalisation du monde.*

Florent Latrive, *Du bon usage de la piraterie.*

Christian Laval, *L'école n'est pas une entreprise.*

Jean-Pierre Le Goff, *La démocratie post-totalitaire.*

— *Les illusions du management.*

— *Mai 68, l'héritage impossible.*

Pierre Lévy, *L'intelligence collective.*

— *Qu'est-ce que le virtuel ?*

Paul Lidsky, *Les écrivains contre la Commune.*

André L'Hénoret, *Le clou qui dépasse.*

Alain Lipietz, *La société en sablier.*

Gilles Manceron, *Marianne et les colonies.*

Ernest Mandel, *La pensée politique de Léon Trotsky.*

Bénédicte Manier, *Quand les femmes auront disparu.*

Armand Mattelart, *La globalisation de la surveillance.*

John Mearsheimer et Stephen M. Walt, *Le lobby pro-israélien et la politique étrangère américaine.*

Gérard Mendel, *Une histoire de l'autorité.*

Charles-Albert Michalet, *Qu'est-ce que la mondialisation ?*

Alexander S. Neill, *Libres enfants de Summerhill.*

Sven Ortoli et Jean-Pierre Pharabod, *Le cantique des quantiques.*

Bruno Parmentier, *Nourrir l'humanité.*

François Partant, *La ligne d'horizon.*

Daya Pawar, *Ma vie d'intouchable.*

Paulette Péju, *Ratonnades à Paris.*

Michel Peraldi et Michel Samson, *Gouverner Marseille.*

Philippe Pignarre, *Le grand secret de l'industrie pharmaceutique.*

Philippe Pignarre et Isabelle Stengers, *La sorcellerie capitaliste.*

André Pochon, *Les sillons de la colère.*

Bernard Poulet, *Le pouvoir du* Monde.

Dominique Poulot, *Une histoire des musées de France, XVIIIe-XXe siècles.*

Michel de Pracontal, *L'imposture scientifique en dix leçons.*

Marcel Reggui, *Les massacres de Guelma.*

Jeremy Rifkin, *L'âge de l'accès.*

— *La fin du travail.*

Marie-Monique Robin, *Escadrons de la mort, l'école française.*

Marie-Monique Robin, *Le monde selon Monsanto.*

Charles Rojzman, *Savoir vivre ensemble.*

Marc Saint-Upéry, *Le rêve de Bolivar.*

Christian Salmon, *Storytelling.*

Bertrand Schwartz, *Moderniser sans exclure.*

Amartya Sen, *L'économie est une science morale.*

Victor Serge, *L'an I de la révolution russe.*

— *Vie et mort de Léon Trotsky.*

Maryse Souchard, Stéphane Wahnich, Isabelle Cuminal, Virginie Wathier, *Le Pen, les mots.*

Isabelle Stengers, *Sciences et pouvoirs.*

Benjamin Stora, *Imaginaires de guerre.*

— *La gangrène et l'oubli.*

Charles Szlakmann, *Le judaïsme pour débutants* (2 tomes).

Annie Thébaud-Mony, *Travailler peut nuire gravement à votre santé.*

Pierre Vermeren, *Le Maroc en transition.*

Pierre Vidal-Naquet, *Les crimes de l'armée française.*

— *Les assassins de la mémoire.*

Michel Villette et Catherine Vuillermot, *Portrait de l'homme d'affaires en prédateur.*

Michel Wieviorka, *Le racisme, une introduction.*

— *Une société fragmentée ?*

Malcolm X, *Le pouvoir noir.*

Idith Zertal, *La nation et la mort.*

Sciences humaines et sociales

Louis Althusser, *Pour Marx.*

Jean-Loup Amselle et Elikia M'Bokolo, *Au cœur de l'ethnie.*

Benedict Anderson, *L'imaginaire national.*

Paul Bairoch, *Mythes et paradoxes de l'histoire économique.*

Étienne Balibar, *L'Europe, l'Amérique, la guerre.*

Étienne Balibar et Immanuel Wallerstein, *Race, nation, classe.*

Stéphane Beaud, *80 % au bac... et après ?*

Jean-Jacques Becker et Gilles Candar, *Histoire des gauches en France* (2 volumes).

Miguel Benasayag, *La fragilité.*

— *Le mythe de l'individu.*

Miguel Benasayag et Gérard Schmit, *Les passions tristes.*

Yves Benot, *La démence coloniale sous Napoléon.*

— *Massacres coloniaux, 1944-1950.*

— *La Révolution française et la fin des colonies.*

Bernadette Bensaude-Vincent et Isabelle Stengers, *Histoire de la chimie.*

Pascal Blanchard et *al.*, *Zoos humains.*

Judith Butler, *Trouble dans le genre.*

Alain Caillé, *Anthropologie du don.*

François Chast, *Histoire contemporaine des médicaments.*

Jean-Michel Chaumont, *La concurrence des victimes.*

Yves Clot, *Le travail sans l'homme ?*

Serge Cordellier (dir.), *La mondialisation au-delà des mythes.*

Georges Corm, *L'Europe et l'Orient.*

François Cusset, *French Theory.*

Muriel Darmon, *Devenir anorexique.*

Mike Davis, *City of Quartz. Los Angeles, capitale du futur.*

— *Génocides tropicaux.*

— *Le pire des mondes possibles.*

Alain Desrosières, *La politique des grands nombres.*

François Dosse, *L'histoire en miettes.*

— *Michel de Certeau.*

— *L'empire du sens.*

— *Paul Ricœur.*

Mary Douglas, *Comment pensent les institutions.*

— *De la souillure.*

W. E. B. Du Bois, *Les âmes du peuple noir.*

Florence Dupont, *L'invention de la littérature.*

Jean-Pierre Dupuy, *Aux origines des sciences cognitives.*

Abdou Filali-Ansary, *Réformer l'islam ?*

Moses I. Finley, *Économie et société en Grèce ancienne.*

Patrice Flichy, *Une histoire de la communication moderne.*

François Frontisi-Ducroux, *Dédale.*

Yvon Garlan, *Guerre et économie en Grèce ancienne.*

Peter Garnsey et Richard Saller, *L'Empire romain.*

Jacques T. Godbout, *L'esprit du don.*

Olivier Godechot, *Les traders.*

Nilüfer Göle, *Musulmanes et modernes.*

Jack Goody, *L'islam en Europe.*

— *La peur des représentations.*

Anne Grynberg, *Les camps de la honte.*

Ian Hacking, *Entre science et réalité.*

Françoise Hatchuel, *Savoir, apprendre, transmettre.*

Axel Honneth, *La société du mépris.*

Pascale Jamoulle, *Des hommes sur le fil.*

Jacques Kergoat, *La France du Front populaire.*

Will Kymlicka, *Les théories de la justice. Une introduction.*

Camille Lacoste-Dujardin, *Des mères contre les femmes.*

Yves Lacoste, *Ibn Khaldoun.*

Bernard Lahire (dir.), *À quoi sert la sociologie ?*

Bernard Lahire, *La culture des individus.*

— *L'esprit sociologique.*

— *L'invention de l'« illettrisme ».*

— (dir.), *Le travail sociologique de Pierre Bourdieu.*

Bruno Latour, *Changer de société, refaire de la sociologie.*

— *L'espoir de Pandore.*

— *La fabrique du droit.*

— *La science en action.*

— *Nous n'avons jamais été modernes.*

— *Pasteur : guerre et paix des microbes.*

— *Petites leçons de sociologie des sciences.*

— *Politiques de la nature.*

Bruno Latour et Steve Woolgar, *La vie de laboratoire.*

Bernard Lehmann, *L'orchestre dans tous ses éclats.*

Prosper-Olivier Lissagaray, *Histoire de la Commune de 1871.*

Geoffrey E.R. Lloyd, *Pour en finir avec les mentalités.*

Georg Lukacs, *Balzac et le réalisme français.*

Lamence Madzou et Marie-Hélène Bacqué, *J'étais un chef de gang.*

Armand Mattelart, *La communication-monde : histoire des idées et des stratégies.*

— *Histoire de l'utopie planétaire.*

— *L'invention de la communication.*

John Stuart Mill, *La nature.*

Arno Mayer, *La « solution finale » dans l'histoire.*

Gérard Mendel, *La psychanalyse revisitée.*

Michel Morange, *Histoire de la biologie moléculaire.*

Mouvements, *Pensées critiques.*

Annick Ohayon, *Psychologie et psychanalyse en France.*

François Ost, *La nature hors la loi.*

Dominique Paulot, *Une histoire des musées de France.*

John Rawls, *La justice comme équité.*

John Rawls, *Leçons sur l'histoire de la philosophie morale.*

Élisée Reclus, *L'homme et la Terre.*

Roselyne Rey, *Histoire de la douleur.*

Annie Rey-Goldzeiguer, *Aux origines de la guerre d'Algérie.*

Maxime Rodinson, *La fascination de l'islam.*

— *Peuple juif ou problème juif ?*

Richard E. Rubenstein, *Le jour où Jésus devint Dieu.*

Fernand Rude, *Les révoltes des canuts (1831-1834).*

André Sellier, *Histoire du camp de Dora.*

Jean-Charles Sournia, *Histoire de la médecine.*

Isabelle Stengers, *Cosmopolitiques* (2 tomes).

Timothy Tackett, *Le roi s'enfuit.*

Michel Terestchenko, *Un si fragile vernis d'humanité.*

Sylvie Thénault, *Une drôle de justice.*

Francisco Varela, *Quel savoir pour l'éthique ?*

— *Les fondements philosophiques du libéralisme.*

Jean-Pierre Vernant, *Mythe et pensée chez les Grecs.*

— *Mythe et société en Grèce ancienne.*

Jean-Pierre Vernant, Pierre Vidal-Naquet, *Mythe et tragédie en Grèce ancienne* (2 tomes).

Pierre Vidal-Naquet, *Le chasseur noir.*

Michel Vovelle, *Les Jacobins.*

Loïc Wacquant, *Parias urbains.*

Immanuel Wallerstein, *Comprendre le monde.*

Max Weber, *Économie et société dans l'Antiquité.*

— *Le savant et le politique.*

William Foote Whyte, *Street Corner Society.*

John Womack, *Emiliano Zapata.*

Charles Wright Mills, *L'imagination sociologique.*

État du monde

L'État du monde en 1945.

États-Unis, peuple et culture.

Rochdy Alili, *Qu'est-ce que l'islam ?*

Bertrand Badie (dir.), *Qui a peur du XXIe siècle ?*

Serge Cordellier (dir.), *Dictionnaire historique et géopolitique du XXe siècle.*

Georges Corm, *Histoire du Moyen-Orient.*

Marc Ferro et Marie-Hélène Mandrillon (dir.), *Russie, peuples et civilisations.*

Anne-Marie Le Gloannec (dir.), *Allemagne, peuple et culture.*

Pierre Gentelle (dir.), *Chine, peuples et civilisation.*

Camille et Yves Lacoste (dir.), *Maghreb, peuples et civilisations.*

Jean-François Sabouret (dir.), *Japon, peuple et civilisation.*

François Sirel, Serge Cordellier et al. *Chronologie du monde au 20e siècle.*

CPI
Bussière

Composition Facompo, Lisieux
Impression réalisée par CPI Bussière
à Saint-Amand-Montrond (Cher)
Dépôt légal du 1er tirage : octobre 2005.
Suite du 1er tirage (4) : avril 2009.
N° d'impression : 091196/1.
Imprimé en France